▲粥見井尻《かゆみいじり》遺跡の土偶(松阪市《まつさかし》)
ひとにぎりの粘土でふっくらとした胴体をつくり，これに頭や乳房を貼りつける。全長6.8㎝・最大幅4.2㎝・胸の厚さ2.6㎝で，これまで全国で出土している土偶では，最古のものである。

►城之越《じょのこし》遺跡(伊賀《いが》市)　古墳時代の「水辺の祭祀《さいし》」を再現させる遺構。3カ所の井泉《いせん》から湧《わ》きでた清水が貼り石の溝を流れ，合流点では立石が配され，溝に囲まれた空間は「広場」として神聖な儀式が行われたであろう。国名勝史跡。

►お蔭《かげ》参《まい》りの図(文政13〈1830〉年)　文政13年のお蔭参りのようすを描いたもので，鳥居を境に笠を被《かぶ》った人びとと取った人びとに分かれている。笠を被っている方がこれから参拝する人びとで，柄杓《ひしゃく》をもった人もみられる。

◄▲縄生廃寺《なおはいじ》の舎利《しゃり》容器(三重郡朝日町)　縄生廃寺の塔心礎《とうしんそ》から出土したもので，仏舎利《ぶっしゃり》をおさめる卵形の鉛ガラス製容器が，滑石《かっせき》製の有蓋壺《ゆうがいつぼ》のなかにいれられ，その壺に唐三彩《とうさんさい》の椀(左写真左が内面，右が外面)が被《かぶ》せてあった。重要文化財。

▼夏見廃寺《なつみはいじ》(名張《なばり》市)　名張川北岸の丘陵南斜面に造営された白鳳《はくほう》寺院で，正面に金堂《こんどう》，その東に塔をならべ，金堂の南西に東面する講堂を配置する。金堂の壁を飾っていた４種類の塼仏《せんぶつ》が出土している。国史跡。

▲斎宮跡全景《さいぐう》　斎宮には，伊勢《いせ》神宮に奉仕する斎王《さいおう》の御所と，事務を取り扱う斎宮寮の施設などが建てられていた。その跡は多気《たき》郡明和《めいわ》町にあり，昭和54(1979)年に137ヘクタールの範囲が国の史跡に指定された。

▼鈴鹿関《すずかのせき》跡眺望図(亀山《かめやま》市)　軍事的な拠点でもあった鈴鹿関には，東西の内城《ないじょう》・外城と城門・守屋などが設けられていた。残された遺構と微地《びち》形の調査によって，古代の関の所在地も明らかになりつつある。写真は西からの眺望。

◀志摩《しま》国木簡《もっかん》　志摩は，古くから海産物を贄《にえ》として大王家に供進する「御食国《みけつくに》」であり，調《ちょう》も海産物でおさめられた。これらの木簡は志摩からの貢進《こうしん》物に付けられた荷札《にふだ》である。

▼黒田荘を望む（名張市）　黒田荘の荘民たちは険しい笠間《かさま》峠を登ったあと，大和《やまと》高原をとおり，年貢・公事《くじ》物を奈良の東大寺まで運んだ。写真は笠間峠付近から，荘内を望んだもの。

►善教寺《ぜんきょうじ》本尊阿弥陀如来《あみだにょらい》立像(四日市市富田) 木造，像高78.5㎝。像内に藤原実重《さねしげ》の願文《がんもん》，摺仏《すりほとけ》，「作善《さぜん》日記」などが納入されていた。重要文化財。

▼河辺里《かわべのさと》の夏の風景(『伊勢新名所絵歌合《うたあわせ》』) 画面中央を流れる川は勢田《せた》川。河辺は伊勢市河崎のあたりをさしたのであろうか。時の伊勢神宮大宮司であった大中臣長藤《おおなかとみのながふじ》の館がこの地にあり，その子孫は河辺を家名とした。

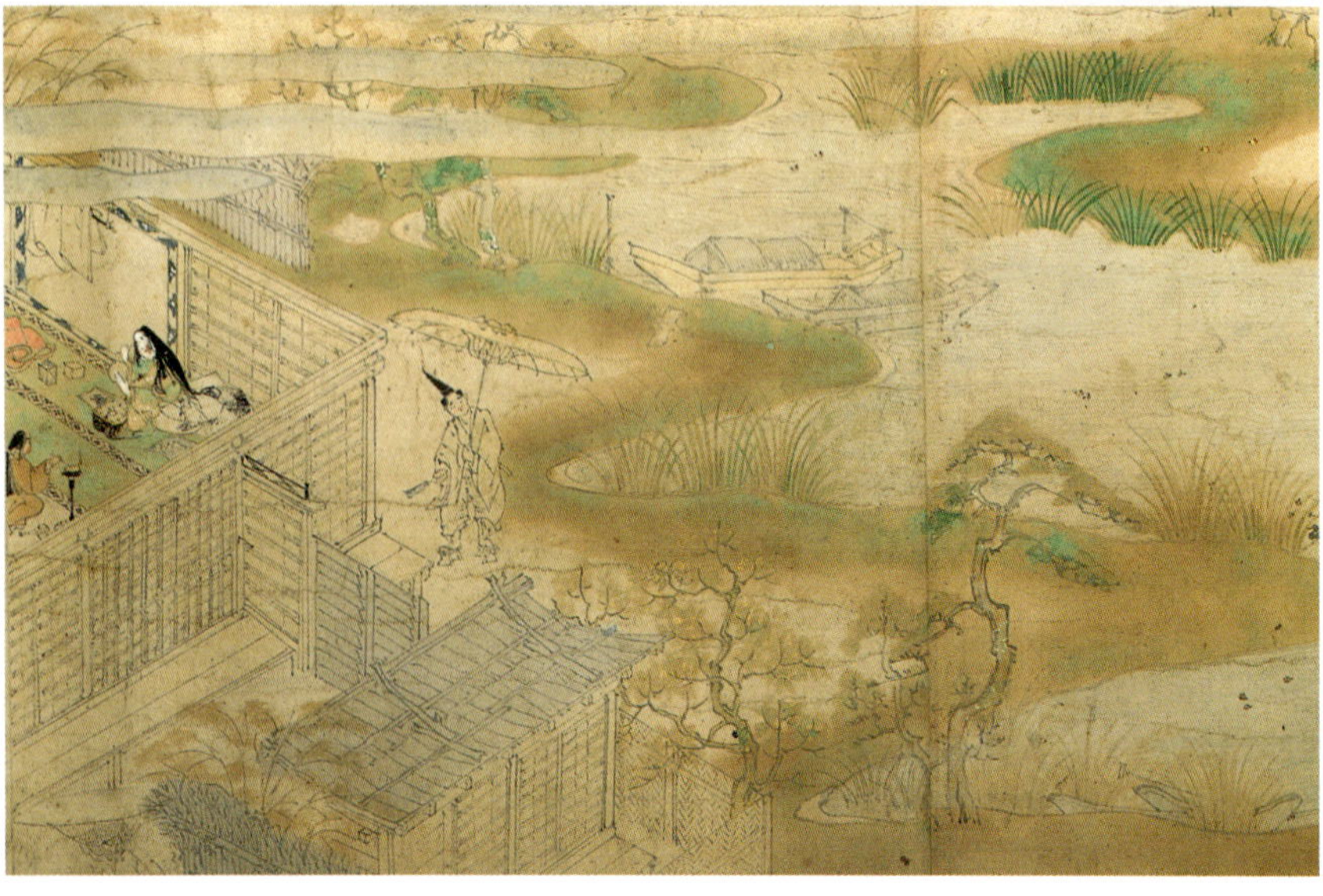

◄北畠《きたばたけ》氏館跡入口(津市美杉《みすぎ》町)　館跡の正面で南北方向にきずかれた二重の石垣のほぼ中央に設けられた入口である。方形の石列に囲まれた部分には，石段がおかれたものと考えられる。

►北畠氏館跡石垣　館跡の正面を区画する二重の石垣である。石垣は，南北方向にきずかれ，館内側の石垣は，人頭大の小石を垂直に積み上げる。15世紀前半の築成と考えられる。

◄土符《どふ》(伊賀市東高倉《ひがしたかくら》地内)　押孔に紐《ひも》をとおし，徴貢《ちょうこう》物に付けた荷札。表に年月日，裏に品目，花押《かおう》を線刻《せんこく》する。図版の刻篦《こくへい》文字は「永正元年十月日」(左)と「米　馬　花押」。

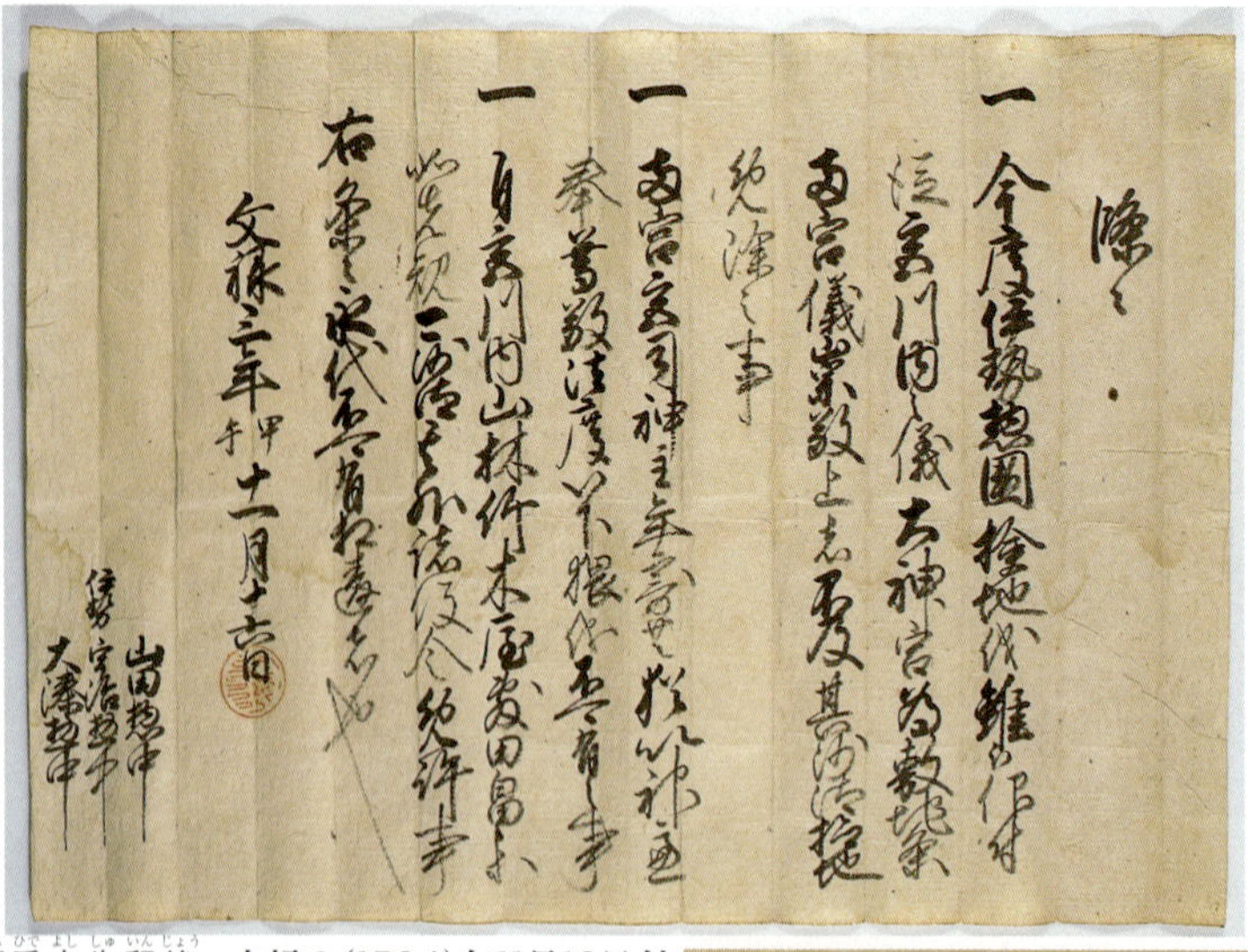

▲豊臣秀吉《とよとみひでよし》朱印状《しゅいんじょう》　文禄３(1594)年11月16日付で，宮川の内は伊勢神宮の敷地と認め，検地を免除する旨などを記したもの。山田《ようだ》・宇治《うじ》・大湊《おおみなと》の自治組織にあたえたもので，江戸期も検地は実施されなかった。

►藤堂高虎《とうどうたかとら》画像　高虎は慶長13(1608)年徳川幕府より伊賀《いが》国と伊勢国２郡をあたえられ，伊予今治《いよいまばり》から移ってきた。江戸城の大改修の設計も担当するなど，幕府に重用された武将である。天海《てんかい》の讃がある画像。

▲四日市《よっかいち》祭りの鯨船山車《くじらぶねだし》　四日市の諏訪《すわ》神社の秋祭りは江戸時代末期に盛んになった。現在は南納屋《みなみなや》町が，写真のような鯨船(明神丸《みょうじんまる》)と鯨のつくりもののついた山車をだす。往時の伊勢湾での捕鯨をしのばせる。

▼三宝荒神鞍《さんぼうこうじんぐら》　江戸時代の伊勢参宮《さんぐう》に多く用いられた鞍である。馬の背につけたこの鞍のまん中に１人乗り，その左右にある箱のようなところに１人ずつ，計３人乗ることができる。参宮の絵にも描かれていることが多い。

▲鰹《かつお》釣りの図　三重県の代表的漁業である鰹漁は，志摩《しま》・東紀州《ひがしきしゅう》地域で盛んである。この図は，明治初期の手こぎ船による漁法を描いたもので，『三重県漁業図解・弐』（明治15〈1882〉年頃）に所収。復刻版が『三重県水産図解』（昭和58〈1983〉年）と題して㈶海の博物館から発行されている。

▼四日市市末広《すえひろ》町の跳《は》ね上げ橋（末広橋）　昭和６(1931)年に四日市港の埋立地１号地（末広町）と２号地（千歳《ちとせ》町）とのあいだの運河に架《か》けられた可動橋である。昭和戦前期のもので，現存は全国でわずか７橋，そのうち稼働《かどう》しているのは３橋で，末広橋は現役最古とされる。平成10(1998)年に国の重要文化財に指定された。

地方史研究協議会名誉会長
学習院大学名誉教授
児玉幸多　監修

企画委員　熱田公｜川添昭二｜西垣晴次｜渡辺信夫

三重県の歴史　目次

稲本紀昭｜駒田利治｜勝山清次｜飯田良一｜上野秀治｜西川洋

三重県の歴史

風土と人間――東・西日本の接点

三重県の成りたち●

三重県は、伊勢《いせ》国のうち安濃《あの》郡以北の八郡と伊賀《いが》国を管轄する三重県（県庁所在地、当初三重郡四日市、明治六〈一八七三〉年、津へ移転）、それに、紀伊《きい》国牟婁《むろ》郡の東半分、伊勢国一志《いちし》郡以南の五郡、志摩《しま》国を管轄した度会《わたらい》県が明治九年四月、府県統廃合によって合併、成立した。県名は旧三重県名を継承し、県庁所在地も同じく津におかれた。

以上のように三重県は伊勢・志摩・伊賀と紀伊国のうちの一部から成りたっているが、以下にふれるように、これらの地域は自然条件、風土は大きく異なっており、またあゆんだ歴史も異なるものがある。

伊賀国の風土●

伊賀国は、天武天皇九（六八〇）年、伊勢四郡を割《さ》いて立国されたものでそれ以前は伊勢国に属していた。しかし、大化改新《たいかのかいしんのみことのり》詔に「名墾《なばり》の横河《よこかわ》（名張川）までを畿内《きない》とする」とあるごとく、また阿部・阿閉《あへ》・伊賀臣《いがのおみ》など有力七族が孝元《こうげん》天皇長子大彦《おおひこのみこと》命を祖とする伝承をもつように、元来、大和《やまと》国家との関係が深い地域であった。伊賀建国は、地理的、自然的条件に適応した支配の必要性とそれを可能にした、いわば国家としての成熟度の反映であろう。

伊賀地域は、山々に囲繞《いにょう》された盆地（上野《うえの》・山田・名張盆地）からなる。気候は典型的な内陸型気候であり、降雨量は年間平均一五〇〇ミリ前後で、県域ではもっとも少ない。とくに暖期には少なく、しばしば水不足に悩まされた。伊賀市の春日《かすが》神社には、幕末から昭和にかけての雨乞願《あまごいがん》解《ほどき》大絵馬《おおえま》（下写真参照）が残るのもそうした気候条件を物語るものである。

名張・伊賀市域に残る条里《じょうり》制遺構はこの地域の開発の古さを語っているし、中世、玉滝《たまたき》・黒田荘など東大寺領荘園によって覆《おお》いつくされた様相を呈することからいえば、この地域の産業は農業が優位を占めていたことはあきらかである。しかし、これら荘園が、官寺東大寺の建立・修築用材を確保するため、律令国家が設定した「杣《そま》」を出発点としていたことは重要である。すでに古代末期には木材を交易する「筏師《いかだし》」の活発な活動がみられるのであって、鎌倉時代末、黒田荘に出現する有徳人《うとくにん》＝商人のなかにはこうした材木商人が少なからずいたのではないか。この地域の林産業は近世を経て、近代に至るまで農業につぐ主要な産業としての位置を占めた。

この地方の歴史を語る場合、忘れてはならないのは「惣国一《そうごくいっ》揆《き》」の存在であろう。鎌倉時代末に登場した「悪党《あくとう》」は、南北

雨乞願解大絵馬　鍵屋の辻の仇討を描いたもの。嘉永５(1852)年仲秋の年号がある。

朝期を経て、南・北伊賀で若干の違いはみられるものの、地侍《じざむらい》たちの連合による地域支配を実現した。やがて戦国時代にはその連合は「惣国一揆」とよばれ、伊賀国は〝地侍のもてる国〟となったのである。この惣国は天正九（一五八一）年、織田信長《おだのぶなが》によって蹂躙《じゅうりん》され、彼らは外来勢力藤堂《とうどう》氏のもと、無足人《むそくにん》として行政の末端に位置づけられ、しばし逼塞《ひっそく》を余儀なくされる。

ところで伊賀の人の気質について、伊賀出身の作家北泉優子氏はその作品『忍ぶ糸』で、

狭い上に海もなく、どの町角に立っても山脈《なみ》だけが見える。いうならすり鉢の底みたいな閉ざされた町だから、伊賀の人の心も保守的で閉鎖的である。

と、伊賀の地理的条件が、住民の気質の形成に大きく影響していることを指摘している。もっとも、地理的条件が他国人との交流にとって阻害的要因となるとすれば、近代以前の社会と考えられがちであるが、むしろその逆ではないだろうか。近世、伊賀はけっして孤立した地域ではなく、伊勢参宮人も多くとおり、伊賀人も商業に、物詣《ものもう》でにと、他国人と接触する機会は多かったと思われる。むしろ、近代化の波が伊賀を素通りした時期、取りかこむ山脈は他地域との交流の障害として作用し、陸の孤島たらしめ、北泉氏のいわれる「保守的で閉鎖的」気質をはぐくんだのではないか。

志摩国の海と山●

志摩地方の自然・風土は伊賀とは対象的である。志摩は多雨温暖な南海式気候に属する。山地は海岸線までせまり、その海岸線は複雑な形をとる。北部はリアス式海岸、南部では隆起海食《かいしょく》台地とよばれる。このため農業生産に適する土地は少ないものの、豊富な森林資源と天然の良港にめぐまれ、林産業・漁業・水運業が発達した。

志摩国は天武天皇十二（六八三）年、伊勢国より分かれて建国された。この国を特色づけるのは、「島の速贄《はやにえ》」といわれ、また「御食《みけ》つ国志摩の海人《あまびと》」とうたわれたように、律令制下、天皇の供御《くご》を貢進する国として、国司《こくし》も内膳正《ないぜんのかみ》高橋氏《うじ》が世襲したごとく、特殊な地位を占めたことであろう。また伊勢神宮の神戸《かんべ》・御厨《みくりや》も多数設定され、神饌《しんせん》＝魚介類を貢進するなど、神宮とも密接な関係をもっていた。

この地方の集落は陸地からみれば、たがいに険阻《けんそ》な山をへだてて孤立しているかのようにみえるが、視点を海に転ずれば、水運によって文字どおり隣村であり、水運は日常的交通手段であった。

古代末期、南部の住人は熊野《くまの》海賊として、志摩の住人は神人《じにん》あるいは供御人として、交易に、また水運業に、ときには対立しながらも史料上に姿をみせる。中世になると、磯部《いそべ》五カ郷にみられるごとく郷村《ごうそん》制を発達させる一方、湊《みなと》々の水運業者は「廻船中《かいせんちゅう》」として団結し、また有力領主九鬼《くき》・安楽島《あらしま》・和具《わぐ》・甲賀《こうが》氏らも「嶋衆」として連合して廻船中を支配するとともに、彼らの利害を擁護したのであった。

近世、この地域は鳥羽《とば》藩・紀伊《きい》藩領となるが、林産・水産・水運業は活動の場を拡大していっそう盛んになる。鳥羽藩越賀《こしが》村（志摩市）には膨大な天草《てんぐさ》関係資料が保存されているが、これら天草は大坂市場に移出されたものであり、紀伊藩領尾鷲《おわせ》（尾鷲市）を中心とする林産業のそのおもな販路は江戸・大坂であった。

他方、他国の廻船も寄港することが多く、越賀村の越賀神社八幡宮の石垣修理の寄進状には三河《みかわ》・尾張《おわり》（愛知県）、讃岐《さぬき》（香川県）、淡路《あわじ》（兵庫県）、越後《えちご》（新潟県）の船頭名がみられる。また須賀利浦《すがりうら》（尾鷲市）には「旅船宗門改帳《しゅうもんあらためちょう》」（次頁写真参照）などが保存されている。

志摩の人びとは伊勢と同じく、帰属意識が希薄といわれる。これはこのような藩という領域を超えた活動と他国人との頻繁な接触ということを考慮すれば、むしろ当然なことであろう。

近代に至り、船舶の大型化は、尾鷲・鳥羽など一部の港をのぞくと、天然の良港としての役割を減退させ、この地域に変容をせまることとなった。

伊勢国と伊勢神宮

伊勢国は、東海式気候に分類され、温暖な気候にめぐまれている。もっとも冬季は北西の季節風が伊勢湾を吹き抜け、夏から秋にかけては台風の襲来も多く、大風によって神宮の殿舎が転倒したことがしばしば諸史料にみえる。伊勢湾沿いに南北に広がる伊勢平野は日本有数の平野であり、農耕がはやくから行われる一方、伊勢湾、三河湾、あるいは太平洋沿岸を舞台に漁業・水運業も、農業におとらず活発に展開された。

この地域の歴史を特徴づけたのは、なんといっても伊勢神宮の存在であろう。皇祖神の鎮座地であることの影響はさまざま指摘できようが、さしずめつぎの三点を指摘しておきたい。

その一は神郡《しんぐん》のはたした役割である。慶雲元（七〇四）年、

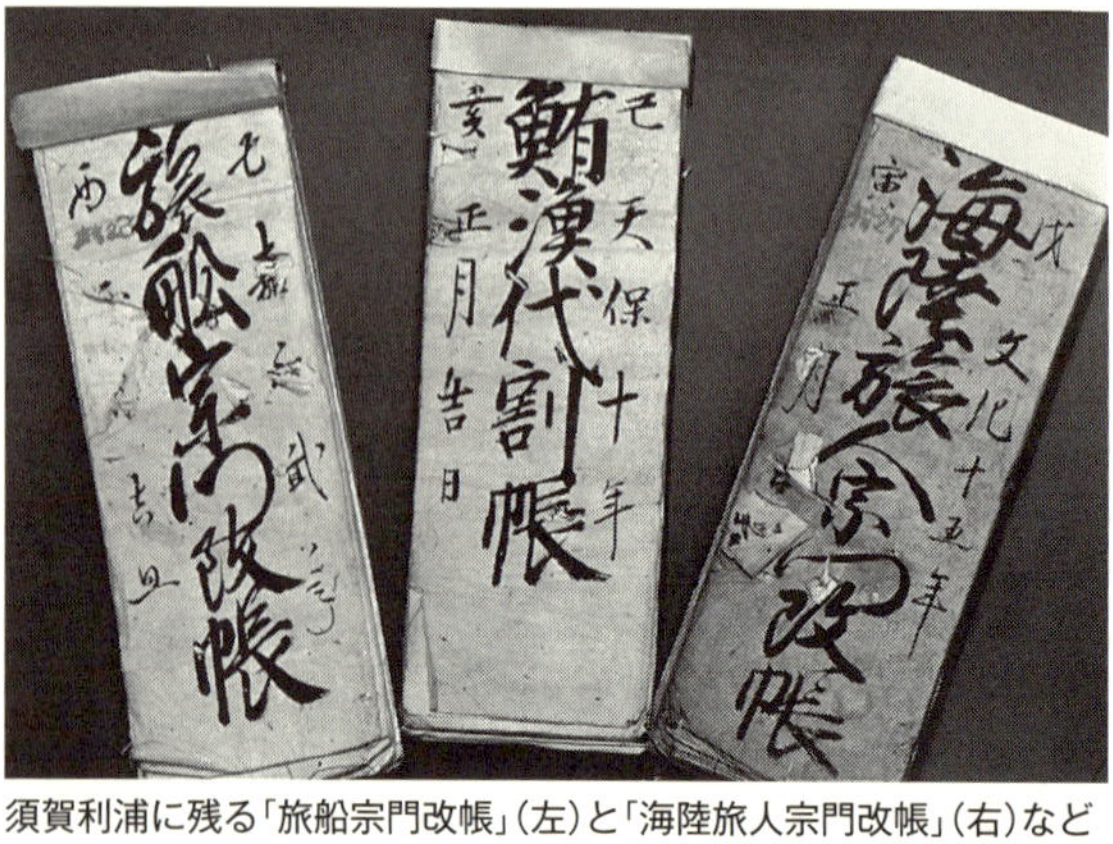

須賀利浦に残る「旅船宗門改帳」(左)と「海陸旅人宗門改帳」(右)など

度会・多気《たけ》《き》両郡が神宮に寄進されて以来、文治元（一一八五）年の飯高《いいたか》郡まで八カ郡が神郡とされ、その統治権は神宮（祭主）にあたえられた。なかでも度会・多気・飯野《いいの》郡は神《しん》三郡とよばれ、神宮の排他的支配は十五世紀中葉まで維持される。これら神郡の存在は国司《こくし》、あるいは鎌倉《かまくら》・室町《むろまち》幕府、戦国大名北畠《きたばたけ》氏の権力伸張にとっては阻害的要因となったが、他方、郷村制の発達を容易ならしめるとともに貿易港大《おお》湊《みなと》、門前町宇治《うじ》・山田など自治的都市の発展をもたらしたのである。

　その二は、水運に関してである。神宮は御厨《みくりや》住民を神人として把握し、彼らに神饌の貢進という義務を課したが、他方では彼らの自由な交易・交通権を保障したのであった。神人や彼らの操船する船は神船として太平洋海運をになったのである。こうした体制は十五世紀末には崩壊のきざしをみせるが、その後も彼らの活動は衰えることなく、有力商人として小田原《おだわら》や藤沢（神奈川県）、あるいは江戸に進出、また大湊の角屋《かどや》のごとく朱印船貿易に活躍するものもあらわれた（左写真参照）。近世、彼らの活躍は松坂木綿《まつさかもめん》を

大湊の商人角屋に伝わる御朱印旗

あつかい江戸に進出した小津《おづ》・三井《みつい》氏などとともに「伊勢商人」という語をうみだすこととなる。

その三として伊勢参宮人の増加があげられる。鎌倉時代からあらわれた庶民の参宮は、室町時代にはいると、御師《おし》の伊勢信仰の布教もあって増加の一途をたどり、宇治、ことに山田をして物資、人間の一大集散地たらしめた。この傾向は近世にはいっそう著しく、爆発的な参宮＝おかげ参りという現象さえ生ずる。近代に至っても参宮人の数は衰えることがなく、伊勢の地にあたえた経済的効果は多大なものがあったといえよう。

他方、諸国の伊勢人に対する評価はかんばしくないものが多い。十六世紀中頃の作といわれる『人国《じんこく》記《き》』（作者不詳）は南伊勢人を評して、「誠に物ごとに詞《ことば》の躰《てい》はしをらしく……心底は飽《あ》くまで欲深く……実《じつ》少しもなし、心万事に付きてきたなき意地にして」「下下《しもじも》は主《しゅう》を当座の光陰送るために頼みぬるとのみ思ひて、主《しゅう》・下《しも》の法の弁《わいだめ》（わきまえ）もなき」と手きびしい。これには武士の商人への偏見も多分に含まれていようが、商人としてのしたたかな計算と、ときの権力者と一歩間をおいた姿勢――自由な精神といえば過大にすぎようが――がくみとれよう。

以上のように三つの地域は風土もあゆんだ歴史も異なるものがあり、現在直面している問題もまた異なるものがある。北伊賀は工場誘致により、大阪・名古屋経済圏と結びつき、南伊賀は大阪のベッドタウン化して関西との関係を深くし、北伊勢も工場誘致、あるいは名古屋のベッドタウンとして名古屋との関係を深くしている。志摩地方は漁業・林業の振興や観光地として再生しようとしている。いずれの地域も重い課題を背負いながらも将来をみつめている。

1章

三重のあけぼの

高皿遺跡の石器群

1　石器文化から縄文文化

出張遺跡と石器群●

およそ三〇〇万年前の地質年代でいう新第三紀鮮新世《せんしんせい》にあたるころ人類の祖先は、猿人《えんじん》（アウストラロピテクス）として直立で歩くことをはじめ、五〇万年前には言葉と火を学習したジャワ原人《げんじん》・ペキン原人と進化し、一〇万年前には旧人《きゅうじん》（ネアンデルタール人）とよばれ、石器を用い狩猟を行い衣服をまとい、集団生活をしていた。数万年から一万年前までは第四紀更新世《こうしんせい》とよばれ、氷河《ひょうが》時代を迎えていた。氷河期がおわる約一万年前には、人類の直接の祖先といわれるクロマニヨン人に代表される新人《しんじん》（ホモ・サピエンス）が誕生していた。このころ、日本列島は大陸からはなれ、ほぼ現在に近い列島が形成される。大陸と

石器の製作　出張遺跡のチャート製石器の製作工程を示す接合例である。左方向から打撃をあたえ上の剝片をとり，つぎに下方向から下右・下中の剝片を剝離し，ナイフなどの製品をつくる。下左は，石核として石器製作遺跡から出土する。

陸続きであったことは、鳥羽《とば》市の恐竜化石《きょうりゅうかせき》や伊賀《いが》市の河川敷で調査されたゾウ・ワニの足跡からも知られる。

人類の歴史は、道具を用いることからはじまり、長い歴史をもつが、およそ三万年前から一万年前ころの後期旧石器文化はナイフ形石器文化ともよばれ、三重県内でナイフ形石器出土遺跡が五〇カ所ほど知られている。

これらは、南勢《なんせい》地方の宮《みや》川と櫛田《くしだ》川にはさまれた河岸段丘《かがんだんきゅう》や台地、鈴鹿《すずか》川北岸の台地および鈴鹿市南部の台地、志摩《しま》半島の英虞《あご》湾や伊雑《いぞう》浦に面した台地で発見されており、その出土地は、低地に面した縁辺部に認められる。これらの遺跡では一〜二点のナイフ形石器が表採されているのみで、遺跡の内容がわかるまでには至っていない。そのなかで、宮川と支流濁《にごり》川との合流地点で半島状に張りだした中位段丘の中央部に位置する出張《でばり》遺跡（度会《わたらい》郡大紀《たいき》町）では発掘調査が行われ、ナイフ形石器・スクレイパー・尖頭《せんとう》器《き》状石器・細石刃《さいせきじん》の製品のほか多くの石核《せっかく》も出土し、剥片《はくへん》の良好な接合関係が認められたものもある。石器の材質は、調査地点によって多少異なるが、大半が地元産のチャートである。またサヌカイト製品も認められ、大阪府と奈良県境にある二上山《にじょうざん》一帯から産出するものがもたらされたと考えられている。

押型文土器の出現●

土器の使用が開始される縄《じょうもん》文時代は、全国各地で調査が進み、定説とされてきた移住生活・採集経済という概念が払拭《ふっしょく》され、高度な文明社会に達していたことがあきらかになってきている。

県内でも、縄文時代の考古学的調査がふえ、多くの新しい事実が判明しつつある。最初の縄文土器の指標とされる草創期の隆起線文《りゅうきせんもん》・爪形文《つめがたもん》に引き続き、近畿地方を中心に分布する押型文《おしがたもん》土器が県内各地でも一〇〇カ所近くの遺跡から出土している。押型文土器の編年については、これまで最古とされてきた奈良県の大川《おおこ》式・大阪府の神宮寺《じんぐうじ》式に先行する大鼻《おおはな》式が確認されている。大鼻式の押型文土器は、尖底《せんてい》の深鉢《ふかばち》を中心とし、短く屈折する口径一七～二三センチの口縁部《こうえんぶ》と、乳頭状突起《にゅうとうじょうとっき》が未発達で立ちあがりの強い底部に特徴がある。文様は、縄文と押型文のみであり、両者が併用されている点が特徴である。大鼻式は、大鼻遺跡（亀山《かめやま》市）・坂倉《さかくら》遺跡（多気《たき》郡多気町）を標識遺跡とするが、早期前半では西出《にしで》遺跡（津《つ》市美里《みさと》町）、鴻《こう》ノ木《き》遺跡（松阪《まつさか》市）などが代表的な遺跡であり、県外では奈良県大川遺跡、滋賀県粟津《あわつ》湖底遺跡、岐阜県飛瀬遺跡、愛知県大麦田遺跡、長野県お宮の森裏遺跡などが知られる。

押型文土器に伴う石器群には、有茎《ゆうけい》尖頭器・石鏃《せきぞく》などがあり、有茎尖頭器は押型文土器の前半期・神宮寺式期までは存続したとみられる。石鏃は、大鼻式・大川式の時期の県内では、五角形をなすものが特徴的であり神宮寺式以降にはみられず、明確な時期差を示すものといえる。

大鼻式土器　亀山市の大鼻遺跡から出土した押型文土器であり，近畿地方を中心に発展した押型文土器群のうちもっとも古い土器型式と確定された。大鼻遺跡からは土偶や石器も出土しており，三重県の縄文文化開花の幕開けを示している。

押型文土器の段階における住居は、竪穴《たてあな》住居であり、大鼻遺跡の例では直径四メートルほどの不整円形の平面形で、地表面から〇・八メートルほど地面を掘り下げ、床面と壁の立ちあがり付近に垂木《たるき》の先端を差しかけた円錐《えんすい》状の屋根を葺《ふ》いたものと推定される。この竪穴住居と重複して、長楕円《だえん》形もしくは隅丸《すみまる》の二等辺三角形の平面形で、底辺と頂部が開口し、そのあいだがトンネル状に土で天井がはられる最大長二・六五メートル、最大幅〇・六五メートルの内部が火をうけた痕跡《こんせき》を残す「煙道付炉穴《えんどうつきろあな》」とよばれる野外炉が併存しており、一定の定住生活を裏付けている。

大鼻遺跡例では、竪穴住居一～二棟が四時期にわたっていとなまれており、一集団が継起的にこの居住空間を定住地として利用したことがうかがわれ、周辺地において動植物食糧の採集を行っていたものと考えられる。

縄文文化の広がり●

縄文文化は、およそ一万年前から紀元前三世紀ごろまで数千年も続いた長い歴史をもっており、土器の型式区分により草創期・早期・前期・中期・後期・晩期の六区分法が一般に用いられている。県内では、早期の押型文土器の出現以降、各地で縄文文化が展開され、その遺跡は六〇〇を超える。これらの遺跡は、伊勢《いせ》湾岸にかぎらず、志摩半島・熊野灘《くまのなだ》沿岸から伊賀《いが》盆地の内陸部にまで広がり、ことに鈴鹿山麓の台地、雲出《くもず》川・櫛田川・宮川などの河岸段丘に集中しており、伊勢湾に近い海岸部での営みは少ない。また、伊勢湾西岸では、関東地方の縄文遺跡のように大規模な貝塚《かいづか》が確認されていないのも特徴である。

これらの遺跡の調査は表採資料によるところが多いが、近年の発掘調査でその実態が徐々にではあるが解明されつつある。草創期の土器は少ないが、旧石器時代末期から出現する有茎尖頭器は、田尻上野《たじりうえの》遺跡

（津市一志町《いちし》）など一〇〇カ所あまりの遺跡で確認されている。櫛田川左岸の段丘上にいとなまれた粥見井《かゆみい》尻《じり》遺跡（松阪市飯南町《いいなん》）では、竪穴住居から隆起線文・爪形文土器とともに日本最古と判断される土偶《どぐう》が出土しており（口絵参照）、早期前半の押型文土器文化開花の鼓動がみられる。大鼻式押型文土器のあとには、瀬戸内海系の押型文土器がみられ、早期後半には関東系の条痕文《じょうこんもん》土器の影響がみられるが、前期には遺跡数が減少する。

おもな先土器・縄文・弥生時代遺跡の分布

県内でもっとも遺跡数が増加するのは、中期から後期前葉にかけての時期であり、およそ二〇〇カ所の遺跡の所在が確認されている。また、中期前半には志摩半島の贄《にえ》遺跡（鳥羽市）や熊野灘沿岸の曽根《そね》遺跡（尾鷲《おわせ》市）・釜ノ平《かまたいら》遺跡（熊野市）のように関東系や瀬戸内系の土器に北陸系や東海系の土器も認められ、海岸線沿いに人びとの行き来が行われたことを示している。中期末には、関東系の加曽利《かそり》E式土器が近畿地方まで広がり、広範な文化圏を形成する。東庄内《ひがししょうない》遺跡（鈴鹿市）・大石《おおいし》遺跡（津市芸濃《げいのう》町）などでは、平面形が円形を示す竪穴住居が調査され、住居内には石囲みや土器敷の屋内炉も確認されている。

後期には、磨消《すりけし》縄文を多用する土器が広く東西日本の広範囲にみられる。森添《もりぞえ》遺跡（度会郡度会町）は、近畿系の強い影響下にありながら、東北・中部・北陸などの土器もみられ広範な文化の交流が行われたことを示唆している。県内では、多気郡多気町丹生《にう》をはじめ水銀の産地が知られ、水銀とともに産出する辰砂《しんしゃ》からつくられる水銀朱《しゅ》は、神聖な顔料としてあるいは防腐剤《ぼうふざい》として貴重なものであった。森添遺跡からは、赤彩された土器が多く、なかには水銀朱の貯蔵に用いられたとみられる土器もあり、朱の生産と流通に関わりのある遺跡とみられている。天白《てんぱく》遺跡（松阪市）もこうした遺跡の一つと考えられているが、東西約五〇メートル、南北約五〇メートルの範囲に広がった配石遺構は、西日本には数少ないものである。配石遺構は、周囲に石をめぐらすものから無造作に石を集めたものまでいろいろなタイプがある。土器棺墓の確認、六〇点を超える土偶や岩偶《がんぐう》、石棒・石剣など祭祀《さいし》遺物も多く葬送儀礼の行われた遺構と考えられている。大規模な配石遺構の存在は、東西縄文文化をときあかす大きな鍵をにぎっている。

晩期の確認されている遺跡は、前代より少なくなり、小規模な遺跡が多く、沖積平野部に進出してくる遺跡もあり、弥生《やよい》文化への胎動がみられる。晩期の後半には、粘土紐《ねんどひも》を土器の口縁部や肩部に貼《は》りつける東海系の凸帯文《とったいもん》土器が主流を占めるようになる。下川原《しもがわら》遺跡（名張《なばり》市）では、東日本にみられる住居形態であり、柄鏡《えかがみ》の柄のような入口部をもち住居内部に石をしく後期の柄鏡形住居が確認されているほか、晩期には遺体を土器に埋葬する二五基の土器棺墓群が集落とはなれた場所で確認されており、近畿地方屈指の土器棺墓群として注目を集めている。

県内における縄文文化は、草創期から晩期まで、県内のそれぞれの地域で東西縄文文化の影響をうけながら展開していった。近畿・瀬戸内地域と共通した西日本的な様相が強くみられる一方、早期末・中期・晩期末など、東海・東日本からの影響が強くなる時期が断続的にみられ、その交流は志摩半島から熊野灘沿岸にかけての海の道と内陸部の陸の道をつうじて活発に行われ、伊勢湾岸の縄文文化は東・西日本の接点として、その交流の歴史を示している。

天白遺跡の配石遺構　累々と重なる集積あるいは配石遺構は，バラエティーにとみ，遺跡にたつと縄文という異文化の世界にとびこんだような錯覚をあたえる。東・西日本の接点にあるこの遺跡は，葬送儀礼の行われた場所ともいわれる。国史跡。

2　農耕の成立と王権

弥生文化の開花●

数千年続いた縄文文化をうけて、本格的な稲作文化と鉄器文化をたずさえた人びとが大陸から日本列島に移住し、これまでの縄文文化と弥生文化の融合がはかられ、この文化は比較的短期間に日本列島に広がっていく。これまで、弥生文化を特色づける一つとされる水稲耕作は、縄文晩期の福岡県板付《いたづけ》遺跡では灌漑《かんがい》施設とともにその存在が認められており、北の青森県では弥生前期ですでに水稲栽培がはじめられている。

伊勢湾西岸における農耕文化の伝播《でんぱ》は、九州の遠賀川《おんががわ》系土器の分布により、前期中段階において、広口《ひろくち》壺型《つぼがた》土器における段《だん》をもつ土器の出現にみられ、中ノ庄《なかしょう》遺跡（松阪市）、納所《のうそ》遺跡（津市）、永井《ながい》遺跡（四日市《よっかいち》市）などで出土しており、中勢から北勢に北上していったと推定されている。この遠賀川系土器文化の東限は、尾張《おわり》・三河《みかわ》地方であり、県内の遠賀川系土器は、三河地方で縄文土器の最終末に編年されている馬見塚《まみづか》式との併行関係があきらかにされており、弥生文化は全国各地の縄文文化と融合していった。

前期新段階には、赤焼きの土器が盛行し、遠賀川系土器に対して「亜流の遠賀川式土器」と位置づけられ、三河地方の最初の弥生土器とされる条痕《じょうこん》系の水神平《すいじんびら》Ｉ式が共伴しており、伊勢湾西岸においては、遠賀川系土器の系譜に移行したことがうかがわれる。

伊勢湾西岸での代表的な遺跡には、雲出川流域の中ノ庄遺跡を嚆矢《こうし》とし、北へは安濃《あのう》川流域の納所遺跡、鈴鹿川流域の上箕田《かみみだ》遺跡（鈴鹿市）があり、南には櫛田川水系の金剛坂《こんごうざか》遺跡（多気郡明和《めいわ》町）がある。

上箕田遺跡・納所遺跡は、ともに沖積地の自然堤防上にいとなまれた伊勢地方を代表する大規模な集落遺跡である。両遺跡ともに第Ⅰ様式から第Ⅴ様式の土器の変遷がみられ、畿内唐古《からこ》系の影響下にありながら、尾張あるいは三河系の影響も強くうけており、伊勢湾を介しての交流も認められる。

上箕田遺跡からは、後期の壺胴部に鹿を射る人物と角を振りかざす鹿を描いた狩猟文土器が出土し、銅鐸《どうたく》形土製品も出土している。また、鈴鹿市の磯山《いそやま》から出土した銅鐸にも鹿狩の場面が描かれ、狩猟文銅鐸として知られている。鈴鹿川流域では、中期以降遺跡の拡散が認められ、鈴鹿川北岸の高岡山《たかおかやま》丘陵の中尾山《なかおやま》遺跡・扇広《おぎぶる》遺跡・東ノ岡《ひがしのおか》遺跡・一反通《いったんどおり》遺跡は、竪穴住居と方形周溝墓で構成されている。後期には、海岸部近くの丘陵地にも集落が進出してくるようになる。

安濃川下流の標高約五メートルの自然堤防上に位置し、伊勢湾西岸最大の弥生集落である納所遺跡では、道路建設にさきだって行われた範囲の調査にもかかわらず、多種多様の遺物が出土し、その内容の豊かさ

磯山銅鐸　袈裟襷文《けさだすきもん》内に四頭渦巻文《しとううずまきもん》があり，その余白に猪・犬と魚と思われるものが表現され，裏面の裾《すそ》にも猪・鹿が描かれている。畿内北部で製作されたものとされる。

からは、伊勢湾西岸の弥生文化の熟成を知ることができる。前期の自然流水路からは多数の鍬《くわ》・鋤《すき》・スコップ・槌《つち》・竪杵《たてきね》・石斧《せきふ》の柄などの農工具をはじめ容器、手網《たも》の漁労具が出土しており、なかには木製品の原材や未製品もあり、遺跡内で水稲栽培に不可欠な木製品が製作されていたことが知られる。また、この水路からは鐸形木製品のほか、奈良県唐古遺跡ほか全国三カ所で、同形と思われる竹製で朱漆《あかうるし》の竪櫛《たてぐし》が出土しており、「同じ漆工房で、場合によっては同一の工人がつくったものとしてまちがいない」とされる。また、納所遺跡の周辺には、水田跡が確認された森山東《もりやまひがし》遺跡、灌漑用の井堰《いぜき》と多数の溝が調査された蔵田《ぞうだ》遺跡などの生産遺跡があり、小国家的集団を形成していたことがわかっている。中期の遺物は、質量ともに豊富であり、木製品や石器には未製品や製作時に生じる剥片がみられ、周辺の遺跡では逆にこれらの出土がみられないことなどから、納所遺跡がこの地域での中心的役割をはたしていたことを示唆して

納所遺跡の竪櫛　10cmほどの竹製の竪櫛で，歯は20本，ひごをU字状にして束ねて頂部でしばり，薄板2枚を貼りあわせ，上に環状の把《と》っ手《て》をつけ，基部と把っ手の全体を朱漆で塗りかためている。

いる。

　しかしながら、後期にはいると様相は一変し、沖積地に位置する納所遺跡は衰退し、安濃川北岸の丘陵地に大規模な集落が出現する。長《おさ》遺跡（津市）は、その代表的な遺跡の一つで、総数二〇〇棟以上の竪穴住居が数次期にわたっていとなまれている。中期から後期にかけて沖積地の大集落が丘陵地に分村していく傾向は、鈴鹿川の上箕田遺跡でも同様であり、その背景の大きな要因に、西日本をおおう倭国《わこく》大乱の緊迫した状況を想定できる可能性もある。

　一方、この時代の墳墓《ふんぼ》は、集団墓域をなす方形周溝墓《ほうけいしゅうこうぼ》が前期から造営されるが、中期には単独あるいは少数でいとなまれる方形台状墓《だいじょうぼ》とよばれるあきらかに盛土を伴った墳墓が、倉谷《くらたに》墳墓（津市安濃町）で確認されており、後期の高松弥生墳墓・大ケ瀬《おおがせ》遺跡（津市）などの形態にはつぎの古墳《こふん》文化への萌芽がみられる。

城之越遺跡の祭祀●

城之越《じょのこし》遺跡（伊賀市）は、伊賀盆地南部で大きく蛇行する木津《きづ》川右岸の小盆地に位置する。この地域では、伊賀市柏尾《かしお》および上野市比土《ひど》などから弥生時代後期の突線鈕《とっせんちゅうしき》式銅鐸の出土が知られている。また、古墳時代になれば、四世紀末から六世紀前半に首長墓の系譜を示すとみられる前方後円墳《ぜんぽうこうえんふん》や帆立貝《ほたてがい》式古墳などが造営された美旗《みはた》古墳群（名張市）、帆立貝式古墳で短甲《たんけいよろい》などが出土した五世紀前半の近代《きんだい》古墳（伊賀市）が城之越遺跡の南西に広がる台地上にみられる。さらに、城之越遺跡と丘陵をへだてた北側の比自岐《ひじき》の小盆地には、四世紀末の前方後円墳で、家型埴輪《はにわ》をはじめ碧玉《へきぎょく》製腕飾《うでかざり》類などで著名な石山《いしやま》古墳（伊賀市）がきずかれて、この地域が古墳時代のはじめから一貫して伊賀における拠点的な地域であったことを示している。城之越遺跡は、平成三（一九九一）年に農業基盤整備事業にさきだって実施された発掘調査により、古墳時代前期の祭祀遺跡であることが確認された。低い丘陵の裾《すそ》に位置するこの遺跡では、三カ所の井泉《いせん》（湧水点《ゆうすいてん》）から湧《わ》きでた清水《しみず》が貼《は》り石《いし》のほどこされた溝を流れて一カ所に集まり、第二合流点から下流は素掘《すぼり》の大溝となって流れていく。三カ所の井泉のうち、二カ所は石が貼りつけられ、井泉1は湧きでた清水を溜《た》める板材による貯水施設も設けられていた。この井泉から流れでた清水は、貼り石溝を流れるが、その合流点は、立石《りっせき》を配した突出部と方形の壇《だん》状遺構を形成している。また、貼り石溝にかこまれた空間は、約一五×一〇メートルの広場となっており、わずかに盛り土されている。溝の上流部

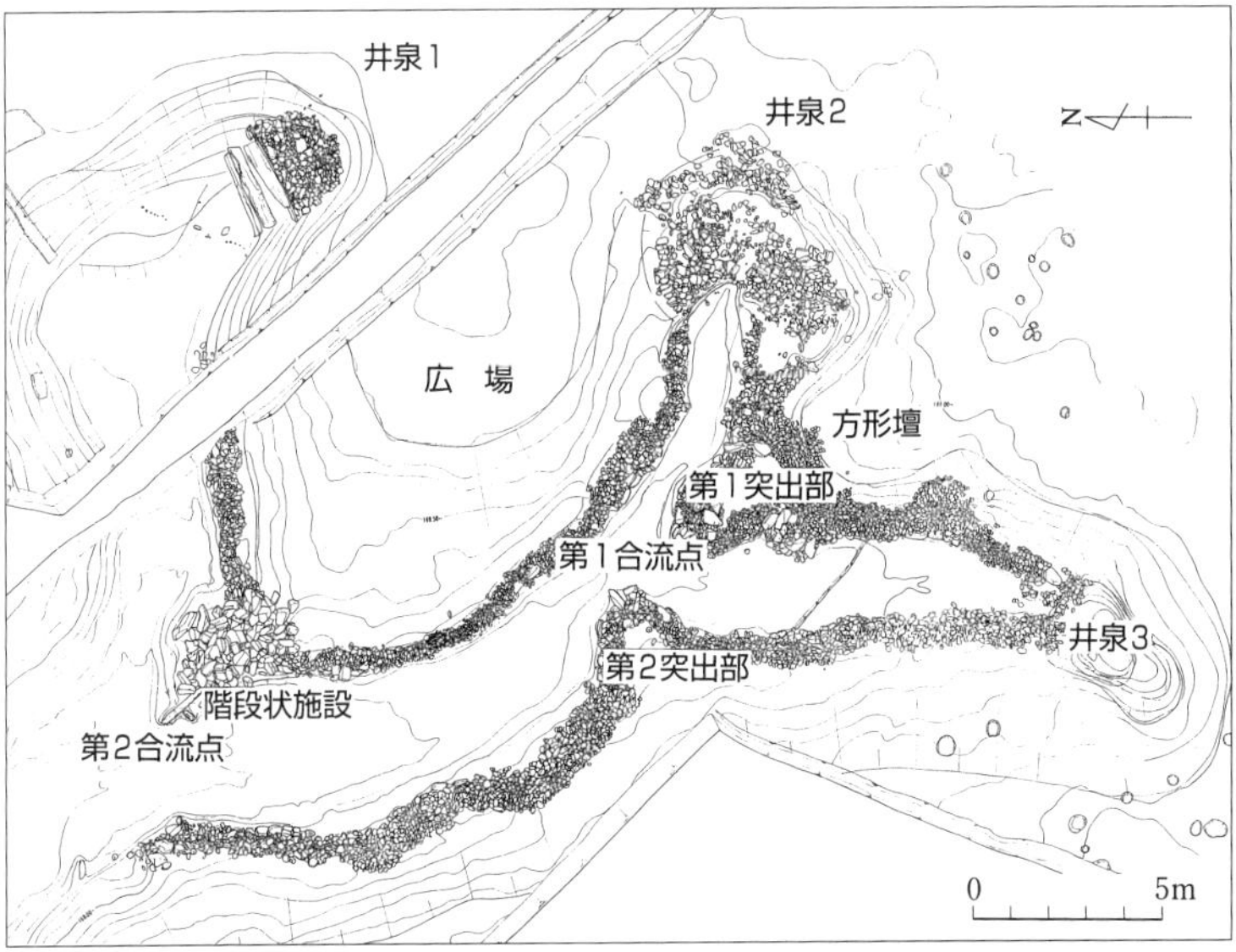

城之越遺跡の祭祀遺構　丘陵裾側に設けられた3カ所の井泉は，それぞれの形態が異なるが，いずれも護岸に貼り石された溝を流れ，各合流点に立石や溝に突出した空間をつくりだしている。第2合流点では，階段状に配石されている。

最古の文字

日本の漢字は、中国から将来されたものであり、中国では約三〇〇〇年前の殷代《いんだい》の甲骨《こうこつ》文字にはじまり、紀元前二二一年に中国制覇をとげた秦《しん》王朝で文字の統一がはかられた。

日本でみられる文字資料は、弥生時代にあたる一世紀のころ中国の貨幣「貨泉《かせん》」が長崎県原ノ辻《はるのつじ》遺跡、大阪府瓜破大和《うりはやまと》川床などで弥生土器とともに出土している。このころの日本は「倭《わ》」とよばれていたことが中国の『前漢書』や『後漢書』などの歴史書にみられ、『魏志《ぎし》』倭人伝《わじんでん》には、五七年に倭の奴国《なこく》が後漢の光武帝《こうぶてい》から印をさずかった記録があり、福岡県志賀島《しかのしま》で江戸時代に出土した「漢委奴国王《かんのわのなのこくおう》」金印がこの記録を証明するものとされている。また、奈良県東大寺山古墳から出土した鉄刀には、一八四〜一八八年にあたる中国の年号である「中平《ちゅうへい》」からはじまる文字が金象嵌《きんぞうがん》されている例をはじめ数例の文字資料が国内で出土している。これまで日本の国内で書かれた文字資料は、「辛亥《しんがい》年七月中記乎」ではじまる埼玉県稲荷山《いなりやま》古墳出土の鉄剣銘が四七一年と考えられ、年代の判別する最古の資料とされている。日本における文字の使用については、『日本書紀』や『古事記』に記され、『日本書紀』には、応神天皇十六年に王仁《わに》が日本にきて皇太子に本を読むことを教えたと伝え、『古事記』には王仁が百済《くだら》から『論語』と『千字文』の書籍を伝えたとしており、わが国で文字が使われたのは、五世紀ごろとされている。しかし、邪馬台国《やまたいこく》や大和朝廷が中国や朝鮮の国々と外交を開いていくうえでは不可欠なものであり、『魏志』倭人伝には三世紀の前半に邪馬台国の卑弥呼《ひみこ》が魏の皇帝に上表文（国書）を送ったと記録されており、弥生時代のころ漢や魏と倭の国交に漢字が用いられたことが想定される。

❖コラム

平成八（一九九六）年、古墳時代初期の片部遺跡《かたべ》（松阪市）から日本最古の文字を書いた土器の出土が報告された。文字は、口径約一二センチ、高さ約七センチの土師器の壺の口縁部に「田」と判読できる可能性をもつ資料で、四世紀前半のものである。平成九年には、熊本県玉名市の柳町遺跡の木製短甲《たんこう》の留め具に「田」と判読できる文字資料が確認された。さらに、同十年には弥生時代後期の大城《おおじろ》遺跡（津市安濃町）の竪穴住居から二世紀中頃の高杯《たかつき》脚部にきざまれた文字資料が発表された。それは、専門家により「与」「奉」「幸」などと判読され、わが国の文字使用が確実に弥生時代に求められることを示唆している。片部遺跡あるいはそれを二世紀もさかのぼる大城遺跡の文字資料の正否は、現在も議論の渦中にある。まず、大城遺跡の刻書土器《こくしょどき》は、土器が焼成《しょうせい》された以降にきざまれたものであり、その時期について議論が分かれる。また、片部遺跡の「田」資料は文字そのものの可否と墨書について課題が残されている。一方、最古の文字資料が存在しうる当時の伊勢湾西岸の歴史的背景もあきらかにしなければならない大きな課題である。余談ではあるが、わが国最初の木簡《もっかん》発見が桑名市多度町の柚井《ゆい》遺跡であったことが脳裏をかすめる。

刻書土器(大城遺跡出土)

墨書土器(片部遺跡出土)

につくられた「広場」と立石をもつ突出部につながる「方形壇」では、構築物は確認されず、貼り石溝によって区画された聖域と考えられる（口絵参照）。

祭祀遺構から出土する遺物は、貼り石溝および大溝から出土するものがほとんどであり、土師器《はじき》などの土器類や木製品がある。土師器は、この遺構の時期を決める基準資料であり、土器の編年から、この祭祀遺構が四世紀後半から五世紀の古墳時代前半に機能していたことがあきらかになっている。土師器のなかには、体部に一個の穿孔《せんこう》をもつ小形の壺類があり、注器としての機能をもつものであるが、一般集落跡からの出土例は少なく、祭祀にかかわる非日常的な土器としてとらえられる。木製品では、鍬・鋤などの農耕具がいっさい認められず、刀形や剣形木製品・漆塗りの飾り弓や刀剣の鞘《さや》などの武器形祭祀具、布巻き具（経巻《きょうま》き具）、案《あん》など非日常的な遺物が多く、井泉および貼り石溝によってつくられた祭祀空間で「水辺の祭り」が行われたことを物語っている。

祭祀の具体的な様相はあきらかにはしえないが、祭祀遺構の東および丘陵をへだてた南東には、大型の掘立柱《ほったてばしら》建物が二棟一単位で確認されている。祭祀遺構の東約一〇〇メートルに東西にならんでいる建物は、ともに二間×二間の身舎《もや》の四面に庇《ひさし》がつく建物であり、大きさは、西の建物が一三・五×一二メートルで、東の建物が一〇・四×一一・五メートルである。南東地区の二棟の建物もほぼ同規模のものであり、構造的にも類似点が多い。この大型建物は、ともに古墳時代五世紀のものと推定され、祭祀遺構と密接な関係をもつと考えられるし、また当時としては全国的にみても第一級の建物であり、地方の首長層の造営になると考えられる。

井泉の清水を媒介にして行われた、「水辺の祭り」は全国で行われていた古墳時代の祭祀の一端を示すものであり、県内では六大《ろくだい》A遺跡（津市）でも井泉が確認されている。また、城之越遺跡の祭祀遺構にみられる貼り石溝や立石は、その形態と祭礼の思想を発展変質させ、後世における庭園造形の祖型としてとらえることも可能であろう。

前方後円墳と群集墳●

県内には約三八〇〇基の古墳が確認されており、その多くは小型の円墳《えんぷん》や方墳《ほうふん》であり数基以上の群をなしている。古墳の分布は、河川の流域に多く認められ、このことはとりもなおさず古墳の築造が農業生産基盤に立脚した耕地・集落と不可分の関係にあったことを示している。とくに古墳の分布密度が高いのは、伊勢地方では鈴鹿川、安濃川、雲出川、櫛田川水系であり、伊賀地方では名張川、長田《ながた》川（木津川）、柘《つ》植《げ》川、服部《はっとり》川の水系が地形的にも独立した地域を形成しており、それぞれに古墳文化をはぐくんできた。

古墳時代の推移をながめてみると、もっとも早くつくられた古墳は、集団の首長を葬るためにつくられた墳墓《ふんぼ》としてとらえることができる。今日知られている県内最古の古墳は、東山《ひがしやま》古墳（伊賀市）である。東山古墳は、伊賀北部を流れる服部川の形成した沖積地をながめる丘陵の先端部の地形をうまく利用して、平面形が楕円状をなす高塚《たかつか》墳墓としての形態をつくりだしている。墳丘の中央部に、割竹形木棺《わりだけがたもっかん》を埋葬し、半裁された後漢鏡《ごかんきょう》・銅鏃《どうぞく》・鉄鏃《てつぞく》と土師器の高杯・器台《きだい》を副葬している。土師器の編年から弥生時代末期から古墳時代に至る過渡期の墳墓と考えられている。

このののち、定形化した前方後方墳《こうほうふん》あるいは前方後円墳が各地にあいついで築造される。県内には約一一〇基（伊勢国七四、志摩二、伊賀約三〇）が確認されている。

雲出川流域では、ほかの地域にさきんじて古墳の築造が開始され、庵ノ門《あんのかど》一号墳、西山一号墳、筒野《つつの》一号墳、鋳山《さびやま》古墳、向山《むかいやま》古墳があいついで前方後方墳の形態を採用してきずかれる。その後、鈴鹿川、櫛田川流域などでも古墳の築造が開始され、鈴鹿川流域では能褒野《のぼの》王塚・寺田山《てらだやま》一号墳・愛宕山《あたごやま》一号墳が前方後円墳としてきずかれる。また櫛田川流域では、高田《たかだ》二号墳・坊山《ぼうやま》一号墳・清生茶臼山《せいせいちゃうすやま》古墳・久保《くぼ》古墳があいついで大型の円墳の形態をとってきずかれる。

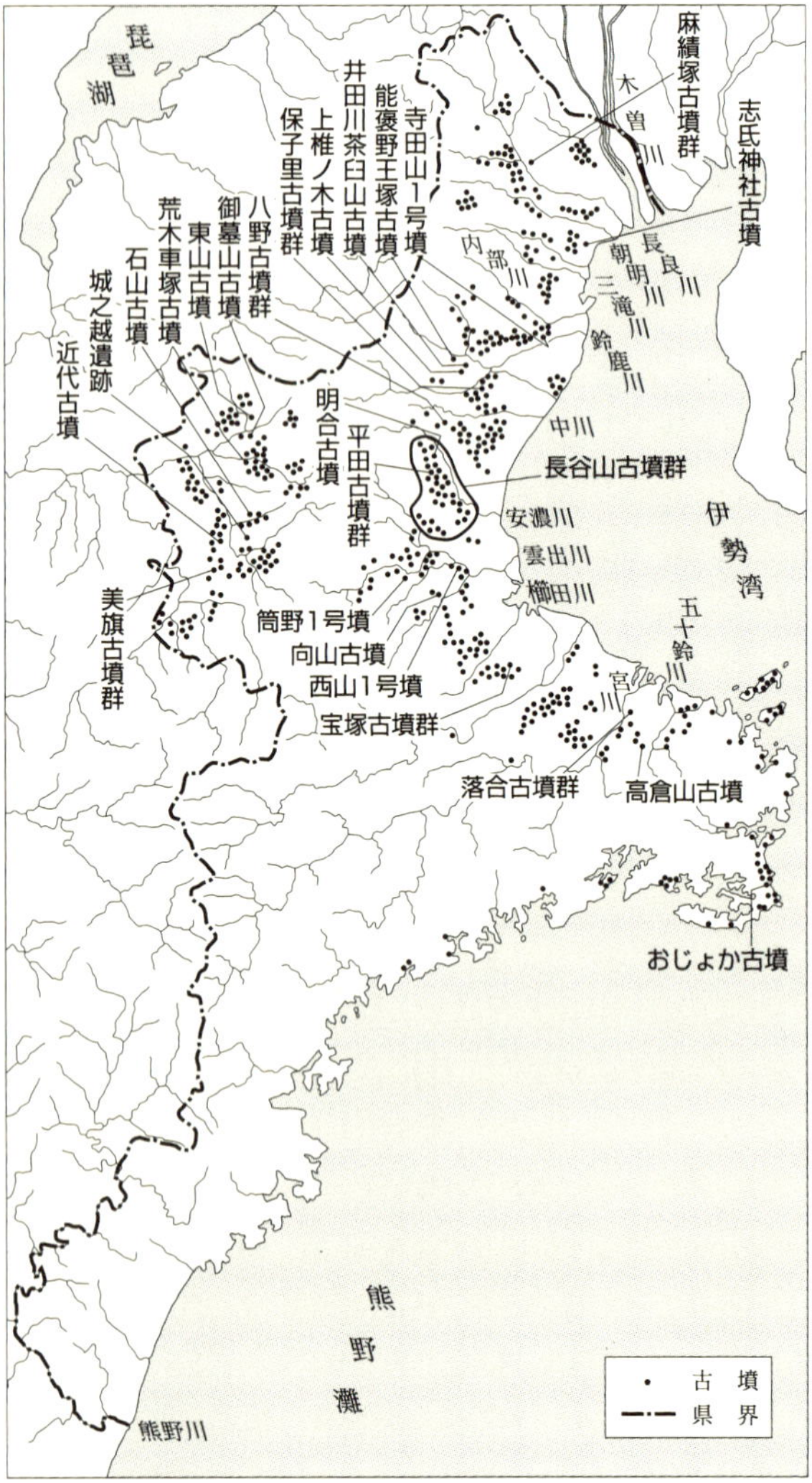

おもな古墳の分布

一方、伊賀地方では柘植川流域に山神寄建《やまがみよったて》神社古墳（伊賀市）、服部川流域に寺垣内《てらかいと》古墳・荒木車塚《あらきくるまづか》古墳（ともに伊賀市）、長田川水系では石山古墳（伊賀市）がそれぞれ前方後円墳の形態を採用して築造される。長田川水系の上流地域にあたる名張市北部では石山古墳よりもやや後出して殿塚《とのづか》古墳が出現し、引き続き女良塚《じょろうづか》古墳・毘沙門塚《びしゃもんづか》古墳・馬塚《うまづか》古墳・貴人塚《きじんづか》古墳が前方後円墳の形態を維持して築造され、この地域において系譜的な首長の墳墓としてとらえることができ、美旗《みはた》古墳群と総称している。こうした古墳時代前半期の古墳は、地域的な集団の首長層の墳墓として盛り土された高塚墳墓として、首長個人の墓と考えることができる。

六世紀ころからこうした高塚墳墓をもたなかった地域や階層にも墳墓の築造が広がってくる。古墳時代前半期の五世紀末にはすでに成立のきざしを示していたことが、落合《おちあい》古墳群（伊勢市）の調査であきらかにされている。落合古墳群は、布留《ふる》式古段階の五世紀初頭前後に七号墳がきずかれ、つぎのＴＫ二〇八型式併行期の五世紀中頃には、三号墳のほか五基の方墳と石組墓《いしくみぼ》・土壙墓《どこうぼ》があいついで築造され、三単位以上の集団が想定される。また、それぞれの古墳では埋葬施設を一つとしているが、五号墳では二つの可能性もある。五世紀後半以降は、円墳の形態にかわり二時期三基の古墳がきずかれる。

埋葬施設は、古墳時代の前半期までは木棺あるいは竪穴式石室を用いるのが基本的であったが、四世紀末から五世紀初頭に北部九州で横穴式石室が築造され、六世紀前半に至って全国各地で築造されることになる。横穴式石室の採用により、これまで個人墓としての性格が強かった古墳に、家族墓としての埋葬が行われる。

県内最古の横穴式石室は、おじょか古墳（志摩市阿児《あご》町）である。おじょか古墳は、一三基からなる志《し》島《じま》古墳群を構成する。横穴式石室は、壁石をすべて扁平な板石《いたいし》を用い、玄室《げんしつ》二・九メートル、羨道《せんどう》三・一メートルの全長六メートルで、玄室奥壁幅二・一五メートル、玄門《げんもん》部幅一・七メートルで平面形が台形状を示し、羨道は開口部に向かって開き、石室の平面形が羽子板《はごいた》形を示している。墳形は円墳と考えられるが、前方後円墳の可能性も指摘されている。遺物は、埴輪製枕《まくら》、鏡（方格規矩鏡《ほうかくきくきょう》、珠文鏡《しゅもんきょう》）のほか、多数の装身具や武器・農工具が出土している。おじょか古墳は、その形態から北部九州の影響を直接的にうけ五世紀後半に築造されたものであり、「海の道」による海上交流を物語るものとしてとらえられている。

おじょか古墳の横穴式石室はその後の県内における系譜が確認されていないが、五世紀末には北部九州系の竪穴系横口式石室が津市安濃町平田《ひらた》一八号墳にみられる。一方、伊賀およびガガフタ一号墳（津市）、釜生田《かもだ》Ａ五号墳（松阪市）、瑞巌寺《ずいがんじ》六号墳（松阪市）などで畿内系の横穴式石室が採用されるに至り、県内各地で横穴式石室が普及する。

王権と寺院

県内では、古代寺院として、古瓦などが出土しその存在が推定されている遺跡は、三十数カ所ほどが知られている。しかし、発掘調査などによりその存在および伽藍《がらん》配置が確認された寺院跡は八カ所のみである。

伊勢でもっとも早く出現する寺院は、大和「山田寺《やまだでら》」式と「川原寺《かわらでら》」式の軒丸瓦《のきまるがわら》が葺かれた額田廃寺《ぬかたはいじ》（桑名市）・縄生《なお》廃寺（三重郡朝日町）の両寺であり、「川原寺」式の軒丸瓦の使用から寺院の造営がなされた智積《ちしゃく》廃寺（四日市市）がこれに続く。これに対し雲出川流域の松阪市の高寺《たかでら》と八田《はった》廃寺にみられる複弁《ふくべん》蓮華文《れんげもん》軒丸瓦は、周縁《しゅうえん》を並行線で飾る線鋸歯文《せんきょしもん》が主流となっており、あきらかに「川原寺」式の影響のなかから成立したものと考えられる。この「川原寺」式瓦の分布は、北伊勢と美濃《みの》の中・西地域に顕著に認められ、この地域において、「川原寺」式瓦を用いる段階で共通した寺院造営の背景が考えられ、そのもっとも大きな理由に壬申《じんしん》の乱（六七二年）を考えることができる。

額田廃寺は、塔跡や金堂跡・講堂跡・僧坊跡・中門跡・築地《ついじ》跡などが確認され、塔と金堂をそれぞれ西と東に並列させた法隆寺式の伽藍配置をとっている。「山田寺」式の軒丸瓦と「川原寺」式の軒丸瓦が出土しており、「川原寺」式の軒丸瓦は、縄生廃寺の軒丸瓦より先行する型式である。

縄生廃寺では、瓦積基壇《かわらづみきだん》をもつ塔跡と塔心礎《とうしんそ》内の舎利孔《しゃりこう》から鉛ガラス製の内容器を滑石《かっせき》製の有蓋壺《ゆうがいつぼ》の外容器におさめ、さらに外容器は唐三彩《とうさんさい》の椀《わん》で被覆《ひふく》した舎利容器が発掘され、近年の古代寺院跡発掘調査のなかでは目をみはるものであった（口絵参照）。その後の確認調査で塔跡の北東部において、塔より時期がくだる版築《はんちく》の存在が確認されているが、遺構は明瞭でない。出土遺物でもっ

縄生廃寺塔跡　一辺10.2mの瓦積基壇をもつ塔跡は南面し，基壇上面では３間×３間の礎石抜きとり痕と塔心礎が確認され，心礎からは舎利容器が出土した。塔は倒壊し，塔の西側に屋根瓦の一部が葺かれたままの状態で発掘された。

とも多かったのは、瓦類であり、塔の倒壊というまれな例によって屋根に葺かれた瓦の状況があきらかになった。瓦は、軒丸瓦が三型式と軒平瓦《のきひらがわら》一型式が確認されており、軒丸瓦A型式は「山田寺」式軒丸瓦ではもっとも新しい部類に属する型式のものである。

夏見《なつみ》廃寺跡（名張市）は、長和四（一〇一五）年ごろに撰述された大和『薬師寺縁起』に「大来皇女《おおくのひめみこ》最初　斎宮《いつきのみや》　以神亀二（七二五）年為清御原《きよみはら》天皇建立昌福寺《しょうふくじ》。字夏見。本在伊賀国名賀郡」にみえる昌福寺に比定されている。廃寺は、名張川をみおろす丘陵の南斜面に造営され、塔・金堂・講堂の主要伽藍は、掘立柱塀によってかこまれている。しかしながら、塔などの建物は、当初から建立されていたものではなく、暫時《ざんじ》整備されていったこともあきらかになった。重弁八葉《じゅうべんはちよう》蓮華文軒丸瓦および「川原寺」系統の複弁八葉蓮華文軒丸瓦と三重弧文《さんじゅうこもん》軒平瓦を葺いた金堂がまず最初に建立された。金堂の阿弥陀《あみだ》三尊と二比丘《びく》像のまわりには大型塼仏《せんぶつ》、長方形の三尊塼仏、長方形小形独尊塼仏二種のあわせて四種の塼仏が飾られた。大型塼仏の断片には「甲午《こうご》年」銘が発見された。この塼仏の造像記の一部と推定でき、塼仏の様式や出土遺物の年代からみて持統天皇八（六九四）年と考えられ、建立時期について大きな示唆を得ることができた。八世紀中頃には、複弁八葉蓮華文軒丸瓦と均整唐草文《からくさもん》軒平瓦で葺かれた塔と講堂が建立され、金堂正面の石段もあらたに設けられ、寺院としての伽藍配置をととのえた。ただ、大来皇女の建立とされる神亀二年ごろの大きな改修などは確認されず、大来皇女建立の昌福寺と夏見廃寺との関係は、今後に課題を残したままである。小規模な寺域をもち、金堂の建立後約半世紀後に塔と金堂を東西にならべ、金堂の南西部に講堂を配置する得意な伽藍配置を整備していることなどから、夏見廃寺の造営者は、この地域の郡司《ぐんじ》層とみられる（口絵参照）。

2章

古代の伊勢・伊賀・志摩

線刻阿弥陀三尊来迎鏡像

1　律令制の成立と伊勢神宮

「傍国の可怜し国」●

四世紀にはいると、伊勢《いせ》・伊賀《いが》地域でも前方後円墳の築造がはじまり、この地方は大和《やまと》政権の勢力圏に属するようになった。伊勢神宮の創祀《そうし》伝説のなかで、伊勢に至った天照大神《あまてらすおおみかみ》が告げたとされるつぎの託宣は、そのまま大和政権のこの地域に対する見方をあらわしている。

是の神風の伊勢国は、常世《とこよ》の浪《なみ》の重浪《しきなみ》帰《よ》する国なり。傍国《かたくに》の可怜《うま》し国なり。是の国に居らむと欲《おも》ふ。

（『日本書紀』垂仁天皇二十五年条）

その前半は『伊勢国風土記《ふどき》』逸文《いつぶん》にも「古語」としてみえるが、詞中の「常世」とは老いも、死もない古代人の理想郷のことをさしているので、この讃詞は、伊勢が海の彼方に存在すると信じられた理想郷にもっとも近い地域とみなされていたことを示している。こうした意識と太陽崇拝に基づく、日ののぼる国という聖地観とが複合し、大和政権のなかでしだいに、伊勢を神聖なる土地とみなす観念が形成されたとみられる。

『風土記』逸文によると、伊勢という国名は、神武《じんむ》東征の途中、命をうけ出兵したアメノヒワケノミコトに国土を献上した「国つ神」、イセツヒコの名にちなむという。アメノヒワケの問いかけに、「吾《あれ》、此の国を覔《ま》ぎて居住《す》むこと日久し」とこたえたイセツヒコは、土着の勢力を代表する存在であり、この国ゆずりの説話は、大和政権の勢力がこの地域におよんだことを神話化したものであろう。「国つ神」イセツヒコのイセは、海産物を貢納した部民《べみん》である磯部《いそべ》のイソに由来するといわれる。まさしく地名自体が海と関わりをもつ伊勢は、神聖なる海辺のクニであった。

さきにあげた託宣の後半は、伊勢を大和の外辺に位置するものの、さからわない、よきクニであるととらえている。たしかに大和の東のかたわらにある伊勢は、ヤマトタケルノミコトの東国遠征伝説で遠征の出発地であり、かつまた終焉《しゅうえん》の地ともなっているように、はやくから大和政権の東国進出の拠点であった。とはいえ、五世紀なかばまで、この地域は大和に対しゆるやかに服属していたにすぎなかったとみられる。しかし全国的な支配圏の拡大と権力の専制化がはかられた五世紀後半の雄略《ゆうりゃく》朝になると、中央権力による支配強化の波がこの地域にも押しよせ、大和政権との関係はあらたな段階にはいった。それを示すかのように、『日本書紀』では「伊勢朝日郎《あさけのいらつこ》」の反乱など、伊勢に関する伝承がこの時期に集中してみられる。また美濃《みの》とともに、この地域に特徴的にみられる川俣《かわまた》・安濃《あの》・壱師《いちし》・飯高《いいだか》・佐奈《さな》など、県主《あがたぬし》よりも従属性の強い県造《あがたのみやつこ》の設置も、この支配強化に関連するといわれる。さきほどからふれてきた大和政権の伊勢に対する見方や伊勢が舞台となる伝説も、この時期以降、大和政権による支配が強化されるなかで形成されたとみるべきであろう。

迹太川の遥拝●

天武天皇元（六七二）年におこった壬申《じんしん》の乱は一見、大王天智《てんち》の実子大友皇子《おおとものみこ》に主導された近江《おうみ》朝廷に対する、大海人皇子《おおあまのみこ》（天智の同母弟）の反逆の様相を呈するが、実質は律令国家形成の主導権をめぐる争いであり、古代最大の内乱にまで拡大した理由もそこに求められる。

この内乱では伊勢と伊賀はともにその重要な舞台となった。まず乱の経過からはじめよう。天智天皇十

（六七一）年十二月、天智はその波乱にとんだ生涯をおえた。天智の強い意志で後継者となっていたものの、残された大友皇子は年若く、伊賀の地方豪族出身の母をもつハンディを背負わざるをえなかった。一方、天智の意向を恐れ、出家し吉野《よしの》に隠棲《いんせい》していた大海人皇子は女帝皇極《こうぎょく》を母とし、政治経験も豊富であった。母親の身分が大きくものをいう当時の常識からすれば、人びとの評価の帰するところはおのずからあきらかであったと思われる。危機感をいだいた大友を中心とする近江朝廷は、早期に有利な状況をつくりだすべく、年があけると、天智の山陵をつくるという名目で軍勢を動員するなど、吉野の大海人を挑発する挙にでた。

こうしたなかで挙兵を決意した大海人は六月二十二日、美濃国安八磨評《あはちまのこおり》の湯沐邑《ゆのむら》へ舎人《とねり》を派遣し、湯《ゆ》沐令《のうながし》多臣品治《おおのおみほむじ》とともに東山道《とうさんどう》の要衝不破《ふわ》を確保するよう命じた。行動の開始である。ついで二十四日、東国《とうごく》をめざし吉野を脱出する。同行したのは妃《ひ》の菟野皇女《うののひめみこ》、皇子の草壁《くさかべ》・忍壁《おさかべ》のほか、舎人二〇余人と女官一〇余人にすぎなかった。菟陀《うだ》の吾城《あき》（奈良県宇陀市大宇陀）を経て伊賀にはいり、夜中に隠駅家《なばりのうまや》（名張市夏見《なつみ》）を焼いて人夫を集めようとしたが、一人も姿をみせなかったという。「名墾《なばり》の横河」（名張川）でみられた黒雲は瑞祥《ずいしょう》と判断され、心強い限りであったが、少しの猶予《ゆうよ》も許されなかった。そのまま北進し、また駅家（伊賀）を焼いた。ここまで、まったく加勢はあらわれず、ようやく伊賀の中山で評《こおりの》造《みやつこ》（郡司《ぐんじ》）らが兵を率いて参集した。

明け方（二十五日）、莿萩野《たらの》（伊賀市荒木か）に着き、ここではじめて休息し、食事をとる。いかに強行軍であったかを物語っていよう。積殖《つむえ》の山口（伊賀市柘植《つげ》町）で大津京からかけつけた高市《たけち》皇子（大海人の長子）と合流したのち、クニ境の大山（鈴鹿《すずか》山地）を越えて伊勢にはいると（加太越《かぶとごえ》）、鈴鹿評《こおり》で伊勢の国守三宅連《みやけのむらじ》石床《いしどこ》と介《すけ》の三輪君子首《みわのきみこくび》らが出迎え、一行の兵力は一挙に五〇〇余人にふくれあがった。その一部をさいて鈴鹿山道を封鎖させ、疲労をおして前進を続けたが、雷雨による寒さにたえかね、その夜は三重の評家（四日市市采女《うねめ》町）で建物一軒を焼いて暖をとらざるをえなかった。

翌二十六日の夜明け、朝明《あさけ》評の迹太《とお》川（朝明川か）の辺りで、天照大神を遥拝し、戦勝を祈る。朝明評

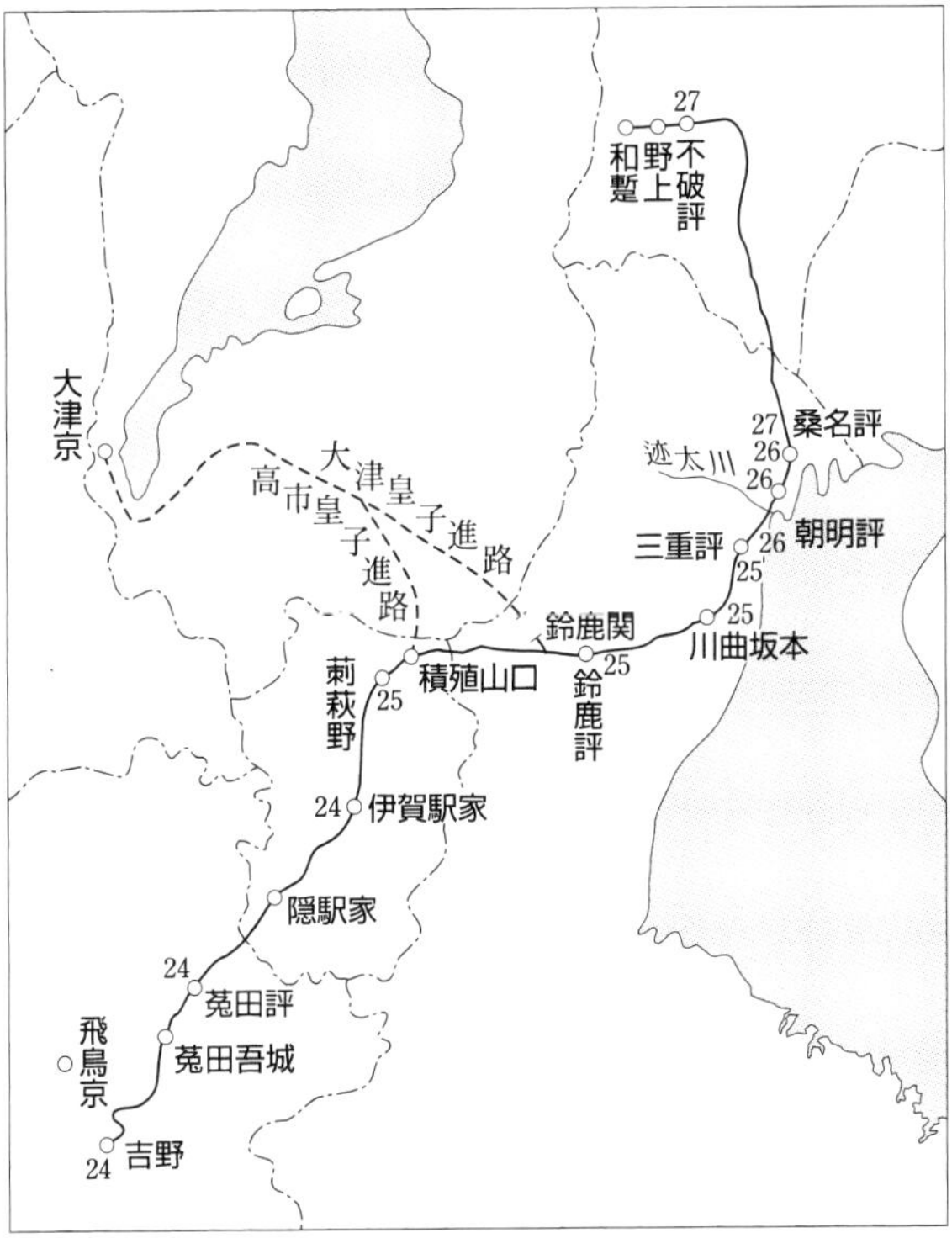

大海人皇子進軍関係図　数字は到着通過の日を示す。直木孝次郎『壬申の乱』に基づき，一部修正した。

家近くまで進んだとき、「美濃の兵士三千人を動員し、不破道《ふわ》を塞《ふさ》いだ」という吉報がもたらされる。畿内《きない》と東国の境に位置し、軍事上の要衝である不破を押さえたことは、近江側と東国を分断する大きな成果であった。さっそく、高市が総司令官として不破に派遣され、一行はその日は桑名評家に宿泊した。明けて二十七日、高市の要請で大海人も不破にはいり、野上《のがみ》を本営として反撃の態勢固めにとりかかることになる。このころになると、尾張《おわり》国守も二万の兵を率いて帰服し、志気はおおいにあがった。出撃は七月二日に開始され、二十三日には大友皇子が山前《やまざき》にて自殺し、近江朝廷は壊滅する。

このように伊賀・伊勢は、大海人皇子の吉野からの脱出行の舞台であった。挙兵初期におけるこの脱出の成功が、大海人を勝利に導いたのである。しかしこの両地域は、一行にとって対照的な意味あいをもっていた。まず伊賀は、大友皇子の母といわれる伊賀の采女宅子《うねめやかこ》が伊賀国造《くにのみやつこ》の娘であったため、大海人側からすれば、まさに危険きわまりない敵地であった。伊賀では中山で評造らの参加が得られたものの、それはあくまでも僥倖《ぎょうこう》であり、最初から一刻もはやい脱出がめざされた。一方、鈴鹿関を擁する伊勢は、当初から美濃とともに戦略的な拠点とみなされていたようである。実際にも伊勢では国司らの支援があり、大海人が不破に進んだのちも、妃の菟野皇女らは桑名評家にとどまった。

伊勢との関わりでは、迹太川における天照大神の遥拝も注目される。乱で活躍した高市皇子に捧《ささ》げられた挽歌《ばんか》には、「行く鳥の　あらそふ間に　渡会《わたらい》の斎宮《いつきのみや》ゆ　神風にい吹惑《ふきまど》はし　天雲を日の目も見せず　常闇《とこやみ》に覆ひ給ひて」（『万葉集』）と、乱中、神宮の加護があったことがうたわれている。大海人側の勝利に神宮がなんらかの役割をはたしたと推測され、それが乱後の伊勢神宮に対する尊崇の高まりとその整備につながっていくのである。

伊勢神宮の創祀●

迹太川での望拝にあきらかなように、壬申《じんしん》の乱当時、すでに天照大神は伊勢の地にまつられていた。ではいつ、どのような経緯で、大王の守護神である天照大神が、政権の本拠である大和・河内《かわち》から遠くはなれた伊勢に鎮座するようになったのであろうか。『日本書紀』によれば、内宮《ないくう》は垂仁《すいにん》天皇二十五年、皇女ヤマトヒメノミコトが天照大神の神告により五十鈴《いすず》川上に斎宮《いつきのみや》をたててまつったことにはじまるという。

一方、外宮《げくう》の創祀については、古い文献では平安初期の『止由気宮《とゆけぐう》儀式帳』が、雄略天皇二十二年に等由気大神を丹波《たんば》比治の真奈井原《まないはら》から伊勢の山田原に迎えたのがはじまりであると伝えるのみである。

第二次世界大戦後、タブーから解放された古代史研究の進展のなかで、これらの伝承はあくまでも起源を語る説話にすぎず、史実をそのままあらわしたものではないとする見方がほぼ定着した。こうした記紀に対する史料批判をふまえ、伊勢神宮の創祀をめぐっていくつかの仮説が提示されているが、ここではその主要な流れを紹介するにとどめたい。

戦後の本格的な伊勢神宮研究のさきがけをなしたのは、直木孝次郎氏による伊勢神宮の地方神昇格説であった。その大筋は、(1)伊勢神宮はもともと南伊勢の地で日の神として信仰されていた地方神であったが、(2)大和朝廷の東方発展に伴い、皇室の崇敬をうけるようになった結果、同じ日の神ということで、皇祖神である天照大神との習合が進み、(3)六世紀の後半以降、天照大神が神宮の祭神とみなされるようになり(皇祖神化)、さらに七〜八世紀のあいだに皇祖神のまま国家神への上昇が進行した、となろう。

この直木氏の見解は学界に大きな影響をあたえ、多くの批判がなされたものの、現在でもなお、過去の説となっていない。しかし世界の宗教史上で、王権が地方豪族の祭神をその最高守護神にとりたてることは例をみないものであり、その点でも地方神の昇格説は再検討を要するであろう。そこで注目されるのは、地方神を継承したという直木説を一部とりこみながら、あらたな見通しを立てた岡田精司氏の見解である。要点をあげるならば、つぎのようになろう。

(1) 雄略朝の四七七年に、大王の守護神の祭場が河内・大和地方から伊勢に移された。これが内宮の起源である。

(2) 内宮の祭神は古くは太陽神であったが、やがて随従する巫女《みこ》神と主客交替する形で祭神の変更がおこった。その時期は六世紀の末から七世紀の初頭とみられる。

(3) 外宮の前身は、南伊勢地方の豪族度会《わたらい》氏の守護神として、古くからこの地方でまつられていた太陽神であった。それが穀物神に変化し、トヨウケヒメという女神になったのである。

この岡田説は考古学の知見や神宮の祭祀《さいし》内容ばかりでなく、五世紀後半における社会的変動・王権の性格変化や国際的契機も視野にいれて、総合的に伊勢神宮の成立を論じており、現在大筋において通説の位置を占めている。しかし基礎となる史料の解釈をめぐっては、異論もだされており、残された問題も多い。

伊勢神宮と斎宮●

議論のある雄略朝はひとまずおくとしても、斎王《さいおう》の名が伝えられる六世紀以降、伊勢神宮は大王の守護神として伊勢に鎮座していたとみられるが、壬申の乱後、「国家的守護神」の地位を確立する。制度面でも天武朝には久しく中絶していた斎王の復活、祭主《さいしゅ》制の導入など、祭祀組織がととのえられた。それをうけ、律令《りつりょう》制下において、神宮は国家機関として明確な位置づけをあたえられた。

この時期の様相は、『延喜式《えんぎしき》』(伊勢太神宮)によって知ることができる。まず度会郡宇治郷の五十鈴川の河上に天照大神をまつる大神宮と、同郡沼木《ぬき》郷山田原に豊受大神《とようけのおおかみ》をまつる度会宮があり、あわせて二所大神宮とよばれた。大神宮には天照大神の荒魂《あらたま》をまつる荒祭宮《あらまつりのみや》をはじめとする六別宮《べつぐう》と朝熊《あさま》社以下の二四摂社、また度会宮には豊受大神の荒魂をまつる別宮多賀《たが》社と月夜見《つきよみ》社以下一六座の摂社がそれぞれ属し、これら別宮・摂社は大神宮を頂点に階層的な秩序を形成していた。

神宮を構成するこれら諸社には摂社をのぞき、八六人の神職がおかれた。この神宮の祭祀集団を代表するのが禰宜《ねぎ》で、大神宮は荒木田《あらきだ》氏、度会宮は度会氏が世襲的にその地位につき、それぞれ祭祀集団を率いて神宮に奉仕した。もと磯部《いそべ》氏といい、アメノヒワケノミコトの子孫と称する度会氏は、外宮のある度会の山田原を本拠とする、この地方の古い豪族であったとみられる。一方、始祖を天見通命《あめのみとおしのみこと》とし、中央の中臣《なかとみ》氏との関係を強調する荒木田氏は、当初本拠地も内宮からはなれた宮川左岸の度会郡湯田・田辺両郷にあり、内宮の拡充に伴ってとりたてられた氏族であったと考えられる。禰宜以外の神職は、大内人《おおうちんど》（内外それぞれ四人）、物忌《ものいみ》（童男・童女があてられる）、物忌父、小内人（物忌以下、それぞれ内宮九人、外宮六人）とよばれ、神宮内の種々の職種を分掌した。

これら祭祀集団が祭祀を担当したのに対し、神宮の国家機関化に伴う行政上の事務をとりあつかったのが大神宮司であった。『延喜式』では大宮司と少宮司、それぞれ一員であり、国司と同様任期を定められ、中央から派遣される官人であった。中央からはまた、神祇官《じんぎかん》につとめる五位以上の大中臣《おおなかとみ》氏が祭主に任じられた。朝廷と神宮のあいだにあって両者の連絡にあたる役である祭主は、日ごろは京都に住み、年四回の祭礼に使いとして下向するなど、当初はおもに神事に従事した。

神宮の祭祀では、斎王も重要な役割をになっていた。天皇の代理として神宮に奉仕する斎王には、卜《ぼく》定《じょう》によって未婚の内親王があてられ、天皇の交替とともにかわった。斎王は六月・十二月の月次《つきなみのまつり》祭と九月の神嘗祭《かんなめ》、いわゆる「三節祭《さんせつさい》」に参加するほかは、神宮からはなれた多気《たき》郡の斎宮《さいぐう》にいて、潔斎《けっさい》の生活を送った。その事務をとりあつかう役所が斎宮寮で、ここには都から赴任した官人と雑役にしたがう人びとが、あわせて五〇〇人ばかり属していた。

ところで神宮創祀の説話のなかでも、大神の「御《み》杖《つえ》」としてヤマトヒメノミコトが登場し、斎王が神宮の創建と深くかかわっていたことを示唆する。しかし初期の斎王は臨時に派遣されるにとどまっていたようであり、この制度の確立は天武朝に求められる。それ以降、六〇数人の斎王が卜定されたが、南北朝期の後《ご》醍醐《だいご》天皇のときに伊勢下向がとだえ、以後もとどおりに復活することはなかった。主《あるじ》のいなくなった斎宮はさびれるばかりで、十四世紀のなかばには、築地《ついじ》跡に草木がしげり、鳥居はくちてしまっていると記録されている。

斎宮跡の発掘(多気郡明和町)　斎宮跡で最大の大型掘立柱建物跡。

『延喜式』などによれば、大垣や溝をめぐらし、まわりに松と柳を植えた斎宮の敷地内は、斎王の御所である内院、寮務を司る寮頭らの宿館が設けられた中院、さらに斎宮寮の被管《ひかん》十二司のある外院の三区画に分かれていた。昭和五十四（一九七九）年に国史跡に指定された「斎宮跡」は、その遺跡にあたる。祓《はらい》川の東岸に広がる低位段丘の西縁にあり、東西約二キロ、南北〇・七キロ、面積にして一三七ヘクタールが史跡となっている（口絵参照）。

発掘は昭和四十五年から開始され、その実態はしだいにあきらかになりつつある。幅二メートル、深さ二・五メートルの大溝がめぐらされた宮跡からは、檜皮葺《ひわだぶき》、あるいは茅葺《かやぶき》の掘立柱《ほったてばしら》建物跡が多数みつかっている。史跡の西部では奈良時代のものが、中央部から東部にかけては平安時代のものが多いが、とくに東部では、平安初頭に東西七列、南北四列の碁盤目《ごばんめ》状に地割がなされた地区があり、その各区画には多数の掘立柱の建物が整然とたてられていた。一般にこの時期の建物がもっとも規模が大きく、桁行《けたゆき》五間・梁行《はりゆき》二間が基本型となっている。また内院の一郭は掘立柱柵列《さくれつ》で区画され、内側に大型の掘立柱建物が規則的にならんでいる。遺物としては、官人たちが使用したとみられる緑釉《りょくゆう》・灰釉《かいゆう》の陶器、三彩《さんさい》陶器、蹄《てい》脚硯《きゃくけん》・円面硯などの硯や石帯《すずり》、各種の祭りや儀式に用いられた大形土馬や鏡が宮跡から出土し、「竹（多気）の都」ともよばれた往事をしのぶよすがとなっている。

国府と関●

伊勢神宮が国家の守護神とみなされるようになった天武朝には、強大化した天皇権力のもとで、本格的に律令の諸制度が導入され、地方行政組織も整備されてくる。伊勢・伊賀・志摩の三国が最終的に分立されるのもこの時期と考えられる。

国の下部組織である評《こおり》（大宝令により郡《こおり》と改称される）の設立は、その土地固有の事情に左右されるところがあったと思われるが、「皇太神宮儀式帳」は、もともと有爾鳥墓《うにとつか》村にあった「神庤《かんだち》」（神宮の事務をとるところ）が度会の山田原に移され、「御厨《みくりや》」（大神宮司）と改められた経緯をのべたくだりで、度会・多気両評の創設をつぎのように伝えている。

難波《なにわ》朝廷（孝徳朝）が天下に評を立てられたとき、（この地域では）まず一〇郷を分け、度会の山田原に「屯倉《みやけ》」を立て、新家連阿久多《にいのみのむらじあくた》と磯連牟良《いそのむらじむら》をそれぞれ督領《とくりょう》と助督とした。また残る一〇郷をもって、竹村に同じく「屯倉」を立て、麻続連広背《おえのむらじひろせ》を督領に、磯部真夜手《いそべのまやて》を助督につけた。

度会・多気両評設置の事情を伝えるこの記事は同時に、孝徳朝における全国的な立評《りっぴょう》の実施も語っており、立評をめぐる議論のなかで、貴重な史料となっているものである。

このの ち、天智天皇三（六六四）年に「飯野《いいの》高宮村」に「屯倉」が立てられ、多気評の四郷が飯野評となるなど、伊勢国では奈良時代の初めまでに、一三評（郡）が設けられた。伊勢から分立した伊賀は四評のまま推移したが、志摩ははじめ志摩一評からなり、のちに答志《とうし》と英虞《あご》の二郡に分かれた。県内では最近の発掘により、郡の役所である郡衙《ぐんが》跡とみられる遺跡も発見されている。

律令制下で伊勢国は大国とされ、国司が赴任し政務をとる国府は鈴鹿郡におかれた。その所在地はこれまで鈴鹿川の南、鈴鹿市国府町字長の城が有力視され、発掘調査も実施されたが、決定的な遺構は発見されなかった。そこで最近注目を集めるようになったのが、鈴鹿川の北に位置し、これまで鈴鹿軍団との関わりが指摘されてきた長者屋敷遺跡である。

平成四（一九九二）年から発掘が行われた結果、国府と関係するとみられる「守」の刻印のある瓦《かわら》や二つの基壇上にたてられた礎石瓦葺建物跡（一つは東西七間、今一つは東西一間、南北五間）がみつかり、国府跡の可能性が高くなった。当時の東海道が鈴鹿川の北岸をとおるとみなされていることも、有利な材料となろう。現在、二つの建物はそれぞれ政庁の後殿と軒廊《けんろう》に比定され、近江国庁に似た形態の平面プランが想定されている。

伊賀の場合もながらく、方四町から六町の広大な国府域を想定して、柘植川南岸の条里地帯の一郭、伊賀市印代《いじろ》に比定する見解が有力であった。しかし発掘調査でもそれを証する遺構は発見されず、改めて北岸の「坂之下」地区に「国町」（コクチョウにつうじる）という小字があることが注目され、平成元年から発掘が実施された。その結果、正殿と東西の脇殿と目される礎石建物跡がみつかり、方約四一メートルの政庁域が想定されるようになった。この周辺からは緑釉・灰釉陶器や硯類・木簡《もっかん》も出土しているが、とくに注目されるのは「国厨」と書かれた須恵器皿《すえきざら》がみつかったことで、国府跡を裏づける有力な遺物とみられている。なお、志摩国府は志摩市阿児《あご》町国府に比定されているが、答志郡から移動したという説もだされている。

伊賀・伊勢・志摩の三国はいずれも広域行政区画である東海道に属し、伊賀と伊勢は東海道、また伊勢と志摩はその支線である伊勢路で結ばれていた。「阿須波道《あすわ》」（鈴鹿越）が整備される仁和二（八八六）年まで、東海道の幹線は加太越で伊賀から伊勢にはいり、鈴鹿郡の国府を経て北進するルートをとったが、西から伊勢にはいる入口に鈴鹿関がおかれた。美濃不破《ふわ》・越前愛発《えちぜんあらち》の関とともに三関といわれ、軍事的な拠点でもあった鈴鹿関には、天皇死去・事変などの有事のさい、謀叛《むほん》を企てるものの東国出奔《しゅっぽん》を防ぐために、固関使《こげんし》が派遣された。内城《ないじょう》（東西）・外城、城門、守屋などの施設が設けられていたことが知られ、関を守備する兵士も常駐していた。

遺構がとぼしいため、関の所在地を確定することは容易でないが、わずかに残る遺構と微地形の調査をふまえた、説得力にとむ想定案もだされている。それによれば、(1)東海道が大和街道・伊勢別街道とそれぞれ交差する東西の追分《おいわけ》にはさまれた地域が、関の範囲にあたる、(2)南北の丘陵部に残る土塁《どるい》状遺構と台地上に残っていた「長土居《ながどい》」にかこまれた範囲が、きわめて防衛的色彩の濃い地域であり、西内城とみられる、(3)南北の等高線がほぼ並行する字宮野前《みやのまえ》一帯は、台地上で唯一広い範囲の平坦《へいたん》部を確保できる地域であり、ここが政庁を含めた関の中枢部がおかれた東内城にあたると考えられる（下図参照）。

贄と木簡●

律令制の特質は、国家が土地と人民を一元的に支配する公地公民制《こうちこうみん》にあった。人びとは六年に

鈴鹿関西内城・東内城推定図　『伊勢国鈴鹿関に関する基礎的研究　研究成果報告書』(研究代表者八賀晋)による。

一度つくられる戸籍に登録され、六歳から死亡するまで口分田《くぶんでん》をあたえられた。人口の過半を占める公民の場合、男子は二反《たん》、女子はその三分二の一反一二〇歩であり、口分田には土地税である租がかけられた。租税にはこのほか、成人男子に課せられた物納の庸《よう》・調《ちょう》と、年間六〇日を限度に労役提供を義務づけられた雑徭《ぞうよう》があり、これらは公民にとって重い負担となった。

これまで公民の負担を直接的に示す史料がとぼしく、その実態は必ずしもあきらかになっていなかった。しかし近年に至り、藤原・平城両京や各地の役所跡の土中から新史料が続々と発見され、事態は急速にかわりつつある。この新しい史料とは墨で文字が書かれた木の札のことであり、一般に木簡といわれる。紙が貴重であったこの時代、木簡は都に運ばれる品物に付された荷札（付札）や役人のメモ・覚書として用いられたが、不要となった時点で堀や溝にすてられ、そのまま腐敗せずに残ったのである。

三重県関係の地名や人名が記された木簡も、平城京跡を中心にして各地でみつかっている。鎌倉時代以降をのぞくと、その点数は伊賀一六点あまり、伊勢六〇点あまり、志摩九〇数点となる（確定されるものにかぎった。平成九〈一九九七〉年まで）。二郡しかない志摩関係の木簡がもっとも多く、それだけでも注目に値するが、そのうえこれらの木簡には興味深い内容もみられる。そこでつぎに、志摩関係の木簡を素材にして、木簡が史料としてどのように使われるかをみてみたい。

志摩関係の木簡を出土地別にみると、藤原宮七点、平城宮一九点、平城京七〇数点となるが、用途がわからない数点をのぞき、残りはすべて貢進物につけられた荷札とみられる。

まず木簡にみえる地名を郡ごとにまとめると、次頁の表のようになる。地名で注目されるのは、文献史料では知られていなかった志摩郡があらわれることである。この郡にはのちに答志郡や英虞郡に属する郷《ごう》

木簡にみえる郡郷

郡　郷　名	年 月 日	出典
志摩郡手節里	和銅5(712).4.20	城6
志摩郡目加里	和銅6　.6.4	城12
島郡舟越里	和銅7　.4.10	城21
志摩郡伊雑郷□理里	養老2(718).4.3	平2
答志郡和具郷□□里	養老7　.5.17	城6
答志郡伊可郷	天平3(731).4.20	城23
答志郡和具郷	天平8　.6.10	城31
答志郡答志郷	天平8　.6.	城22
□(答ヵ)志郡千□(受ヵ)郷	天平8　.7.10	城22
英虞郡舟越郷	天平8　.6.30	城22
英虞郡名錐郷	天平17　.9	平1
英虞郡船越郷	天平神護2(766).10.30	平4

(1)　平成9(1997)年までに報告された木簡のうち，年紀のあるものにかぎった。

(2)　平は「平城宮木簡」，城は『平城宮発掘調査出土木簡概報』の略記である。

（里《り》）も含まれており、志摩国はもともと志摩一郡からなっていた。全国的にみても特殊な事例であり、これは、志摩が古くから海産物を贄《にえ》として大王家に供進する「御食国《みけつくに》」であり、朝廷と特殊な結びつきをもっていたためとみられる。

志摩郡と表示される木簡でもっとも新しいのは、養老二（七一八）年の年紀があるものである。逆に答志郡とあらわされる初見は、養老七年の木簡であり、このあいだに行政組織の改編がなされたとみられる。養老三年四月二十八日に、答志郡の五郷を分けて佐藝《さき》郡をおいたという『続日本紀《しょくにほんぎ》』の記事も、この改編の一端を示すものであろう。これらをあわせ考えると、まず養老二年から三年にかけ、一旦志摩郡が答志郡に改められ、さらに三年の四月にそのうちの五郷をさいて佐藝郡が設けられたが、この郡名は定着せず、やがて英虞郡に改称された、と解釈できるであろう。ちなみに木簡によると、英虞郡は天平八（七三六）年までさかのぼる。

つぎに人名をみてみよう。左の表では、それらを氏別にまとめた。島直《しまのあたい》は、のちに答志郡の郡司としてあらわれる氏族で、この地域に古墳時代から勢力をもっていた豪族の後裔《こうえい》であろう。証直も直のカバネをもつ点からして、地方豪族とみなされる。この両氏に対し、部を氏族名にしている大伴部《おおともべ》は、いくらか性格を異にしている。すでにのべたように、志摩は「御食国」であり、その贄の貢納には、伴造として大王家の食膳のことを司った膳《かしわで》（高橋）氏が深くかかわっていた。この氏族には伴部として大伴部を賜っ

木簡にみえる志摩国住人

人　名	所属郷里と地位	出典
大伴部島	塔志里戸主	藤2
大伴部□(利ヵ)□□	□□(船越ヵ)里人	藤A
大伴部国万呂・同得島	名錐郷戸主・戸口	平1
大伴部小咋	伊雑郷□理里戸主	平2
大伴部□(氏ヵ)□	船越郷戸主	平2
大伴部祢麻呂・同羊	和具郷□□里戸主・戸口	平3
大伴部□(荒ヵ)人	手節里戸主	城6
大伴部入加	手□(受ヵ)郷	城22
大伴部小多祁	伊可郷戸主	城23
大□(伴ヵ)□□美	和具郷戸主	城29
島直百□(足ヵ)	和具里人	飛12
島直大市・同□麻呂	目加里戸主・戸口	城12
島直津待・同文師	舟越里戸主・戸口	城21
島直□麻呂	答志郷戸主	城22
島□小□□	和具郷戸主	木簡研究6
証□居□小□	船踰里人	藤B
□(証ヵ)直在在	船越郷戸主	平2
証直猪手・同身麻呂	道後里戸主・戸口	城12
証直子首	舟越郷戸主	城22
犬甘直得万呂・同君麻呂	道後里戸主・戸口	城21
置国依	名錐郷	城17

(1)　平成9(1997)年までに報告された木簡にみえる人名である。

(2)　藤は「藤原宮木簡」，飛は『飛鳥・藤原宮発掘調査出土木簡概報』，平は「平城宮木簡」，城は『平城宮発掘調査出土木簡概報』の略記である。

たという伝承もあり、この志摩の大伴部は、膳氏に支配される「膳の大伴部」であると考えられる。海民である彼らは、膳氏をつうじて行われる贄の貢進で中心的な役割をはたしたが、律令制の成立とともに公民となり、調・庸も負担するようになったのである。

ここで貢納物に移ろう。貢進された物品の記載は、大きく二つに分かれる。一つは「戸主大伴部小咋調海藻六斤」にみられるように、調や中男作物《ちゅうなん》などの税目を記しているものである。これらは、公民のおさめた調などがその負担者の名を付して送られたことを示している。一部個人名のないものもあるが、多くは負担した公民の名を記載している。いま一つは、「答志郡答志郷塩三斗」「伊雑郷堅魚鮨《いざわのごうかつおすし》」など、税目と負担した個人の名が記されていないものである。郷（里）名と品目のみが記載されているものが多いが、数量をのせるものもある。

調は成人男子に課せられた人頭税であり、一般には絹・絁《あしぎぬ》・糸・綿・布などの繊維製品でおさめられたが、志摩では海藻・海松《みる》・鰹《かつお》・赤乃利《あかのり》・耽羅鰒《たんらのあわび》・熬海鼠《にえなまこ》など、海産物が納入されている。これらは贄と共通する品目であり、志摩の場合、調が一般のそれとは異質な贄的性格をもっていたことは否定できないであろう。こうした特質は志摩が贄の貢進国であったことに由来し、調の制度が成立する以前から、ミツギとしておさめられていた贄的な貢納物がそのまま継承されたものと考えられる。

税目が記載されていないタイプの場合、たんに「調」「御調」が省略された（個人名が記されていない調の木簡もある）、実質的に贄をあらわす（志摩関係では、これまで「大贄」「御贄」と表示された木簡はみつかっていない）などの解釈が可能であり、負担の名目は確定できない。しかし海藻や堅魚など調と共通する品目もあるものの、一方で調にはみられない魚の干物や鮨が高い比重を占めており、より贄としての性格が

丹生の水銀

古くから、水銀は伊勢の特産物であり、律令制下では毎年、交易雑物《ぞうもつ》（国衙《こくが》が正税稲《しょうぜいとう》で購入しておさめる）として四〇〇斤《きん》が内蔵《くら》寮へ、また年料雑物一八斤が典薬《てんやく》寮にそれぞれ貢納された（『延喜式』）。

その産地は櫛田《くしだ》川中流域の飯高《いいだか》郡丹生《にう》郷にあったが、『今昔《こんじゃく》物語集』に丹生における水銀採掘の一端を示す興味深い説話が収録されている（巻一七―一三）。あるとき、飯高郡に住む「下人《げにん》」が、「郡司ノ催ニ依テ、水銀ヲ掘ル夫《ぶ》ニ被差宛《さしあてられ》テ、同郷ノ者三人ト烈《つらなり》テ、水銀ヲ掘ル所」に行き、「十余丈ノ穴ニ」はいって採掘していた最中、俄《にわか》に土砂崩れにあい、穴のなかに閉じこめられてしまった。深い穴からでることはむずかしく、死を覚悟したところ、日ごろ信仰していた地蔵《じぞう》の導きにより、無事生還できたというものである。この説話は、採掘に従事していた住人のあいだに地蔵信仰が広まったことを示唆するばかりでなく、郡司の徴発により郡内の住人が採掘にかりだされていたこと、また同郷のもの四人で一つの穴を担当していたことなど、平安時代中期までの公的な採掘のあり方も語ってくれる。

その後、平安後期にかけて、私的な採掘が盛んになるにつれ、伊勢と京を往来し、水銀の商いによって富裕になる商人も出現する一方（『今昔物語集』巻二九―三六）、摂関家の勢力もおよぶようになり、「殿下《でんか》水銀寄人《よりうど》」が組織される。しかし律令制以来の内蔵寮との関係も断ち切られることはなく、座を形成した生産者たちは水銀を内蔵寮に貢納し続けた（『鎌倉遺文』八一一二号）。

❖コラム

濃厚である。負担した個人名が書かれていないので、郷の責任で雑徭を使って調達された物品が貢進されたと考えられるが、調の場合も個人の貢納の背後に集団的な労働が想定されており、両者とも集団労働の生産物である点では実質的にかわりはなかったとみられる。

現在のところ志摩で、贄が調と異なる独自の税目として収納されていたかどうかは必ずしもあきらかでないが、調自体が贄的な性格をもっており、そこに「御食国」としての志摩の特徴がよくあらわれている。

国分寺と多度神宮寺●

奈良時代以前から多くの寺院が建立され、伊勢地域にも豪族を中心に仏教が広がっていたが、聖武《しょうむ》天皇によって発願《ほつがん》され、鎮護《ちんご》国家を祈るためにたてられた国分僧寺《こくぶんそうじ》・尼寺《にじ》は、地域社会への仏教の普及をよりいっそううながした。伊賀では、伊賀市西明寺《さいみょうじ》字長者屋敷に寺跡があり、東西二一〇メートル、南北約二五〇メートルの方形の四辺をめぐる土塁が残っている。土塁のなかでは中門・金堂・講堂跡の土壇が南北の中軸線上にならび、西南の隅には塔跡とみられる土壇もある。尼寺は、その東二〇〇メートルにある長《ちょう》楽山《らくざん》廃寺跡が想定されている。

伊勢の僧寺は鈴鹿川の北岸、鈴鹿市国分町の台地の南端にあったとみられる。付近から多数の古瓦が出土していたが、昭和六十三（一九八八）年から発掘調査が実施され、築地《ついじ》で区切られた寺域は、東西一七八メートル、南北一八四メートルのほぼ正方形であることが判明した。志摩では、志摩市阿児町国府の台地上にある護国山国分寺の北と西側の平坦地から、軒丸瓦《のきまるがわら》や軒平瓦《のきひら》などがみつかっており、その周囲が僧寺の寺域とみられている。江戸時代まで基壇跡や礎石《そせき》も残っていたという。

奈良時代も後半になると、神々の世界にも仏教が浸透し、神仏の習合が進む。伊賀市種生《たなお》の常楽寺に伝来する大般若経《だいはんにゃきょう》の奥書が、そのことを端的に物語っている。現在一一巻残されている奈良時代の写経のうち、奥書があるのは三巻にすぎないが、それによれば、これらは、天平宝字二（七五八）年に沙弥《しゃみ》道行《どうぎょう》が願主となり、山三宅麻呂《やまのみやけまろ》をはじめ和泉《いずみ》国の山姓の人びとを知識につのり写経したもので、「道行知識経」とよばれている。

巻九一の願文《がんもん》によると、道行が写経をつのるに至った経緯は、つぎのようである。すなわち修行中、山中で雷にあい絶命寸前のところで、大般若経書写の誓願により九死に一生を得ることができた。そこでこの経を書写し、般若経の功徳《くどく》により、神々（諸大神社）が解脱《げだつ》するよう祈願する次第であると。このように、この写経は神々の解脱を祈願してなされており、神仏習合思想を示すはやい事例として、貴重な資料となっている。

同じ巻九一には「奉為伊勢大神」ともあり、この経は伊勢大神に捧げられている。道行がこれらの経を伊勢大神に捧げたのは、写経の経緯からして、この神が雷の威力を左右することのできる風雷神と観念されていたからだと考えられる。とするならば、国家の守護神であった伊勢大神が、民間にあっては自然

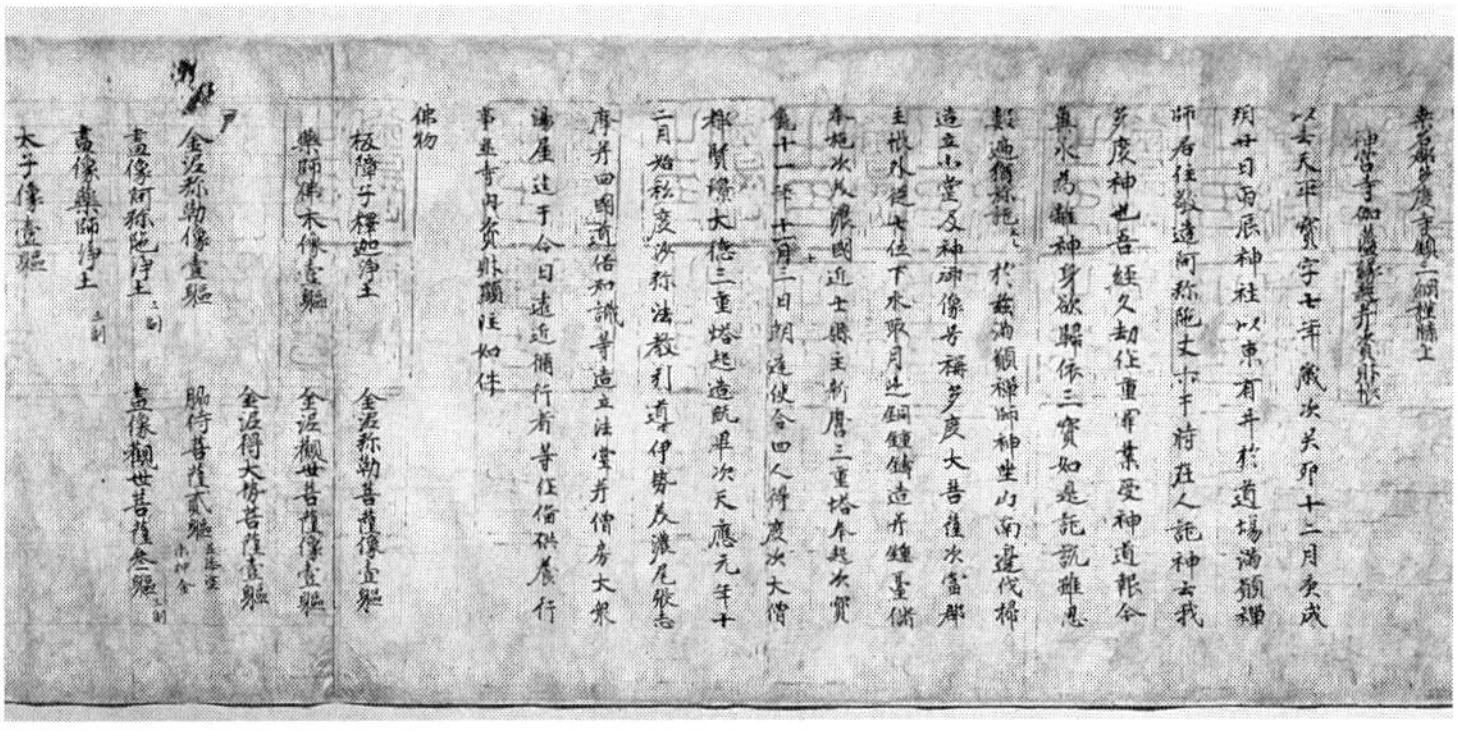

多度神宮寺伽藍縁起幷資財帳

の威力を左右する神とみなされていたことになろう。ちなみに別の巻が捧げられている「神風仙大神」も、古くから「神風の伊勢」といわれていることからして、伊勢大神と同じ神をさしているとみられる。

神仏習合思想では神も衆生《しゅじょう》とみなされるが、やがて衆生である神が神身の離脱を願っているという観念もうまれてくる。延暦二十（八〇一）年十一月三日の多度神宮寺伽藍縁起幷資財帳《たどじんぐうじがらんえんぎならびにしざいちょう》（『平安遺文』二〇号）では、多度神はまさにそのような神としてあらわれる。あるとき、神社の東に居住していた満願禅師《まんがんぜんじ》に、多度神が「神道の報いにより重い罪業をなしたので、永く神身を離れ、三宝に帰依《きえ》したい」と願ったという。そこで満願は天平宝字七（七六三）年十二月、神が鎮座する山の南辺を切り開き、小堂をたて、「神御像」をまつった。これが縁起が語る多度神宮寺の由来である。

満願のときすでに、桑名郡郡司や美濃国の豪族によって、銅鐘の鋳造と三重塔の建立もなされたが、天応元（七八一）年に至り、沙弥法教《ほうきょう》が伊勢・美濃・尾張・志摩四カ国の「道俗知識」の協力を得て、法堂・僧坊・大衆湯屋を造立し、寺院としての体裁がととのえられた。同時に寺の運営のために、桑名・三重両郡と尾張海部《あま》郡の墾田《こんでん》が、尾張国司をはじめとする多くの人びとから施入されている。つまり多度神宮寺は東海地域の道俗の支援を得て建立され、運営されたのであり、この地域の仏教信仰のセンターの役割をはたしていたとみられる。その背景に多度神に対する信仰の広がりも想定されるであろう。

2　古代社会の変質と平氏の台頭

条里と墾田●

律令制下、班田収授法《はんでんしゅうじゅほう》の実施に伴い、統一的な地割が導入されはじめた。これを条里制《じょうり》という。縦横六〇歩（ほぼ一〇九メートル）の正方形が一町で、条里制ではこの基本単位を坪《つぼ》（坊とも）とよんでいる。この坪を縦横六個ずつならべた正方形の区画を里《り》と称し、また里を一列に連ねた帯状の区割を条、条に直交する連なりはそのまま里といった（方向は国・郡によって異なる）。この方格地割を条里制とよぶのは、このためである。そしてその位置を示す場合、条里に番号や固有名詞をつけて、何郡何条何里とよんだ。

条里制は平野部を中心にして全国的に施行されたが、三重県下でもこの地割の遺構は圃場《ほじょう》整備事業が実施されるまで、各地に残っていた。遺構の分布は、志摩の英虞《あご》郡をのぞいた各郡で確認されており、条里制が後世の土地区画を強く規制していたことを示している。なかでも伊賀では「万町の沖《ばんちょう》」とよばれる服部《はっとり》川右岸の扇状地、また伊勢では安濃川と櫛田川の下流域に、それぞれ広範囲にわたって連続した地割が認められた。

現在、条里制が施行された地域はほとんど水田や畠になっているが、奈良・平安時代には、これら平野部の土地がすべて耕地として利用されていたわけではない。条里がたんなるプランにとどまった地域も多く、耕地の周辺には広大な未開地が残されていた。こうした原野は墾田永世私財法《こんでんえいせいしざいほう》が発布されると、貴族や大寺院による大土地所有の恰好《かっこう》の対象となり、これ以降、開墾を名目にして大規模な囲い込みが進行した。その田地の経営と未開地の開墾は、国衙《こくが》や地方豪族の支援を得つつ、周辺の公民を雇用して進められたとみられるが、どれだけ開墾の実があがったかはあきらかでなく、律令制的支配が動揺してくる九世紀には、その経営は大幅に後退せざるをえなかったと考えられる。

京都の東寺《とうじ》も、伊勢の多気・飯野両郡に大規模な墾田地の施入をうけた。大国荘《おおぐにのしょう》とよばれ、一八五町九段《たん》あまりにおよぶこれらの土地は、もと桓武《かんむ》天皇の皇女布施内親王《ふせないしんのう》の墾田であり、その死後弘仁三（八一二）年に東寺によせられたものである。墾田とはいえ、実際には荒田や未開地が多く、天長九（八三二）年・斉衡三（八五六）年と二度にわたり、開発のために飯野郡の浪人があてられている。しかし櫛田川の水害をうけやすいこの地域では開墾は容易でなく、十世紀の前半には荒廃地は一一八町にも達している。そのうえ郡司《ぐんじ》により口分田《くぶんでん》にとりこまれた田や田堵《たと》らの墾田とされた荘田もあり、このころ東寺は寺使を現地に派遣し、荘経営の再建に取り組む必要にせまられたようである。当時の荘経営は、荘田を有力農民である田堵に耕作させ、地子《じし》をださせる、いわゆる散田請作《さんでんうけさく》の形態をとっていたが、田堵らは多気・飯野両郡は神領であるとして、地子の納入を拒否するなど、しだいに荘田を侵蝕していき、広大な荘田がそのまま回復されることは二度となかった。

こうした貴族や大寺院による大土地所有が展開する一方で、条里地域やその周辺で小規模な開墾も盛んに行われた。先述した大国荘では荒廃した荘田を開墾する田堵たちがみられたが、多度神宮寺に寄進された伊勢国内の寺田のなかには、大納言《だいなごん》藤原雄黒《おぐろ》からよせられた、八二町にもおよぶ桑名郡幡桙嶋《はたほこじま》荘のほかに、名も記されない「人々」によって施入された零細な治田《はりた》もあった。また仁和元（八八五）年、在地の豪族飯高諸氏《いいだかのもろうじ》が親族らとともに建立した近長谷寺《きんちょうこくじ》にも、諸氏をはじめ、飯高・麻続《おみ》・日置《へぎ》・物部《もののべ》・敢磯《あへいそ》部《べ》・伊勢などを名乗る在地の有力者たちが、多くの治田・畠地・垣内《かいと》などを寄進している。当時畠地や屋敷地として利用されていた垣内は、開発のためにかこいこまれた一区画でもあり、水利などの条件がととのったならば、水田化も可能な土地であった。その規模は、寺田となっている治田と畠地がすべて一町以下であるので、大きなものとは考えられず、ここに彼らによる開墾の特徴がよくあらわれている。親族などによる共同労働を利用しつつ、こうした小規模な開墾を主導したのは、彼ら在地の有力者たちであったのである。大国荘で地子をおさめようとしなかった田堵らも在地の有力者であり、彼らの活発な所領形成の活動は、旧来の支配秩序を崩壊させる原動力となった。

神郡の寄進と神宮の変質●

律令制下の伊勢神宮は、経済的には国家から給付された神田《しんでん》と神戸《かんべ》により維持されていた。なかでもわずか三六町あまりにすぎない神田に対し、伊勢以下七カ国におかれた神戸は一〇〇〇戸を超え、神宮の経済のなかで大きな比重を占めていた。やがて律令支配が動揺すると、神宮は自前でその財政をいとなむ必要にせまられてくるが、国家も神郡《しんぐん》の行政権を付与するばかりでなく、あらたに神郡を寄進するなどして、それにこたえた。

すでにはやくから、神宮の膝下《しっか》である度会《わたらい》・多気《たき》両郡は神郡とされていたが、その行政権は伊勢国司が行使していた。ところが弘仁八（八一七）年に神郡の雑務、続いて同十二年には田租検納の権限が神宮に付与され、従来の国衙にかわり、宮司《ぐうじ》がその行政権を掌握するようになる。さらに九世紀末に飯野《いいの》郡が神郡に加えられ、さきの二郡とあわせて神三郡とよばれた。同時に神三郡には神民の有力なものから選ばれる検非違使《けびいし》がおかれ、宮司の指揮のもとで、神郡内の犯罪人の逮捕や訴訟事件の調査にあたった。律令的

伊勢神宮への神郡寄進

年　紀	寄　進　内　容
弘仁8（817）年	度会・多気両郡の雑務が付与される
12（821）年	度会・多気両郡の田租検納権が付与される
仁和5（889）年	飯野郡が一代のあいだ寄進される
寛平9（897）年	飯野郡が永代寄進される
天慶3（940）年	員弁郡が寄進される
応和2（962）年	三重郡が寄進される
天禄4（973）年	安濃郡が寄進される
寛仁1（1017）年	朝明郡が寄進される
文治1（1185）年	飯高郡が寄進される

な支配が放棄されたのちも神郡の寄進は続けられ、十世紀中に員弁《いなべ》・三重・安濃《あのう》の三郡が、ついで十一世紀には朝明《あさけ》郡が施入された。これらのうち、伊勢の北に位置する員弁・朝明・三重の三郡はあわせて「道前《どうぜん》」とよばれ、膝下の神三郡は「道後《どうご》」ともいわれた。さらに文治元（一一八五）年に飯高《いいだか》郡も加えられ、十二世紀末には神宮の神郡は八郡を数えるようになった。

もともと伊勢神宮において、その管理・運営と財政を担当したのは宮司（宮司庁）であり、これらあらたに寄進された神郡の行政権も宮司が行使した。一方、祭主は四度の祭りの祭使をつとめるなど、神事を主たる職務にしていたが、しだいに神宮の管理面にも進出するようになり、十世紀以降、神郡の行政権への関与も認められた。元来位階が上位であり、かつ定められた任期のない祭主は、宮司にくらべ神宮を掌握するうえで有利な立場に立っていたが、やがて神宮内の人事権の掌握や争論の裁定をつうじて、神宮と神郡に対する支配権を強化していった。その結果、十一世紀後半には「神郡の内、ただ祭主御館の御沙汰なり」とまでいわれるようになり、神郡に対する祭主の支配権が確立する。神宮の財政に直結する神郡支配権は、宮司のよりどころであった権限であり、その掌握は宮司を最終的に祭主権力のもとに編成したことを意味している。

こうした祭主の権限強化と並行して、禰宜《ねぎ》を代表とする祭祀集団の台頭もみられた。神宮の在地勢力である彼らは、律令制下ではその豪族的な発展を抑圧されていたが、十世紀以降、独自の所領を形成し、やがてこれらの所領をもとにして、神郡や神戸のなかに神宮に供祭物を貢納する御厨《みくりや》・御園《みその》をたて、しばしば神税や一般の租税を免除される特権を得た。御厨・御園はその設立にかかわった禰宜たちが支配・管理する神領であるので、その増加はそのまま祭祀集団の経済的基盤の拡大につながり、禰宜を中心とし、ほかの職掌人をも組織したあらたな権力の形成を促進した。

祭祀集団が勢力を伸張させるに伴い、神宮内部の勢力争いも激化した。十世紀末から十一世紀なかばにかけて、禰宜らが多数の神人《じにん》を率いて上洛《じょうらく》し、祭主・宮司による神宮と神郡支配を糾弾《きゅうだん》する訴訟事件がしばしばおこっているが、その背景には勢力を伸張させた祭祀集団と神宮を支配してきた祭主・宮司勢力との日常的な対立があった。この抗争をつうじ、二宮の禰宜たちはそれぞれ「禰宜庁」という彼らの意志決定機関を樹立し、神宮内部で確固たる地位を占めるに至る。

祭主や宮司を訴える訴訟事件も終息した十一世紀後半になると、両勢力のあいだに妥協が成立し、神宮において権力の再編成がなされた。すなわち神郡の支配権を掌握し、宮司をその権力のもとに編成した祭主が、それを梃子《てこ》に祭祀集団が結集する「禰宜庁」に対しても支配権を行使する体制ができあがったのである。祭主が、律令制以来の行政機関である宮司庁とあらたに樹立された「禰宜庁」のうえに立って、双方に君臨する伊勢神宮が成立したのであり、こうした権力編成をとる神宮を中世的な伊勢神宮とみなしてよかろう。またその成立時期は、祭主・宮司に対する強訴《ごうそ》がみられなくなる十一世紀後半から十二世紀初

伊勢神宮領の御厨・御園の形成

	伊　勢	神戸所在国	封戸所在国	東国	西国
11世紀まで	14(前半5)	33	2	4	0
12世紀以降	8	8	9	11	10
不　明	19	4	7	1	3

表中の神戸所在国は，大和・伊賀・尾張・三河・遠江。同じく封戸所在国は，近江・美濃・上野・信濃。

めに求められるであろう。

御厨・御園の形成と禰宜・権禰宜層●

古代の伊勢神宮が変質する十世紀以降、伊勢国の内外を問わず、神宮領の御厨・御園が数多く立てられた。もともと御厨は神前にそなえる魚介類などをおさめ、また御園は蔬菜《そさい》を献上する神領をさしたが、やがて魚介や蔬菜にかぎらず、さまざまな貢納物をおさめる神領を御厨・御園とよぶようになり、所領の形態のうえでは荘園となんらかわらないものとなった。

膨大な数にのぼる神宮領の御厨・御園の形成時期をまとまった形で知りうる史料はごくかぎられるが、建久三（一一九二）年八月日の伊勢二宮禰宜等注進状（神領注文と略す。『鎌倉遺文』六一四号）は不十分ながらも、その手がかりをあたえてくれる恰好の史料である。この注文にのせられている神領の設立時期を地域別に整理したのが、上表である（神戸・神田・山はのぞいた）。まず伊勢国内では、所載の御厨・御園が鈴鹿《すずか》・川曲《かわわ》・奄藝《あんき》・一志《いちし》の四郡を中心にしてわずか四一カ所にすぎず、神郡の神領が記載されていないという史料的制約も考慮しなければならないが、十一世紀、とくにその前半から中頃にかけての時期に、設立の動きが大きな潮流となったと判断される。しかし十二世紀にはいると数も減り、動きはにぶってくる。神戸所在国でも十一世紀に立てられた御厨・御園が多く、数のうえでは七割を超える。神戸があり、

❖コラム

小町経塚

経塚《きょうづか》には、末法《まっぽう》の世に生きた貴賤《きせん》の願いがこめられている。末法思想が広がるにつれ、聖地とみなされていた南伊勢にも多くの経塚がつくられたが、なかでも伊勢市浦口町の小町《こまち》経塚は、平安末期における人びとの信仰と地域間の交流を語ってくれる貴重な史料である。

高倉山の北麓、宮川下流の平野をみおろす台地上にある小町経塚からは、江戸時代後期から明治にかけて、多数の瓦《かわらきょう》経と陶製光背《こうはい》などが出土した。それらは総数四百数十枚にもおよんでいる。なかには長文の銘が記されたものもあり、これらが書写、埋納された経緯が判明する。それによると、この事業は、三河《みかわ》国渥美《あつみ》郡伊良湖《いらこ》郷で活動していた僧西観《さいかん》や遵西《じゅんさい》が発願・勧進《かんじん》し、檀越《だんおつ》となった度会常章《わたらいつねあき》・同春章《はるあき》、さらには結縁《けちえん》した多くの人びとの支援を得て推進され、承安四（一一七四）年に造仏や写経がなされた。それらすべてに、この事業に参加した人びとの「往生《おうじょう》安楽国」「浄土《じょうど》往生」の願いが深くきざみこまれている。

造仏や写経の拠点になったのは伊良湖郷の万覚寺《まんかくじ》で、瓦も当郷で焼かれた。檀越の度会氏をはじめ、結縁した佐伯《さえき》・物部《もののべ》・磯部《いそべ》・荒木田《あらきだ》・大中臣《おおなかとみ》の諸氏も、この地に立てられていた外宮領の伊良湖御厨の関係者、ないしはその住人であったと考えられ、もともと伊勢神宮と関わりがある人びとであった。伊良湖郷でつくられた瓦経や光背が海をへだてた伊勢の地に埋納されたのも、伊勢神宮近辺へ末法思想が浸透していたこととともに、こうした日常的な交流があったからであろう。

はやくから神宮の勢力が浸透したこの地域は、伊勢についで神領が多いところである。封戸《ふこ》所在国と東国の場合、美濃と駿河《するが》で十一世紀中にいくつか立てられているが、神領の形成が本格化するのは十二世紀にはいってからである。西国ではさらに遅れ、十二世紀の後半にピークを迎えるが、その数は少ない。御厨・御園形成の動きを地域別にとらえるならば、以上のようになろう。

さきの神領注文によれば、伊勢の国外においては、禰宜・権禰宜《ごんのねぎ》が給主《きゅうしゅ》（荘園の預所《あずかりどころ》にあたる）となる御厨・御園が多く、彼らが神領形成の先兵の役割をはたした。伊勢の国内でも彼らの活動は、神宮の支配下におかれていた神郡においてとくに活発であった。その事例として、外宮領三重郡寛《ゆたけ》御厨をとりあげよう。保延元（一一三五）年に作成された検田馬上帳《けんでんばじょうちょう》（検注帳）によると、この御厨は「豊受太神宮本《ほん》上分田《じょうぶんでん》」「司宮十月初午日飯料田《はつうまのひはんりょうでん》」「良田新納所田《しんなっしょでん》」「寛御厨畠地」の四つの部分からなっていた。最初の二つは外宮の上分米と、宮司も関与する外宮の神事である「端午《たんご》神態」における飯料をだす田地であり、それぞれ一般の荘園の佃《つくだ》と定田《じょうでん》に相当する。これらは主として、外宮の権禰宜層に属するとみられる民有年（仮名）なる人物の所領、寛丸名《ゆたけまるみょう》に由来し、一旦「河後《かわじり》御厨」となったのち、改めて寛御厨とされた土地である。畠地も、ほぼ同様の経緯をたどったとみてよかろう。一方、「良田新納所田」はもともと祭主の管理下におかれた納所に付属する田地で、あらたに付加された所領であった。検注帳では、この性格を異にする二つの所領が融合されることなく、寛御厨に包摂されている。

この御厨の形成過程はその主たる母体である寛丸名からみるならば、二つの段階に分けてとらえられる。まず第一の段階は、寛丸名から河後御厨への転化である。寛丸名の時期にはその名田の所属と官物（年《ねん》貢《ぐ》）の納入をめぐって、内見納所預《あずかり》や守富名の領主との争論がおきている。一方は祭主との結びつきをもつ納所預の地位を利用して、「作人《さくにん》」として耕作してきた田地を所有しようとする動きであり、他方は寛丸名と同種の名を有する領主との所領争いであった。寛丸名が神郡内の名としてとどまる限り、この種の争論はたえずおこりえたとみられ、それへの対抗措置が外宮の権威をあおぎ、所領を寄進すること、すなわち河後御厨の設立であった。しかし外宮の権威をもってしても、祭主権力の執行者である郷司による、「公用」を名目にした攻勢には十分に対抗できなかった。こうした神郡の公権力に対処する過程で、祭主の了解を得たうえで、良田新納所を包摂した新しい御厨、すなわち寛御厨が建立されるに至ったと考えられる。これが第二の段階である。その時期は、検注帳が作成された保延元年からさほどはなれていないであろう。

このように寛御厨は、領主である民有年の所領確保の動きを契機にして立てられている。ほかの御厨でも同様の事情があったとみられ、神宮はそうした動きをとりこみつつ、神領を拡大していった。そのさい、禰宜・権禰宜層はみずから経営する所領を寄進するだけでなく、在地の所領寄進を仲介するなどして、神宮領が全国的に拡大する担い手となったのである。

国衙領と荘園●

十世紀の後半、伊賀国名張《なばり》郡でもいくつかの大規模な所領が形成された。そのなかでもこの地域の歴史の展開に大きな影響をあたえたのは、藤原清廉《きよかど》・実遠《さねとう》父子の所領と東大寺領板蠅杣《いたばえのそま》である。

「当国の猛者《もさ》」と恐れられた実遠は、伊賀でも屈指の大領主で、天喜四(一〇五六)年の譲状《ゆずりじょう》(『平安遺文』七六三号)によれば、その所領は伊賀の四郡で二八カ所におよび、名張郡だけでも大規模な所領が五カ所もあった。これらは耕地のみの所領と、耕地とそれをめぐる広大な原野からなる所領とに分けられ、

藤原実遠の所領

所在郡	所 領 名	所在郷
伊賀郡	猪田郷	猪田郷
	比奈村(田畠)	阿我郷
	火食村(田畠)	〃
	上津阿保村	〃
	中津阿保村	〃
	古郡村(田畠)	〃
	上津田原村	〃
	友生村	大内郷
	依那具村(田畠)	〃
	安佐小田村	〃
	手白髪村(田畠)	〃
	教屋村垣内・田	長田郷
	神田村田畠	〃
	葦長村田	〃
	廿二条一里(田畠)	〃
	小所(田畠)	〃
阿拝郡	小田村田	三田郷
	垣内前坪等(田畠)	〃
	新居郷(田畠)	新居郷
	故延成垣内田	印代郷
	千歳院垣内田畠	〃
	信濃堂北田	〃
山田郡	湌代村	
名張郡	矢川村	
	中村	
	簗瀬村	
	下津田原村	
	常田村田	

(1) 四至《しいし》の記載のある所領は，郷・村名で示し，「在条里坪付」とある所領は地名のあとに(田畠)を付した。

(2) 天喜4年2月23日藤原実遠所領譲状案(『平安遺文』763号)によった。

それぞれ成立事情を異にしていた。すなわち前者は百姓の墾田を買得したものであり、後者は国衙の支援のもとで未開の原野をかこいこんで成立した所領であった。その形成時期は必ずしもあきらかでないが、少なくとも『今昔物語集』の一説話で「猫恐《ねこおじ》ノ大夫」とよばれている、父親の清廉の代までさかのぼるであろう。清廉は「山城《やましろ》・大和・伊賀三箇国ニ田ヲ多ク作テ、器量ノ徳人」であったともいわれており、これらの莫大な所領は実遠が父からうけつぎ、発展させたものであったとみられる。

当初、伊賀郡の猪田《いだ》郷を本拠にした実遠は、各郡に経営基地である「田屋《たや》」を立て、「従者」として組織した周辺の農民を使役して、大規模な直接経営を行った。その大領主ぶりは人びとに強い印象を残したようであり、彼の死後、住人たちは「国内の人民は皆、彼の従者として服仕する所なり」と証言している。こうして清廉・実遠の二代にわたって発展してきた所領経営も、実遠の晩年に至り、後継者にめぐまれなかったこともあって、ゆきづまりをみせはじめた。実遠の借財も積もり、耕作する人がいなくなり、荒野と化した所領は、つぎつぎに負債の代として手放された。都で活躍する下級官人の家にうまれ、伊賀への土着をめざした実遠の場合は、在地領主化に失敗した事例として、ながく記憶されるであろう。

名張郡では実遠の所領があった国衙領の再開発をつうじて、十一世紀中葉から中世的な秩序が姿をあらわしてくる。まず「別名《べつみょう》」の形成である。別名は一般に開発を契機に立てられ、国衙に直結する所領である。たとえば永承三（一〇四八）年、禅林寺座主深観《ぜんりんじざすしんかん》は、実遠から買得した矢川村の荒田畠の開発を国衙に申請し認められている。その条件は開発した田地の所当官物（年貢）を国衙におさめるかわりに、地子（地主の得分）と臨時雑役（国衙が賦課する雑事）を免除されるというもので、この所領は別名タイプの所領とみなされる。このあとも、荒廃した国衙領では、このタイプの所領が再開発を契機につぎつぎと立てられた。

二つには、郡郷の行政組織が変化したことである。名張郡では十一世紀中頃に律令制以来の郷の解体が進み、郡の下に別名、ないし別名タイプの村がおかれるようになる。山田郡も同様の傾向を示すが、残る伊賀と阿拝《あへ》郡は別の形態をとる。この二郡では郷は行政組織として残るものの、そのまま新しく登場する郷司の所領となっていったとみられる。この所領化した郷は旧来の郷と内部構造を異にしており、別名とならび、中世国衙領の重要な行政単位となった。

このように十一世紀には、国衙領で大きな社会的変動がみられたが、その動きは荘園にも波及していった。ここで目を東大寺領板蠅杣に移そう。当杣は東大寺の造営・修理用の材木を切りだすために、大和と伊賀の国境地帯に広がる広大な山間部をかこいこんで設けられた寺領で、もともと東の四至《しいし》は大和側の笠間《かさま》川であったようである。ところが十世紀中葉、東大寺はこれを名張川まで拡張し、四至の外であった宇陀《うだ》・名張両川左岸の山麓地域を領有するに至った。このころより、山麓の黒田・大屋戸《おおやど》両村で杣工や公民の定住と田畠の開発が進んだが、やがて十一世紀前半には、拡張された杣の四至が公認されるとともに、見作田《げんさくでん》六町あまりの官物と杣工ら五〇人の臨時雑役も免除され、荘園への転換がはかられた。この地域が黒田荘とよばれるようになったのもこの時期である。

そのころ国衙領では、藤原実遠の所領の荒廃化が進んでいたが、荘民（杣工）たちは雑役免の特権をいかし、きそって河東の公領へ出作《しゅっさく》しはじめ、荘民と縁を結ぼうとする公民もまきこんで、国衙とのあいだで四至をめぐって争うようになり、たびたび武力衝突もおきた。この争いが決着したのは天喜四（一〇五六）年で、東大寺は東の四至を名張川とし、黒田荘を国使不入・国役免除とする官宣旨《かんせんじ》を獲得する。これにより、宇陀・名張両川以西の黒田・大屋戸村が本免田（公定田数二五町八段半）とされ、黒田本荘が成立する。こうした、荘園を四至でもって区切り、そのなかに住んでいる荘民と彼らの村落、および四至内の田畠・山野を荘園領主が一元的に支配するタイプの荘園は「領域型荘園」とよばれ、それまでの田地・山野や作人を個々に支配する古いタイプの荘園と区別されている。十一世紀中葉には、荘園も中世的な形態をとるようになったのであり、その背後に小規模な墾田の開墾を積み重ねてきた住人たちによる中世村落形成の動きがあったことも忘れてはならないだろう。

黒田荘ではその後も、荘民たちによって河東の国衙領への出作が続けられ、国衙とのあいだに官物の税率をめぐる争論が何度もおきるが、しだいに東大寺の勢力が国衙を圧倒するようになり、十二世紀後半には出作田の官物も東大寺に免除され、一円的な寺領化が実現した。

平氏の土着と伊勢平氏の台頭●

古代社会が変質する十世紀にはまた、あらたな身分がうまれた。武者《むしゃ》（武士）である。この軍事的な身分

❖コラム

公卿勅使と伊勢平氏

伊勢神宮は国家の守護神であり、国家大事のさい、奉幣《ほうへい》のため公卿《くぎょう》が神宮につかわされた。これを公卿勅使《ちょくし》とよんでいる。派遣がたびかさなった院政時代には、勅使は勢多、甲賀、鈴鹿、一志の各駅で宿泊し、離宮院に至るのが慣例となっていたが、伊勢の二つの駅では、近くに本拠のあった平氏がしばしば供応や施設の布設を行い、勅使に奉仕している。

その記録上の初見は長元四（一〇三一）年の事例で、維衡《これひら》が鈴鹿駅で勅使の源経頼《つねより》に牛二頭を贈ろうとしたが、いわれがないとして断わられている。この時点では、こうした贈答は先例がなかったのであろう。ところが、つぎの維盛《これもり》の時代になると、出発の前からその供応が期待されており、すでに鈴鹿での奉仕は慣例化していた。その背景には供応を担当していた伊勢国司の支配権の弱体化があったが、平氏にとっても勅使への奉仕は、公卿との私的な関係をきずくきっかけになったばかりでなく、平氏が軍事上の要衝である鈴鹿関の警護に大きな役割をはたしうることを印象づける意味もこめられていた。

維衡・維盛と続くなかで、鈴鹿での奉仕は一族の族長的な地位にある人物に課せられた役目となるが、事実、永久二（一一一四）年には正盛《まさもり》、また治承元（一一七七）年には重盛《しげもり》が供応にあたっている。伊勢平氏にとって、これが「都の武者」の地位を維持するうえで不可欠の勤めとみなされていたからであろう。一方、一志駅での奉仕は維衡の子貞季《さだすえ》の時代から、この一統が担当しており、貞季流が独自の武士団を形成する大きな要因ともなった（『神道大系　神宮編三』）。

は、九世紀後半から頻発した群盗や海賊の蜂起を、政府の要請をうけ、みずから組織した武力でもって鎮圧にあたったものが主体となって形成された。彼らはなによりもまず、その卓越した武芸（馬上の射芸）により特徴づけられるが、しかしそれのみでは十分でなく、武芸でもって国家の軍事・警察機能をになうことも求められていた。

十世紀前半に東西でおこった承平《じょうへい》・天慶《てんぎょう》の乱を経ると、武芸を家業とする武者は各地でうまれたが、そのなかでも勢力があり、京都を主要な舞台として活躍するものを「都の武者」とよんでいる。彼らは有力な貴族につかえ、その地位を高めようとしたが、政争にまきこまれ没落するものもあり、十一世紀前半ともなると、都の武者の家は承平・天慶の乱で戦功のあった平貞盛《さだもり》、同公雅《きみまさ》と源経基《つねもと》の子孫にかぎられてくる。伊勢平氏の祖とされる平維衡《これひら》もその一人であり、父貞盛の跡をうけ、伊勢に勢力を扶植《ふしょく》した。その本拠は伊勢の中部から北部にかけての河曲・鈴鹿・三重郡辺りにあったとみられるが、この地域は東海道がとおっており、東国《とうごく》を拠点にしていた平氏にとって、都との往来をつうじてなじみの土地であった。また京都からほどよくはなれたこの地域では、朝廷の目を気にせずに所領を形成し、武力的基盤をきずきあげることも可能であった。こうした点で、この地域は東国出身の都の武者にとって、絶好の基地となりうる条件をそなえていたのである。

同じく東国出身の武者で、尾張の南部に拠点をきずいていた平致頼《むねより》（公雅の子）も、伊勢北部への進出をねらっており、十世紀末にはこの地域は両勢力が角逐する場となりつつあった。はたして長徳四（九九八）年に至り、衝突が勃発し、張本とみなされた維衡と致頼は朝廷に召喚された。このときは致頼のほうに非があるとされたようで、致頼は位階を剝奪《はくだつ》したうえで、隠岐《おき》へ遠流《おんる》、維衡は五位のまま、淡路《あわじ》に移郷と定められた。

この対立はつぎの世代にももちこされ、長元三（一〇三〇）年の冬、再度の衝突がおこった。当事者は致頼側は子の致経《むねつね》、維衡のほうは息男の正輔《まさすけ》である。致経は「心猛クシテ、世人ニモ不似、殊ニ大ナル箭《や》射ケレバ……大箭ノ左衛門尉」（『今昔物語集』巻二三―一四）と称されたように、典型的な荒武者であり、治安元（一〇二一）年には殺人のかどで検非違使の追捕《ついぶ》をうけ、その尾張の宅が焼かれている。この屋敷は「是れ郡庁を壊却し、新たに作る所」であったといわれており、郡庁をこわした跡にたてられたものであった。一方、正輔は検非違使としての活動がよく知られている著名な武者で、この年の三月には平忠常《ただつね》の乱で戦場となっていた安房《あわ》の国司に任命されている。この補任《ぶにん》は追討使の平直方《なおかた》を支援するためであり、正輔自身もその準備に奔走していたが、その最中に伊勢で致経と事をおこしてしまったのである。

今度も両名が召喚され、検非違使庁で証人調べも行われた。取り調べの経過を記した『小右記《しょうゆうき》』によると、致経が兵三〇余人ばかりで仕かけ、応戦した正輔側との戦いで死傷者がで、多くの民家が焼失したようである。貴族のあいだでは両当事者と正輔に与力した正度《まさのり》（弟カ）を罪科に処すべきとの声が強かったものの、結局今回は、優免の措置がとられた。忠常の乱が終息しておらず、正輔自身安房守《あわのかみ》として追討にあたることになっていた点が考慮されたのであろう。

長徳・長元と二度にわたる合戦は、たんなる私闘ではなく、伊勢北部をどちらの勢力が制圧するかがかかった戦いでもあった。合戦自体の勝敗はいま一つあきらかでないが、両流の勢力争いの結末は判然としている。すなわちこののち、伊勢北部に維衡流の勢力が扶植される一方、致頼流はこの地域から駆逐《くちく》されるようである。このように致頼流が伊勢から一掃された結果、伊勢に拠点をもつ平氏は維衡流にほぼ限定されるよう

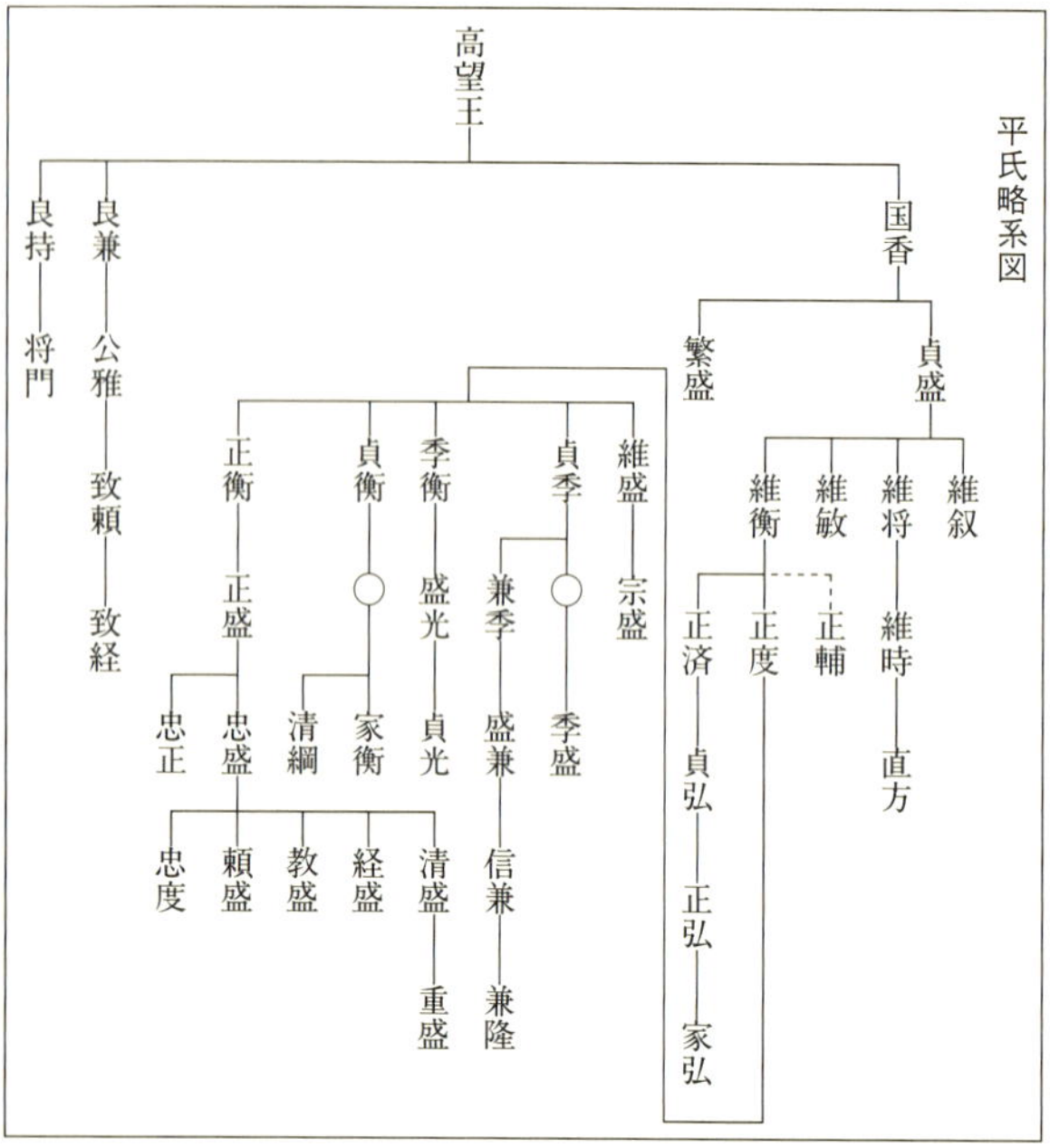

になる。これをもって、伊勢平氏の成立とみなすことができよう。

平氏の諸流と正盛の台頭●

長元の合戦をたたかったのは正輔であり、この時期彼が一門を代表していたが、現存する平氏系図には彼の名はなく、まもなく伊勢平氏の主流は正度の系統に移る。諸家の系図を集成した『尊卑分脈《そんぴぶんみゃく》』所収の平氏系図によれば、正度には維盛《これもり》・貞季《さだすえ》・季衡《すえひら》・貞衡《さだひら》・正衡《まさひら》の五子があり、それぞれ伊勢に居を占め、各地で所領を形成した。このなかではのちに本流となる正衡流と貞季の系統が注目される。貞季は、たびたび一志駅《いちしのえき》で公卿勅使を接待しており、その本拠は一志郡にあった。子の兼季《かねすえ》と孫の信兼《のぶかね》が醍醐《だいご》寺領一志郡曾《そ》禰《ね》荘の経営にかかわっていることも、これを裏づけるであろう。この一族は平氏の本流に対し、一定の自立性を保ったようで、保元の乱では、信兼は一軍を率いる将として後白河天皇方に参加している。

正衡は都で検非違使として、寺院大衆の強訴の警護などに動員されているが、その一方で伊勢の在地で活発な活動を展開していた。承保二（一〇七五）年の訴訟事件などは、その一端を示すものであろう。この年彼は、横川楞厳院《りょうごんいん》の僧良心《りょうしん》とともに、多度神宮寺の法雲寺《ほううんじ》を天台別院と称し、寺領を押領《おうりょう》したと東寺に訴えられているが、正衡のねらいは寺領をみずからの支配下におくことにあったとみられる。その後、東寺側は正衡と結託していた良心に対抗するため、平氏一族のとりこみをはかり、朝廷の訴訟でも勝利をおさめる。

本寺の地位を回復した東寺のもとで、一族の師衡《もろひら》は神宮寺の俗別当《ぞくべっとう》となり、「多度寺中《たどじちゅう》」と寺領を総領する。強制手段をもたない東寺と神宮寺にとって、有力な俗別当は延暦寺僧の妨害に対抗して寺領支配を行うためにも、欠くべからざる存在であった。ただ、師衡の死後、弟の盛正《もりまさ》が補任を求めているように、俗別当職《しき》は十二世紀初めには平氏一族の相伝の職とはなっていなかった模様である。

多度神宮寺が平氏一族の氏寺となったことは、当然一族と多度社との結びつきを深めたと思われる。『梁塵秘抄《りょうじんひしょう》』所収の今様《いまよう》に、多度社は軍神とうたわれているが、こうした多度社の軍神化は、武者の家である平氏一族との関わりを抜きにしては語れないであろう。

伊勢平氏は正度とその子の世代に、致頼流との競争に打ち勝ち、伊勢の各地に一族を分立させつつ、勢力を扶植していった。しかし逆に中央では、源氏に圧倒され、しだいに都の武者としての地位を低下させていく。たしかにこの時期にも、平氏一族は衛府の官人や検非違使となり、京を舞台に活動している。しかし父祖と異なり受領《ずりょう》への道は遠く、従五位下に叙せられたのちも、年功により受領に任命される順番がくるまで、受領の郎等《ろうとう》の経験を積まねばならなかった。

正衡の子、正盛も無名の時代、父や伯父たちと同様の道をあゆんだようである。『延慶本《えんぎょうぼん》平家物語』によれば、正盛は検非違使の年功を積むあいだ、受領の爪牙《そうが》として働き、加賀《かが》守藤原為房《ためふさ》や播磨《はりま》守藤原顕季《あきすえ》のもとで検非違所や厩《うまや》の別当職についていたという。その間も正盛は、伊勢や伊賀の所領経営に意をそそいだとみられるが、承徳元（一〇九七）年に至り、伊賀国鞆田《ともだ》・山田両村の私領二〇町あまりを京都の六条院に寄進した（『平安遺文』一三八二号）。この御堂《みどう》は白河上皇の娘、媞子《ていし》内親王の御所を死後、仏堂に改めたもので、その一周忌のころには御堂の体裁もととのっていたようである。正盛の所領寄進はその機会をとらえてなされたものであり、院《いん》の近臣《きんしん》で正盛もつかえたことのある藤原為房が仲介をしたとみられる。

正盛はこの寄進をきっかけに上皇に認められ、受領を歴任する一方、院の北面《ほくめん》の武士として、御所の警護などにあたったが、やがて武家の棟梁《とうりょう》源義家《よしいえ》の嫡子、義親《よしちか》の追討により、武名をあげ、源氏とならぶ武家の棟梁《とうりょう》となる。この急速な台頭は、より忠実な自前の武力を求める上皇の政策的な意図に基づくものであり、こうした治天《ちてん》の君《きみ》（院政を主導する上皇）との密接な関係は、正盛の跡をついだ忠盛《ただもり》にも継承された。忠盛は鳥羽《とば》上皇に重用され、武士としてはじめて殿上人《てんじょうびと》となり、貴族社会のなかで確たる地位をきずいたが、さらにその子の清盛《きよもり》は、保元・平治の乱を勝ち抜き、平氏政権樹立の道をあゆんだ。

3章

中世社会の形成と展開

内宮に参詣する時宗他阿《たあ》上人(真光寺本『遊行上人縁起絵』第9巻第1段)

1　関東武士団の進出

動乱勃発●

治承四（一一八〇）年五月の以仁王《もちひとおう》挙兵にはじまり、文治五（一一八九）年九月奥州《おうしゅう》藤原氏の滅亡に至る九年間は、日本列島がかつて経験したことがない激動に見舞われたときであった。激動におそわれた各地は、深い爪跡を残しつつも鎌倉幕府という新しい政治秩序のなかに組みこまれる。

平氏の軍事的・経済的基盤であり、東国と京都をつなぐ陸・海路の要衝に位置する伊勢《いせ》・伊賀《いが》・志摩《しま》三カ国は、当然これらの深刻な影響をまぬがれることはできなかった。

治承四年十月、源　頼朝《みなもとのよりとも》鎮圧のため東下した平　維盛《たいらのこれもり》軍は、たたかわずして富士川から敗走したが、伊勢住人伊藤武者《むしゃ》次郎なるものが平氏方として戦死しており、詳細は不明ながら、三カ国の武士たちも動員されたことであろう。十二月には、近江《おうみ》で挙兵した山本義経《よしつね》・柏木義兼《かしわぎよしかね》らの鎮圧に、近江・伊勢・伊賀の軍兵が出兵、なかでも伊賀の平氏家人平田家次《ひらたいえつぐ》（継）の活躍によって義経《よしつね》軍は撃退されている。翌養和元（一一八一）年、戦乱は志摩に波及した。平氏はかねて、東国との海路を遮断するため、志摩国に伊豆江四郎《いずごうしろう》なるものを派遣し海岸防備にあたらせていたが、一月、反平氏方にたった熊野《くまの》水軍が菜切《なきり》（志摩市大王《だいおう》町波切《なきり》）に来襲し、江四郎らを壊滅させ、ついで彼らは伊雑宮《いぞうのみや》鎮座の地、磯部《いそべ》（志摩市磯部町）へ侵入した。事態におどろいた内宮《ないくう》はただちに平信兼《のぶかね》に鎮圧を要請した。信兼は甥伊藤次《いとうじ》らと出兵してこれを撃退したものの、「悪僧張本戒光《かいこう》」らはなおも、阿曽御園《あそのみその》（度会《わたらい》郡大紀《たいき》町）、鵜方御厨《うがたのみくりや》（志摩市阿児《あご》町）などを侵略《しんりゃく》、道を切りふさぎ、さらに二見浦《ふたみがうら》（伊勢市二見町）に至り民家を焼きはらう挙にでている。この熊野水軍の行動は、尾張《おわり》国に進撃しつつあった熊野と関係が深い新宮十郎《しんぐうじゅうろう》＝源行家《ゆきいえ》と連携したものであった。

同じ一月、平氏は宗盛《むねもり》を惣官《そうかん》とし、畿内《きない》五カ国と丹波《たんば》・近江・伊賀・伊勢を軍政下におき、事態の打開をはかった。二月、源行家軍が尾張にせまると、伊勢国司《こくし》藤原清経《きよつね》に国内の兵船・水手《かこ》の徴発と尾張国墨《すの》股《また》への廻航《かいこう》を命じた。この命令には従来国司の支配がおよばなかった伊勢神宮の神郡《しんぐん》や御厨も例外は許されず、神宮は石田《いわた》（岩田、津市）、焼出《やきで》（津市）・塩浜（津市か）、若松御厨（鈴鹿《すずか》市）、それと安濃津《あのつ》と推測される諸御厨船四五艘《そう》と二九八人の水手を墨股へ出航させている。この結果、三月、平重衡《しげひら》を大将軍とする平氏軍は、一連の戦いのなか、唯一といってよい勝利を得た。

しかし、墨股の戦いののちは、前年からはじまった飢饉《ききん》がいちだんと深刻さを増したこともあって、寿

平氏略系図

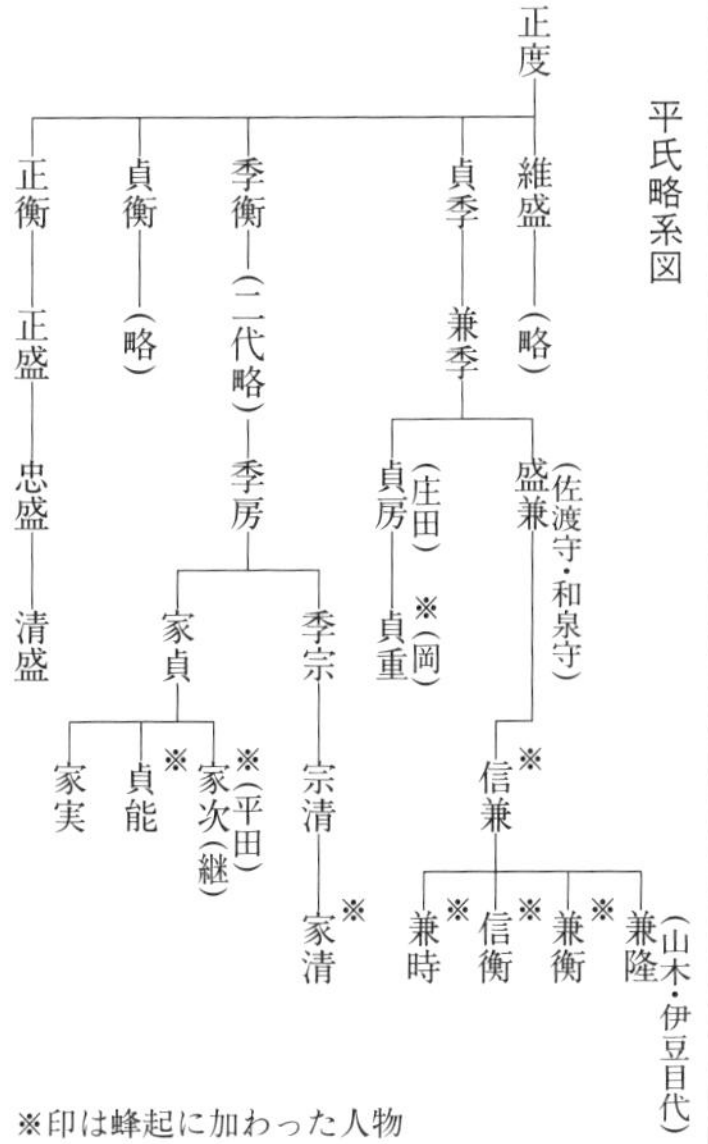

※印は蜂起に加わった人物

永二（一一八三）年の初めにかけて対立は小康状態が続く。この間、鎌倉にあった頼朝は伊勢神宮に対して積極的に接触を行っている。東国における神宮の精神的影響力もさることながら、海運に対する神宮の支配力を考えれば、当然のことといえよう。一方、神宮側も、東国に多くの御厨・御園を所有しており、頼朝の動向も無関心ではありえなかったであろう。両者の接触は外宮《げくう》の主導で行われた。養和元年十月、外宮権禰宜《ごんのねぎ》度会光倫《わたらいみつのり》は鎌倉にくだり、頼朝と会見、神宮の意向を伝えた。これに対し翌年二月、頼朝は神馬・砂金など幣物を奉納し、神宮側も非公式ながらこれを納受して、両者の歩みよりが実現したのであった。

寿永二年四月、平氏軍の倶利伽羅《くりから》峠の大敗を機に情勢は急展開をとげる。平氏を追い入京した木曾義仲《きそよしなか》は、はやくも後白河《ごしらかわ》上皇と対立し、この間隙《かんげき》を利用して、十月、東海・東山《とうさん》道の「沙汰《さた》権」（十月宣旨《せんじ》）を得た頼朝は閏《うるう》十月、伊勢に使者を派遣し、さらに翌月源義経をつかわして伊賀・伊勢の経略を行っている。翌元暦元（一一八四）年、木曾義仲を滅ぼしたあとの三月、頼朝は大内惟義《おおうちこれよし》を伊賀国惣追捕使《そうついぶし》に、山内経俊《やまのうちつねとし》を伊勢守護《しゅご》とし、さらに御家人《ごけにん》大井実春《さねはる》を派遣して両国の平氏与党人《よとうにん》の掃討《そうとう》にあたらせた。しかし、七月にはその反動が生ずる。七月、伊賀で平田家次が蜂起、大内惟義の郎党《ろうとう》を襲撃する事件が発生し、またこれと連携して伊勢でも、富田進士家助《とみたしんしいえすけ》（資）・前兵衛尉家能《さきのひょうえのじょういえよし》・家清《いえきよ》入道らが蜂起、これには平信兼の子兼時《かねとき》・信衡《のぶひら》・兼衡《かねひら》、遅れて信兼自身も加わり、両国を制圧する勢いをみせた。平田家次は伊賀市平田を名字の地とし、平氏有力家人貞能《さだよし》の弟であり、富田家助は四日市市富田をその本拠地とし、家能・家清もその名前からみて富田氏の同族であろう。急報に接した頼朝は、大内惟義、山内経俊、加藤景《かげ》員《かず》・光員《みつかず》父子などに討伐を命じたが、勢いを得た家次らは柘植《つげ》（伊賀市）から近江に進軍、大原荘（滋賀

❖コラム

平信兼

信兼は平正度《まさのり》の子貞季《さだすえ》の曾孫で、父は和泉守《いずみのかみ》などを歴任した盛兼《もりかね》である。彼の史料上の初見は仁平二（一一五二）年一月で、このとき兵衛尉から左衛門少尉《さえもんのしょうじょう》に昇進している。だが久寿二（一一五五）年、左大臣藤原頼長《よりなが》の随身と彼の郎党が喧嘩《けんか》闘争におよび（殿下乗合《でんかのりあい》）、四月解官《げかん》されてしまった。その後、保元の乱（一一五六年）には父盛兼と後白河天皇方に参陣、仁安二（一一六七）年、河内《かわち》守、承安二（一一七二）年、和泉守、治承四（一一八〇）年、出羽《でわ》守、寿永二（一一八三）年には和泉守に再任と受領《ずりょう》を歴任し、治承二年には高倉天皇中宮平徳子の安産御祈禱《ごきとう》料一〇〇石を進上、翌年、正五位下に叙された。まずは順当な歩みといってよい。

一方、目を伊勢国内に転ずると、平治元（一一五九）年、近衛《このえ》家領須可《すが》荘（松阪《まつさか》市）に乱入、下《げ》司《し》の子息を殺害したと訴えられている。この事件の顚末《てんまつ》は不明であるが、のち荘官の地位獲得に成功している。仁安二年には曾祖父以来の念願であった醍醐《だいご》寺領曾禰《そね》荘（松阪市）預所職《あずかりどころしき》を得、勢力を伸張させている。治承元年、公卿勅使《くぎょうちょくし》の下向にさいして、一志駅家《うまや》雑事《ぞうじ》を国司（大中臣忠清《おおなかとみのただきよ》）にかわって勤仕。その後は本文でふれたような道をたどった。

ところで、彼の本拠地はどこであろうか。彼は関《せき》信兼ともよばれていることから、鈴鹿に求める説が強い。しかしこの説はたしかな根拠を欠く。関といえば鈴鹿のみを想起するようになった後世の説である。少なくとも鎌倉時代には、関としては歌枕《うたまくら》の川口の「関の荒垣」をも想起したことであろう。川口関（津市）は、関の役割を失ったのちも歌枕として生きており、彼の活動範囲を考えると、川口が本拠地であり、関の名もそれに由来するものでなかろうか。

県甲賀市《こうか》）で、近江守護佐々木秀義《ひでよし》・大内軍と会戦した。しかし大敗を喫し、八月、逃亡した兼時らは京都で討たれ、信兼も瀧野《たきの》（松阪市《まつさか》）で抵抗したが、源義経軍に敗北し戦死した。

翌文治元（一一八五）年二月、平氏軍は屋島《やしま》で敗北、さらに西走したが、翌三月壇《だん》ノ浦《うら》の戦いでついに滅亡し、動乱そのものは一段落をとげる。

東国武士の進出●

平氏の基盤であった伊賀以下三カ国は、大きく変容をせまられた。それは、平氏与党人・謀叛《むほん》人の所領の跡に、「地頭《じとう》」として東国武士が進出したことにあらわれる。源頼朝は平氏滅亡後、加藤光員に与党人・謀反人の所領の調査を命じ、そのリストにしたがって地頭を設置した。文治元（一一八五）年六月には信兼一類の旧領である波出《はて》御厨（津市）、須可荘（松阪市）に島津忠久《ただひさ》が補任《ぶにん》されたのをはじめ、同三年までに、山内経俊・工藤祐経《くどうすけつね》など多くの関東武士や加藤光員、あるいは幕府の要職者大江広元《おおえひろもと》などが地頭に補任されている。こうしたいわば外来者の進出によって、従来形成されてきた在地社会は大きく変容せざるをえなかったのである。

もっとも、こうしたあらたな政治勢力の進出に対して抵抗がなかったわけではない。とくに東大寺や伊勢神宮の抵抗は強く、各地で紛争が生じている。伊賀では東大寺領である鞆田《ともだ》荘・阿波《あわ》・広瀬《ひろせ》荘・山田有《あり》丸《まる》名（以上伊賀市）に地頭が設置されたが、寺側の強い抗議によって廃止された。伊勢国でも文治元年十二月・翌年一月と二度にわたり故河田入道（平貞正《さだまさ》）旧領と称して、神宮領大橋御園（度会郡度会町）、河田別所（多気《たき》郡多気町）に、地頭宇佐美祐茂《うさみすけしげ》の下知《げち》のもと、武士が乱入し、倉や住屋にあった納物や稲を奪いとった事件が生じており、大橋御園司河田行恵《ぎょうえ》の訴えるところとなっている。こうした事件がおそ

鎌倉幕府地頭表

伊　勢　国

旧郡名	荘郷御厨名	所在市町村	地　頭　名	出典
桑名	香取荘	桑名市	文治1(1185)河越重頼→大井実春・弘安7(1284)大井頼郷→薬次郎	吾・鎌15280
	富津御厨	〃	正慶1(1332)地頭某	鎌31771
	益田荘	〃	仁治1(1240)二階堂行阿→同行氏・文永8(1271)行氏→子息	鎌5627・10828
			元弘3(1333)佐々木清綱	仁
	桑名神戸	〃	建治1(1275)鎌倉幕府→伊勢神宮	鎌12065
員弁	員弁郡		元応2(1320)富樫泰明	鎌27652
	笠間荘	いなべ市	元弘3(1333)北条維貞→岩松経家	鎌32371
	笠間吉富保	〃	元弘3，北条家時	御
	志礼石御厨	〃	文治4(1188)輪田右馬允	鎌309
	治田御厨	〃	文治3，畠山重忠→吉見頼綱	吾
	曽原御厨	〃	貞応2(1223)田代清実→同清経	鎌3120
朝明	小向御園	朝日町	～建武4(1337)，一部地頭本間有資	本
三重	柴(芝)田郷	四日市市	元弘3，長崎泰光	御
	南松本	〃	正安2(1300)地頭代官順恵	鎌20454
	小幡村	〃	承元1(1207)地頭廃止	吾
	三重郡		元応2(1320)富樫泰明	鎌27652
	長尾荘	三重郡内	元弘3，北条直俊	御
鈴鹿	原御厨	鈴鹿市	寛喜1(1229)坊城女房→有栖川堂，元弘3，北条貞時後家	鎌3903 御
	富田荘	〃	文治3，工藤助(祐)経	鎌224
	豊田荘	亀山市	文治3，加藤光員	〃
	昼生荘	〃	文治3，(預所)中原親能	〃
	遍法寺	〃	〃	〃
	三箇山	〃	文治3，常陸三郎，建久3(1192)女房大進局，寛喜3(1231)，貞暁法師→西園寺実氏子息	吾
	黒田御厨(荘)	津　市	文治3，山内経俊，貞応1(1222)北条時房，元弘3，北条高房	吾・御
河曲郡	林崎御厨	鈴鹿市	文治2，宇佐美実正廃止	吾
	中跡(河曲)荘	〃	文治3，加藤光員，元弘3，北条宣直跡	鎌224・御
	池田別符	〃	文治3，加藤光員，正安年中(1299～1302)下総四郎	鎌224・壬
	池田東・西	〃	元弘3，北条宣直跡	御
	堀江永恒	〃	文治3，地平次，貞応1，北条時房	鎌224・吾

河曲郡	堀江加納	鈴鹿市	文治3，伊予守，貞応1，北条時房	鎌224・吾
	柳御厨	〃	元弘3，北条泰家	比
	柳名	〃	〃　〃	御
	岡田荘	〃	〃　北条貞規後妻	〃
	箕田御厨	〃	寛元4(1246)渋谷定心→同重経，建長7(1255)渋谷重経	鎌6485・7874
	五箇荘内散在	鈴鹿市ヵ	元弘3，桜田貞源	御
奄芸郡	林御厨	津市	建久7(1196)天野遠景	鎌827
	南黒田御厨	〃	元弘3，北条範貞	御
	上野御厨	〃	元弘3，北条貞時後妻	〃
	林荘	〃	元弘3，北条直房	〃
	栗真荘	〃	文治3，大江広元，元弘3，北条茂時・時種・貞熙・季時	吾・御
	窪田荘	〃	文治3，大江広元，元弘3，北条守熙後妻	〃
	大古曾御厨	〃	年不詳柏井常光	公
安濃郡	安濃郡		元応2(1320)富樫泰明	鎌27652
	乙部御厨	津市	安貞3(1229)盛定法師孫彦熊，正安2(1300)源幸貫	鎌3817・20584
	五百野御厨	〃	元弘3，南条高直	御
一志郡	曽禰荘	松阪市	文治3，山内経俊	鎌224
	同荘返田	〃	〃　〃	〃
	十五所塩浜	津市	嘉元3(1305)富樫家春，文保1(1317)富樫家春	如・鎌26255
	拝野荘	〃	建治1(1275)大見行定	鎌12171
	拝野西荘	〃	弘安6(1283)大見行定→同家政，嘉元2，家政→家定	鎌14835・21849
	拝野東荘	〃	弘安8，大見行定	鎌15583
	庄田	〃	正和3(1314)(守護領庄田方)地頭代浄慶	鎌25215
	八太御厨	松阪市	元弘3，伊勢行意	御
	小阿射賀御厨	〃	建保1(1213)渋谷左衛門尉	吾
	大阿射賀御厨	〃	～建武3(1336)(一分)波多野蓮寂	波
	阿射賀御厨	〃	建久1(1190)某	鎌439
	須可荘	〃	元暦2(1185)島津忠久	平4260
	天花寺	〃	文治3，久気次郎	鎌224
	家城荘	津市	文治3，久気次郎	〃
	川口	〃	〃　後藤基清	〃
	小倭荘	〃	文治3(預所)大江広元，建久1，同	鎌224・439
	山田野荘	〃	寛喜3(1231)貞暁法印→西園寺実氏息	吾

一志郡	波出御厨	〃	元暦2，島津忠久	平4259
	東園村	旧一志郡内ヵ	文治3，中原親能	吾224
	西園村	〃	〃　〃	〃
飯高郡	勾御厨	松阪市	貞応1(1222)北条時房	吾
	大塚荘	〃	元弘3，桜田貞源	御
	石津荘	〃	〃　〃	〃
	丹生山	多気町(旧勢和村)	文治3，四方田五郎，貞応1，北条時房，元弘3，北条時俊後家	鎌224・吾・御・壬
	丹生荘	〃	元弘3，北条(佐介)□守	園
	光吉名	旧飯高郡内ヵ	文治3，山内経俊，寛元2(1244)市河女子藤原氏，弘安2(1279)地頭代定生	鎌224・吾・鎌13753・13807
	新光吉名	〃	文治3，加藤光員，元弘3，北条宣直	鎌224・御
	得光名	〃	弘安頃(1278～88)某	鎌13807
	光吉得光渡吉清	〃	文治3，山内経俊	鎌224
	吉光名	〃	〃　庄田家房	〃
	豊富安富	〃	〃　中原親能	〃
	永富名	〃	〃　大江広元	〃
飯野	長田郷	松阪市	文治3，加藤光員	〃
	飯野郡		元応2(1320)富樫泰明	鎌27652
多気	多気郡		元応2，富樫泰明	〃
	河田郷(御園)	多気町	建久8(1197)山内通時，文永11(1274)山内通茂・義通	鎌11652
	河田別所	〃	文治2，宇佐美三郎	鎌44
	槻本御園	〃	文治2，宇佐美三郎，建久9，山内通時	鎌1513
度会	大橋御園	度会町	元久2(1205)右衛門佐廃止	鎌1527

伊　賀　国

旧郡名	荘郷名名	所在市町村	地　頭　名	出典
阿拝	壬生野郷	伊賀市	元暦1(1184)宇都宮朝綱，建保4(1216)同頼綱	吾・鎌3737
	柘殖条(荘)	〃	永仁1(1293)柘殖氏ヵ	鎌18419
	鞆田荘	〃	文治5(1189)紀遠兼廃止	鎌380・381
伊賀	長田荘	伊賀市	承久3(1221)～貞応2(1223)島津忠義	鎌2876・3146
	大内西荘	〃	～建武1(1334)某	匡
	古郷	〃	～建武1某	東
	予野荘	〃	安貞3(1229)北条時房，文永2(1265)某	鎌3737・9221
	久多荘	伊賀市ヵ	承久3～弘安1(1278)某	中
名張	古山荘	伊賀市	～建武1，某	東
	六箇山下三郷	名張市	正安1(1279)俣野寂一	鎌20248
山田	阿波荘	伊賀市	文治6(1190)廃止	鎌442・497・501
	広瀬荘	〃	〃	鎌501
	山田有丸	〃	〃	〃
不詳	虎武保		承久3～宝治2，大井朝光→高野山金剛三昧院	鎌6956
	富吉名		年不詳，黒治七郎入道	鎌7134

伊勢国については，田中稔氏「鎌倉幕府地頭一覧」(手稿)を補訂し，作成した。

出典中，「吾」は『吾妻鏡』，「鎌」は『鎌倉遺文』，「仁」は『仁治3年御仮殿記紙背』，「御」は『御鎮座伝記紙背』，「本」は『本間文書』，「壬」は『壬生家文書』，「比」は『比志島文書』，「公」は『公文翰林抄』，「如」は『如意宝珠御修法日記紙背』，「波」は『波多野氏文書』，「平」は『平安遺文』，「園」は『園城寺文書』，「匡」は『匡遠記裏書』，「東」は『東大寺文書』，「中」は『中臣祐定記』の略称である。

伊勢国内比定地不明

荘郷名名	所在市町村	地　頭　名	出　典
飯鹿荘	旧員弁郡内ヵ	文治3，松本判官代盛澄	鎌224
多々利荘		〃　四方田弘綱	〃
荻野荘		〃　中原親能・中村蔵人	〃
常楽寺荘		〃　山城介久兼	〃
穂積荘		〃　(預所)式部大夫維度	〃
吉藤郷	旧河曲郡内ヵ	元弘3，北条宣直跡	御
安楽園村	亀山市内ヵ	〃　〃	〃
英多荘	旧一志郡ヵ	文治3，山内経俊	鎌224
常光寺散在田畠	旧飯野・多気郡	正和2(1313)富樫家春	鎌25003・25034
天暦寺散在田畠	〃	〃　〃	〃　〃
慈悲山領		文治3，大江広元	鎌224
重安名		〃　高野冠者	〃
恵雲寺領		〃　山内経俊	〃
永平名		〃　宇佐美三郎	〃
松永名		〃　四方田五郎	〃
弘清		〃　佐野忠家	〃
弘枝名		〃　一河別当	〃
粥安富名	鈴鹿市内ヵ	〃　岡部六弥太	〃
武久名	〃	〃　加藤光員	〃
高垣名		〃　中原親能	〃
安清名		〃　渋谷五郎	〃
本徳末名	鈴鹿市内ヵ	〃　長法寺五郎	〃
新徳末名		〃　曾井入道	〃
揚丸名		〃　尾前七郎	〃
吉久名		〃　〃	〃
糸末名		〃　中村蔵人	〃
福武名		〃　中原親能	〃
岩成名		〃　小次郎	〃
高成名		〃　中原親能	〃
近富安富		〃　一河別当	〃
末光安富		〃　〃	〃
得永名		〃　大江広元	〃
光藤名		〃　伊豆目代頼澄	〃
久藤名		〃　泉判官代	〃
加垣湊		〃　加藤光員	〃
位田		〃　〃	〃
辰吉		〃　山内経俊	〃
吉行名		〃　常陸六郎	〃

福延別名		文治3　大江広元	鎌224
石丸名		〃　　〃	〃
末松名		〃　渋谷四郎	〃
松高名		〃　常陸六郎	〃
有光名		〃　白山別当	〃
真近納所		嘉元4（1306）三郷次郎左衛門尉女子	鎌22592
松富村		元弘3，南条高直	御
安枝名		〃　北条直房	〃

志　摩　国

荘郷名	所在市町村	地　頭　名	出典
麻生浦	鳥羽市	年不詳，田川隆村	鎌16503
荒島荘	〃	元亨2（1322）地頭代某	鎌28018
相差須荘	〃	元弘3（1333）北条氏ヵ	御
畔蛸御厨	〃	〃　　〃	〃
菅嶋御厨	〃	文治6（1190）某	鎌439
佐古嶋	鳥羽市ヵ	〃　　〃	〃

らく頻発したのであろう。頼朝は文治二年、山《やま》城介久兼《しろのすけひさかね》を派遣して武士たちの非法行為の監視にあたらせている。同年七月、林崎《はやしざき》御厨地頭（宇佐美実正《さねまさ》）が廃止され、員弁《いなべ》郡治田《はった》御厨（いなべ市）地頭畠山重忠《はたけやましげただ》が改易されている。重忠の場合は、彼の代官「内別当真正《しんせい》」が員弁郡大領家《たいりょういえ》綱《つな》の所従で、伊勢神宮の神人《じにん》でもあったものの住宅に乱入し、その資財物を奪った、と幕府に訴えられたためであった。さらに文治三年には、波多《はた》野義定《のよしさだ》が櫛田郷《くしだごう》内（松阪市櫛田町）の斎宮寮田《さいぐうりょうでん》を押領《おうりょう》したかどで、彼にあたえられていた恩賞地が没収されている。

こうした関東御家人と旧来の勢力との対立が顕《けん》然《ぜん》化したのが、元久元（一二〇四）年三月に勃発した、いわゆる「三日平氏の乱」であろう。前年の建仁三年の末、伊勢守護所（所在地不明）が夜討ちされる事件が発生した。犯人として、さきの大領家綱の一族とみられる員弁郡司進士行綱《しんじゆきつな》が逮捕された。真相は不明であるが、反乱はすでにこのころから計画されていたのであろう。三月、「平家党類」が蜂起し、伊賀・伊勢両国守護山内経俊と合戦におよんだ。ところが経俊は大敗し逃亡したため、勢いを得た反乱軍は、鈴鹿関・八風峠《はっぷう》（三重郡菰野《こもの》町）を制圧し、京都との交通路を断つとともに、日永《ひなが》・高角《たかつの》（四日市市）、若松（鈴鹿市）、南村（比定地不明）、小野（亀山市）に城郭をかまえた。事態を重くみた朝廷・幕府は京都守護平《ひら》賀《が》朝雅《ともまさ》に討伐を命じた。朝雅は二〇〇余騎をしたがえ進発したものの、すでに現地では、尾張国の御家人や加藤光員ら伊勢の住人たちの攻撃によってもろくも反乱軍が敗北し、事態は終息した。この反乱軍には、『吾妻鏡《あずまかがみ》』などが伝えるところによれば、若菜《わかな》五郎を張本とし、平盛時《もりとき》、富田（四日市市）を本拠とする進士基度《もとのり》、その弟で松本（四日市市）を名字の地とする松本盛光《もりみつ》・四郎・九郎、安濃《あの》郡の岡貞重《さだしげ》とその子息、多気郡の庄田《しょうだ》佐房《すけふさ》と子師房《もろふさ》、河田刑部《ぎょうぶ》大夫《だゆう》などの名があげられている。このうち、岡貞重は平正度《まさのり》流の式部少輔《しきぶしょうゆう》貞重かと思われ、庄田佐房は一志郡庄田（津市）を本拠としたと思われる。岡貞重の父貞房は庄田とも称していることから、貞重・佐房は同族であろう。また河田刑部大夫は、前にふれた大橋御園司河田行恵との関係が考えられる。張本とされた若菜五郎の系譜は不明であるが、城郭をかまえた地から推測すれば、三重郡を本拠地としたものであろう。以上のように、反乱に加わった勢力は朝明《あさけ》郡から度会郡にかけて広く分布し、その主力となったものは、いわゆる伊勢平氏であった。この反乱は、鎌倉幕府というあらたな政治体制に対する、旧来の勢力の最後の抵抗であった。

　乱の終息後、逃亡した守護山内経俊は解任され、かわって鎮圧に功績があったとされた平賀朝雅が両国の守護に補任され、加藤光員には「散在名田等」があたえられた。のちに、守護領として史料にみえる庄田も、おそらく庄田佐房の没収地ではなかったかと思われる。

なお、新守護平賀朝雅は、翌元久二年、北条時政《ほうじょうときまさ》の陰謀に加担して殺害され、あらたに両国守護には、大内惟義の子惟信が任命された。

北条氏一門の進出●

承久元（一二一九）年、将軍源実朝《さねとも》の暗殺をきっかけとして、後鳥羽《ごとば》上皇と幕府との対立が先鋭化し、ついに同三年、後鳥羽上皇は討幕の兵をあげた。承久《じょうきゅう》の乱である。乱そのものは、北条義時《よしとき》らの果断な対応によって一カ月たらずでおさまったが、守護大内惟信は上皇方として参陣したため、伊勢・伊賀両国の武士に分裂をもたらした。

乱後、伊勢守護には北条義時の子息時房《ときふさ》が任命され、あわせて没収地勾御厨《まがりみくりや》（松阪市曲《まがり》町）、丹生《にう》山（多気郡多気町）、南堀江・永恒《ながつね》（鈴鹿市）、黒田御厨（津市河芸《かわげ》町）、両金《りょうきん》法師跡など一六カ所（のち、四カ所辞退）が恩賞としてあたえられた。このほかに没収地があったのか否かは不明であるが、以前、寺側の訴えによって地頭が廃止された醍醐寺領曾禰《ねそ》荘（松阪市）に、乱後、本間家茂が地頭職を得たとして乱入、寺側の抗議にあっている。おそらく同荘に上皇方に加わった勢力がいたためであろう。また、北条政子《まさこ》が内・外宮にそれぞれ寄進した安楽《あんらく》・井後《いじり》村・葉若《はわか》村（鈴鹿市）、西園村（津市一志町か）も没収地の可能性が強い。

伊賀国の守護については、大内氏のあと誰が補任されたかは不明であるが、建長元（一二四九）には守護代として「清忠」なる人物がおり、建長の初めごろ、幕府から伊賀国田文《たぶみ》の作成が下総《しもふさ》の御家人千葉氏に命じられており、このころまでには千葉氏が守護についていたことがわかる。以後、幕府滅亡まで、当国の守護は千葉氏が世襲した。当国では、元久元（一二〇四）年、東大寺から「一寺の大怨敵《おんてき》」として所

鎌倉幕府守護表

伊賀国		伊勢国		志摩国	
守護	在職期間	守護	在職期間	守護	在職期間
大内惟義	元暦1.3～元久1以前 (1184) (1204)	山内経俊	～文治1.10～元久1.3 (1185)		
山内経俊	元久1以前～同1.3	平賀朝雅	元久1.5～同2.閏7		
平賀朝雅	同1.3～同2.閏7	大内惟信	同2.閏7～承久3		
大内惟信	同2.閏7～承久3 (1221)	北条時房	承久3～仁治1(?) (1240)		
千葉頼胤	建長1～建治1.8 (1275)	(守護代)			
		本間元忠	貞応3(1224)		
千葉胤宗	建治1.8～正和1.3 (1312)	〃	安貞1(1227)		
		安東忠家	寛喜3(1231)		
千葉貞胤	正和1.3～元弘3	本間元忠	嘉禎4(1238)		
(守護代)					
清忠	建長1	金沢顕時	～弘安1～正安3.3 (1278) (1301)	金沢氏(?)	
平家政	文永2(1265)				
頼行	正和2(1313)	金沢貞顕	正安3.3～元徳2.2 (1330)	(守護代)	
平常茂	嘉暦2(1327)			泰政	弘安1
		金沢貞冬	元徳2.2～元弘3	親政	元亨2 (1322)
		(守護代)			
		某	文永10		
		鵜沼国景	弘安1		
		〃	嘉元2(1304)		

領を没収された服部康《はっとりやす》(保)兼《かね》が、恩賞として旧領を安堵《あんど》されたのをはじめ、長田《ながた》荘(伊賀市)地頭に島津忠義が、虎武保《とらたけのほ》(比定地不明)地頭に大井朝光《ともみつ》がそれぞれ補任されている。

北条時房の守護在職は嘉禎四(一二三八)年まで確認されている。この間、守護代として家人の本間元忠《ほんまもとただ》が在国していた。安貞元(一二二七)年四月、元忠は、丹生《にう》山で蜂起した「悪党《あくとう》」丹生右馬允《うまのじょう》の討伐にむかい逆に敗北、七月には大石御厨(松阪市)にこもった右馬允の捕縛に失敗している。丹生山地頭は前述のように時房であり、元忠は地頭代官をかねていたのであろう。

なお、寛喜三(一二三一)年十月、公卿勅使として四条隆親《たかちか》が派遣されるにあたって、関・一志駅家《いちしうまや》における人夫・伝馬《てんま》の調達・警固を「守護所左衛門尉忠家《ただいえ》」が命じられている。この忠家は『吾妻鏡』にみえる北条泰時《やすとき》の家人安東忠家と同一人物であることから、時房にかわって一時期、泰時が守護であった可能性もある。

北条時房の没（仁治元〈一二四〇〉年）後の守護はあきらかではないが、建治元（一二七五）年、鎌倉から鳥羽に着いた宋本大般若経《そうだいはんにゃきょう》を叡尊《えいぞん》のもとにとどけた守護がいた。弘安元（一二七八）年には北条（金沢《かねざわ》）顕時《あきとき》が在職しており、以後、貞顕《さだあき》・貞冬《さだふゆ》と金沢氏が世襲するところとなった。金沢氏は義時の孫実時《さねとき》にはじまるが、歴代六波羅探題《ろくはらたんだい》・幕府評定衆《ひょうじょうしゅう》となり、北条氏嫡流とも親密な家であり、その居住地金沢郷（神奈川県横浜市）には関東・太平洋沿岸水運の要衝六浦《むつうら》港があり、水運とも関係が深かった。

志摩国の守護については、設置されたか否かを含めて不明な点が多い。しかし、弘安元年に「熊野凶徒」が伊浜御園（志摩市磯部《いそべ》町飯浜《いいはま》）に来襲したため、内宮は守護代泰政に鎮圧を要請しており、元亨二（一三二二）年には、守護代親政《ちかまさ》が荒嶋《あらしま》（鳥羽市安楽島《あらしま》町）地頭代官に、夜討強盗犯人の引き渡しを命じていることから、十三世紀末には守護が設置されていたことが確認できる。守護代親政はほかで金沢貞顕の家人とみえることから、守護は金沢氏が伊勢国と二カ国を兼任したのであろう。

承久の乱後、北条氏が政治の主導権を握り、いわゆる執権《しっけん》政治が確立する。しかし執権政治も、宝治元（一二四七）年の宝治《ほうじ》合戦で三浦氏一族が滅亡したあとは、徐々に北条氏家督＝得宗《とくそう》の専制化が進行する。得宗の専制化は文永・弘安の蒙古《もうこ》襲来によって加速され、弘安八（一二八五）年、御家人安達泰盛《あだちやすもり》と得宗被官人との抗争が勃発する（霜月騒動）。これらの事件には多くの御家人が連座して失脚、所領が没収され、そのなかの大部分が得宗や北条氏一門の所領化していった。これら諸事件が当地にどのように波及したかは定かではないが、鎌倉時代末には得宗・一門・得宗被官人の所領が増加しており、失脚して所領を失った御家人が多数いたものと推測される。建武三（一三三六）年、没収した伊勢国内の旧北条氏関係者の所領の一部を、建武政権が伊勢神宮に寄進しているが、これによると、原御厨（鈴鹿市）・上野御厨（津市河芸町）に執権貞時が、五百野《いおの》御厨（津市美里《みさと》町）に得宗被官人南条高直《なんじょうたかなお》、芝田《しばた》郷（四日市市芝田）に同じく長崎泰光《ながさきやすみつ》が地頭となっていた。このほか、建治元（一二七五）年、異国降伏祈禱《きとう》の功として時宗が神宮に寄進した桑名神戸《かんべ》地頭職、高時弟泰家《やすいえ》も柳御厨（鈴鹿市）の地頭であった。とくに、大江広元が地頭であった栗間《くるま》荘（津市）、窪田《くぼた》荘（津市）が、北条氏一門領となっているのは、広元の子孫毛利《もうり》氏が宝治合戦で失脚したことと関係があろう。また、益田《ますだ》荘の地頭であった二階堂行氏《にかいどうゆきうじ》の嫡子行景《ゆきかげ》は霜月《しもつき》騒動に連座、自害しているが、幕末には引付《ひきつけ》衆佐々木清高《きよたか》が地頭としてみえることから、このとき所領を没収されたものと思われる。

このような北条氏勢力のいちじるしい浸透は、当地においても、反北条氏の気運を醸成していったことであろう。

2　海と商人と悪党

供御人・神人の活動●

十二世紀なかばをすぎると、供御人《くごにん》・寄人《よりうど》・神人《じにん》などとよばれる人びとが広範囲に出現し、活動するようになる。彼らは、それぞれ朝廷（蔵人所《くろうどどころ》、内蔵寮《くらりょう》など）・貴族・神社などに身分的に所属し、一定の奉仕を行う代償としてその権威・権力によって、原料・製品販売網の独占、自由通行権などを保障された職人・商人集団であった。当地でも十二世紀初め、益田荘星川市庭《ほしかわいちば》（桑名市星川）で、伊勢神宮神人歌長末房《うたおさすえふさ》なるものが米や魚介類を交易しており、伊勢海を舞台に、このころすでに神人が活動していたことが知られる。治承五（一一八一）年に尾張国墨股《すのまた》に出船した水手《かこ》たちもこうした神人たちであった。建久七（一一九六）年、安濃津御厨《あのつみくりや》の神人たちが内宮より諸国往反・渡海の煩《わずらい》なき自由通行権が保障されているのが、当地での自由通行権の初見例である。安濃津神人の場合、津沙汰人《さたにん》のもとに、三番に編成され、それぞれ刀禰《とね》によって統制され、神宮に対し「供祭《くさい》」の勤めをはたしていた。その内容は『安東《あんとう》郡専当《せんとう》沙汰文』にくわしい。同書によると、神領からの上分米《じょうぶんまい》（年貢《ねんぐ》）を輸送する義務が供祭の勤めであり、彼らの船は「御糘《おもみ》船」とよばれ、彼らは「漕丁《こぎのよほろ》」と称されている。

伊勢海、太平洋を活動の場としたのは神人のみではない。建久二年には、内宮領島抜《しまぬき》御厨（津市島貫）に蔵人所貢御人《こうごにん》が居住していたことが知られる。建暦元（一二一一）年、保曾汲《ほそくみ》（松阪市松ケ島）の斎宮《さいぐう》寮《りょう》貢御人たちが境相論をおこしている。宝治二（一二四八）年、桑名の蠣《かき》貢御人が木曾《きそ》三川河口部に形成された中洲《なかす》や漁場をめぐって隣荘香取《かとり》荘と相論をしている。彼らは蔵人所供御人として、蠣を供御（天皇の食物）として貢進するかわりに、漁場を「貢御江《こうごえ》」として独占し、魚介類を交易していたのであり、その活動は戦国時代まで続く。このほか、弘安元（一二七八）年、居住地は不明ながら、蔵人所供御人永《なが》用《もち》が、神祇権少副《じんぎごんのしょうふく》大中臣清継《おおなかとみのきよつぐ》らを刈田狼藉《かりたろうぜき》で訴えており、嘉暦二（一三二七）年、供御人松王丸が吹上《ふきあげ》（伊勢市）の屋敷をめぐって光明寺僧恵観《えかん》と相論しているように、各地に存在していた。

志摩国磯部（志摩市磯部町）では、正和四（一三一五）年、供御人たちが、伊雑神戸《いぞうかんべ》惣追捕使《そうついぶし》延親《のぶちか》神主らを、江利原《えりはら》（志摩市磯部町恵利原）居住の供御人らの「供御役田」を押収し、その身柄を拘束したと訴えている。この事件の原因は、塩の生産に必要な燃料である塩木を神人が盗伐したとして何者かに殺害されたことにあるが、当時有力な商品であった塩木の伐採地＝山林の領有をめぐる角逐《かくちく》が背景にあった。

神人や供御人は河川も活動の場としていた。伊賀国黒田荘（名張《なばり》市）には、すでに保延元（一一三五）年には、夏見《なつみ》、矢川、中村に津沙汰人がおり、材木の輸送・交易にあたっていたし、名張川を漁場とする供御人や殿下（摂関家）御贄《みにえ》人もいた。承元四（一二一〇）年、着岸した遷宮用材を大河（勢多《せた》川）・小河を遡上《そじょう》させるに必要な人夫の員数、日食米《ひじきまい》（雇賃）を「筏師《いかだし》」が報告しているが、彼らもまた勢多川を活動の場とする神人であった。そのほか、鮠川《はえかわ》（度会郡度会町）には内膳司《ないぜんのつかさ》供御人がいた。

一方、内陸部でも、古代から伊勢の水銀として名高い丹生山（多気郡多気町）には、殿下水銀寄人、内蔵寮供御人、神宮神人が採掘に、交易に活動をしていたし、水銀座も存在していた。地頭であった北条氏の被官も水銀に関係していたと思われる。弘安年間（一二七八〜八八）、黒坂御園（度会郡大紀《たいき》町）の貢御人息長真永《おきながまさなが》が、四疋田《しひきだ》村（多気郡多気町）有司職《ゆうししき》・灌水《かんすい》奉行職をめぐって相論をおこしているが、相手を、「水銀座人之威」を借りて押妨《おうぼう》したと非難している。

このように、神人・供御人の活動が活発になると、紛争もまた多発する。その一端はすでにふれたが、なお一、二の例をあげ、なにがそこで争われたかをみてみよう。

建仁三（一二〇三）年、国崎神戸《くざきかんべ》（鳥羽市国崎）神人が斎宮寮領麻生浦《おうのうら》（同市浦）住人壱志守房《いちしもりふさ》を以下にわたって訴えている。

相佐須《おうさす》（同市相差《おうさつ》）住人が、神戸の船を借用し、塩木を積載して出航したところ、暴風にあい、麻生この時代、伊勢湾をどのような船が往来していたのであろうか。

伊勢湾をいく船

鎌倉時代に製作された絵巻物には、この時代の船が写実的に描かれておりよくわかる。『北《きた》野《の》天神《てんじん》縁起《えんぎ》絵』（承久本、北野天満宮《てんまんぐう》蔵）の菅《すが》原道真《わらのみちざね》が大宰府《だざいふ》へ赴く場面の船は、立派な屋形が設けられ、左右の舷側《げんそく》に張りだした櫓《ろ》床にそれぞれ五人の漕《こ》ぎ手＝五丁櫓《ごちょうろ》がおり、帆柱ははずしてある。『一遍聖絵《いっぺんひじりえ》』（歓喜光寺《かんきこうじ》ほか蔵）にも多くの船が登場するし、『法然上人《ほうねんしょうにん》絵伝』（知恩院《ちおんいん》蔵）には、流罪となり、播磨《はりま》国室《むろ》津《のつ》（兵庫県たつの市御津《みつ》町室津《むろつ》）に着いた法然が、小舟にのった遊女に誘われる著名な場面がある。しかしもっとも克明に描くのは『松崎天神縁起絵』（下図）であろう。薪《まき》などを積んだ小船を曳航《えいこう》し、櫓床では水手《かこ》二人が一丁の櫓を漕いでおり、計四丁櫓である。船は下半部が刳船《くりぶね》構造となっており、後世の構造船とは大きく異なっている。

これらはいずれも瀬戸内海の船であるが、伊勢湾の場合はどうであろうか。その手がかりとなる文献資料として治承五（一一八一）年、尾張国に出船した船のリストがある。出船数四五艘のうち細船・小船とあるのは水手数の記載がなく、水手一人の小船であろう。水手数は一八人が二艘、一七人・一六人各一艘で、ほかは八～一〇人である。

『松崎天神縁起絵』（第11・12紙）　瀬戸内海をゆく菅原道真。

❖コラム

一方、絵画資料としては『伊勢新名所絵歌合《うたあわせ》』第七一番三《み》津《つ》湊《みなと》・恋の場面に描かれている（左二図）。上図三津湊（伊勢市）には屋形を設けた二艘の船がもやってあり、一艘には櫓二丁がおかれている。櫓床は左右三ないし四あり、六〜八丁櫓であり、出船した大部分の船はこれと同型ではなかったか。下図は三津沖をいく船であるが、絵から判断すると刳船で、さきの細船にあたるものであろうか。乗客は市女笠《いちめがさ》の女性と犬一匹。いかにも三津の「海辺春暮」を想わせる場面である。

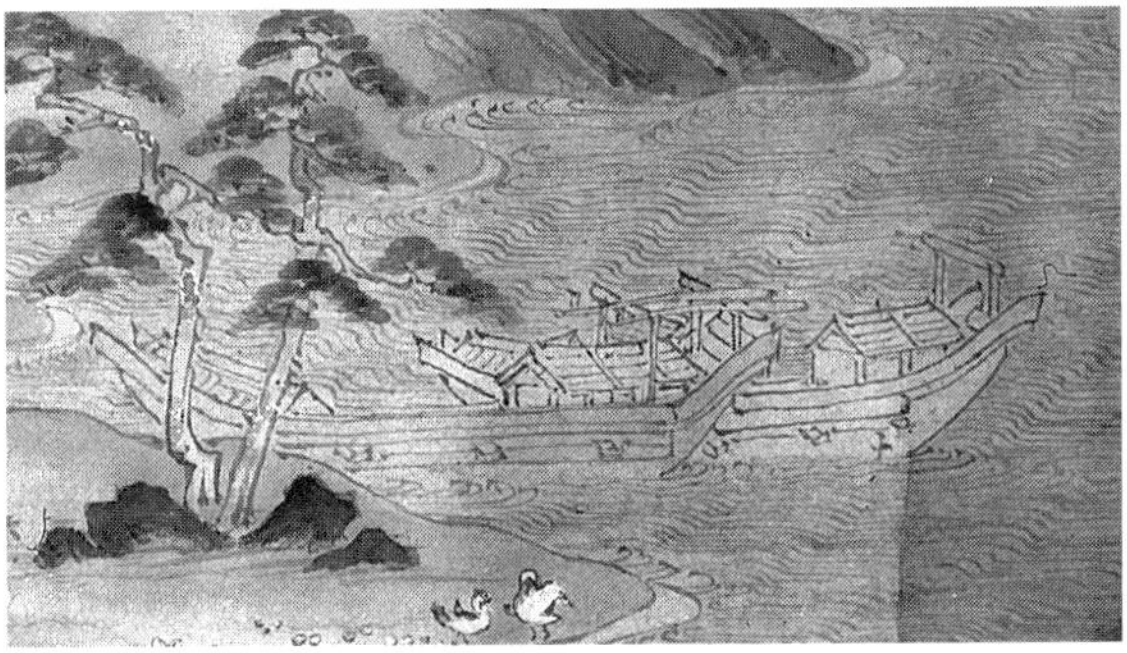

『伊勢新名所絵歌合』（第71番三津湊・恋。上・下とも）

浦に避難したが、守房らはその船・積荷を奪取したこと。
同浦に繋留《けいりゅう》していた国崎神戸住人の船を盗んだこと。
神戸内の山木を盗伐したこと。
神戸の供祭船積載の塩木を盗み、神人を凌轢《りょうれき》したこと。

などである。壱志守房は斎宮寮貢御人であったと思われ、有力商品塩木の採取、輸送、販売をめぐる激しい競り合いが背後にあった。弘安元年には、有力な商品である塩を略奪したとして伊雑宮銭司伊勢宗清が、郷民を訴えている。このような紛争は、商品流通がいっそう盛んになる鎌倉時代後期になると、漁場や航路・寄港地の確保をめぐる現地の対立が外部の勢力と結びつくことによって紛争の規模が拡大し、相互に相手を悪党《あくとう》として非難するようになる。

名誉の悪党・無双の悪党●

十三世紀後半からの社会は、別名「悪党の時代」といわれるほど、悪党の活動が顕著になる。悪党とは、零落《れいらく》したものたちの集団から、幕府・荘園領主の支配に反抗する武士・農民集団まで、その構成員はさまざまであり、その行為も住民の財貨の略奪・放火、田畠の押領《おうりょう》、輸送中の商品・年貢などの強奪など、これもまたさまざまである。しかし多くの場合、その行為の背景には荘園領主の支配を排除し、在地領主として支配の強化や、田畠のみならず山野河海への領有権の拡大、陸海路支配などをめざす動きがあった。

悪党といえば、黒田荘（名張市）の、といわれるほど黒田荘の悪党は著名であるが、その中心となったのが、十二世紀初頭、下司《げし》として姿をみせて以来、下司職を相伝し、荘内に勢力を扶植《ふしょく》した大江氏であった。十三世紀中頃、大江定継《さだつぐ》は下司・公文《くもん》・惣追捕使《そうついぶし》を兼任したが、まもなく東大寺と対立し、下司を解任されており、これにかわって下司に補任《ぶにん》された子清定《きよさだ》も弘安元（一二七八）年ごろ解任されており、大江氏と寺家との対立は深まりつつあった。清定の悪党的行動が顕著になるのはこの前後からであり、荘内の御家人服部康直らがこれに加わっている。東大寺の主張によれば、彼らは大和《やまと》国八峯《はちみね》山や黒田坂で山賊を働いたり、霧生《きりう》（伊賀市）や梁瀬《やなせ》荘（名張市）内に乱入・放火を行い、また寺家使を阻止するため、道をふさぎ、城郭をかまえ、荘の年貢・公事《くじ》の輸送を押さえ、押領したという。彼らに対しなす術《すべ》を失った寺家は六波羅《ろくはら》探題《たんだい》に逮捕を要請した。しかし、これより以前の文永二（一二六五）年、洛中《らくちゅう》・諸国で夜盗・強盗を働いた当荘沙汰人を追捕しようとして寺の拒否にあっていたこともあって探題は消極的で、弘安九（一二八六）年に至ってようやく清定・康直を逮捕、清定を出雲《いずも》国に流罪とした。東大寺は下司に大江氏一族観俊《かんしゅん》を、公文に大江俊貞《としさだ》を任じ、支配の建て直しをはかったが、その観俊も百姓宅に打ち入り、牛馬を奪取、あるいは作稲を刈り取るなど、狼藉《ろうぜき》をもっぱらにし、寺家の出頭命令にも応ぜず、逆に城郭をかまえこれに反抗する始末であった。同時期、黒田新荘でも、東大寺僧で預所《あずかりどころ》として派遣された快実《かいじつ》が、「惣庄名誉悪党」青蓮寺《しょうれんじ》八郎以下と共謀して年貢を犯用におよんでおり、梁瀬住人右馬允《うまのじょう》・覚栄《かくえい》らは奈垣《ながき》・比奈知《ひなち》（名張市）へ乱入、住人を刃傷《にんじょう》させ、作稲を刈り取り、山木を伐採するなどの行動をしており、名張郡一帯は騒然とした空気につつまれていたのであった。

正安二（一三〇〇）年、寺家は観俊らの追捕を探題に要請するとともに、下司に観俊と対立的であった大江泰定《やすさだ》を任じ、荘内の秩序回復につとめた。しかし泰定は清定の子息であり、出雲に流罪となっていた清定は、清高と改名、ひそかに荘内にたち帰り、はやくも観俊弟覚舜《かくしゅん》・公文仏念・青蓮寺八郎兄静蓮《じょうれん》、服部氏一族らと城郭をかまえ、強盗、年貢抑留、あるいは大和国下笠間荘・深野名《ふかのみょう》（奈良県宇陀《うだ》市室生《むろう》）

に乱入するなどの悪党行為を開始した。しかも、彼らに加担した「惣庄土民等」が寺家使者を追い返し、道をふさぐなど、悪党集団はその勢力を拡大させていったのである。寺家は彼らの鎮圧を、再三再四、探題に要請、探題もその都度近江国守護代佐々木氏や柘植《つげ》郷（伊賀市）御家人柘植氏、服部氏などに命ずるものの、いっこうに実効があがらず、ようやく嘉暦三（一三二八）年に至り、探題の強硬な命令によって伊賀国守護代常茂《つねもち》、服部持法《じほう》が荘内に入部、逮捕したのであった。

　しかし悪党はこれによって根絶されたのではなく、逆にその行動は過激化していく。黒田新荘では快実を中心として、黒田荘では大江一族や服部氏が近隣の武士たちと連合して東大寺に反抗、しかも彼らは幕府の干渉や寺家の支配を排除するため、後醍醐《ごだいご》天皇と結びつき、禁裏《きんり》供御人の身分を獲得し、これに対抗したのである。

　志摩国の悪党は「熊野海賊《かいぞく》」に代表される。文永五（一二六八）年、国崎神戸に襲来した狼藉人は、ただちに熊野海賊とはいえないが、三河や志摩半島出身者にまじって彼らも行動をともにしていた可能性が強い。弘安元年七月、熊野海賊が伊浜御園に来襲し、その鎮圧を内宮が守護代泰政に要請したことは前述したが、その守護代自身が同年十月、光吉名《みつよしみょう》地頭代らと丹嶋《にのしま》御厨（北牟婁《きたむろ》郡紀北《きほく》町）に侵入、悪行を行ったと訴えられている。正和四（一三一五）年、磯部住人岩村部《いわむらべ》成秀《しげひで》らが、熊野以下島々の漁人たちを語らって磯部の漁場に侵入し、「押漁」したと伊雑《いぞう》浦検校《けんぎょう》物部泰実《もののべやすざね》が訴えているのは、漁場の領有をめぐっての現地の対立が外部勢力と結びついて紛争が大規模化していることを示している。正中元（一三二四）年にも、大吹《おおぶき》嶋（熊野市）住人大夫太郎なるものが数艘の船を率いて国崎神戸の漁場に侵入し、「海葉」を押しとる事件が生じている。熊野勢力との角逐は、すでに永久二（一一一四）年、熊野先達《せんだつ》悪僧が遠江《とおとうみ》・

尾張・三河で海賊を働き、伊勢神宮の供祭物を略奪すると神宮が訴えているように、十二世紀初期以来のことであるが、十三世紀末にはいっそう激化していったのである。

伊勢国とて例外ではない。斎宮寮大允《さいぐうりょうだいじょう》宗清は、弘安七年御麻生園《みょうぞの》（松阪市御麻生薗町）に乱入して神人を搦《から》めとったと訴えられている人物であるが、同十年、国中無双の悪行人忠景なる人物と共謀し、正親《おおぎ》王兼重《おうかねしげ》王領牛庭《うしば》御厨（伊勢市内）内の地を糠屋《かすや》（伊勢市内か）の内と称して押領しようとして兼重王から訴えられている。宗清はさらに同年、内膳奉膳高階秋信《ないぜんほうぜんたかしなあきのぶ》、麻生浦住人で、神物を犯用した科《とが》で追放された田川隆村《たかむら》の郎従《ろうじゅう》らと麻生浦に乱入し、これを押領したと外宮から「重科之犯人」と糾弾されている。

嘉元四（一三〇六）年ごろ、祭主大中臣定世のもとで道後政所《みちじりまんどころ》の任にあった前筑前《ちくぜん》守大中臣茂村はその地位を笠《かさ》にきて、神郡中を横行、狼藉をもっぱらにし、長屋御園（伊勢市）に乱入し、神人の財貨を奪ったと訴えられている。同人は以前にも、国崎神戸神人らに偽《にせ》の官位をさずけ、その任料として一〇〇余貫文をせめとったと非難されている。これら悪行の背景には、内・外宮祠官《しかん》と祭主大中臣氏一族の対立、神人、斎宮貢御人、内膳司供御人の抗争、さらに御麻生園の神人間の抗争、牛庭御厨内常光寺領をめぐる紛争といった現地での対立勢力の抗争があった。元応二（一三二〇）年、伊勢神宮が従来の主張を変改し、幕府に対し、員弁郡以下五郡の神郡に地頭設置を要請しているのは、東大寺と同じく、もはや治安維持に幕府の武力を期待せざるをえなかったためであろう。

『作善日記』の世界●

昭和二十六（一九五一）年、四日市富田の善教寺《ぜんきょうじ》の本尊である阿弥陀如来《あみだにょらい》像の胎内《たいない》から、多数の摺仏《すりぼとけ》や願文《がんもん》・文書が発見された。籠《こ》めた人物の名前は藤原実重《さねしげ》といい、そのなかでも彼が元仁二（一二二五）年から、仁治二（一二四一）年までのあいだ亡き人の菩提《ぼだい》をとむらったり、自身の滅罪・浄土往生を願って行った善行＝作善《さぜん》を書き連ねた文書は、『作善日記』（以下『日記』と略称）と名づけられ、地方豪族の信仰を語るものとして注目された。

ここでは、『作善日記』をつうじて、彼の信仰のみならず、十三世紀中葉の北伊勢の社会をうかがってみよう。

彼が行った作善は、実にさまざまであり、多度《たど》の千手《せんじゅ》堂・穴太《あのう》の多井寺《おおいじ》（員弁郡東員《とういん》町）・射宮《いるみや》（東員町中上）の社殿などの造営、平群《へぐり》社（桑名市志知《しち》）などの修理、阿弥陀如来・観音《かんのん》の造像、供養、大般若経・五部大蔵経などの写経、摺仏、十二世紀後半から、作善のなかでも重要視されはじめた「湯施行」、湯釜・鐘、架橋・道造りへの奉加、念仏者・修行者・山伏、八幡《はちまん》の聖《ひじり》、如法《にょほう》経の聖、鎌倉の阿弥陀仏をつくる聖など、廻国する宗教者＝勧進《かんじん》聖への布施・奉加、熊野の道者（参詣《さんけい》人）への布施、阿弥陀・舎利《しゃり》・権現《ごんげん》・仁王《にんおう》講への奉加、安濃津《あのつ》での千日念仏会への奉加など、枚挙にいとまがないほどであ

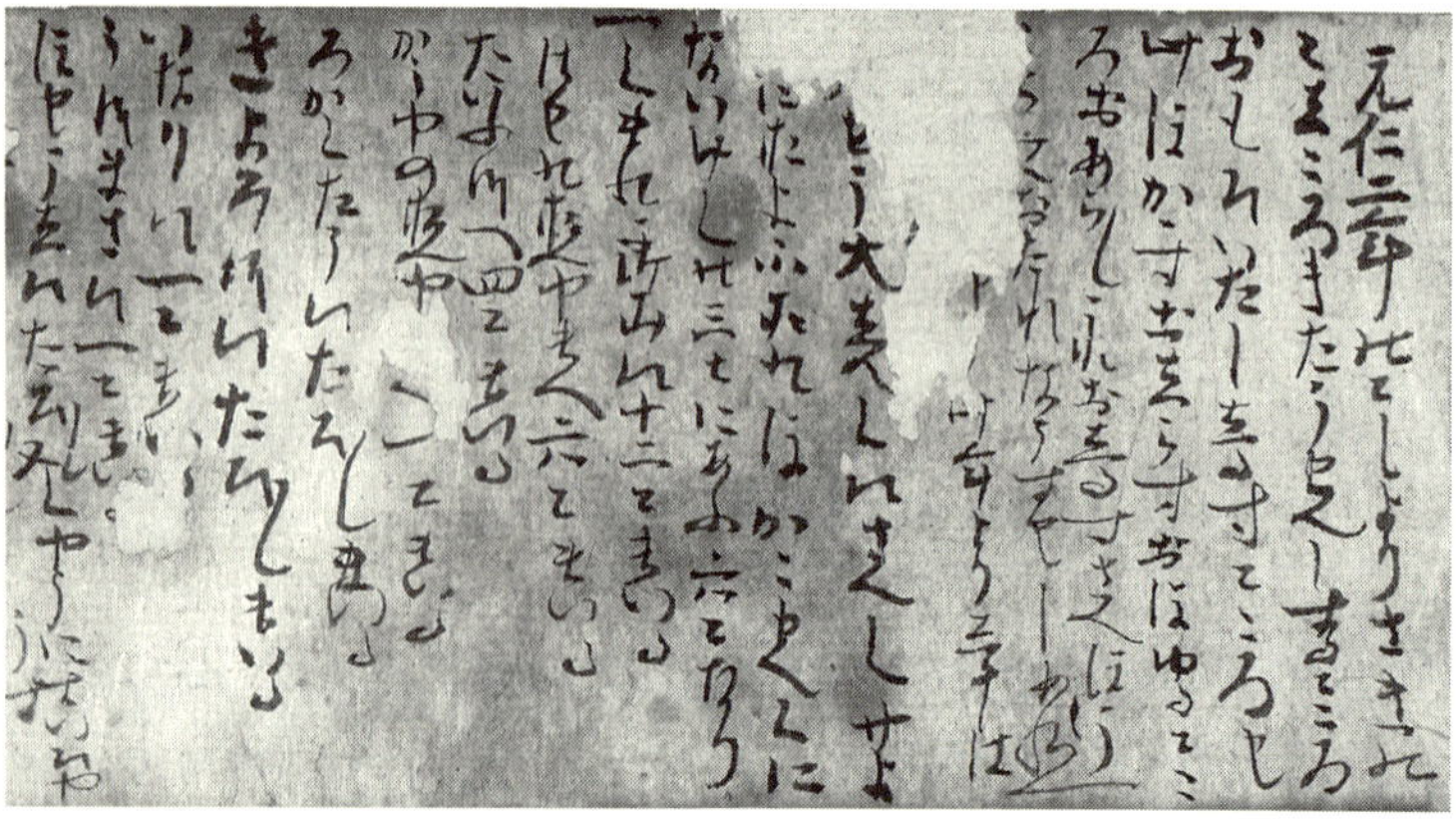

藤原実重の『作善日記』冒頭部分（縦9.7cm，全長1490.6cm）　39枚の紙を貼り継いで書かれている。

る。

そのうえ彼は京都・奈良の主要寺院への参詣、一二度にわたる熊野詣《もうで》、一五回の伊勢内・外宮参宮、多度神社へは数知れず、このほか、美濃《みの》国横蔵薬師《よこくらやくし》（岐阜県揖斐川町《いびがわ》）や熱田《あつた》神宮（名古屋市）にも詣でており、熊野へは月参りの代参《だいさん》をたてるなど、その熱心さや、これについやした物品の莫大さはまさに驚嘆にあたいする。

一例をあげよう。寛喜二（一二三〇）年に完成をみた多度千手堂には、米七九石五斗あまり、塩三斗八升、酒六斗三升、榑《くれ》四〇〇〇本あまり、絹四疋三丈、銭八貫三五〇文、馬一八匹、そのほか白布五反、小《こ》袖肩裏《そでかたうら》六、牛一匹、麦・大豆・染物五端にのぼっている。

このほか『作善日記』には、花瓶《かびん》・油かめ、襖帷子《あおかたびら》・直垂《ひたたれ》・上下《かみしも》（裃）・袴《はかま》、糸・綿、苧《お》・漆・炭・油・紙、鍋・刀・長刀・釜、黄金・銅、桶《おけ》・草紙《そうし》箱・扇子《せんす》といった種々様々なものがあらわれる。このうち、穀類などは、たとえば彼は伊勢神宮、熊野などに計田二町八段あまり、畠一段を寄進していることから、領主として年貢・公事として徴収したものがあてられたと考えられよう。しかし、市場《いちば》から購入したものも多かったと思われる。『作善日記』の性格からいって、物品の購入を記した記事は多くはないが、それでも数カ所みられる。列挙すると、花瓶・油がめ（二五〇文）、紙一〇帖（二〇〇文）、五部大蔵経用紙（一〇〇文）、綾《あや》の小袖肩裏（八〇〇文）、榑二〇本（一〇〇文）、馬一疋（二貫文）、多度千手堂囲垣用板一〇〇枚（三〇〇文と米一斗）などである。

市場としては、前述した伊勢神宮神人と益田荘下司久米為時《くめためとき》が津料の徴収をめぐって相論をおこしている星川市庭の存在が考えられる。しかし、彼が直接、間接に関係した寺社の所在地をみると、星川（観音堂＝多聞院か）、坂井、志知（御堂＝蓮敬《れんぎょう》寺か、平群《へぐり》神社）、友（友寺、以上桑名市）、穴太（多井《おおい》寺）、中上（射宮社など）、大社《おおやしろ》（以上員弁郡東員町）、と員弁（町屋《まちや》）川流域に分布しており、いずれも中世後期には、陸上・河川交通の要衝として登場する地である。

『作善日記』に、天福元（一二三三）年、熊野への供料米五石九斗、大豆一斗五升を船で送った記事がみえるが、彼のたびたびの参宮・参詣や、供料の送付も舟運を利用することが多かったと思われる。『日記』にはみえないが、員弁川河口には湊として益田荘内安永《やすなが》（桑名市）があり、伝説に親鸞《しんらん》が訪れたという、桑名市矢田にあった臨湊寺《りんそうじ》は船着御坊とも称せられたこと、さきの星川市庭での相論が、「津料」をめぐるものであったことを考えると、伊勢海・員弁川を利用した舟運は活発なものがあり、さきにあげた品々はこうした舟運によって運ばれたものも多かったにちがいない。彼がたびたび参詣した美濃国横蔵薬師・高須別所・多度は、木曾三川の一つ揖斐《いび》川によって一つに結ばれており、多度千手堂の用材も美濃国から運ばれたものであろう。

このほか、一日経をあげた阿下喜《あげき》（いなべ市北勢町）、造鐘に結縁《けちえん》した鳴谷《なるたに》聖宝寺《しょうほうじ》（同市藤原町坂本）、員弁寺（藤原町鼎《かなえ》）は鞍掛《くらがけ》峠を経て近江多賀神社へ、金色の阿弥陀像をつくり、堂を造営した杉谷、竹成《たけなり》（三重郡菰野《こもの》町）は八風《はっぷう》峠・千草越《ちぐさごえ》によって近江と結ばれており、卒塔婆《そとうば》一〇〇本を寄進した尾平《おひら》（四日市市）、湯釜に結縁した須賀《すが》、平野、権現講が行われた野尻（以上鈴鹿市）は東海道沿いに位置し、千日念仏会がもよおされた安濃津は陸・海路の要地であったことはいうまでもない。当時は、諸国を廻国する聖のみならず、熊野道者のごとく、庶民の社寺、霊場への旅も盛んになりつつあり、こうしたことが橋や道の整備、湯施行という彼の作善活動の背景をなしていた。また、講や法会も勧進によって行われることも多く、近隣の住民たち多数が結縁したと思われる。こうしたことを考えると、当時の人の移動、物流は想像以上のものがあったのではないか。当然、これら交通の要衝では、史料にみえないとはいえ、市がたてられたことであろう。

十三世紀はまた貨幣の流通が本格化した時代といわれる。前述の多度千手堂の造営料をはじめ、奉加・供養に貨幣が使われており、時代を反映している。とくに、寛喜元（一二二九）年には、伊勢神宮以下住吉神社など二一社に各一貫文奉加しており、その量を考えると、彼自身、商業に深く関係していたのではないかと思われる。また『日記』には造営・造像に関連して、多くの職人があらわれる。杣人《そまびと》・番匠《ばんじょう》・鍛冶《かじ》・細工・仏師などであるが、彼らへの「作料」＝報酬は銭貨で支払われており、銭貨の流通がけっして都市にかぎられたものでないことを示している。

『日記』の書きつづられた時期は、親鸞が東国の布教から京へその舞台を移す時期と重なり、その終わりは、叡尊が、非人救済、諸社会事業に、戒律の復興に活動を本格化するときにあたっている。実重の『日記』は、ひとり彼の作善を伝えるものにとどまらず、彼らの活動をうながした社会的背景はなにか、を北伊勢の一地域を超えて明瞭に物語っているのである。

4章

中世社会の変容

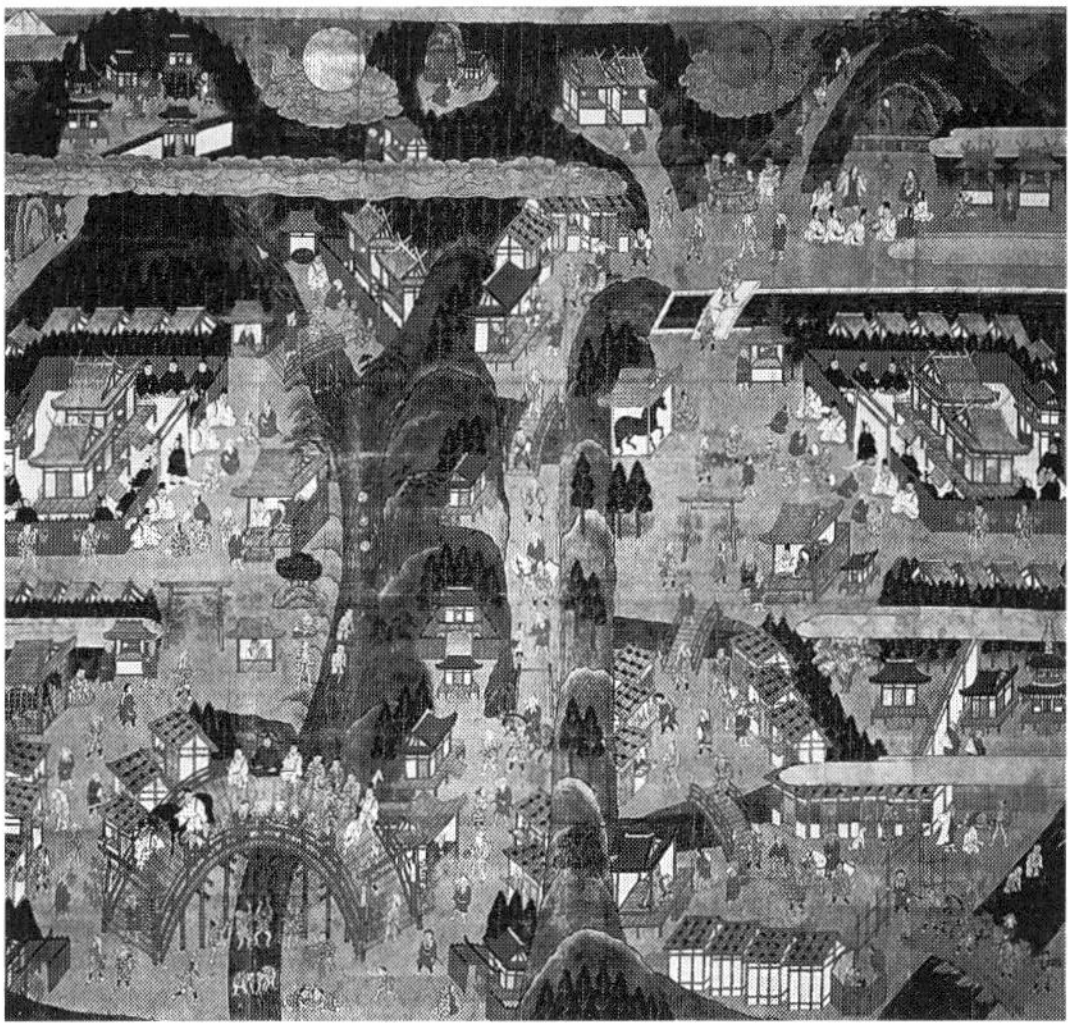

伊勢参詣曼荼羅全図　右側が外宮，左側が内宮，ほぼ中央を五十鈴川が流れる。

1　南北朝時代

激動の時代はじまる●

元弘元（一三三一）年五月の後醍醐《ごだいご》天皇の討幕計画に端を発し、幕府の崩壊、建武《けんむ》政府の樹立と瓦解《がかい》、南北朝の対立・抗争と、時代は半世紀を超える転変の激しい動乱期に突入する。伊勢《いせ》以下三カ国もこの動乱に深くかかわったが、その関わり方によって以後の歴史の歩みが異なったものとなった。

元弘元年九月、鎌倉幕府は赤坂《あかさか》城（大阪府千早《ちはや》赤阪村）による楠木正成《くすのきまさしげ》の鎮圧のため、諸国御家人《ごけにん》に動員をかけ、伊勢・伊賀《いが》両国御家人も守護金沢《かねざわ》氏・千葉《ちば》氏の指揮下に出兵した。十月には赤坂城が陥落し、笠置《かさぎ》城（京都府笠置町）で挙兵した後醍醐天皇もすでに九月とらえられており、事件は一応の落着をみたのであった。

しかしこれを契機に、反幕府の動きは諸国に拡大する。伊勢国でも、翌正慶元（元弘二＝一三三二）年六月、大塔《おおとう》宮護良《もりよし》親王の令旨《りょうじ》を得たと称し、竹原《たけはら》八郎率いる熊野《くまの》勢力が守護代の宿所を急襲、御家人と交戦のうえ、所々に放火する事件が生じている。十一月には謀叛《むほん》計画に加担した疑いで外宮《げくう》禰宜《ねぎ》度会常良《わたらいつねよし》・良尚《よしひさ》が鎌倉に召喚されるなど不穏な空気につつまれていた。十一月、楠木正成が千早城で挙兵し、翌二年には後醍醐天皇が隠岐《おき》を脱出、ついで正成の鎮圧に派遣された足利高氏《あしかがたかうじ》（尊氏）が四月、幕府に叛旗を翻したことによって情勢は大きく転回し、五月、北条高時《ほうじょうたかとき》は新田義貞《にったよしさだ》の鎌倉攻撃によって自殺、幕府は滅亡した。北伊賀の国人《こくじん》服部持法《はっとりじほう》は足利氏にしたがって軍功をあげているが、三重郡地頭《じとう》御家人も吉見円《よしみえん》忠《ちゅう》の指揮下で討幕軍としてたたかっている。志摩《しま》国では、九月、加津良嶋《かつらじま》（度会《わたらい》郡南伊勢《みなみいせ》町葛島《かつらじま》）大夫房《だいふぼう》が阿曾《あそ》宮（懐良《かねよし》親王か）から恩賞を得たと称し、泊浦《とまりうら》江向《えむき》（鳥羽《とば》市）に乱入、その後の建武元（一三三四）年十一月には、大里与一五郎《おおさとよいちごろう》兄弟、江向兵衛《ひょうえ》三郎などが熊野有間《ありま》荘荘司忠幸《ただゆき》らと江向を占領し、年貢を抑留する挙にでている。熊野勢力は同時期瀬戸内海でも活動しており、幕府の崩壊とともに、北条氏に掌握されていた制海権を奪回しようとする動きが江向占領となったのであろう。

元弘三年六月に樹立された建武政府も、性急かつ恣意《しい》的な後醍醐天皇の政策や、政権内部の抗争によってはやくも瓦解する。建武二年七月、北条時行《ときゆき》の反乱（中先代《なかせんだい》の乱）の鎮圧のため鎌倉にくだった尊氏・直義《ただよし》兄弟は公然と叛旗を掲げ、鎮圧にむかった新田義貞を撃破して西上し、翌三（延元元）年一月入京、いったん北畠顕家《きたばたけあきいえ》軍に敗北し、九州へ逃走したものの、五月には湊川《みなとがわ》（神戸市）の戦いで、正成・義貞軍を破り入京した。十二月、後醍醐天皇は吉野《よしの》へ脱出し、南北朝動乱の幕開けとなった。

建武政権成立後、一時鎮静化していた伊賀国黒田荘の悪党《あくとう》の活動は、建武二年になると、黒田荘金王《かなおう》兵衛尉《ひょうえのじょう》・盛俊《もりとし》、薦生《こもう》荘浄覚《じょうかく》らを中心として再開される。やがて彼らは南朝方として軍事行動を行うようになった。すでに同二年、西上する尊氏を迎え討つ新田軍に名張《なばり》八郎なる「名誉ノ大力」がいたことが『太平記』にみえるが、同三年六月には後醍醐天皇とともに比叡山《ひえいざん》にこもり、天皇の京都脱出後は、名張郡内に城郭をかまえ、吉野と当郡とを往来、たびたび北朝方であった北伊賀をおそった。尊氏は服部持法、柘植《つげ》新左衛門尉に退治を命じているものの、その効果はなく、守護仁木義直《にきよしなお》（義覚《ぎがく》）は柘植川北岸の楽音寺《がくおんじ》（伊賀市坂之下）に城郭をかまえて来襲にそなえ、暦応二（延元四＝一三三九）年に至っている。

一方、伊勢国でも建武二年十二月、久留部《くるべ》山（比定地不詳）、安濃津《あのつ》で戦闘が行われているが、翌三年六月には、大阿坂《おおあざか》（松阪市《まつさか》）一部地頭波多野蓮寂《はたのれんじゃく》や真弓御厨《まゆみのみくりや》（松阪市）波多野景氏《かげうじ》のごとく、尊氏方として京都市街戦をたたかった武士もいる。同月、後醍醐天皇皇子宗良《むねよし》親王を奉じて伊勢にくだった北畠親房《ちかふさ》のもとには外宮禰宜度会《ねぎわたらい》（村松）家行《いえゆき》をはじめ、一《いっ》福《ぷく》大夫興時《おきとき》・全福《ぜんぷく》大夫親子、雅楽《うた》入道らが参集して軍事行動を開始し、十二月には棚橋法楽寺《たなはしほうらくじ》（度会郡度会町）住僧隆経《りゅうけい》と協力して法楽寺を占拠、城郭をきずいた。翌建武四（延元二＝一三三七）年、尊氏は伊勢守護に畠山高国《たかくに》を任じ、鎮圧にあたらせた。両軍は四月、大口浜《おおくち》、法田《ほうだ》、立利縄手《たてりなわて》（以上松阪市）、さらに七月には、岩出《いわで》城・田丸《たまる》城（度会郡玉城《たまき》町）でたたかっているが、敗北した南朝軍は八月、神山《こうやま》城（松阪市）によった。暦応元（延元三）年一月、義良《のりよし》親王を奉じて陸奥《むつ》国霊山《りょうぜん》（福島県伊達《だて》市霊山町）を発し西上した北畠顕家は美濃青野原《みのあおのはら》（岐阜県関ケ原町）で大敗し、伊勢にのがれたが、これを迎え討った北朝軍と雲出《くもず》川・櫛田《くしだ》川、小山戸《おやまと》（小倭＝津市）でたたかい敗北した。顕家は伊勢・伊賀の南朝軍を率い、さらに河内《かわち》・和泉《いずみ》に転戦したが、堺《さかい》で高師直《こうのもろなお》軍に敗北、戦死した。すでに同年閏《うるう》七月、新田義貞は藤島（福井市）で戦死しており、有力武将を欠いた南朝軍は、東国経略をは

南朝軍の拠点となった田丸城跡（度会郡玉城町）　昭和２〈1927〉年撮影。

かるため、義良・宗良両親王、北畠親房、その子顕信《あきのぶ》らが伊勢に集結、九月山田市庭権宮掌《いちばごんぐうしょう》黒法師家助《いえすけ》の船で大湊《おおみなと》より東国にむかったが、途中遭難し、計画は挫折《ざせつ》した。翌年八月、後醍醐天皇も波瀾《はらん》の人生をおえ、南朝方の劣勢のうちに一時期がおわった。

動乱を経て新時代へ●

暦応元（延元三＝一三三八）年十二月、有間荘司忠幸を中心とする熊野勢が泊浦にふたたび来襲し、これを占領した。彼らは泊浦を拠点とし、三河・伊勢湾の水運を扼《やく》し、海の南朝軍として、康永二（興国四＝一三四三）年まで活動を続ける。これと呼応して陸上でも、暦応元年十二月、南朝軍は神山城・田丸城を奪回、翌年六月、守護高師秋《もろあき》は曾禰《そね》荘（松阪市）に城郭をきずきこれと対抗し、八月神山城を攻撃したが、南朝方守護愛洲《あいす》右衛門尉、一福大夫、伴兼隆《ともかねたか》らによって撃退された。以後康永元年まで南朝軍の優勢が続く。しかし、七月、守護に仁木義長が補任《ぶにん》され下向すると、情勢は大きく転回する。八月、義長は田丸城を攻撃し陥落させると、法楽寺城、坂内《さかない》城（松阪市）と南朝軍の拠点をつぎつぎと陥落させ、翌年三月には志摩国五ヶ所城（度会郡南伊勢町）をも攻略した。こうして南朝軍はふたたび劣勢におちいったのであった。

一方、伊賀では名張《なばり》郡を中心として南朝の優勢が続いていたが、暦応二（延元四）年十二月、守護仁木義直《よしなお》が更迭《こうてつ》され、千葉貞胤《さだたね》が任じられると、義直は服部持法らと北伊賀諸荘園を押領《おうりょう》、一方貞胤も城郭をかまえ抵抗する黒田・薦生荘民の前にはなすすべがなく、混乱した情況が続く。翌年四月、貞胤が更迭され守護に桃井直常《もものいただつね》がなるが、情況に変化なく、康永元年四月守護に貞胤が再任され、名張郡凶徒の鎮圧を命ぜられているものの実行はされていない。こうした情況を大きくかえたのが、貞和二（正平元＝一三四六）年六月の仁木義長の守護就任であった。くわしい経過は不明であるが、一時的にせよ、名張郡の南朝方は守護の支配下にはいったのである。この年六月、足利直義は平《びょう》等寺《どうじ》（伊賀市三田《みた》）をもって伊賀国安国寺とすることを告げ、これをうけて尊氏執事《しつじ》高師直は、服部持法に対して柘植新左衛門尉とともに違乱のないよう警固し、興隆をはかるよう命じている。

翌貞和三年八月、河内で楠木正行《まさつら》が蜂起《ほうき》し、山名時氏《やまなときうじ》らを破り摂津《せっつ》にせまると、これに呼応して伊勢国でも村松家行、全福大夫、雅楽入道、山田一揆衆《いっき》が蜂起した。十一月、彼らは近津長谷《ちかつはせ》（多気《たき》郡多気町）に城をかまえ、翌年一月には渋谷弾正《しぶやだんじょう》を大将として守護代の城があった泊浦を攻撃した。しかし、泊浦住民たちによって撃退され、しかも同月、正行が高師直とたたかって敗死、ついで吉野も陥落するという情況下、七月、家行らは春日侍従《かすがじじゅう》中納言《ごん》（北畠顕信か）、全福大夫、山田一揆衆らと大湊を出航、尾張《おわり》国宮崎（愛知県南知多《ちた》町か）に渡り、城をきずいたが、住民によって撃退され退却している。

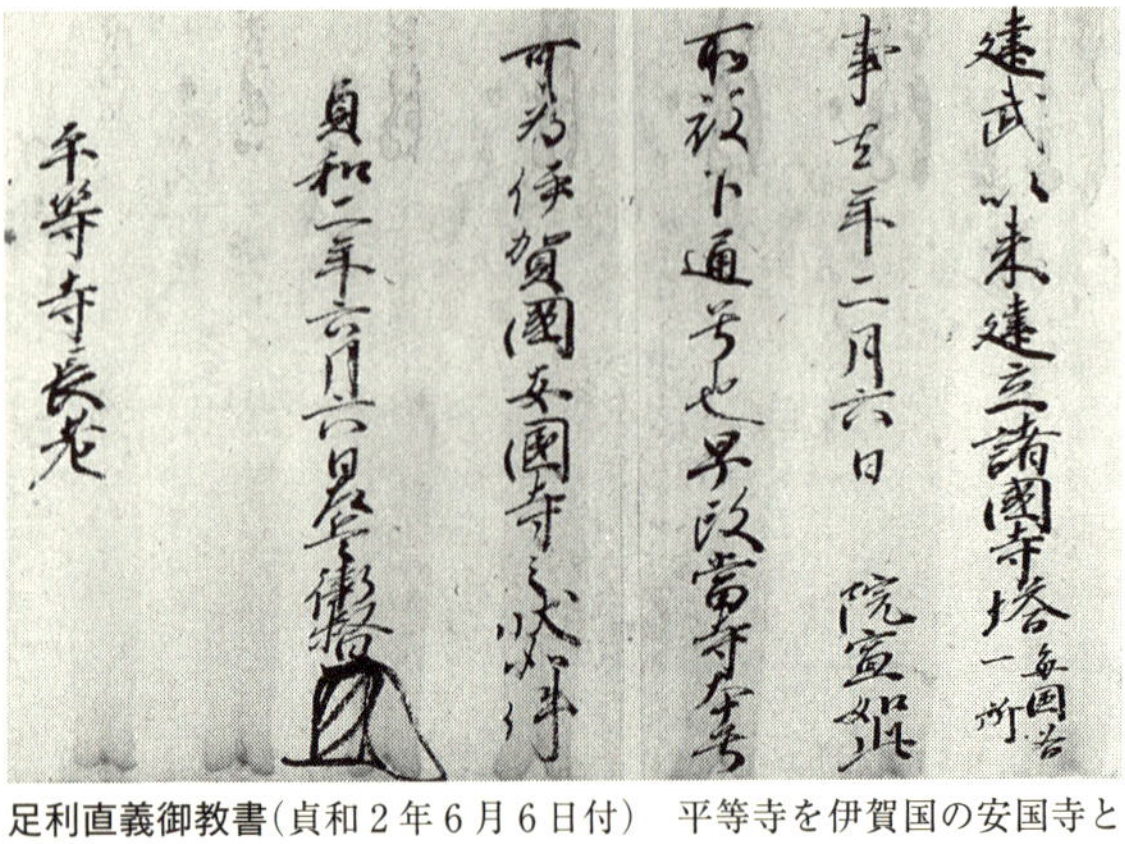

足利直義御教書（貞和２年６月６日付）　平等寺を伊賀国の安国寺と定めた旨が示してある。

この劣勢を救ったのが幕府内部の分裂抗争、いわゆる観応《かんのう》の擾乱《じょうらん》であった。貞和五年には伊勢守護には直義派の石塔頼房《いしどうよりふさ》が就任、伊賀守護には翌観応元（正平五＝一三五〇）年、高師冬《もろふゆ》が解任され、千葉氏胤《うじたね》が補任された。翌年、尊氏派の前守護仁木義長が伊賀へ、さらに伊勢へ進撃して、石塔氏と戦闘をまじえるなど混乱した情況が展開した。文和元（正平七＝一三五二）年閏二月、旧直義派の大名と連合した南朝軍はついに京都を占領した。結局、足利義詮《よしあきら》の反攻によって京都占領は長くは続かなかったものの、十月、阿坂城《あざか》（松阪市）に来襲した細川清氏《きようじ》・土岐頼康《ときよりやす》軍をしりぞけ、同じく同月、「冷泉殿《れいぜい》」が二見《ふたみ》に進駐し、制圧するなど、南朝軍は伊勢国では優勢を保っていた。以後も雲出川を境に両軍の軍事的均衡が続いた。

延文五（正平十五＝一三六〇）年、幕府の内部抗争によって伊賀・伊勢守護であった仁木義長は京都を追われ伊賀へくだった。服部《はっとり》・河合《かわい》氏らや、伊勢の長野氏の支持を得た仁木氏は、石塔頼房とも和し南朝方となった。九月、義長の養子頼夏《よりなつ》と石塔頼房が名張郡の地侍、伊勢の「桐《きり》一揆」、長野氏の「蝿払《はいばらえ》一揆」を率いて近江へ進撃した。しかし大敗を喫し、ついで十月、伊勢で土岐頼康・佐々木氏頼《うじより》軍にも敗退し、長野氏の居城に立てこもった。このような幕府内部の抗争はその後もたびたび生じており、仁木氏が南朝にくだったように、結果的には南朝勢力を回復させることとなった。応安三（建徳元＝一三七〇）年、管領《かんれい》細川頼之《よりゆき》と対立して土岐頼康が伊勢守護を解任され、細川満之《みつゆき》が就任すると、南朝軍の活動は活発となった。翌四年閏三月、満之、近江守護佐々木高詮《たかあきら》連合軍が伊勢に発向し、北畠顕信軍と片田《かただ》山・垂水《たるみ》山（津市）、ついで夜居森《よいのもり》（松阪市四五百森《よいほのもり》）でたたかったものの決定的勝利は得られず、逆に顕信は伊賀へ出兵するなど軍事行動を活発に行っている。翌五年には南朝軍は鈴鹿《すずか》・河曲《かわわ》郡の大半を制圧した。しかし同六（文中二）年八月、守護軍は雲出川を渡河、南伊勢に攻めいり、伊勢国をほぼ制圧するに至る。これ以後も一進一退は続くものの、南朝勢力はようやく衰退にむかったのであった。

半世紀を超えた動乱の時代は、各地域にそれぞれ独自の世界をきずきあげた。北伊賀は服部・柘植氏など国人の地域連合が、名張郡は郡内一揆が地域を支配する。北伊勢は幕府の軍事基盤であったが、北方《きたかた》一揆・十ヶ所人数《じっかしょにんずう》とよばれる国人《こくじん》の連合が形成され、独自な世界をきずく。南伊勢ではやがて北畠氏の領国支配が確立していくが、一方では宇治《うじ》・山田・大湊などの自治的都市がうまれてくる。志摩国では磯部《いそべ》・国崎《くざき》など郷村制が発達するとともに、九鬼《くき》氏・越賀《こしか》氏・和田氏など海の領主による連合が海上交通を支配していくようになるのである。

2 室町幕府体制下の伊勢・志摩・伊賀

伊勢守護と伊勢国司●

応永五（一三九八）年閏四月、幕府は北畠大納言入道《だいなごんにゅうどう》（顕泰《あきやす》）に醍醐《だいご》寺末寺棚橋法楽寺《たなはしほうらくじ》領の興行を命じ、翌年には北伊勢・志摩国所在分の同寺領を仁木義員《にきよしかず》に、南伊勢分は北畠氏に沙汰付《さたつけ》させている（「醍醐寺文書」）。所領の押領《おうりょう》を排除し、本来の所有者に渡すことなど、幕府の命令を現地で執行するのは、守護の職務である。ここに長らく幕府に敵対してきた北畠氏が、伊勢国司を称しつつ一志《いちし》以南の五郡を領国とする南伊勢半国の守護となり、伊勢守護は安濃《あのう》以北の八郡と志摩国を管轄するという体制が成立、十五世紀後半まで継続する。

伊勢守護職は、十五世紀前半は土岐《とき》氏と一族世保《よやす》（安）氏、中期は一色《いっしき》氏がその地位にあった。土岐康《やす》行《ゆき》の守護代は安芸《あき》弾正《だんじょう》入道宗栄。守護補任まもない応永八年八月には、志摩国答志《とうし》島半分について「違乱」し、国人九鬼氏らとの対立が生じている（「南部《なんぶ》文書」）。康頼《やすより》・持頼《もちより》段階では、守護使として三重郡の国人赤堀《あかほり》氏が活動、有力被官大沢氏が久我《こが》家領石榑《いしぐれ》御厨《みくりや》の代官、長講堂《ちょうこうどう》領豊田御厨も守護被官人が知行、万里小路《までのこうじ》家領伊勢国衙《こくが》領も被官中嶋《なかじま》氏が代官であった。伊勢守護領については、まだあきらかでない点が多いが、国衙領は一色氏も支配しており、守護にとって重要な意味をもっていた。

世保持頼は、応永三十一年五月仙洞女房《せんとうにょうぼう》との密通事件が発覚して逐電《ちくでん》するが、すでに前年末には、守護としての権限を剝奪《はくだつ》ないしは制限されていた。空位期間ののち畠山満家《みついえ》が守護となるが、正長元（一四

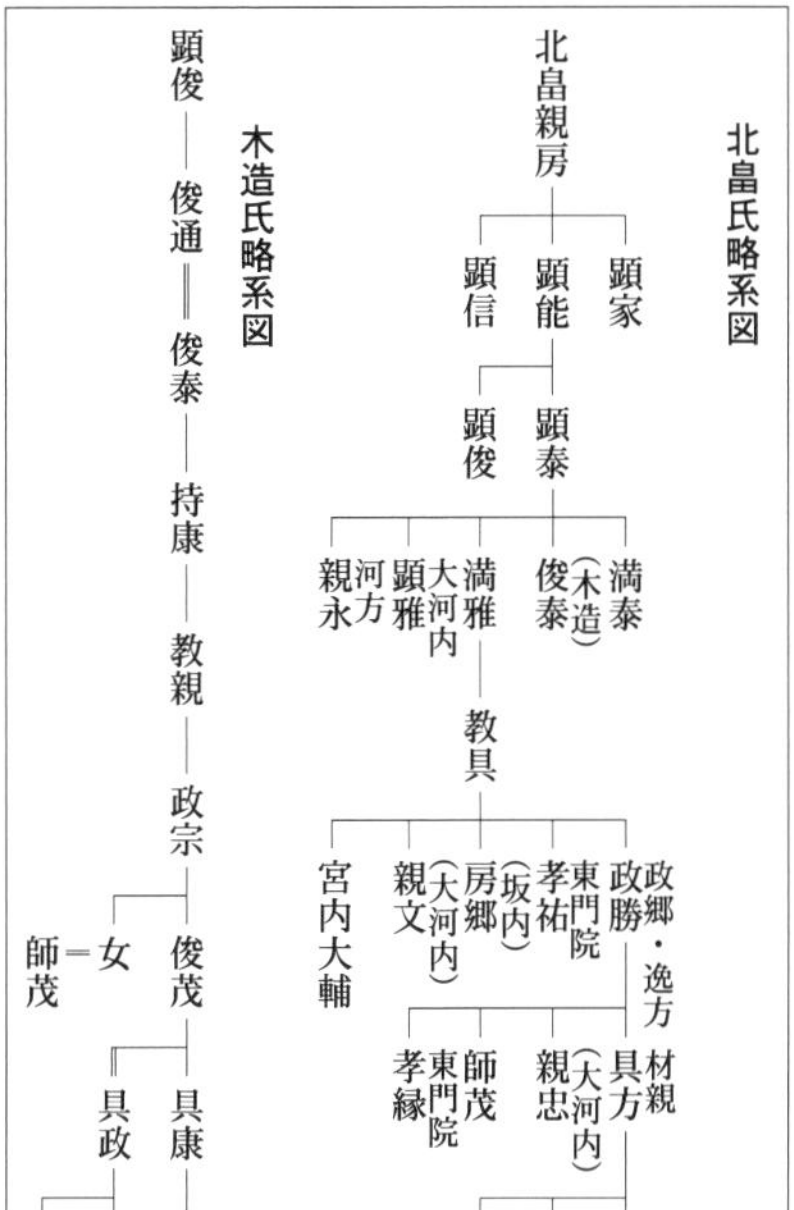

小林秀氏作成によるものに一部手を加えた。

二八）年北畠満雅《みつまさ》の挙兵にそなえて、持頼が還任され七月に入国した。十二月の合戦で満雅を討ち、翌年三月初めまでに、関・赤堀など北伊勢の北畠与党をくだしたが、その後は雲出川《くもず》をはさんで膠着《こうちゃく》状態におちいる。十月義教《よしのり》は、すみやかに渡河して北畠氏を攻撃すべきこと、奉公衆《ほうこうしゅう》の所領への半済《はんぜい》停止命令が実行されていないことについて持頼に譴責《けんせき》を加えた。持頼は北畠氏との戦いによって、四、五百の守護勢のうち多数が死傷していること、守護所から雲出川までの六、七里間には、守護知行の在所がなく、家臣も入国以来所務をしておらず困窮している旨を弁明。幕政に影響力をもつ醍醐寺三宝院《さんぼういん》の満済《まんさい》のとりな

伊勢守護(志摩守護兼帯)一覧

守護名	在任期間
畠山高国	建武3年12月？——建武4年7月→？
高　師秋	暦応1年9月——康永1年7月？
仁木義長	康永1年7月？——貞和5年2月→？
石塔頼房	←貞和5年5月——観応2年7月
仁木義長	観応2年8月——延文5年7月
土岐頼康	延文5年7月——貞治5年8月？
仁木義長	←貞治6年8月→
細川頼之	←応安4年閏3月——永和2年5月→
山名五郎	←永和3年7月→
土岐頼康	←康暦1年10月——嘉慶1年12月没
土岐康行	嘉慶1年12月——康応1年10月
仁木満長	←明徳1年4月——明徳2年8月→
土岐康行	←明徳2年10月——明徳3年1月→
土橋　某	←応永3年7月
北畠顕泰	←応永5年閏4月→
〈北伊勢8郡の半国守護体制成立〉	
仁木義員	←応永6年4月→
土岐康行	←応永7年3月——応永11年10月没
土岐(世保)康政	応永11年10月——応永25年6月没
土岐(世保)持頼	応永25年9月——応永31年5月
不設置	応永31年5月——応永33年6月
畠山満家	応永33年6月——正長1年7月
土岐(世保)持頼	正長1年7月——永享12年5月没
	永享1年6月——永享2年6月飯高郡分郡守護
長野満高	永享1年6月——永享2年6月一志郡分郡守護
一色教親	永享12年5月——宝徳3年11月没
一色義直	宝徳3年11月——応仁1年6月？

土岐(世保)政康	応仁1年6月——文明3年
北畠政郷	文明3年　——文明9年5月？
一色義春	文明9年5月——文明9年7月？
北畠政郷	文明9年7月？——文明11年8月
一色義春	文明11年8月——文明16年9月没
北畠政郷	←文明18年→
北畠材親	永正5年9月——永正10年10月→

⬚は分郡守護を示す。？は就任・就任時期の不明，——は在職が確認・推定される期間を示す。←は在職期間が確認される時期以前にさかのぼる可能性を示し，→は在職期間が確認される時期以降におよぶ可能性を示す。
佐藤進一『室町幕府守護制度の研究　上』，稲本紀昭「室町期伊勢守護考」(『日本政治社会史研究　下』1985年所収)により作成。

しもあって、このときは処分をまぬがれるが、その後も義教との関係は悪く、ついに永享十二（一四四〇）年大和《やまと》の陣中において、一色義貫《よしつら》とともに殺害された。一方満雅敗死後の北畠氏は、満雅の弟顕雅《あきまさ》を中心として幕府との講和をはかる。顕雅は、永享二年四月に「御免」され義教に謁し、六月には没収されていた飯高・一志郡が返還され、伊勢国司職は満雅の子教具《のりとも》に安堵《あんど》された。

持頼殺害後の伊勢守護には一色教親《のりちか》が補任され、その死後は従兄弟の義直《よしなお》がつぐ。義直は歴代中もっとも在職期間が長く、守護代石河道悟《いしかわどうご》—小守護代大矢知《おおやち》氏という体制で領国経営にのぞんだ。しかし形式的には北伊勢八郡を管轄《かんかつ》するとはいえ、守護の権限が実際におよぶ範囲は、安濃・奄芸《あんき》郡に長野一族、鈴鹿郡に関一族が勢力を張り、員弁《いなべ》郡には北方《きたかた》一揆、朝明《あさけ》郡には十ヶ所人数という幕府と直接結びつく国人領主が存在することによって、大きく制約をうけ、守護の遵行《じゅんぎょう》範囲や守護被官の分布は、ほぼ三重・朝明・員弁郡にかぎられた。

抗争する領主たち●

応永二十九（一四二二）年伊勢参宮の将軍義持《よしもち》を鈴鹿郡新所《しんじょ》で出迎えたのは、北方一揆・関左馬助持盛《さまのすけもちもり》・加太《かぶと》平三郎・長野右京亮満高《うきょうのすけみつたか》・雲林院《うじい》といった幕府と関係の深い北伊勢の国人たちであった。長野氏は本姓工藤氏、『梅松論《ばいしょうろん》』に建武三（延元元＝一三三六）年八月「伊勢国住人長野工藤三郎左衛門」がみえるが、実名がわかるのは満高からで、嫡流《ちゃくりゅう》の当主はいずれも将軍の諱《いみな》名の一字を得て名乗《なのり》とし、一族からは奉公衆《ほうこうしゅう》をだしている。正長《しょうちょう》の乱によって没落していた関氏が北畠氏の尽力によって復活すると、長野氏にあたえられていた関氏所領の返還が問題となった。長野氏は軍功によって得たものであるとしてこれを拒否、文安五（一四四八）年二月から三月にかけて、関氏・北畠氏の軍勢と激しくたたかった。また安楽《あんらく》御厨（亀山市）預所職《あずかりどころしき》をめぐっても、十五世紀中頃から後半にかけての三〇年間にわたって争いを繰り広げていった。

有力国人である関氏や長野氏は、守護とは独立した軍事力と政治的立場を保持していたが、彼らは分郡守護などの公的地位にあったのであろうか。寛正四（一四六三）年北伊勢八郡に「河籠米」の徴収が行われた。これは内宮《ないくう》の五十鈴《いすず》川堤防修築費として、一国平均に賦課され守護が徴納するものである。しかしこれを命じた幕府奉行人奉書《ほうしょ》は、内宮の要請により守護一色義直だけでなく、安濃郡については長野満寿《まんじゅ》

（政高）、鈴鹿郡は関治部少輔（盛元《もりもと》）に宛てられている。これは伊勢国内の実情を知る内宮の判断によるものである。ただ関・長野氏に対する奉書では、河籠米の徴納はその「進退在所に下知《げち》」と限定されており、郡全体におよぶものではなかった。彼らの郡内での実力は、守護を上まわってはいても、公的支配権はあたえられてはいなかったと考えられる。

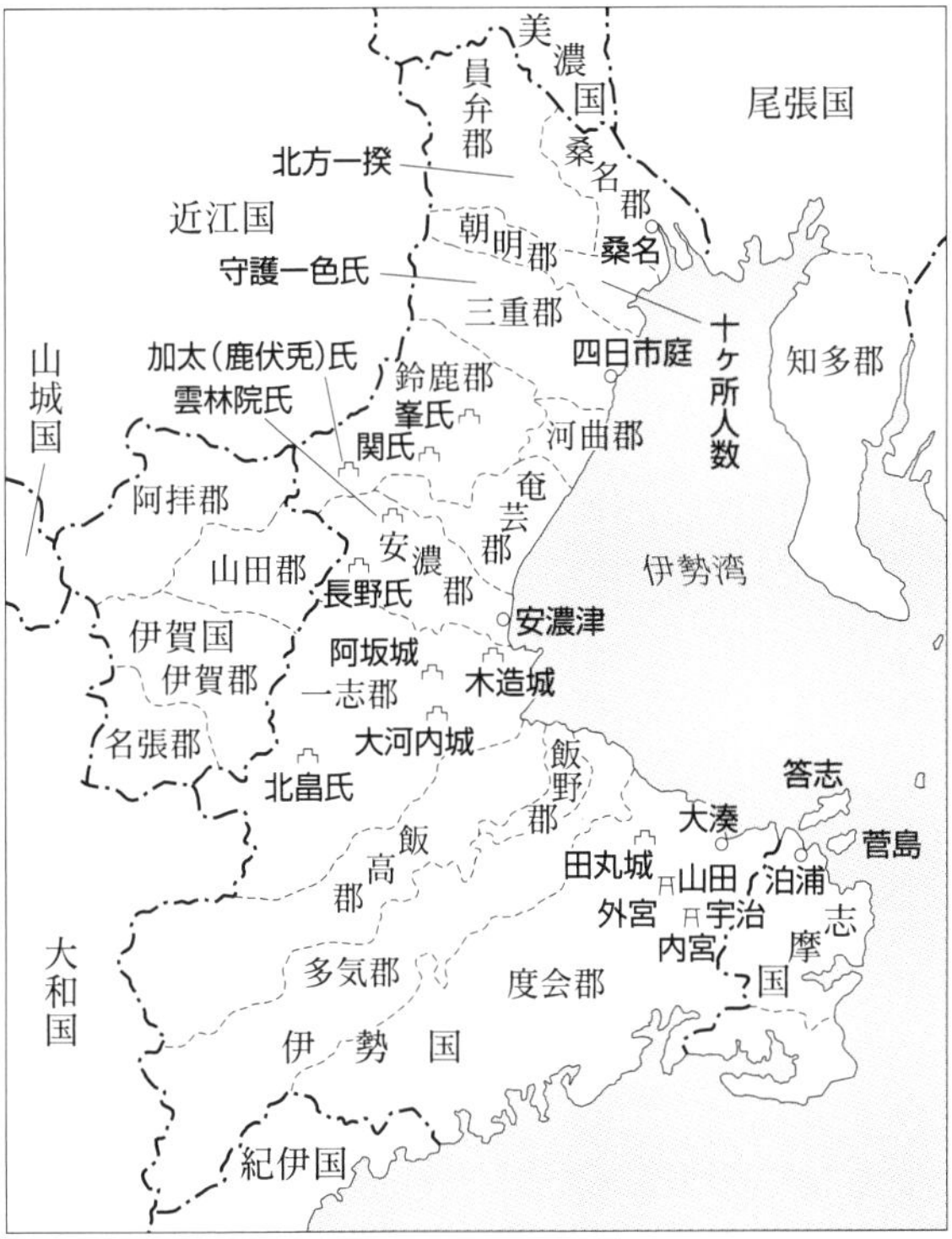

15世紀中頃の伊勢・伊賀・志摩

北伊勢での勢力拡大に大きな制約をうけていた守護一色氏ではあるが、その領国は北伊勢、志摩国、尾《お》張《わり》国海東《かいとう》・知多《ちた》郡と伊勢湾を取りかこんで存在していた。享徳二（一四五三）年一色氏が、海上交通の要地醍醐寺領泊浦《とまりうら》（鳥羽市）の代官職を競望、九鬼氏討伐の軍勢催促を行ったのは、このような領国の特性をいかして、伊勢湾海上交通支配に活路をみいだそうとしたものであった。一色氏の領国経営の内実を示す史料はとぼしいが、守護代石河道悟は長禄四（一四六〇）年近江《おうみ》永源寺《えいげんじ》の訴えをうけて、員弁郡久米守《くめもり》忠名《ただみょう》内の土地についての裁判を行っている。道悟は原告・被告からそれぞれ証拠書類を提出させ、さらに両者を出廷させて審議にあたろうとしており、裁判制度がある程度整備されていたことをうかがわせる。

応仁《おうにん》の乱は伊勢国でも従来の秩序を解体させ、戦国争乱の幕開けを告げるものとなった。西軍一色義直は伊勢守護を解任され、東軍は世保政康《まさやす》を守護に補任して、伊勢に送りこんだ。長野氏は当初関氏ともに、東軍として上洛《じょうらく》していたがまもなく帰国している。文明二（一四七〇）年北畠教具が「北郡沙汰」のために出陣、北伊勢への勢力拡大をはかると、翌年三月長野政高・世保政康は連合してこれとたたかった。教具はこの最中に死去し、北畠政郷《まささと》が伊勢国司をつぐとともに、伊勢守護職も手中にした。

長野氏にとって、北畠氏の北伊勢への勢力拡大は、本拠地たる安濃・奄芸両郡を北と南から圧迫されることを意味した。文明四年以降河曲郡での行動を活発化させ、文明五年八月には美濃《みの》斎藤氏と結び、石丸《いしまる》利光《としみつ》に率いられた美濃勢を北伊勢に引きいれたのは、このような情勢の打開をはかったものであろう。美濃勢は梅戸《うめづ》城（いなべ市大安《だいあん》町）にこもる北伊勢国人をくだし、十月末には河曲郡に至った。北畠氏は一族の岩内顕豊《ようちあきとよ》を大将として北伊勢に発向、十二月三日の戦いで美濃勢に大損害をあたえ退却させる。北畠氏の出兵によって、長野氏の河曲郡内での勢力は、かなり不安定なものとなるが、文明七年十月には三重郡方面に軍を進め、鈴鹿郡にも勢力を扶植、北方での活動は依然積極的である。文明九年には一時的に伊勢守護に返り咲いた一色氏が代官を入国させ、北畠氏とたたかう。文明十一年八月北畠政郷が守護職を解任されると、これを好機とみた長野氏が軍事行動をおこし、十一月後半には政郷を神戸城に追いこめた。危機的な状況におちいった政郷は、このとき神宮に湯田《ゆだ》郷を寄進、自筆の願文を送って戦勝祈禱《きとう》を依頼している。政勝への改名もこれが契機となった可能性が強い。戦闘は、翌年三月大和の越智《おち》氏の仲介によって停戦となるが、北畠方にくみした北伊勢国人たちが、その撤退をおしとどめ、四月になって政郷はようやく帰還した。

伊賀守護と国人

山城《やましろ》・大和・近江・伊勢と境を接する伊賀国は、国人・地侍《じざむらい》が村落を基盤に血縁・地縁的に結合、守護勢力が弱体であったこともあり、越智・筒井・六角・北畠といった外部勢力の動向に大きく左右された。

　正長二（一四二九）年二月、北畠満雅与党秋山・沢ら「大和宇陀《うだ》郡土一揆」を攻撃中に矢傷をおった伊賀守護が死去した。後継の守護には、仁木中務《なかつかさ》少輔が補任されるが、その領国経営はきわめて不安定で、永享五（一四三三）年四月「一向乱国の体で公私公平無し」として山名時熙《やまなときひろ》にかえられた。乱国の実態はあきらかではないが、国人・地侍層の反発・離反による領国支配の混乱をうかがわせる。時熙は八月将軍義教《よしのり》の許しを得て、四カ国の守護職を子息持豊《もちとよ》にゆずり、おそらく永享十一年までは、持豊が伊賀守護であった。

　十五世紀前半名張《なばり》郡の地侍は、名張衆として、「年預《ねんよ》」によって代表される組織を形成していた。永享十一年東大寺領黒田本荘八カ村の五一人は、守護からの課役が東大寺の「御計略」によって回避された

伊賀守護一覧

守護名	在任期間
仁木義覚	←建武4年7月――暦応2年12月
千葉貞胤	暦応2年12月→
桃井直常	←暦応3年4月――暦応3年8月→
千葉貞胤	←康永元年12月――康永2年8月→
仁木義長	←貞和2年6月――貞和3年12月？
高　師冬	貞和3年12月？――観応1年1月？
千葉氏胤	←観応2年4月――観応2年6月→
仁木義長	観応2年6月→
細川元氏	←観応3年8月→
仁木義長	←文和2年12月――延文5年7月？
中条元威	←貞治4年2月――康暦2年12月→？
仁木某	←永享1年2月没
仁木中務少輔	永享1年2月――永享5年4月
山名時煕	永享5年4月――永享5年8月
山名持豊	永享5年8月――永享12年？
仁木中務少輔	永享12年？――長禄4年閏9月→
仁木政長	←応仁2年9月――永正6年5月→
仁木刑部大輔	←永正7年1月――天文5年3月→
仁木長政？	←天文10年11月――永禄11年3月→

？は就任・就任時期の不明を示し，――は在職が確認・推定される期間を示す。←は在職期間が確認される時期以前にさかのぼる可能性を示し，→は在職期間が確認される時期以降におよぶ可能性を示す。佐藤進一『室町幕府守護制度の研究　上』，稲本紀昭「伊賀守護と仁木氏」(『三重大学教育学部研究紀要』第38巻)による。

「御恩」にむくいるため、年貢五〇石の地下請《じげうけ》を誓約。翌年十一月黒田新荘・出作地域内一〇カ村一〇四人の「郡内一族人」は、丈六寺《じょうろくじ》に集会、年貢九六〇石などを地下請する起請文《きしょうもん》に署判する。地下請は、一般的に荘園領主に対する在地勢力の優越の結果、獲得されるものであるが、この場合は北畠氏が仲介、「郡内一族人」は幕命によって結ばせられたのである。また起請文の作成と提出には、大和国人越智・筒井が立ちあい、布施《ふせ》・箸尾《はしお》・飯高・沢らが請人となっている。この地下請は、大和の永享《えいきょう》の乱に関係して、反幕府的行動をとった名張衆が、帰順したことを示すものである可能性が高い。彼らは一時的にせよ、東大寺や幕府に屈服することを余儀なくされたのである。

❖コラム

正長の乱と国人の動向

正長元（一四二八）年一月に義持《よしもち》、七月に称光《しょうこう》天皇が、いずれも後継者を定めないまま死去した。武家では、青蓮院門跡義円《しょうれんいんもんぜきぎえん》が還俗《げんぞく》して義宣《よしのぶ》（改名して義教《よしのり》）と名乗り、足利氏の家督をつぐが、将軍宣下は翌年三月で、形式的には将軍空位の状態が続いた。称光が重体におちいった七月初めから、公武の要人のあいだでつぎの天皇候補が検討されていたさなか、七月七日南朝皇胤の小倉宮良泰《おぐらのみやよしやす》親王《しんのう》が突如京都を出奔《しゅっぽん》した。しかし数日後には、北畠満雅の庇護《ひご》下一志郡興津《おきつ》にいることが判明した。この時期、都では鎌倉公方《くぼう》足利持氏《もちうじ》と北畠満雅が、小倉宮を奉じて挙兵、それに同心する大名もいるとの噂《うわさ》が流れた。持氏・満雅ともに、反幕府行動をとった前歴があった。

八月満雅は兵をあげ、三重郡の赤堀氏、鈴鹿郡の関・加太《かぶと》氏がこれに応じた。大和《やまと》国宇陀《うだ》郡では、沢・秋山が蜂起する。幕府軍の中心は、持頼とこれを支援すべく送りこまれた土岐一族であった。安濃《あのう》郡の長野とその庶流雲林院《うじい》氏も幕府方として参戦した。満雅は十二月の合戦で敗死し、その首は京都に送られ、義教が実検したのち、六条河原にさらされた。北伊勢の北畠与党に対する攻撃は、翌年二月後半より本格化、伊賀の日置《へき》・北村・福地《ふくち》氏にも動員が命じられた。三重郡の赤堀氏と加太氏は二月末管領畠山満家をたよって降伏した。関氏は三月一日、城を焼いて逃亡する。

この乱において、もっとも大きな恩賞を得たのは長野氏で、北畠領の一志郡をあたえられ分郡守護となり、その返還後は替地として日永《ひなが》荘を給された。昼生《ひるお》荘内や国衙領内の関氏所領も手にいれたようで、関氏の復活後はその帰属をめぐり、両者は激しく対立することになった。

山名持豊のあと守護職は仁木氏に戻り、左京大夫政長―刑部《ぎょうぶ》大輔―長政と継承される。応仁の乱では、仁木政長は東軍の立場にあり、文明二（一四七〇）年八月には関・長野とともに山城に出陣、文明九年にも木津に在陣している。永禄十一（一五六八）年三月伊賀逗留中の吉田兼右《かねみぎ》は、長政の依頼で「新城」にでむき地鎮の祈禱をしており、天正八（一五八〇）年段階でも政親が在国するが、仁木氏と領国との関係を示す史料はきわめてとぼしい。守護被官としては下服部の岡谷、所領では近衛《このえ》家領信楽《しがらき》荘代官職が知られる程度である。

一方、十五世紀後半以降の「伊賀衆」は、諸勢力の軍事力として活動している。両畠山の抗争では、基本的に義就《よしなり》方にたち、文明元（一四六九）年には山城に出陣、東寺領上野荘半済分をあたえられ、同十七年には山城国美《み》豆《ず》御《み》牧《まき》を占領し要害を構築した。長禄二（一四五八）年十一月には北畠氏の命により宇陀郡に発向、文明十一・十四年にも大和へ出陣、文明十年には越智氏が今市《いまいち》にきずいた城の防衛に一〇〇人があたり「人別三十石」をあたえられた。長享元（一四八七）年将軍義尚《よしひさ》の追討をうけ伊賀にのがれた六角高頼《ろっかくたかより》は、近江回復後は「被官」の伊賀衆二〇〇人に、京極《きょうごく》氏の所領をあたえることを約したという。これらの伊賀衆は、それぞれ異なる地域集団と考えられるが、その活動が傭兵なのか、被官であるのかな

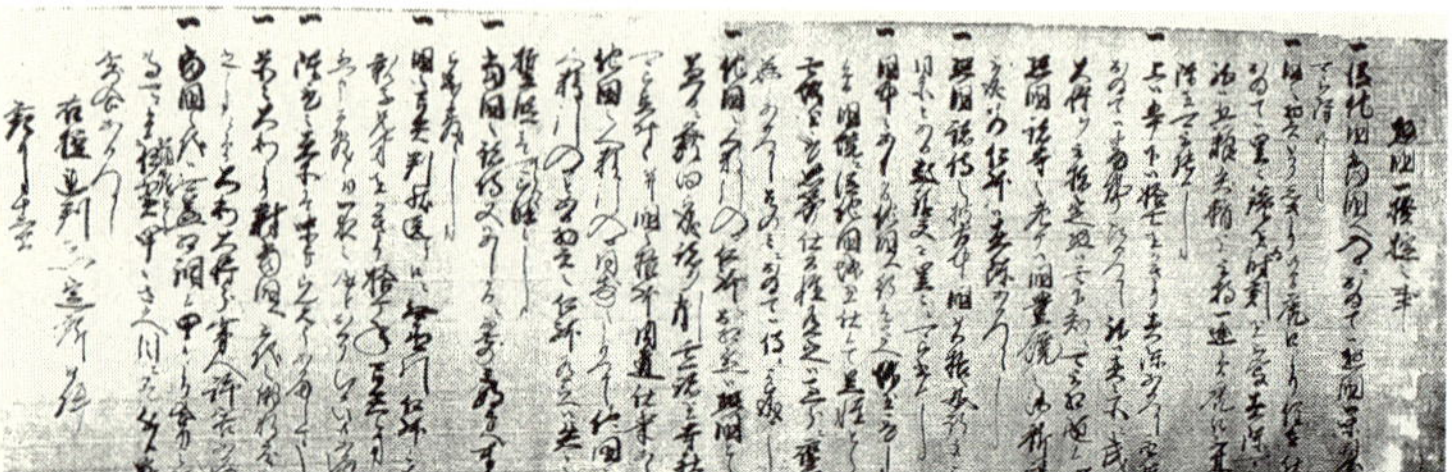

伊賀惣国一揆掟（「山中文書」永禄３年11月16日付）

ど、諸勢力との関係も含めて不明な点が多い。

しかし天文二（一五三三）年には「惣国」が成立しており、伊賀の中小領主は一国的な結集をとげていた。これを基盤としておそらくは永禄三（一五六〇）年、松永久秀《ひさひで》の侵攻にそなえるべく「伊賀惣国一揆掟《おきて》」がつくられる。掟は他国勢の侵入に「里々鐘を鳴らし」て連絡、「上八五十、下は拾七」のものが在陣、武者大将を定めその下知にしたがうことや、内通者の処罰という地侍間の規約と、被官への忠節要求、百姓には勲功により侍に取りたてること、寺院の「老部」による「国豊饒之御祈禱」など、臨戦状況下の総動員体制を定めたものである。惣国に結集した伊賀衆、しかし戦国大名による統合が進展する十六世紀後半、そのようなあり方は困難になりつつあった。やがて伊賀の山里に鐘が鳴り響くとき、それは惣国の終焉《しゅうえん》を告げる弔鐘となる。

3　一揆する人びと

伊勢十ヶ所人数と北方一揆●

五番に編成され将軍直轄軍を構成する奉公衆の所領は、三河・尾張・美濃・近江と北伊勢に集中して配置されている。北伊勢の奉公衆のうち、朝明郡の諸氏は、番帳には記載されていない南部《なんぶ》氏を加えて、伊勢十ヶ所人数として把握されていた。彼らの城館跡の一部は、現在も朝明川流域に残っている。十ヶ所人数の名前の由来は、内宮領の茂福《もちぶく》・柿《かき》・霜野《しもの》（下野）など一〇カ所を給されたことによるという（「曇花院《どんげいん》文書」）。奉公衆は足利義尚《よしひさ》の近江出陣までほぼ完全に機能し、十五世紀末以降解体の道をたどったとされる

ある諸氏)

伊勢国関係人名	伊勢国関係地名	信雄分限帳 (天正13年)	推定城館跡 (伝承城主)
兵庫・侍従 勘解由左衛門貞茂 阿茶丸 下野入道・下野守 備後入道常英 兵部大輔賢茂	保々御厨 豊田荘内門阿名田 守忠公文私領 小向荘内50石	茂福 200貫・額田郷	保々西城 市場城 (備前守) 中野城 (勘解由左衛門尉) 茂福城 (下野守)
恵家 信濃入道誓誉・信濃 七郎	岩田(霜野)御厨		下野城 (藤左衛門)
三河守	柿・柿散在 〈康〉		柿城 (沢木)
ちくご(筑後) 弥五郎	伊勢国所々　〈康〉 長沼(深)	長源(深カ) 150貫・守忠	長深城 (筑後守)
三郎 又三郎			埋縄城 (引田左京)
二郎 次郎左衛門尉 上野介・上野入道常珍 弥三郎 道祖千代丸 三郎左衛門尉	高松半分 庄(広)長　〈康〉 小向荘 河北郷 河北郷内関所		広永城 (上野)
南部 なんぶ	南富田御厨 益田荘		富田城 (治部・甲斐守・駿河守)
行実 弥三	深矢部保下代官		多度城 猪飼城

北伊勢の十ヶ所人数・奉公衆・北方一揆（地域に城館の伝承の

	氏族	幕府番帳		
		文安	永享	長享
十ヶ所人数	朝倉	②兵庫助 平左衛門尉 ③左京亮 中務丞 ⑤備後入道	②同前 掃部助 ③同左 才千代丸 ⑤同左	②式部 ③同左 九郎 ⑤備後入道貞氏 彦四郎
	海老名	②信濃守 七郎 左衛門四郎 ④八郎 新左衛門入道 備前守	②信濃入道 ④太郎	②越後守 与七 同前 ④備前守元季 六郎左衛門尉
	佐脇	②道祖若丸 兵庫助	② 同左	②弥三郎 掃部介
	富永	②孫五郎 筑後入道 左近将監 ⑤駿河入道 修理亮 四郎	② 同左 同左 ⑤同左 兵庫助 弥六	②五郎 ⑤ 同左
	疋田	①右京亮 ②新三郎 掃部助	①左京亮 三郎 ②同左	①千夜叉 又三郎 ②右京亮 三郎左衛門尉
	横瀬			⑤次郎
	南部			
奉公衆	小串	①六郎 ④下総入道	六郎左衛門尉 下総守 次郎左衛門尉	下総守貞秀 小山六郎

が、後述するように、十ヶ所人数のうち横瀬氏や朝倉氏は、天文年間（一五三二～五五）でも番銭をおさめ、京都に上番して公家《くげ》衆と蹴毬《けまり》に興じており、在地においても一定の結合を保っていた。

北方《きたかた》一揆は、員弁郡の在地領主が中心で、地名を苗字とするものが多く、城館は伊坂《いさか》・萱生《かよう》氏をのぞいて、員弁川流域に沿って点在する。北方一揆には、一揆契状《けいじょう》も残っておらず、その内部構造を知る手がかりにとぼしいが、員弁・朝明郡の中小領主を、幕府が組織して成立したものと考えられる。一揆として

平三	饗庭 志礼石	阿下喜 五兵衛 400貫　饗庭	上木城 (平三) 東禅寺城
山城豊前入道高明 松雲軒			治田城 (山城守)
	深矢部保		山ノ城城 (深谷監物)
高 三河入道道雄 左衛門三郎貞実 大石長実 加賀守 修理亮 高実	野辺御厨 大井田御厨 小嶋御厨 志智 神戸河尻郷 桑名	 次郎左衛門 140貫　長井 (永)	 梅戸城 大井田城
紀三郎実次	守忠 金綱こほれあひ一反	萱生　今村郷200貫 300貫　平尾郷 60貫 (天正11)　久保田 40貫 205貫　千草郷170貫 (天正12)　平尾郷 35貫	萱生城
駿河入道沙弥智観 修理亮 孫太郎	甲斐野村代官職	大木 100貫　額田郷	大木城
左近将監盛仲 仲実 兵部少輔	守忠下代官職	弥四郎 160貫　上笠田	大泉城
民部丞実久			上笠田城 下笠田城
勘解由左衛門尉裕永			御薗城
太郎左衛門尉之実 左衛門二郎満実		長左衛門 150貫　富津 五左衛門 200貫　東金井 才助 160貫　東金井・饗庭 太郎一 300貫　志知	伊坂城

奉公衆	片山			②平三
	治田			②三郎左衛門尉
	深矢部	②隠岐入道 次郎左衛門尉	同左	
北方一揆	梅戸			⑤右京亮
	萱生			②弥三郎
	大木			
	田能村			
	多胡			
	蘇原			
	伊坂			

○数字は所属番を示す。〈康〉は「康正２年段銭引付」を示す。

の活動には、応永三十一（一四二四）年九月員弁郡山田御厨地頭職の沙汰付がある。この時期伊勢守護は空位で、本来は守護が行うべき職務が、北方一揆に命じられたのである。

前にのべた守護一色義直の九鬼討伐の軍勢催促に対して、十ヶ所人数の面々は、それぞれ家来一騎を派遣、北方一揆は大木駿河《するが》入道を中心として談合を加え、一揆中として一騎をだした。守護の要請をむげに拒否するわけにもいかず、かといって自身が出陣するほどの関係ではなかったことがわかる。なお北方一揆中の有力者である梅戸《うめづ》氏は、三河入道が隠居したこともあってか、この談合に参加せず単独行動をとっている。ところが守護勢力の浸透をよろこばない醍醐寺は、管領《かんれい》細川勝元《かつもと》を動かし、十ヶ所人数の一員朝倉常英をつうじて、中立をまもり守護の催促に応じないこと、九鬼氏が亡命したならばそれを保護することを命じてくる。両者はこの要請にこたえ、ただちに派遣した家来をよび戻す旨を返答した。

応仁の乱では北伊勢が戦いの舞台となり、北伊勢国人は北畠氏と結んで、侵攻してくる長野氏や美濃勢

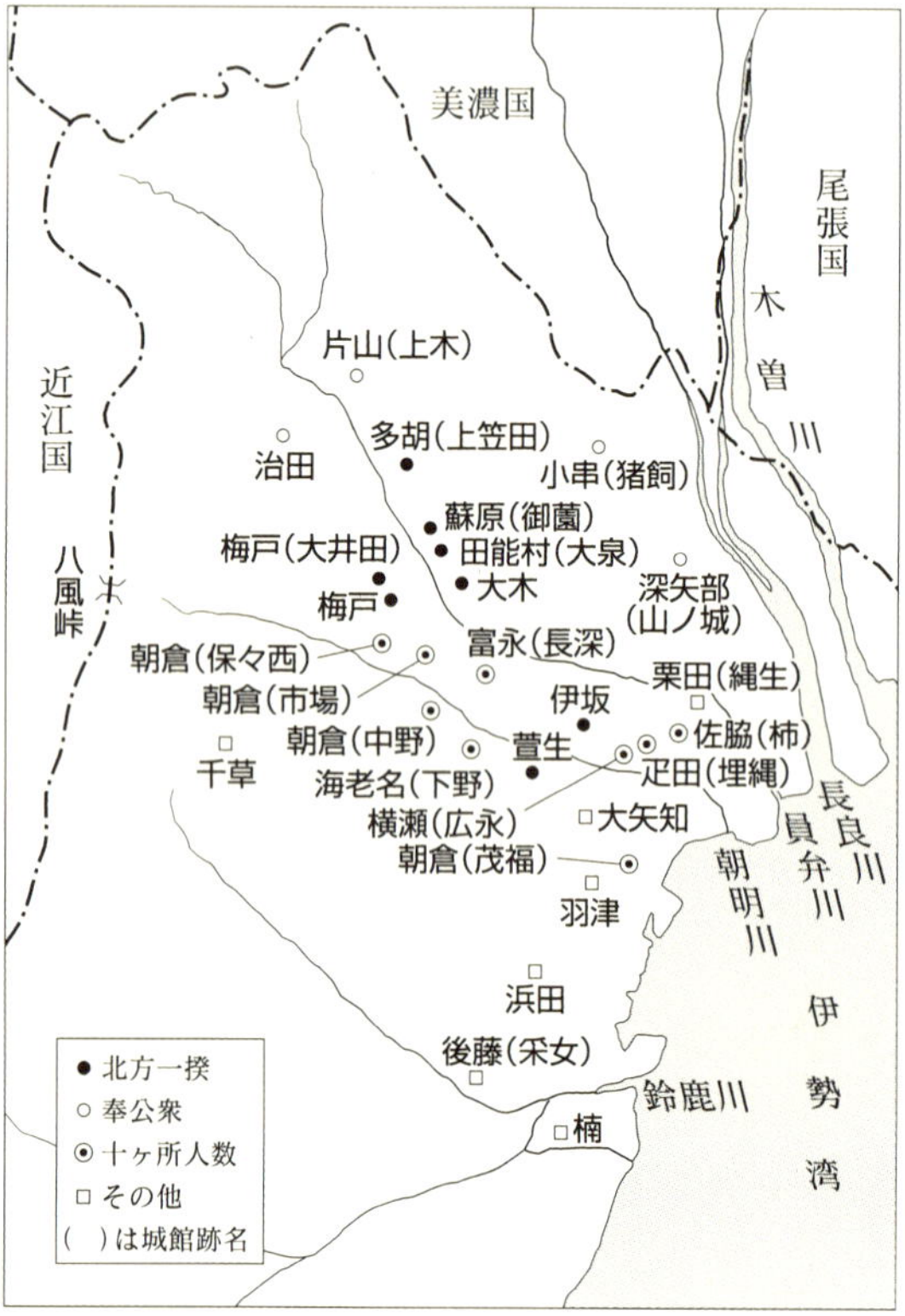

北伊勢の国人領主と城館(15世紀中頃〜16世紀前半)

に抵抗している。十五世紀後半の梅戸氏は、幕府政所《まんどころ》執事伊勢氏との関係を深めていく。『親元日記《ちかもと》』には文明九(一四七七)年梅戸貞実《さだざね》が、伊勢貞宗《さだむね》に「伸蚫《のしあわび》千本」を贈ったのをはじめ、伊勢氏への進物の記事が散見する。貞実は、員弁・朝明両郡新関の通行を近江四本《しほん》商人に保障しており、同十年九月には梅戸加賀守が員弁郡内の神宮領嶋田御厨の沙汰付を行っている。この時期梅戸氏は員弁郡における公権力をになう存在、おそらくは郡代の地位にあったと考えられる。さらに長享元(一四八七)年の番帳には奉公衆の一員として、萱生氏とともに名をのせている。梅戸氏や萱生氏の身分的上昇は、一揆内における階層分化が進行、一揆が変質解体の過程をあゆみだしたことを示している。

嶋衆と海民の世界●

伊勢湾岸に新警固《けいご》が乱立し、廻船中《かいせんちゅう》が神宮の支配から離脱しつつあった文明十三(一四八一)年、内宮は泊浦による泊治隆《とまりはるたか》、麻生浦《おうのうら》の和田隆実《たかざね》を代官に任命、廻船支配をたてなおそうとした。ともに廻船在所を支配、自身も警固を行う有力な海の領主である。ところが翌年には、泊氏の扶持する宮船が、麻生浦で拿捕《だほ》される事件がおこり、内・外宮の調停にもかかわらず、両者は「弓矢の用意」におよぼうとする。事件の背後には、麻生浦と答志《とうし》における警固役の免除をめぐる廻船人の紛争があり、これが領主和田・泊氏の対立としてあらわれたのである。紛争は「十ケ村老分《ろうぶん》」が麻生浦は一〇年、答志は八カ年警固役を免除との調停をして和解した。泊・和田氏に対しては甲賀宗能《こうがむねよし》・相差隆景《おうさつたかかげ》・和具久宗《わぐひさむね》・安楽島実盛《あらしまさねもり》・久喜景隆《くきかげたか》の「嶋衆《しましゅう》」の面々が「教訓」して事態は収拾された。廻船在所の浦々による「十ケ村」という広域的な結合、領主間における「嶋衆」という一揆的結合、地下《じげ》と領主の二重構造をもつ地域的秩序維持体制が機能したのである。

久喜と泊氏はともに九鬼氏であるが、永享年間（一四二九～四一）における異母兄弟四郎左衛門尉元隆《もとたか》と全四郎景隆の家督争いの結果二流に分かれ、兄元隆の系統が本拠地泊浦を支配して、泊氏を称したのである。久喜景隆は家督争いの当事者全四郎その人であろう。近世には織田信長《おだのぶなが》に属して水軍を率い、徳川幕府下の大名となる九鬼氏も、この時期には嶋衆の一員であり、抜きんでた存在ではなかった。

海運には難破がつきものであるが、文明二年五月十三日的屋浦《まとやうら》に八〇〇石積の船が漂着した。この船は山田住人櫟木《いちのき》の善性《ぜんしょう》の持船で、大湊の助三郎が借りて坂東《ばんどう》へ渡航、その帰路、風雨のために寄船《よりふね》となったのである。これを知った内宮は、十五日袴了使甲屋太郎二郎を派遣、積荷の内容や数量を調査させた。十八日になって、浴布一駄・米一駄の代銭一三貫文、撰銭《えりぜに》にして九貫二〇〇文が内宮の得分としてとどいた。内宮は、船体に手をつけることを禁じるとともに、寄船についてはその積載物の半分を神宮におさめるのが先例であるとして、今度は神宮使政所《まんどころ》氏秀《うじひで》をむかわせた。的屋の領主的屋美作守《みまさか》知泰《ともやす》は、神宮の取り分は、一〇分の一と定まっていることを主張、また的屋地下は老分名で、船には「かいがい敷物」もなく、地下は配分にあずかっておらず、神宮が主張する上分《じょうぶん》のことは知らないと返答した。双方が寄船の配分をめぐって先例をあげて応酬する。神宮使が着いたときには、すでに「物共取散」したあとで、残りの米六〇石を的屋氏が取得した。このうち二〇石は朽米《くちまい》として除外、四〇石の一〇分の一にあたる四石分の代銭九貫文が神宮のものとなった。室町後期には成立していたとされる「廻船式目」には、難破船は「其在所神社仏寺」が造営料として優先的に取得するとの規定がある。内宮の主張は、的屋が御厨であることと、このような慣習に基づくものであろう。

相論のなかで、的屋が神宮の取り分は一〇分の一と主張したのは、寄船の分配も漁業による海業得分に準じるとしたからである。的屋浦では的屋氏が支配する「大網」があったが、文明六年十二月内宮の海業得分催促に対し、的屋氏は今年はまだ操業していないとのべている。この大網は、季節的にみても鯔漁《ぼらりょう》のものである可能性が高い。鯔は名吉《みょうきち》ともいい、神宮の神事にも使用された。戦国期の山田には魚座・相物座《あいものざ》・鰯《いわし》座があり、鯔などの海産物が鮮魚・干物として売られていた。

村の一揆と徳政衆●

北畠氏城下多気《たげ》の北方十数キロ、青山《あおやま》高原の裾野《すその》に広がる上《うえ》ノ村・中ノ村・垣内《かいと》・三ケ野《みつがの》・大仰《おおのき》・佐田などからなる小倭《おやまと》郷は、郷内を大和と伊勢を結ぶ初瀬《はつせ》街道がとおる交通の要衝にあった。南出《みなみで》の山尾田《やまおだ》には、白山比咩《しらやまひめ》神社があり、郷民の結合の紐帯《ちゅうたい》となっていた。明応三（一四九四）年大仰出身の真盛上人《しんせいしょうにん》の教化をうけた新長門守《ながとのかみ》、法名真九《しんきゅう》が屋敷の一角に建立したとの所伝をもつ成願寺《じょうがんじ》には、同年九月十五日付

白山比咩神社本殿(津市)

「小倭百姓衆起請文《きしょうもん》」と二十一日付の「古来檀中証文《だんちゅう》」ほか、売券《ばいけん》・寄進状・徳政指置《さしおき》状など数十点の中世文書がある。これらの文書が語る戦国期の小倭郷は、どのような世界であったのだろうか。

三四九人が署名する「百姓衆起請文」は、田畑・山林などの境を「まきちらかし」、他人の作物を荒らし盗むなどの「猛悪無道」なことや、盗賊・博打《ばくち》の禁止など、生産や生活に密接にかかわる五カ条を誓約している。これらの条項についてたがいに隠すことなく糾明、つまり百姓衆による処理を定めている。「檀中証文」には四六人の名があり、ここに名をのせる「衆中」のあいだで紛争が生じた場合には、たとえ親兄弟であっても贔屓《ひいき》や偏頗《へんぱ》なく「理非」によって裁定すること、非儀をかまえ同心なきものは一揆より追放することなど、五カ条からなる地侍層の一揆契状である。地侍層と百姓衆のあいだには、支配・被支配の関係があり、上部には北畠氏の権力が存在、地侍層は「小倭衆」としてその配下にある。しかしそのような垂直的な関係とともに、地侍・百姓衆はそれぞれ独自に横断的な連帯を形成する。このような重層的なあり方は、志摩国の「嶋衆」と「十ケ村」でもみられ、この時期広範に存在していた。

戦国期には、幕府が発した徳政令《とくせいれい》以外に戦国大名や在地領主、あるいは地域内や当事者間での徳政もあった。伊勢国でも、明応三年北畠領内、永正九（一五一二）年ころの山田、永禄元（一五五八）年には長野氏支配下の安濃・奄芸両郡でも徳政が確認できる。天文三（一五三四）年五月小倭郷に隣接する井生《いう》の蔵本《くらもと》岸田に、郷内の森地《もりち》氏が「徳政の儀を申し懸け」、両者はその裁定を老分衆にゆだねた。森地は高利貸である岸田に売り渡した土地を取り戻そうとしたのである。老分衆は岸田の所有権を認める決定をくだす。この事件の裁定は、老分によってなされたが、これとは別に小倭郷には地侍層からなる「徳政衆」が存在し、徳政を「指し置く」、すなわち当該の物件について徳政の適応を免除し、買得者の権利を保護していた（池上裕子『集英社版日本の歴史10　戦国の群像』）。

現代からみれば、森地の行為は理不尽《りふじん》に思えるが、本来土地や物の売買は、売り手が買い戻すことができるものであった。しかし室町・戦国期になると、そのような慣習が否定される傾向が強まる。在地の慣行と浸透する経済の論理、この相克のなかで実力行使を伴う徳政一揆や地起《じおこし》が頻発、売買や貸借・質入に関する相論が増加する。百姓衆起請文・地侍層の一揆契状が、それぞれの階層内での規約として、内容を異にしつつもただ一カ条「質取り」に関する制限だけが共通して記され、徳政衆が存在することは、小倭郷もその渦中にあったことを示している。

4　交通と都市

海の関所と廻船●

十五世紀中頃の伊勢湾には、東国とのあいだを往反する大型廻船と湾岸諸地域を結んで交易に従事する小型廻船が航行していた。これらの廻船のなかには、伊勢神宮への神役、具体的には「朝夕御饌料《みにえ》」を負担する見返りとして、「海上幷浦々津々泊々」での煩《わずら》いをまぬがれる特権をあたえられた「神船」があった。文明十三（一四八二）年十一月の内・外宮政所太夫連署目安《れんしょめやす》によれば、「帆別米《ほべつ》」を負担すべき大廻船は本来三六艘《そう》のところ、この時期二〇艘しか存在せず、小廻船の神領湊役も伊勢湾北方海域に「新警固」が設置された結果、廻船中からの納入がとどこおる状態となっていた。大廻船の減少は、東国との水運そのものの衰退を意味するものではなく、神宮が掌握できなくなったのである。また小廻船も「小浜より下嶋廻舟等、一円神宮に同心申さず」と、神宮の支配からはなれる動きをみせている。神宮の権威による航行の安全が保障されなくなり、神役を負担して神船となることの意味は失われつつあった。

この目安にいう「新警固」とは、あらたに設置された海関の意味で、北畠氏が伊勢守護職を得て北伊勢へ進出したことをきっかけとして設けられた。神宮は文明五年矢野浦・安濃津《あのつ》（ともに津市）など七カ所の新警固の停止を命ずる「庁宣《ちょうせん》」をだす。このうち安濃津は長野氏、若松浦は長野一族和気部《わけべ》氏、そのほかは北畠氏によるものと思われる。一方、伊勢湾には「本警固」も存在した。これは「守護領中本役所」ともいい、桑名・楠《くす》・矢野崎・平尾・答志などに設置され、神船といえども「舟役」（守護所役）を負担しなければならないものであった。

一色氏が伊勢守護に返り咲き、守護代として石河直清《いしかわなおきよ》が入国した文明十二年以降、神宮と守護・北畠・長野やその一族・守護被官らとのあいだで、警固をめぐる相論が激化する。応仁の乱によって、守護の海上支配の要となる志摩国では、泊（九鬼）・和田といった在地領主が勢力を拡大、復帰後も一色氏は支配を回復できない状態にあった。入国後まもない七月には、泊大里（鳥羽市）前警固と号して、安濃津近辺で守護被官が「札狩《ふだがり》」を行い、神宮領の船が拿捕《だほ》され、翌年には答志警固をめぐって、神宮と守護被官羽《は》

札と札狩

海の関はさまざまな名称でよばれ、各種の名目で関銭《せきせん》を徴収した。兵庫関の税目には、置石料・升米・商船目銭・札狩などがあり、大湊では「舟迎銭」を、また品川湊では「帆別銭」を賦課した。「警固」は、瀬戸内海でもみられ、徳田剱一氏は「一定の財貨を与えて、一部の海賊と妥協し、却

❖コラム

ってその警固を得て他の危害を防ぐ方法」で「普通には港湾でその徴収がなされた為に『警固役』という一種の関税」になったとする。伊勢湾海域の警固・新警固の具体的な方法はいかなるものであったのか。「神領湊役」「守護所役」という名称からすれば、入津にさいして入港税を徴収した可能性が高いが、文明年間（一四六九〜八七）新警固が乱立する状況下では、「札」によっている。白塚の賀藤は「泊大里」分と号して「札を狩り出し」し、矢野浦で抑留された舟について神宮は神役を負担、「札を所持」している神舟であると主張。楠を占領した関氏は、守護の行う本警固とは別に札をだし、札狩舟を相差から借りようとしている。札の所持を点定するのが札狩で、舟を使用するところをみると、海上を航行する舟を臨検し、不所持の場合は拿捕する。若松新警固の別保《べっぽ》の猿屋、窪田《くぼた》留守僧が海上に罷《まか》りでて「内海」の舟をとった行為は、まさしく札狩であった。天文十三（一五四四）年楠から知多半島に向かった連歌《れんが》師宗牧《しそうぼく》は「この海にもふたかりとて賊難有とか」と、その紀行に記す。過書《かしょ》（通行許可証）としての札は、有滝《ありたき》新警固が廻船中に「新札」をとるべきことを触《ふ》れているように、廻船在所に一括してだされた。なお文明年間以降内宮は、庁宣による過書をだしているが、これは関東などへ渡航する個々の船舶にあたえられたものである。

警固の札　大崎(志摩市)に設けられた関の通行を田曾宿(南伊勢町)の北村勘解(由)《かげゆ》左衛門尉に認めた札。このような札によって廻船人は相互に警固役を免除しあった。材質は麻布で縦約20cm，横約15cm。

津《づ》氏が争うこととなる。赤堀一族の羽津氏は、その在所の羽津浦（四日市市）で、答志警固を行ったのである。神宮側は、答志現地の警固は本警固であるが、羽津浦で答志警固の名目で札をだすのは、新警固であり、答志と羽津とで二重の警固になると激しく反発、その停止を要求するとともに、神宮使を派遣して交渉にあたらせた。守護方は羽津氏も認めるように、現地答志に代官をおくことができない状況下、窮余

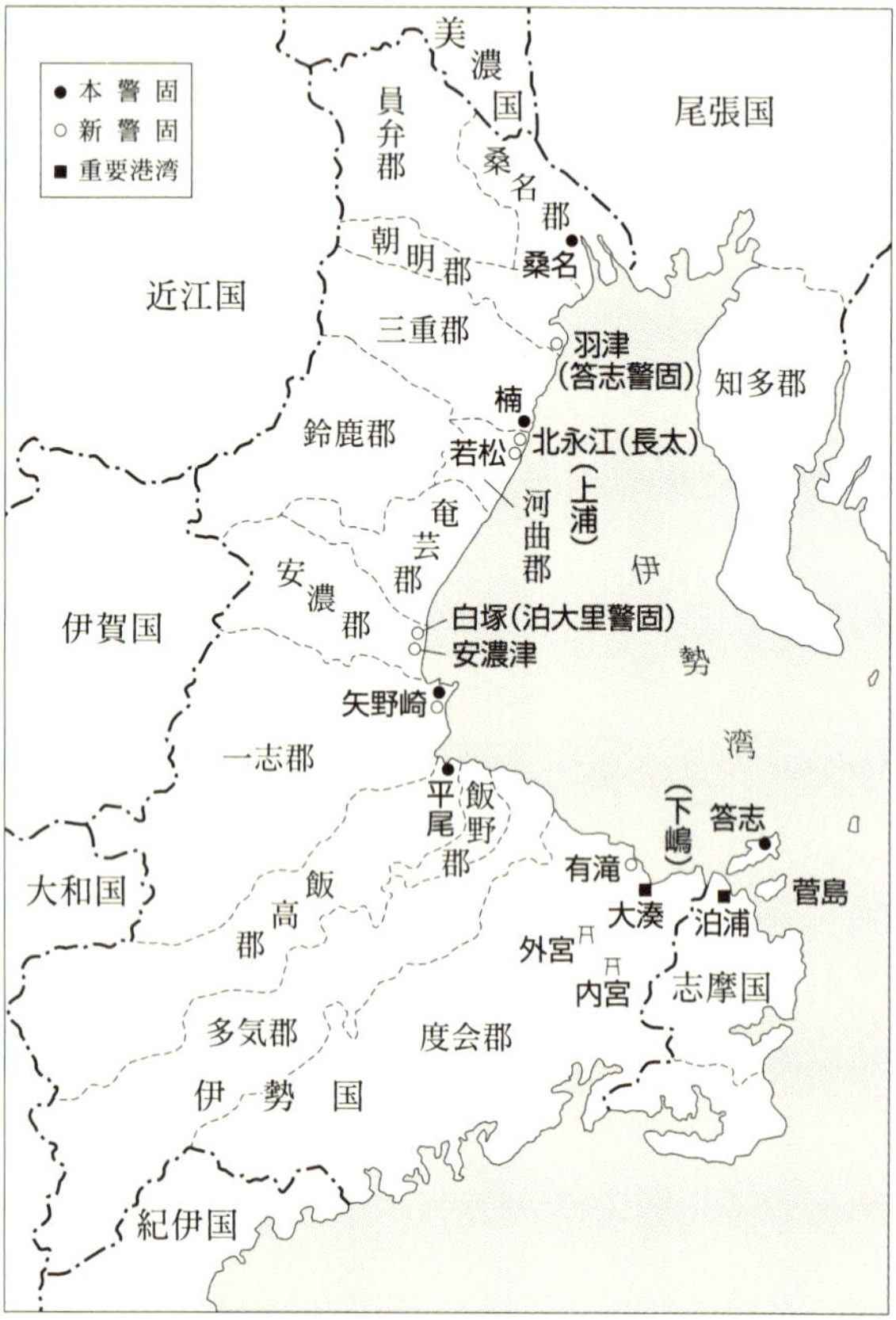

文明年間（1469～87）の警固

の策として羽津浦で答志警固の札をだし、これを答志本警固と強弁したのである。

文明十四年三月神宮は羽津の在所の木戸に、神札を打ち神木を立て、その地が神の支配下にあることを示すという呪法《じゅほう》を行い、神威によって羽津氏を屈服させようとする。神宮ではこれを「神宮の法」と称し、対立相手を威嚇《いかく》する手段としており、矢野崎では警固代官がその奉還を懇望、新警固の停止に応じている。しかし羽津元秀は、神札・神木をひそかに祈禱《きとう》させたうえで、領内の海に流し捨ててしまう。神宮は、最後の手段として、神灰をまいて、羽津の在所を亡所（神の呪いにより生産ができず、人も住めない場）とする構えをみせて、交渉にあたり、ようやくその停止を実現した。春の時点で九カ所あった新警固も、この年の末には、すべてなくなる。しかし神宮が廻船中から神役を徴収するのは、困難となっており、この年三〇あまりの廻船在所のうち神役の納入に応じたのは、わずかに四、五カ所で、それも規定の半額であったし、翌年には、まったく徴収できない状況となる。

文明十七年春には、ふたたび三〇の新警固が出現、廻船中はこれへの礼分負担を理由として神役に応じず、神宮はふたたび停止に奔走するが、この時期の新警固の設置主体は、廻船在所で、ほかの警固に対抗して、それぞれが警固を設けた結果、乱立状態となったのである。もはや神宮や守護による伊勢湾海上交通の広域的支配体制は完全に崩壊、廻船在所の浦々が、あらたな海の秩序形成を模索しつつ、対立と協調を繰りかえす時代となる。

内・外宮と宇治・山田●

十五世紀後半になると全国各地から多数の道者が訪れるようになって、内宮の所在地宇治、外宮門前の山田はいっそうの都市的発展をとげる。その特異な花押《かおう》印をもつ「三方《さんぽう》」の自治が発達したことで知られる山田は、鎌倉末期に須原《すはら》の宮市庭《みやいちば》と中川原古市庭が成立したのを契機とし、その後諸国からの貢進物を投下すべく神宮によって設定された岩淵の三日市庭、坂の八日市庭を核として成立した。岩淵・坂・須原は、それぞれに老分による運営が行われ、郷間における緊張や対立を内包しつつも、都市全体としては三方に結集する。三方の意志決定は、老分による寄合で行われ、文明年間（一四六九〜八七）までは若衆はこれから排除されていた（西山克『道者と地下人—中世末期の伊勢—』）。

　老分としてその姿をみせ、近世に三方会合衆《えごうしゅう》として、自治の担い手となった都市門閥層は、十五世紀前半においては三方土一揆といわれた地下人《じげにん》であった。正長二（一四二九）年といえば、前年九月に京都中心におこった土一揆が、播磨《はりま》・大和国宇陀郡など畿内《きない》近国に波及、伊勢国では北畠氏が蜂起、幕府勢と合戦中という騒然たる状況にあった。この年七月十三日、山田では従来から神宮の祭祀《さいし》—職掌体系に依拠し、在地においては神宮の支配の末端に位置してきた神人《じにん》と、御師《おし》としての活動や商業によって経済力を

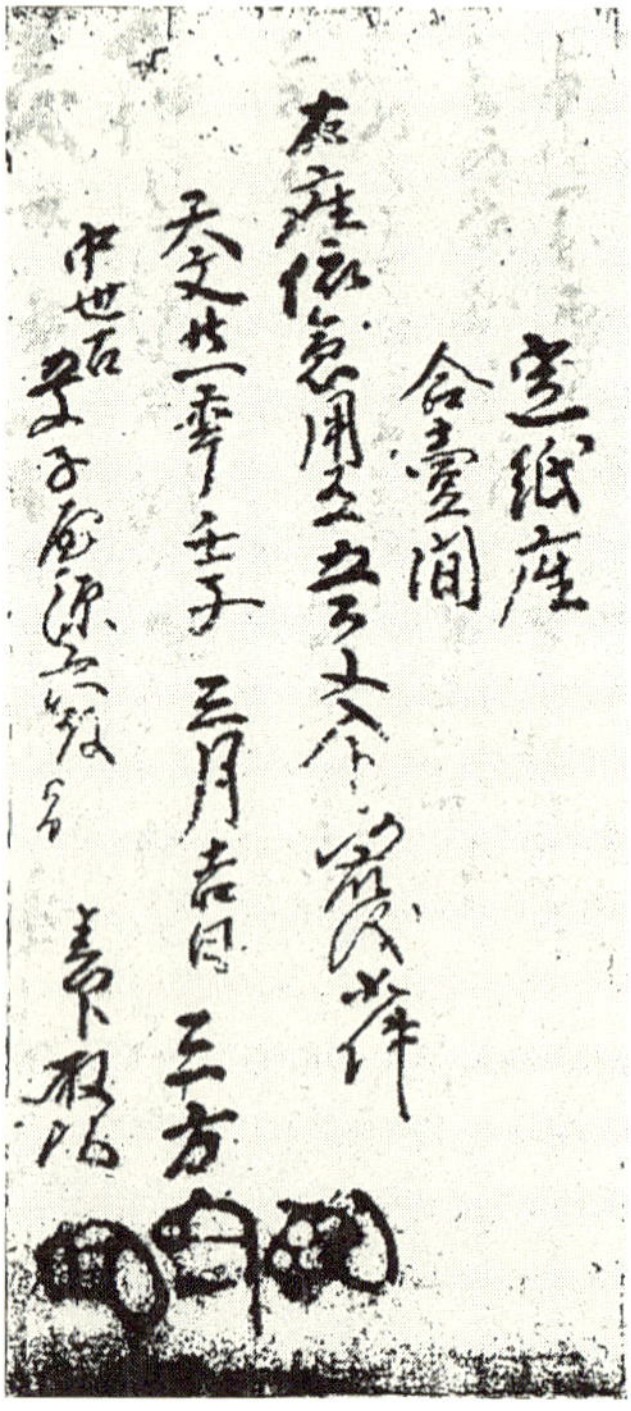
紙座
合壹間
天文廿一年壬子　三月吉日　三方
中世古

山田三方定文（五文子屋道者屋敷座沽券）　三方が「衆儀」によって，五文子屋源六の紙座加入を認めたもの。花押様の黒印が押されている。

つけてきた新興勢力の地下人とが抗争、追いつめられた神人は外宮瑞垣《みずがき》の内に立てこもった。負傷者や殺害人が、宮中にはいったことにより外宮は三〇日の触穢《しょくえ》となった。この事件は、翌年閏十一月幕府の命令により、三方土一揆と神人が起請文を書き、和睦《わぼく》が成立している。

両者の対立抗争は、嘉吉元（一四四一）年の八月、翌年七月を最後として終息する。三方土一揆として結束した地下人の有力者は御師層であり、宗教都市山田の繁栄をささえるのが参詣者《さんけい》であるかぎり、彼らは神役人として外宮の職掌体系に連なる存在であり続ける。しかし外宮の在地支配の強制力でもあった神人を敗北させたことにより、彼らは外宮の支配を断ち切り、都市山田に基盤をおく存在としてみずからを形成していく。そして文明年間ともなれば、祠官《しかん》団の頂点にたち、内・外宮を代表する立場にある一禰宜《いちのねぎ》といえども、在地での訴訟については山田三方をたより、その裁定を求めざるをえないのである。外宮一禰宜度会朝敦《わたらいともあつ》がのべるように、本来「神宮は、公界《くがい》の理非を成敗致す」べき存在であったが、この時期その権能は三方の掌握するところとなっていた（「氏経卿引付《うじつねきょうひきつけ》」）。

室町中期の内宮境内には、禰宜や職掌人ばかりでなく地下人が館をかまえ居住し、参詣人を宿泊させていた（「氏経神事記」）。この館衆の有力者は館長といわれるが、彼らは地下の長（オトナ）でもあり、宇治の自治をになう存在であった。永禄十一（一五六八）年六月の宇治六郷連判状（「輯古帳《しゅうこ》」所収）で岡田・岩井田両郷の地下中を代表する一九人はすべて館衆であり、そのなかには永享十一年ごろ神宮の神三郡行政機関である道後《どうご》政所代官として、徴税や検断にあたった一族の名もみえる。宇治で都市的発展をとげたのは、内宮に近接するこの上二郷であり、六郷の中心的存在であった。山田では神人と地下人との激烈な闘争を経て三方の自治が形成されたが、宇治ではそのような抗争はみられず、内宮の祭祀職掌体系に依存しつつ、その支配と共存する形で自治が進展した。宇治は外部にむかって「宇治六郷神人等」「宇治六郷神役人等」と記し、山田は原則的に「山田三方」と署名する。それぞれの自治の形成経過やあり方の相違に規定されて、このような自己表現になったといえる。

宇治と山田は、その自治が確立した十五世紀後半から十六世紀前半にかけて、近隣地域や北畠氏をまきこみながら激しい武力衝突を繰り広げる。この背景には、山田の高利貸資本の周辺地域への浸透があった。文明十一年には蔵方と牢人方《ろうにんがた》が公事について争い、牢人方は近隣の勢を語らい武力による還住を企てる。これは債務により没落したものが、実力による債務の破棄、所領の回復をはかったもので、北畠有力被官の愛洲《あいす》氏は牢人方を支援している。また文明十四（一四八二）年には山田三方と神宮とのあいだで、湯田郷について対立が生じたが、湯田郷には山田の金融資本が債権をもっていた。文明十七年山田が岡本に番屋を設け宇治と対立、翌年十二月宇治に加担して北畠氏が発向、外宮本殿も兵火により焼失する。山田の中心となった榎倉掃部《えのくらかもん》は、三方の有力者の蔵方で、北畠氏の被官でもあった。この時期北畠氏は、山田近郊の浜七郷への進出をはかっており、事件は高利貸資本と大名権力との土地支配をめぐる抗争という面が強い。

中世都市と交通●

木曾三川河口三角州に位置し、美濃や東海各地の物資を集積、山越えで近江と結ぶ中世商業路の要地として繁栄した桑名と、宮川支流と勢田川の河口にあり、神宮の外港として湾岸諸地域はもとより、遠く東国や東海各地からの入港船でにぎわった大湊、「十楽《じゅうらく》の津」といわれ、あるいは「公界の印判」をもつ、この二つの港湾都市は、宗教都市山田とともに、自治都市として有名である。しかし伊勢・志摩の海岸線には、農村地帯とは、生業や景観の異なる港町が数多くあった。十四世紀初頭の泊浦では江向だけで二五〇軒の在家があり、文明年間（一四六九〜八七）の羽津には木戸が存在した。雲出《くもず》川三角州上の矢野浦、鈴鹿川河口の楠《くす》なども条件的には羽津と同じである。また北畠氏の多気《たげ》、関氏の亀山《かめやま》、長野氏の本拠などの政治権力所在地は交通の要衝に位置し、都市的機能をもっていたと考えられるが、文献史料はとぼしく今後の考古学や歴史地理学的研究がまたれる。

安濃津は、室町時代陸海の交通の要衝であり、守護や長野氏の勢力下にあって、政治的にも重要な意味をもっていた。応永十（一四〇三）年足利義満《よしみつ》の参宮に随行した吉田兼敦《かねあつ》は、安濃津はこれまで守護領で、去年は土岐康行が接待にあたったが、神宮に返還されたので、今回は祭主清世が饗応を行った。しかこの地は「幣使《へいし》・駅家《うまや》以下の外、年貢運上」が課せられないところなので、この饗応もじつは「地下の輩《やから》」が用意、祭主はただ出席しただけであると記す（「吉田家日次記《ひなみき》」）。こののちも守護が安濃津で室町殿を迎えているから、ここには高位者を宿泊接待する、施設や財力があったのであろう。

安濃津に年貢の負担がなかったことは、永享五（一四三三）年の安濃津御厨代官職請文《うけぶみ》でもあきらかである。代官職を請け負ったのは京都の金融業者と思われるが、年間三〇〇貫文と年末に一〇荷の美物を納入する契約を祭主家と結んだ。地下からの収益は、刑事事件に伴って、犯人から没収する財産のみで、ほかは「橋賃」によって三〇〇貫をまかなうというのである（「祭主下文幷御教書」）。前者は恒常的な収入たりえないから、代官の収入は橋賃、すなわち関銭が中心となる。参宮街道には、神宮造営経費にあてることを名目とする関があったが、それらはすべて橋賃を徴収するものであった。長禄三（一四五九）年神宮が正式に認めていた関は、ここをはじめ「宮河・佐保・上河・坂内河《さかないかわ》・相河《あいかわ》・当師部田《とうしぺた》」であるが、それ以外にも多くの関があり、神宮はしばしばその停止を幕府に訴えている。安濃津の関銭は不明であるが、山田の小田《おだ》に設けられた関は人別三〇文、斎宮《さいくう》の関は二〇文を徴収した（「氏経卿引付」「氏経神事記」）。

長野氏は十五世紀中頃の大和守教高《のりたか》時代、安濃津代官であったが、その死後、祭主清忠《きよただ》は幼少の満寿丸（政高《まさたか》）を罷免《ひめん》、直接支配を行おうとした。長野氏はこれに応じず、武力に訴える構えをみせたため、幕府は長禄二年北畠氏・木造《こつくり》・乙部《おとべ》・関氏など近隣の領主に、祭主に協力してこれを排除することを命じた（「成簣堂古文書《せいきどう》」）。しかし文明年間には、ふたたび長野氏の支配がおよんでいる。

安濃津の港は、明応七（一四九八）年の大地震によって壊滅的打撃をうけ都市機能も失われたといわれる。たしかに二十数年後に、ここをとおった連歌師宗長《そうちょう》は、「此津、十余年以来荒野となりて、四・五千軒の家・堂あとのみ」と記すが、最近の発掘調査においても、地震や津波の痕跡《こんせき》は明確ではない。十六世紀中頃以降には、安濃津の廻船人が大湊から貸付をうけ、活発に活動しており、そのなかには「唐人弥三郎」の名もみえるのである。

5　近世への胎動

戦国大名への道●

北畠政郷《まささと》（政勝）は文明十八（一四八六）年七月に出家して逸方《いつかた》と号し、国司の地位は嫡男具方《ともかた》がついだ。具方は延徳二（一四九〇）年足利義材《よしき》が将軍となると、その諱名《いみな》を得て材親《きちか》と名乗るが、明応六（一四九七）年ころより領国内向けには具方をふたたび使用しはじめる。国司職をゆずった逸方は、しかしながら家督の地位は手放さず、依然として政治的実権をにぎったままであった。国司材親と家督逸方、この二元的体制は、逸方が材親の異母弟師茂《もろしげ》を寵愛《ちょうあい》したこともあって、ついには家臣団の分裂を招き、師茂が婿になっていた一族の木造氏をまきこんでの内訌《ないこう》を引きおこすことになる。

明応四年十月材親は、隣国美濃の小守護代斎藤（石丸）利光《としみつ》救援のため北伊勢に出陣していた。利光は、土岐氏の跡目相続を契機とする守護代斎藤氏一族の内部抗争で、正法寺合戦に持是院《じぜいん》妙純《みょうじゅん》（斎藤利国《としくに》）に大敗、近江伊庭《いば》氏のもとに亡命、さらに北伊勢にのがれていた。この留守中に、五ケ所・沢・水谷などの重臣と高柳方幸・大宮勝置らの奏者《そうじゃ》・奉行人層一一人が連名して、朴木《ほうのき》文躬・稲生兵庫助《いのうひょうごのすけ》・佐々木源三左衛門尉の「生害」と、その妻子の永追放、佐々木三郎兵衛・彦衛門の領内からの追放、棟別銭《むなべちせん》を地下人のみならず侍分まで課すことの停止などを求めた。材親は、ただちに帰国し事態の収拾にあたったが、明応六年三月には大宮・高柳など数十人は材親から離反、異母弟師茂を擁立《ようりつ》した（「大乗院寺社雑事記《ぞうじき》」）。

逸方寿像

ついに六月二十日払暁《ふつぎょう》より材親軍が木造城を包囲攻撃、落城寸前となるが、長野政藤《まさふじ》の軍勢が来援、材親軍の背後をおそう。この合戦では、北畠一族五人のほか秋山など有力被官も死亡、材親軍は六、七百人が討たれる大敗を喫した（「中臣師淳記《なかとみもろあつ》」）。長野氏が加わったことで、北畠氏の内訌は、その存亡そのものにかかわる事態となる。八月十八日逸方は、みずから木造城にでむき、師茂を材親に引き渡すことで、危機的状況の打開をはかった。翌年には朝廷も調停にのりだすが、高柳以下はこれに応じず、北畠・木造・長野が最終的に和睦するのは、数年後の永正元（一五〇四）年七月であった。この内紛をのりきることによって、材親は逸方との二重権力構造を克服、一元的支配体制を確立し、戦国大名へと転化していくのである。

一方長野氏は、十五世紀末から十六世紀前半にかけて、積極的に北方へ進出した。河曲郡（鈴鹿市）方面では、長享二（一四八八）年相国寺《しょうこくじ》領五ケ荘へ「打入」ったのを手始めに、連年荘園を侵略している。永正七年には桑名へも侵攻する。住民はこれに逃散《ちょうさん》をもって、抵抗したのであろうか、長野尹藤《ただふじ》は「緩怠是非無し《かんたいぜひなし》」として、逆に住民の桑名帰還を許さない戦術をとる。桑名と廻船をつうじて関係の深かった、志摩国人和田氏や山田三方は、桑名の依頼をうけて内・外宮長官に調停を依頼、神宮は尹藤に再三書状を送り、事態の解決をはかるが、長野氏が説得に応じるのは永正九年二月になってからであった。

ともに北方への進出をはかる北畠氏と長野氏は、その後も抗争を繰りかえす。永正五年材親が伊勢守護に補任されたことを契機に、北畠氏は攻勢を強め、同十年四月両者は長野氏の本拠に近い五百野《いおの》（津市）で激突、九月には栗真《くりま》荘をめぐってたたかう。このとき長野尹藤は一族被官三、四百人を失う大敗を喫する。栗真荘をめぐる争いは、十二年まで断続的に続く。禁裏《きんり》料所栗真荘は、現在の鈴鹿市白子《しろこ》から津市栗真中山町にかけてを荘域とし、嘉吉元（一四四一）年段階での年貢上納額が一三〇〇貫文という広大な荘園であった。長野氏は、文安元（一四四四）年教高が関氏所領を返還する代償として代官に補任されて以降、一時的に失うことはあったが、その地位を保っている。この敗北によって、長野氏の栗真荘支配は、危機的な状況におちいるが、ほどなく代官職も回復、以後永禄年間（一五五八〜七〇）に至るまでこれを維持した。

六角氏勢力の浸透●

天文五（一五三六）年以降長野氏の桑名支配は、梅戸《うめづ》氏が桑名進出をはかったことにより、重大な危機におちいった。この時期梅戸氏には六角定頼《ろっかくさだより》の弟高実《たかざね》が養子にはいっていた。梅戸・六角氏は桑名から鈴鹿山脈を八風《はっぷう》・千草《ちぐさ》越えで近江に至る商業ルートを押さえようとしたのである。六角氏にとっては、これは今堀得珍保《とくちんほ》商人を掌握するためにも必要であった。この年将軍義晴《よしはる》を擁した細川晴元《はるもと》は、定頼や延暦寺《えんりゃくじ》らとともに、天文法華《てんぶんほっけ》の乱を鎮圧、京都を制圧し、六角氏の京都政界における立場も強まった。梅戸氏の行動の背景には、このような情勢の変化があった。

このとき長野稙藤《たねふじ》は、本願寺証如《しょうにょ》をつうじて長島願証寺《がんしょうじ》の援助を求め、梅戸氏には桑名の共同支配という妥協案を提示、武力衝突を回避する。しかし天文七年暮れには、軍勢を発向させ、桑名の単独支配の回復を試みており（『証如上人日記』）、両者の抗争は北伊勢に「近日ハ在所錯乱により、百姓才逃散」あるいは「勢州北方儀、于今毎日取合在之」という状況をもたらすことになる。

六角義賢《よしかた》は、天文九年九月から十二月にかけて北伊勢に出兵する。長野勢との戦いの詳細はわからないが、千草城ではこれを防衛する大木・梅戸氏と朝倉賢茂《かたしげ》の合戦があった。これ以前と思われるが、桑名松岡城を横瀬・朝倉氏ほか一揆勢が攻撃し、大木孫太郎は六角方として奮戦、敵二一人を討ちとらえたとして、義賢から感状を得ている（年未詳五月三日六角義賢感状「佐八《そうち》文書」）。横瀬・朝倉は幕府奉公衆で十ヶ所人数の一員、梅戸・大木は北方一揆の構成員である。前者は長野方、後者は六角に加担したのであろう。桑名支配をめぐる争いは、長野稙藤の敗北におわり、以後その勢力は奄芸・安濃の二郡に縮小していく。

ところで中央における将軍権力の失墜《しっつい》と六角氏勢力の浸透は、幕府との結びつきの強かった北伊勢の国人たちに、どのような影響をあたえたのであろうか。幕府料所守忠《もりただ》（桑名市）の代官であった大館常興《おおだてつねおき》は、下代官田能村《たのむら》氏が年貢をおさめず、押領状態であるのを「国人霜台（定頼）儀をそむく事」がないからとの認識のもとに、六角定頼の力を借りて、回復しようとしている（『大館常興日記』紙背文書）。また大木氏は、六角氏から甲斐野《かいの》村代官職をあたえられている。天文十三年連歌師宗牧《れんがしそうぼく》は、近江から鞍掛《くらかけ》峠を経て員弁《いなべ》郡白瀬《しろせ》に至り、田能村氏の接待をうけているが、

長野氏城跡(津市美里町)　西の城・中の城・東の城。

それは六角氏家臣高宮氏の申しつけによるものであった。鈴鹿越えの商業ルートも、三重郡は千草氏、員弁郡では田能村氏がもつ権益を保障しつつ、六角氏が統制するところとなる。この時期大木・田能村をはじめ北方一揆の面々は、六角氏の被官化していくのである。

一方、伊勢十ヶ所人数をはじめとする、幕府奉公衆の動向は、いかなるものであったか。桑名郡深矢部《ふかやべ》には、幕府奉公衆の二番に属する二階堂《にかいどう》氏の一族がいたが、この時期断絶しており、その所領は同じ二番衆に「預置《あずけお》」かれていた。天文九年三月、奉公衆一番に属する片山平三に、田能村・治田《はった》氏が合戦をしかけた事件では、北伊勢の「相番《あいばん》衆」すなわち二番衆に属する諸氏と縁者が片山に合力、在京の相番衆とも連携して、幕府に下知《げち》状を求め、さらに六角定頼へ働きかけて、事態の収拾にあたろうとしている。天文十三年小向荘をめぐって、天竜寺塔頭《たっちゅう》曇華院《どんげいん》と争った朝倉賢茂は、みずからの正当性を「今に数輩知行」する「十ヶ所人数」の面々によって証明できると主張した。長野に加担して、六角勢とたたかった朝倉氏の地位も大きな変動はなく、所領も失ってはいない。賢茂は天文十年十一月、木沢長政によって追われ近江坂本に移った将軍義晴の安否を、所属番の五番衆番頭大館《おおだて》氏にたずねており、十二月には横瀬道祖《さいそ》千代丸も番銭を納入している。賢茂は天文十五年春には上番のため京都に滞在、公家山科言継《やましなときつぐ》らと蹴鞠《けまり》を楽しみ、東寺《とうじ》勧智院《かんちいん》の灌頂会《かんじょうえ》にさいしては、ほかの奉公衆とともに、勧修寺門跡《かんじゅじもんぜき》寛欽法親王《ほっしんのう》に供奉《ぐぶ》している（『言継卿記』）。度重なる将軍の亡命や傀儡《かいらい》化のなかで、将軍直轄の軍事力としての実質は失われてはいたが、奉公衆という意識と、結束は依然として保たれていた。

信長の伊勢制圧と北畠氏の滅亡●

戦国大名への道をあゆみだした北畠氏の勢力は、領国の南伊勢・大和国宇陀郡を中心に、伊賀の一部におよんだ。永正五（一五〇八）年北畠材親は伊勢守護職に補任され、同十年内宮は日永《ひなが》（四日市市）にある神田の上分米納入を「守護」愛洲氏に求めている。愛洲氏は五《ご》ケ所《かしょ》（度会郡南伊勢町）を本拠とする北畠氏の有力被官で、北伊勢の守護代である。北畠氏の北伊勢支配がどの程度実効性をもっていたかは疑問であるが、前述したように長野氏の北方進出に一定の掣肘《せいちゅう》を加えるものではあった。

　材親の死後永正十四年、具国《ともくに》（晴具・天佑《てんゆう》）が家督をつぎ、天文七（一五三八）年国司の地位は具教《とものり》へゆずられる。しかし国内の統治権は具国が依然として保持し、天文十五年に至ってようやく全権が委譲された。永禄五（一五六二）年三月の浄眼寺住持職譲与安堵判物《はんもつ》（「浄眼寺文書」）、五月の沢源五郎への安堵状は、具房への代替わりに伴うものであるが、具教は本所として影響力を保持している（「沢氏文書」）。この具教・具房の時代に、北畠氏は織田信長の侵攻をうける。

　信長の伊勢攻略については軍記物《ぐんきもの》以外の、良質な史料にとぼしく、事実関係についても不明確な点が少なくな

北畠氏館跡庭園(津市美杉町)　北畠神社境内にある。池泉回遊式の庭園で，池には2つの島があり，池の周囲は自然石の石組で護岸が施されている。細川高国の作庭と伝える。

い。永禄十年八月十五日斎藤龍興《たつおき》が稲葉山《いなばやま》城から舟で長島（桑名市）にのがれたが（『信長公記《しんちょうこうき》』）、信長はこれを追撃し長島を攻撃した。たまたま今川氏を訪れた帰路、津島から桑名に至ろうとした連歌師里村《さとむら》紹巴《じょうは》は、これと遭遇し、渡海を断念して大高城（名古屋市）の水野氏のもとに滞在し、十八日夜には長島方面に火の手があがるのをみている。紹巴は、二十日に船で到着した楠《くす》（四日市市）は、織田勢の先手せまるとの情報に騒然たる状態にあり、二十二日鈴鹿を経て帰洛する途中河曲郡（鈴鹿市）の家々が焼かれているのがみえたと、『紹巴富士見道中』に記している。

織田勢はごく短期間のうちに北方を席巻《せっけん》したことになり、激しい抵抗はなかったと思われる。『勢州四家記』など伊勢の軍記物では、信長の北伊勢侵攻は永禄十年春、同年八月、翌年二月の三回とするが、ほかの史料によってこれを確認することはできない。すでに永禄十年後半には、北伊勢は信長の勢力下にはいっており、十一月正親町《おおぎまち》天皇は綸旨《りんじ》をくだして、信長に美濃・伊勢の平定を賀し、伊勢国内の天皇家領の回復を命じている。

長野氏は永禄元年五月鈴鹿郡国府《こう》方面でたたかっているが、伝承によればこの年北畠氏より具教の息子具房を養子として迎えたという。しかしこれに不満をもつ勢力もあったようで、永禄六年九月伊勢参宮に赴いた吉田兼右《かねみぎ》は、窪田から安濃津への道が国司（北畠）と長野の合戦で通行できず迂回《うかい》した（『兼右卿記』）。翌年六月勧修寺《かじゅうじ》尹豊《ただとよ》が長野氏と一族の雲林院《うじい》氏の和睦のために伊勢に下向している（『お湯殿の日記』）ことよりすれば、前年の戦いは北畠氏からはいった具房と雲林院氏の抗争であったと考えられる。長野氏の名跡は残ったものの、永禄八年の安濃郡内の神宮領に対する諸役免除などの長野氏奉行人連署書下が、「本所様」すなわち具教の御意としておおせつけられているように（「輯古帖」七）、北畠氏の支配下にあった。

信長は、永禄十一年ふたたび伊勢に侵攻、鈴鹿郡の神戸氏に三男三七《さんしち》（信孝《のぶたか》）を、長野氏には弟信良《のぶよし》（信包《のぶかね》）を養子として送りこみ、安濃郡までの北伊勢を版図《はんと》に加えた。信長の侵攻に対して、北畠氏は永禄十二年一月には被官佐藤氏に家城《いえき》氏城への在陣を命じ、二月には沢氏に安濃郡法雲寺への出陣を要請、閏五月佐藤氏を天花寺《てんげいじ》城に入城させ（「佐藤文書」）、防衛体制をかためた。すでに五月に蘇原《そはら》城で小競《こぜ》りあいがおきているが、信長が出陣したのは八月である。織田勢は、北畠一族ではあるが、信長方に投じた木造氏の城（津市）で軍勢をととのえ、北畠方防衛拠点の阿坂《あざか》城へは秀吉が、具教・具房のこもる大河内《おおかわち》城には、本隊が攻撃を加えた（『信長公記』）。大軍を擁して攻め込んだ信長ではあったが、大河内城の攻略には苦戦を強いられており（『多聞院日記』）、最終的には次男茶筅《ちゃせん》（信雄《のぶお》《のぶかつ》）を具房の猶子《ゆうし》とすることで和睦、北畠具教・具房は退城した。

織田体制下の伊勢●

元亀元（一五七〇）年一月、信長は徳川家康《いえやす》など東海・北陸・近畿地方の大名・国人に上洛すべきことを触れるが、伊勢国では北畠大納言入道（具教）と北伊勢諸侍中がその対象となっている（『二条宴乗記《にじょうえんじょうき》』）。この時期北畠氏を代表するのは具教であり、北伊勢国人も従来の結合を維持しつつ、織田軍団の一員に組み込まれている。畿内を制圧しつつあった信長の眼前にたちはだかったのが、石山本願寺と一向《いっこう》一揆である。九月本願寺顕如《けんにょ》は、朝倉・浅井・三好《みよし》三人衆らと同盟、反信長戦線に加わり、各地の門徒に蜂起をよびかけた。これに応じて長島でも一向一揆がおこる。翌年五月信長は、願証寺を中心とする一揆を攻撃する。乱流して伊勢湾にそそぐ木曾川と、そこに形成された中州を生活の場とし、水上交通に長《た》けた長島門徒は、この地理的条件を存分にいかして抗戦し、織田勢は苦戦を強いられた。

第二回目の攻撃は、天正元（一五七三）年九月からはじまるが、この直前門徒の日根野弘就《ひねのひろなり》は、大湊の船を利用して、「足弱」（老人・婦女子）を輸送させている。信長はこれを利敵行為としてとがめ、「舟主共ニ急々可有御成敗《ごせいばい》」なので、それまでのがさぬようにと、大湊惣中に命じた（「大湊文書」）。このとき信長は、大湊から船舶と水主《かこ》、材木・舟板などの徴発をはかっており、そのための圧力をかけたのであろう。出船要求に、大湊は難色を示し抵抗するが、信長の意をうけた北畠氏は強硬にせまり、十月末にようやく二艘が桑名にむかった。大湊への物資や船舶賦課は、信長にとって、海から長島を攻撃するために戦術上必要であったばかりではない。廻船や商業活動をつうじて、緊密な関係をもつ山田・大湊と長島門徒を分断、さらには自治都市をみずからの権力のもとにしたがえようとする意志の現れでもあった。二艘のうち一艘は九鬼《くき》氏にあずけられている。翌年の長島攻めでは、大型軍船である「安宅《あたけ》船」で海から長島を攻撃し、やがて織田水軍の中核として活躍する九鬼氏は、このときすでに信長の傘下にあった。翌年七月から三度目の長島攻撃がはじまり、九月末に至ってようやくこれを鎮圧する。

北伊勢を制圧、中勢では長野・神戸に養子を送りこみ、北畠氏を服属させたといっても、この時期までの信長は、北伊勢の国人が北伊勢諸侍衆として把握されているように、旧来の在地秩序に手をつけておらず、いわば丸ごと勢力下に組みいれたにすぎない。北畠氏も依然として具房が本所、具教は大御所として一族を束ねていた。反織田戦線に包囲される情勢下では、北畠氏や北伊勢国人が離反する可能性があり、彼らの既得権を奪うような攻策をとることは困難である。しかし天正元年朝倉・浅井を滅ぼし、長島一揆も鎮圧、同三年五月長篠《ながしの》に武田勝頼《かつより》を破ると、そのような配慮は不必要になり、この年六月信雄を北畠氏の家督にすえ、翌年十一月には具教以下北畠一族と重臣を粛清《しゅくせい》する。

桑名・員弁・朝明・三重郡と鈴鹿郡の一部を領有した滝川一益《かずます》は、長島城を修復してここにはいり、天正七年支配下の五郡に指出《さしだし》を命じ、在地支配の再編を開始した。神戸信孝が、天正十年四国出兵にさいして、領内の一五歳から六〇歳までの名主《みょうしゅ》・百姓を人夫として徴発しているのは、織田政権の権力が在地に浸透していっていることを物語る。

伊勢国の小牧・長久手の戦い●

本能寺《ほんのうじ》の変（天正十〈一五八二〉年）ののち、信長の統一事業の後継者争いは、信孝―柴田勝家《しばたかついえ》と羽柴秀吉《はしばひでよし》の対立となり、滝川一益は前者に、信雄は秀吉方に加わる。両者は翌年二月北伊勢で戦端を開き、秀吉勢は滝川一益方の峰城・亀山・国府《こう》城を包囲攻撃、三月に国府・亀山を開城させる。四月には信雄が包囲していた峰城が落ち、岐阜の信孝もくだり、柴田勝家は北ノ庄で滅んだ。孤立した滝川一益は長島城を明け渡して降伏する。信雄は一益の旧領をあたえられ、伊勢国の大半を領有することになった。しかし翌年には、秀吉と対立するようになり徳川家康に接近、ついには尾張・岐阜・伊勢を舞台とする小牧《こまき》・長久手《ながくて》の戦いがおこった。

三月秀吉は、養子秀勝《ひでかつ》（信長四男）・蒲生氏郷《がもううじさと》・滝川一益を鈴鹿越えで討ちいらせ、これに関万鉄・一政父子、雲林院氏が合流、青山峠からは筒井順慶《つついじゅんけい》・沢・秋山らを進撃させた。前者は鈴鹿から北伊勢を、後者は一志郡の攻略をめざしたものである。信雄は長島城を本拠に、鈴鹿郡の亀山・峰、一志郡の木造・戸木《へき》、松ケ島の城でこれを防ぐが、鈴鹿郡はほどなく秀吉勢が制圧し、神戸城に滝川一益・一忠《かずただ》父子、峰城に浅野弥太夫《やだゆう》・岡本太郎左衛門をいれた。松ケ島城には、信雄の重臣滝川雄利《かつとし》が守将としておかれていたが、二万の軍勢に包囲され、四月八日降伏した。しかし木造具政《ともまさ》・戸木入道は、依然として抗戦を続けている。

小牧・長久手での戦いは、秀吉方の敗北におわり、戦線は膠着《こうちゃく》状態におちいった。秀吉は岐阜に引きあげ、大坂に戻るが、七月には伊勢方面で信雄・家康方の反撃が開始され、神戸城で戦闘があった（「分《わけ》部《べ》文書」）。秀吉は、一柳直末《ひとつやなぎなおすえ》らに救援を命じるとともに自身も出陣する。家康も蟹江《かにえ》をでて南下、浜田城の防御をかためた。結局このときは大規模な戦闘はなく、九月にはいったん和議がととのいかけるが、寸前に決裂し、依然対峙《たいじ》状態が続いた。秀吉が十月末に北伊勢に出陣したのは、信雄をたたくことによって、この状態を打開しようとするものであった。滝川雄利のまもる浜田城に対して泊・河尻など四カ所の

伊坂城跡東郭群航空写真（四日市市）　北方一揆の一人春日部氏の居城とされる伊坂城は，東西にのびる丘陵上にきずかれる。主郭東方の丘陵上には，中央をとおる堀切道の両側に屋敷群が広がる。

付け城をきずき、本陣を信雄のよる桑名と浜田城の中間地点の羽津・縄生《なお》におき、両者を分断し包囲する。これにたえかねた信雄は、十一月中旬実子を人質に差しだし、南伊勢・伊賀の所領は没収との条件で、秀吉と単独講和にふみきった。

この戦いののち、信雄に残されたのは、北伊勢の桑名・員弁・朝明・三重・河曲の五郡である。所領の縮小に伴って、南伊勢に知行をあたえられていた家臣を北伊勢に移し、知行高を削減し再編することが必要となった。天正十三年の作成と考えられる「織田信雄分限帳《ぶげんちょう》」は、その結果を書きあげたものである。

信長の侵攻以来十数年の激動のなかで、北伊勢の国人・地侍はどのような運命をたどったのであろうか。彼らが北伊勢諸侍として、織田軍団の一翼をになったことは前にふれた。おそらく信長の直轄軍として働いたと推察されるが、その死後は信雄に付せられたのであろう。小牧・長久手の戦いにおいて、信雄方の尾張加賀野井《かがのい》城が、秀吉軍によっておとされたとき、戦死した大将分には「勢州住人」の釆女《うねめ》・後藤・峯《みね》与八郎・あげき平三・楠十郎・千草常陸介《ひたちのすけ》・長ふけ（深）がいた。

「分限帳」には、萱生・伊坂・梅戸・大木・田能村など北方一揆を構成していた諸氏の名前があり、赤堀一族の浜田・後藤・千草もいる。一方十ヶ所人数および幕府奉公衆では、わずかに朝倉一族の茂福《もちぶく》氏、富永一族かと推定される長源（深）の名が確認できるにすぎない。幕府によって、この地に配された奉公衆の大半は、戦国の激動のなかで姿を消し、在地性の強い面々が残ったのである。しかし彼らもこの知行替えによって、千草氏など一部をのぞき、最終的に本貫地から切りはなされている。

伊賀惣国の滅亡●

永禄十一（一五六八）年九月、信長の攻撃をうけ、観音寺《かんのんじ》城を脱出した六角承禎《じょうてい》・義治《よしはる》父子が、伊賀にのがれたように、北伊賀は甲賀郡を介して近江と関係が深かった。六角氏はその後も、北伊賀・甲賀で蠢《しゅん》動《どう》していた。北畠氏滅亡後、その一族具親《ともちか》や坂内亀寿《さかないかめじゅ》は伊賀にひそみ、六角承禎や足利義昭《よしあき》、武田勝頼とも連絡をとりながら、北畠氏再興をはかっている（「坂内文書」）。近江・伊勢・大和が織田政権に包摂されるなか、伊賀国はある種の空白地帯として残されていたのである。

信雄は天正七（一五七九）年単独で伊賀国に討ちいるが、伊賀衆の反撃にあい、重臣柘植《つげ》三郎左衛門を失い、信長からきびしい叱責をあびた。天正九年のいわゆる「天正伊《てんしょうい》賀《が》の乱」は、九月三日甲賀口より滝川一益や甲賀衆ら、信楽口《しがらきぐち》からは堀秀政・江州《ごうしゅう》勢、加太《かぶと》方面からは伊勢衆および滝川雄利、大和から

滝川氏城遠景（上）と入口部　名張市下小波田字下出の通称城山にある。主郭は約70m 四方で，周囲には高い土塁と深い堀がめぐり，単郭式城としては，県下最大規模。天正９(1581)年の伊賀攻めにさいしてきずかれたという。

は筒井順慶勢がいっせいに侵攻する、織田軍団の総攻撃であった。惣国に結集していた伊賀国人・地侍ではあったが、その抵抗は激しいものではなく、『多聞院日記《たもんいんにっき》』は、翌四日条に「伊賀ノ様、裏返衆少々有之、過半落居」、六日条には「伊賀事ハ無左右難落居」と、早々と寝返るものもあって、織田勢による制圧がすみやかに行われつつある情勢を伝える。また九月十五条には、「昨日、一昨日ニ伊州順慶ノ表ノ城廿余渡了」、十七日条では「伊賀一円落居、合戦モナク、曖《あつかい》ニテ諸城ヲ渡テ破却云々、南ニ二三ケ所ノコル」と、伊賀衆の多くは「曖」い、すなわち調停によって退城し、作戦開始後約二週間程度で伊賀平定は完了した。もちろん合戦による放火や破壊がなかったわけではなく、同記にも「国中大焼ケブリ見了」とか「霊仏以下聖教多数、堂塔悉《ことごとく》破滅」とある。

信長は、大和や伊勢との国境の山中にのがれた伊賀衆に対する掃討を厳命。信雄にも分国中に、彼らをたずねだし首を刎《は》ねたものには、褒美《ほうび》をあたえるが、かくした場合は一族を成敗する旨を触れること、城々の破却は念をいれて行うように指示している。『蓮成院記録』によれば、筒井順慶も伊賀牢人衆に対する対応が手緩《てぬる》いと信長の叱責をうけ、老若男女、俗人出家を問わず「日々ニ五百、三百」の首を刎ねたが、きりがないのでやめたと伝える。信長は十月十日に伊賀を視察、十七日には織田勢は陣をといて撤退した。

信長の厳命にもかかわらず、伊賀衆が滅亡したわけではない。天正十年の四国攻めの神戸信孝勢には、「伊賀衆・甲賀衆七八百」も加わっており、信長が本能寺で死去すると、伊賀でも蜂起がおこる。天正十一年四月から五月にかけては、筒井順慶の畑城（奈良県山辺郡山添村）を伊賀衆が攻撃している。五月十日払暁には夜討をかけ、油断していた筒井勢「散々ニ手負数多」く「内衆討死手負数不知」という損害をあたえている（『多聞院日記』）。

5章

近世社会の成立

東海道五拾三次之内四日市三重川(歌川広重筆)

1　豊臣政権下の地域

織田信雄の追放●

尾張《おわり》・伊勢《いせ》・伊賀《いが》三カ国を領していた織田信長《おだのぶなが》の次男信雄《のぶかつ》は、天正十二（一五八四）年の小牧《こまき》・長久手《ながくて》の戦いで対立した羽柴秀吉《はしばひでよし》と、同年十一月講和を結んだが、この講和は秀吉が優位にたったもので、信雄は実質秀吉によって占拠された南伊勢と伊賀の所領を失った。この結果信雄の領地は、尾張と北伊勢五郡（桑名《くわな》・員弁《いなべ》・朝明《あさけ》・三重《みえ》・河曲《かわわ》の五郡）に縮小されたため、家臣団の知行《ちぎょう》替えが大規模に実施され、北伊勢五郡では、河曲・三重両郡に知行地をもつ大部分の家臣が、三分の一の知行を減らされて、さらに北の桑名・員弁郡などに移され、空白となった河曲郡一郡と三重郡大部分、朝明郡の一部の一円に重臣の滝川《たきがわ》雄利《かつとし》（もと南伊勢の松ケ島城主）を配置した。そして河曲郡神戸《かんべ》城をあたえ、境界地域の押えとした。これら知行割替え後の家臣団知行地の実態を把握するために作成されたのが「織田信雄分限帳《ぶげんちょう》」（活字本は『新編一宮市史　資料編補遺二』所収のものがいちばんよいとされる）である。

　信雄は天正十四年前半に領内検地を実施し、同年七月家臣に対しいっせいに知行宛行状《あてがいじょう》を発給した。このさい知行割替えも多くなされたが、知行高（貫高を使用）は一・五倍から四倍弱に増加しているものが大部分で、検地によって大幅な高の打出しの事実が認められ、のちの豊臣秀吉による検地とあまりかわらない程度の高になったと考えられる。秀吉の天下平定事業に動員された信雄が、検地をつうじて在地掌握を強化し、近世的な大名へと変質をとげたと理解できよう。

さて信雄が北伊勢五郡を領したとき、他地域はどのような大名が封《ほう》ぜられたであろうか。伊勢国では安《あ》濃津《のつ》を織田信包《のぶかね》（信長の弟）が引き続いて領知し、松ケ島には蒲生氏郷《がもううじさと》が一二万石で秀吉によって封ぜられた（天正十六年松坂《まつさか》城をきずいて移る）。また亀山《かめやま》には関盛信《せきもりのぶ》が配置され、志摩国は九鬼嘉隆《くきよしたか》が引き続いて支配したが、関・九鬼は蒲生氏郷の与力《よりき》に位置づけられた。一方、伊賀国上野《うえの》には筒井定次《つついさだつぐ》が入封《にゅうほう》、東紀州は引き続いて新宮《しんぐう》城主堀内氏善《ほりうちうじよし》の支配下にあった。これらの大名は、秀吉の天下統一事業に動員されるとともに、検地をするなど領内の支配を強化していき、近世大名化をはかった。

天正十八年豊臣秀吉によって小田原《おだわら》の北条《ほうじょう》氏が滅ぼされ、さらに東北地方も秀吉に服属して天下統一が達成される。そこで関東地方に徳川家康《いえやす》が封ぜられるが、秀吉は家康の旧領駿遠三甲信の五カ国に織田信雄を移そうとしたところ、信雄がこれを拒否したため、信雄の所領を没収し、下野国烏山《しもつけのくにからすやま》二万石に追放した。ここに織田家が、基盤としてきた尾張国や北伊勢から追放されたことにより、県下の支配関係も大きく変化する。信雄の北勢の旧領の大部分は秀吉の直轄領となったようであるが、徳川家康に馬飼料として四日市《よっかいち》と関で二〇〇〇石ほど、水野忠重《みずのただしげ》に神戸で二万七〇〇〇石があたえられるなど、小領主も存在した。また松坂の蒲生氏郷が会津《あいづ》へ移封されたあとには、松坂に服部一忠《はっとりかずただ》、岩出《いわで》に牧村利貞《まきむらとしさだ》などが封ぜられ、中勢でも亀山に岡本良勝《おかもとよしかつ》、林に織田信重《のぶしげ》（信包の子）が封ぜられるなど、伊勢国は中小の大名が増加した。

文禄検地●

豊臣秀吉は天下統一過程において、支配地域に検地を順次実施し、さらに統一後も繰りかえし検地を行い、蝦夷地《えぞち》・対馬《つしま》・伊勢神宮領をのぞく全国の石高を把握した。伊勢国では天正年間（一五七三〜九二）に織田信雄や蒲生氏郷による領内検地が実施されていたが、秀吉による統一的な検地（太閤《たいこう》検地）は文禄三（一五九四）年になってからであった。

文禄三年六月十七日付で検地条目一三カ条（一二カ条の写しもある）が検地奉行《ぶぎょう》七人に対してだされている。検地奉行は、羽柴（滝川）下総守《しもうさのかみ》雄利《かつとし》・服部采女正《はっとりうねめのしょう》一忠《かずただ》・稲葉兵庫頭《いなばひょうごのかみ》重通《しげみち》・岡本下野守《おかもとしもつけ》良勝《よしかつ》・一《ひとつ》柳《やなぎ》右近大夫《うこんだゆう》可遊《かゆう》・朽木河内《くつきかわち》守元綱《もとつな》・新庄東玉直忠《しんじょうとうぎょくなおただ》で、伊勢国またはその近国に所領をもつものたちであった。彼らが手分けして各村ごとに条目に基づいた検地を実施し、田畑・屋敷一筆ごとに等級・石高・面積・年貢負担者などを記載した検地帳を作成した。この検地は、従来複雑であった土地に対する権利関係を、領主の年貢徴収権と、農民の耕作権の二つにまとめた点で大きな意義をもったとみられる。

さて、もっとも整備された内容をもつといわれる伊勢国検地条目には、検地竿《ざお》は一間＝六尺三寸（曲《かね》尺《じゃく》）を用い、五間に六〇間の面積を三〇〇歩《ぶ》とし、これを一段《たん》（反）とすること、上田は反当り一石五斗《こくと》の収穫があるとし、以下中田は一石三斗、下田一石一斗、上畠一石二斗、中畠一石、下畠八斗、屋敷地は一石二斗と定められていた。さらに枡《ます》は京枡を使用し、村境には牓示《ぼうじ》をたてて境界を明確にするなどの方針も示されていた。これらの方針のもと同年七月から九月にかけて検地が実施された結果、伊勢国一三郡の合計石高は、五六万七〇〇〇石あまりとなり、近世的な村落もほぼ成立したとみられる。天正期の伊勢国の石高は三八万四〇〇〇石あまりであったので、文禄検地で約一八万石打ちだしたことになる。そして所領を再分配するが、もとから伊勢国内に所領を有していたものも、村替えをされたようである。

次頁表は文禄検地によって決まった領主たちの石高を示したものであるが、太閤蔵入地《くらいりち》（秀吉領）と関《かん》白給人分《ばくきゅうにん》（秀次《ひでつぐ》家臣領）が存在しただけでなく、徳川家康や織田信雄の所領も若干存在した。そして文禄三年九月二十一日付で秀吉は知行宛行状をいっせいに発給、その後も引き続いて発給がなされ、文禄四年にもその作業が行われた。検地奉行の一人でもある羽柴雄利にあたえられた知行宛行状（文禄四年正月二十日付）によると、員弁郡の本領一万一六四一石あまりに、検地による出高《でだか》五〇七一石余を加え、さらに加増として五二九六石あまりをあわせ、二万二〇一〇石を宛行《あてが》い、うち五〇〇〇石は無役（軍役の負担義

文禄検地後の伊勢国の領主と所領高

領主名	本帳高	出米	小物成	合計
御蔵入（豊臣秀吉直轄領）	石 37,567.03	石 21,423.39	石 237.7	石 59,228.12
関白様御給人分（豊臣秀次家臣）	89,127.13	35,148.16	389.24	124,664.53
民部少輔殿分（織田信包）	102,392.21	53,034.53	592.57	156,019.31
家康分（徳川家康）	3,524.14	2,139.87	13.08	5,677.1（ママ）
服部采女分（服部一忠）	25,072.19	9,556.7	151.72	34,780.61
稲葉勘右衛門分（稲葉道通）	20,657.53	4,895.14	163.05	25,715.73（ママ）
九鬼大隅分（九鬼嘉隆）	16,699.86	8,920.09	261.84	25,881.79
水野いつみ分（水野忠重）	21,122.82	15,688.64	53.49	36,864.95
岡本下野分（岡本良勝）	15,230.27	7,820.85	3.76	23,054.88
いなへ郡小給人分	7,762.61	2,853.93	—	10,616.54
柘植大炊分	1,503.4	1,488.63	0.98	2,993.01
氏家内膳分（氏家行広）	1,003.72	1,208.71	1.12	2,213.67（ママ）
常真分（織田信雄）	2,414.43	517.8	—	2,932.23
三法師殿給人分（織田秀信家臣）	9,478.65	5,480.01	—	14,958.66
羽柴下総分（滝川雄利）	11,630.56	5,051.15	25.1	16,706.72（ママ）
一柳右近分（一柳可遊）	14,979.78	4,460.47	155.48	19,595.73
御神領分（伊勢神宮）	4,560.0	1,296.64	10.65	5,867.29
13郡御給人分（合計）	384,737.4（ママ）	180,307.96（ママ）	2,059.78	567,105.14（ママ）

「いせの国御蔵入給人のもくろく」（『三重県史』資料編近世1所収）より作成。

務を免除される）とされた。本領と出高が表の石高に近似していることから、表の石高が文禄検地によるものであることが裏付けられる。

ところで文禄四年七月に豊臣秀次事件がおこり、秀次が切腹をすると、その給人の所領や事件に連座して切腹させられた一柳可遊（桑名城主）らの所領が没収され、また織田信包（安濃津城主）も所領を没収されて伊勢国内の領主に異動がみられ、これに対する知行宛行状も散見される。この異動では、富田信広《とみたのぶひろ》・信高《のぶたか》父子に安濃津城五万石があたえられ、桑名城は氏家行広《うじいえゆきひろ》にあたえられているほか、秀吉の直轄領が増加したとみられる。

なお、文禄検地は伊勢・志摩両国に実施されたが、伊賀・東紀州ではこの時期の検地帳がみられないため、同時に実施はされていなかったと思われる。

宮川より内の儀大神宮敷地たり●

文禄の太閤検地は、伊勢国内においては、全国的にみても特例的措置がとられた。それは伊勢神宮のあつかいであった。文禄三（一五九四）年六月十七日付で検地条目がだされ、その後七人の検地奉行によって検地が推進されたが、伊勢神宮ではこれに対応して、七月三日に内宮《ないくう》の神主《かんぬし》らが井面《いのも》与五郎を使者にたて、七人の検地奉行に神札《しんさつ》と熨斗《のし》を贈るとともに、神宮領は前々から検地を除外されてきたので、今回もそのようにしてもらいたいと口上で申しいれたようである。使者は神主たちの検地免除の書面も持参していたが、奉行の検地にのぞむ強い態度を察してか、書面はださずにもち帰っている。また奉行は神札はおさめたものの、熨斗は返却した。当初神主たちの要望は、実現困難な状況であったとみられる。さて、奉行は一柳右近をのぞいた六人が神札の礼状を発したが、このうち滝川雄利のみが神宮領については疎略に思わないと記し、神宮に好意を示したにすぎない。さらに宮川の西にある斎宮《さいくう》村などの神領について中告をするよう促してきた。これについては七月七日に、斎宮・上野・有爾中《うになか》・竹川四郷の田畠屋敷の面積と、合計二五〇〇石である旨を奉行にとどけでた。

このように急速な検地の進行に対して神主側は、各地に散在している神田《しんでん》からの収入では神事も行いがたいという理由で、神領は神宮を中心とした地でまとめてくれると好都合だと七月七日付で申しいれるなど、神事に困難をきたしている旨を強調する作戦にでた。また一方で、鈴鹿《すずか》・安濃《あのう》・安芸《あげ》・一志《いちし》郡に散在する神領については、伊勢国に領地をもつ奉行個人に対し、安堵《あんど》を願うことも忘れなかった。

その後斎宮村などの神領安堵を繰りかえし願い、秀吉に宛てた願書も提出し、多気《たき》郡五カ村と度会《わたらい》郡四カ村計三一六六石あまりの神領を、文禄三年九月二十一日付秀吉の朱印状によって寄進をうけることに成功した。また検地免除の嘆願もしたとみられるものの、交渉の詳細は不明であるが、十月中旬には秀吉が、宮川以東の神領の検地を免除するとの意向を示し、最終的には十一月十六日付秀吉の朱印状（口絵参照）で、「宮川より内の儀大神宮敷地」であるから、神宮を崇敬している以上、検地は免除するとの回答を獲得した。これによって現在の伊勢市域宮川以東の大部分（五十鈴川河口三角洲にある旧二見町中心部を除く）が検地をまぬがれ、本州においては唯一検地をうけない土地となった。この地域は伊勢神宮の敷地（境内地）として認定されるとともに、無高《むだか》地であるため年貢も免除された。さらに検地免除の朱印状は、山田《ようだ》・宇治《うじ》・大湊《おおみなと》の惣中《そうちゅう》に宛てられており、外宮《げくう》門前町の山田、内宮門前町の宇治、湊町あるいは造船の町として栄えた大湊に、自治を認めることともなった。

中世以来の町の自治が継続して統一政権から認められるという特権を得た神宮領では、自治組織である山田三方《ようださんぽう》、宇治会合《かいごう》などが行政を担当し、重罪以外の裁判権をもつことができた。そして神領内の町村は、近世領主による年貢収納をうけず、三方、会合による徴税をうけるだけで、一般農村と比較してはるかに低い負担しかなかった。いわば中世的な状況が継続し、村方でも庄屋などがおかれずに、決められた家のなかから年寄が一〇人近く選ばれ、村の運営にあたるなど、一般の近世村落とは様相が異なった。

さて、山田三方の年寄は二四家、宇治会合の年寄は五三家のうちから選ばれ、神領内の町村からおさめられる貫《つなぎ》といわれる米金を財源に運営された。また式年遷宮にさいしては、三方や会合が支援をするとともに、神領内の町村では用材の運搬などの務めをはたすことになっていた。これら神宮の境内と認定された地域は、内宮門前町九町と周辺の六カ村、外宮門前一九町と周辺二〇カ村、計二八町と二六カ村に達した（「天保郷帳《てんぽうごうちょう》」伊勢国渡会郡）。

2 江戸幕府の成立

関ヶ原の戦い●

豊臣秀吉の死後、徳川家康は豊臣政権内の対立を利用して実権をにぎり、対立する有力大名の会津の上杉《うえすぎ》景勝《かげかつ》を攻める口実をつくって諸大名を動員、みずからは慶長五（一六〇〇）年六月十六日大坂城を出発し、東海道をくだった。途次、家康に反感をもっている長束正家《なつかまさいえ》の城地である近江水口《おうみみなくち》にはいったが、長束が家康を饗応《きょうおう》したいと申しでてきたため、水口には宿泊せずただちに鈴鹿《すずか》峠を越えて、十九日早朝伊勢国関に着いた。関は家康の所領で、家臣の篠山資家《ささやますけいえ》が伊勢代官として駐在していたので、家康は安心して滞在できたものと思われる。二十日にはやはり家康領の四日市に到着したものの、対立派の桑名城主氏家行広の使者が来着、桑名城で饗応したいとの意向を伝えた。家康はこれを断わるためにさきを急ぐと称し、四日市には宿泊せず、夜なかに船で四日市湊を出発、三河佐久島《さくしま》に渡海し、江戸へとくだっていった。

その後七月十七日反家康派の毛利輝元《もうりてるもと》が大坂に入城、石田三成《いしだみつなり》らの要請で西軍の主将となり、ついで伏《ふし》見《み》城を攻囲するなどの行動にでたため、家康は関東から東軍の兵を返し、九月十五日美濃関ヶ原《みのせきがはら》で決戦を行い勝利をおさめた。この関ヶ原の戦いの前哨《ぜんしょう》戦は伊勢国内でも行われている。いちばん激しい戦闘があったのは安濃津城の攻防であった。八月五日西軍の毛利秀元《ひでもと》・吉川広家《きっかわひろいえ》ら毛利一族の兵が関に着陣、家康に従軍し急拠帰城した富田信高や、応援の伊勢上野城主分部光嘉《わけべみつよし》ら二〇〇〇人ほどが立てこもる安濃津城の攻撃を二十三日に開始した。攻める西軍は毛利秀元・吉川広家・安国寺恵瓊《あんこくじえけい》・鍋島勝茂《なべしまかつしげ》・長宗我部盛《ちょうそかべもり》親《ちか》・長束正家ら三万あまりであったという。城兵もよくたたかい、信高夫人が槍《やり》で奮戦した（「武功雑記」）との伝説をうんだのもこのときのことである。また海上は九鬼水軍の将九鬼嘉隆《よしたか》が西軍側について封鎖していたため、結局、援軍のない城方は二十五日降伏して決着がついた。この戦闘のうち八月二十五日には、吉川広家の家臣や陪臣《ばいしん》だけで戦死者七五、戦傷者二二七、計三〇二人の損害をだし（「吉川家文書」七二八号）、一方、毛利秀元や安国寺恵瓊らの毛利一族の配下で、二十四・二十五日の両日に一八二の首をとったことが知られる（「毛利家文書」三七六〜三八〇号）。

安濃津落城後、鍋島勝茂は古田重勝《しげかつ》がまもる松坂城にむかったが、堅固な城を攻めることは無理と考え、一方古田も少数でたたかうのは不利と思って講和、鍋島は転じて北伊勢の長島城をかこんだ。長島城をまもる城主は福島正頼《まさより》（正則《まさのり》の弟）で、孤立しながらもよく城をまもっているうちに関ヶ原の決戦で西軍が

関ヶ原の戦いによる領主の変動

国名	城地	関ヶ原戦時の領主と石高	関ヶ原戦後の領主と石高
伊勢	長島	福島正頼１万石 (大和宇多３万石へ)	菅沼定仍２万石 (上野阿保１万石より)
	桑名	氏家行広２万5000石 (没収)	本多忠勝10万石 (上総大多喜10万石より)
	菰野		土方雄氏１万2000石 (新封)
	神戸	滝川雄利２万石 (没収)	一柳直盛５万石 (尾張黒田3万5000石より)
	亀山	岡本良勝２万3000石 (没収)	関一政３万石 (美濃多良３万石より)
	林	織田信重１万石	織田信重１万石
	上野	分部光嘉１万石 (加増)	分部光嘉２万石
	安濃津	富田信高５万石 (加増)	富田信高７万石
	雲出	蒔田広定１万石 (没収)	
	井生	松浦宗清１万石 (没収)	
	八知	山崎定勝１万石 (没収)	
	松坂	古田重勝３万5000石 (加増)	古田重勝５万5000石
	岩出	稲葉道通２万5000石 (加増)	稲葉道通４万5000石
伊賀	上野	筒井定次20万石	筒井定次20万石
志摩	鳥羽	九鬼守隆３万石 (加増)	九鬼守隆５万5000石
紀伊	(新宮)	堀内氏善２万7000石 (没収)	浅野幸長(和歌山) 37万6500石 (甲斐府中25万石より)

関ヶ原の戦い時の領主には戦後の処分を(　)内に示し，戦後の領主には以前の領地・石高を(　)内に示した。三重県内にはいった紀伊国には城地がないので，地名に(　)をつけた。『三重県史』資料編近世１の付表より作成。

やぶれたため、鍋島は桑名に退却、さらに伊賀にはいって大坂に引きあげた。

さて、南の志摩では父子が敵・味方になってたたかうこととなった。鳥羽《とば》城主九鬼守隆《もりたか》は東軍についたが、その父で隠居の嘉隆は、石田三成の懇請で西軍につくこととなり、紀伊新宮《しんぐう》城主堀内氏善《ほりうちうじよし》（奥熊野《くまの》を領有）の援軍を得て、家康にしたがって東下していた守隆の留守をつき、鳥羽城をのっとった。守隆は領地へ戻ると父が西軍についたことにおどろき、鳥羽城の明け渡しを求めたが拒絶され、やむなく安乗《あのり》を拠点として父とたたかうことになった。また船をだして西軍の船を攻撃するなどの戦功もあげた。関ヶ原で西軍がやぶれると嘉隆は鳥羽城を脱出、答志島《とうしじま》にかくれたが、家臣がすすめるままに十月十二日切腹した。一方守隆は、恩賞と引きかえに父の助命を嘆願して許されたが、その報がとどく前に父は自殺していた。

関ヶ原でやぶれた西軍の一部は、島津義弘《しまづよしひろ》の敵中突破で知られるように、伊勢国を経由して大坂方面に逃走した。桑名市の大鳥居付近では敗走する長束正家の兵を家康の家臣山岡道阿弥《やまおかどうあみ》（景友《かげとも》）が討つなどの戦闘もあったが、西軍に属した北勢の諸城は山岡道阿弥らによって接収されていった。

関ヶ原の戦い前後は、東西両軍勢力の境目に伊勢・伊賀両国があたり、伊賀（筒井定次《さだつぐ》の領地で、定次は家康に従軍）は西軍に押さえられ、北伊勢もほぼ西軍につくなかで、富田信高・分部光嘉・福島正頼・九鬼守隆・古田重勝が東軍に味方した。そのため戦後の論功行賞《ろんこうこうしょう》で領主は大きく変化したので一覧表（前頁参照）にまとめた。ことに桑名には家康腹心の部将本多忠勝《ほんだただかつ》が配置された。

慶長国絵図と豊臣領●

関ヶ原の戦い後、桑名城主となった本多忠勝の子孫に、「桑名御領分村絵図」という絵図が伝えられている（個人蔵・三河武士のやかた家康館保管）。この絵図は江戸幕府が慶長九（一六〇四）年に諸国の国絵図作成を命じたさいに調製された伊勢国絵図のなかの桑名藩領を中心とした部分の下絵か写しと思われるものである。桑名・員弁・朝明・三重四郡の地域がおさめられている。この絵図には村名、村高、領主名が記されており、村高は太閤検地の数値にほぼ一致すること、領主名に本多中務《なかつかさ》（忠勝）・関長門守《ながとのかみ》（一政《かずまさ》）が登場、本多忠勝は慶長十五年に死去、関一政は同年亀山より伯耆黒坂《ほうきくろさか》へ転封されているので、記載内容は慶長十年前後のものとなり、慶長国絵図作成に関係した絵図であることが推定される。

伊勢国絵図は、桑名藩と亀山藩に作成が命ぜられたようで、亀山藩では同藩領下の水沢野田《すいざわのだ》村（四日市市）の農民黒田治助に作成を手伝わせていることが知られる（「黒田家文書」）。当時一国に多くの領主の領地が存在する非領国型の国の場合は、国奉行とよばれる大名や旗本が国絵図作成を担当しており、伊勢国にも長野内蔵《くらの》丞《じょう》友秀《ともひで》と日向《ひなた》半兵衛政成《まさなり》が国奉行として存在していたといわれる。しかし伊勢は非領国型ながら国奉行ではなく、桑名・亀山両藩が作成を担当していることが指摘できる。

絵図をみると、桑名全郡と治田《はった》郷をのぞく員弁郡、朝明全郡、三重郡の一部は桑名藩領で占められている。員弁郡の治田郷は桑名藩主本多忠勝の嫡子忠政《ただまさ》の夫人国姫《くにひめ》（家康の長男信康《のぶやす》と織田信長の娘とのあいだに生まれた子）の領地（化粧料《けわいりょう》）と記され、さらに同郷で四〇〇〇石のみ林清蔵（久勝）という旗本の知行地があった。

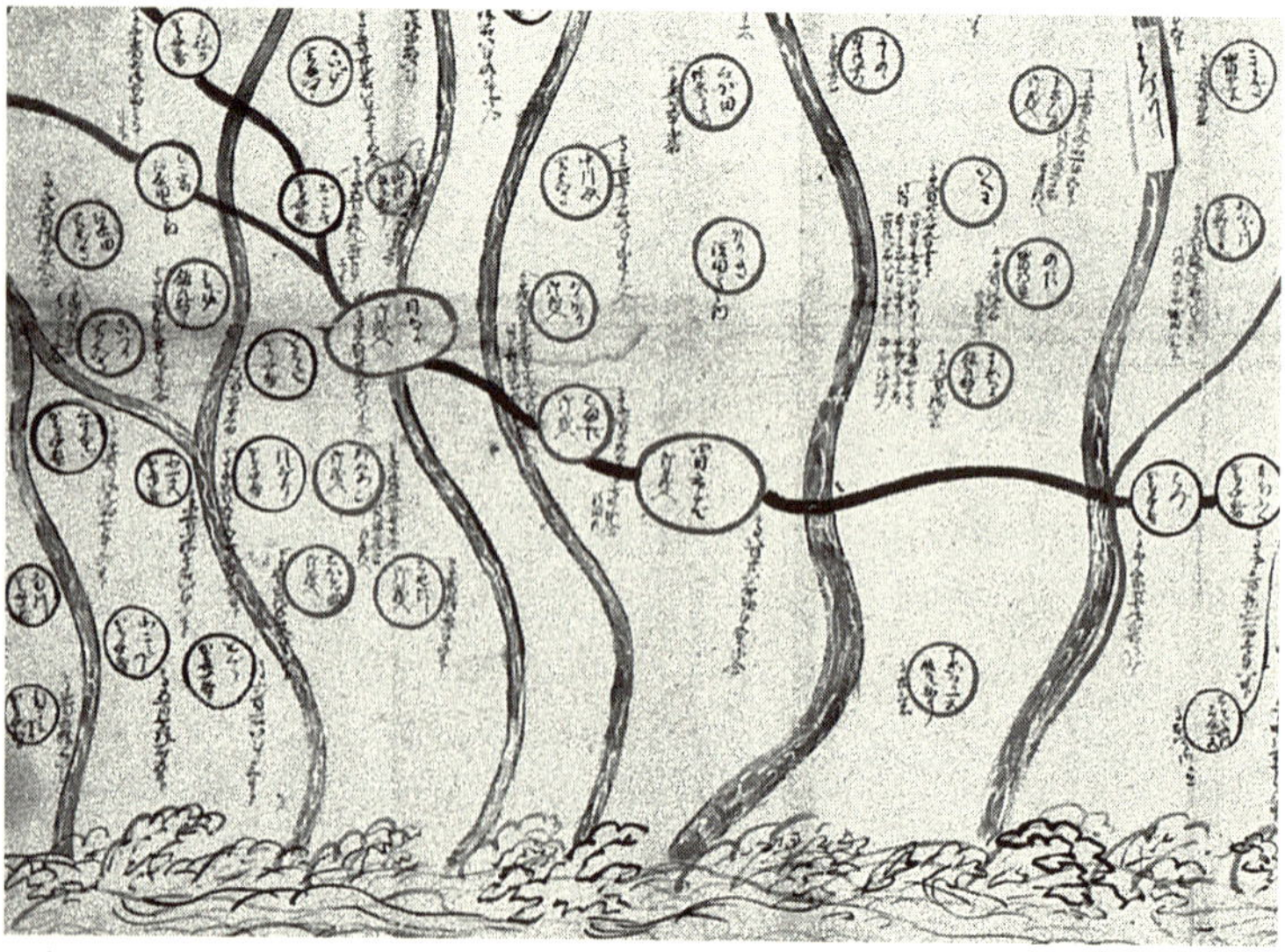

桑名御領分村絵図（部分）

従来、治田郷は本多忠政の長男忠刻《ただとき》夫人千姫《せんひめ》の化粧料であったとの説が信じられていた。千姫は二代将軍秀忠《ひでただ》の長女で、豊臣秀頼《ひでより》に嫁し、豊臣氏滅亡後本多忠刻に再嫁した人であるが、この絵図によってこの説は否定された。

さて桑名藩領以外の三重郡は、「御蔵入」をはじめ、亀山藩（藩主関一政）、菰野《こもの》藩（藩主土方雄氏《ひじかたかつうじ》）の領地、さらに一八人の小領主と陪臣と思われるものたち（佐々緒助《さっさおすけ》と大蔵道違《おおくらどうい》の給人と記される）の知行地が確認できる。「御蔵入」は四日市場（四日市市）も含まれているところから幕領と思われるが、小領主は丹羽左平太《にわさへいた》（正安《まさやす》）・雨森出雲守《あめのもりいずものかみ》・平井弥次右衛門《やじえもん》ら一〇〇〇石前後のものたちで、ここにあげた三人は豊臣秀頼の家臣である。したがって残りの小領主たちも豊臣家臣と考えてよかろう。一八人のうち丹羽正安だけは豊臣氏滅亡後も江戸幕府につかえ、慶長国絵図に記されている知行地（西坂部《さかべ》村と生桑《いくわ》村の一部計一〇〇〇石）は江戸時代をつうじて変化がない。

このように慶長国絵図は、三重郡に豊臣家臣の知行地が存在し、相給《あいきゅう》村も三重郡に集中して存在したことを教えてくれる。また一方、豊臣家臣が、本多忠勝ら家康の直臣と対等に名前が記載されているところから、彼らの主君である豊臣秀頼と徳川家康も対等の地位にあったと理解できる。徳川幕府の成立直後は、徳川政権がまだ必ずしも絶対的な支配権力をもっておらず、豊臣秀頼の存在を無視しえなかった状況もこの絵図によって知ることができ、興味のつきない史料である。

交通制度の成立●

関ケ原の戦いに勝利をおさめた徳川家康は、翌年の慶長六（一六〇一）年正月に東海道に宿駅を指定、徳川家の公用の書類や荷物を継送させ、また家康をはじめ家臣たちの通行にさいし、人馬を用意して通行を迅速《じんそく》になさしめることを義務づけた。三重県はこの東海道が一部とおっており、桑名・四日市・石薬師《いしやくし》・庄野《しょうの》・亀山・関・坂下《さかのした》の七宿が設置されたが、この七宿が当初からあったのではなく、石薬師宿は元和二（一六一六）年の追加、そして寛永元（一六二四）年には庄野宿が最後に追加されて東海道五十三次となった。宿には当初三六疋《びき》の馬をそなえさせたが、寛永（一六二四～四四）ごろには人足一〇〇人、馬一〇〇疋を常備することとなった。これに対し、宿には馬の数だけ一定面積の屋敷の地子《じし》を免除したものの、桑名宿は一疋当り五〇坪、四日市宿は同じく八〇坪、関は同じく四〇坪と、宿によってまちまちの面積であった。

東海道は五街道の一つで、幕府道中奉行の管轄下におかれていた主要幹線道路であったので、しだいに交通量も増加し、各宿常備の人馬で不足するさいは周辺の村々を助郷《すけごう》に指定して、不足の人馬を補充した。助郷村は負担が重かったので、他村に交替する場合もあったが、助郷村の指定は拡大する傾向にあった。また宿駅には荷物などの継送を任務とした宿役人が、問屋場《といやば》でその仕事をしたが、旅行者

東海道五拾三次之内関本陣早立（歌川広重筆）

の宿泊のための旅籠屋《はたご》も多くたてられ、宿の住民の収入にもなった。大名や幕府の役人、公家《くげ》などをおもに泊めた本陣《ほんじん》は、十九世紀中頃において、石薬師・坂下宿に各三軒、桑名・四日市・関宿に各二軒、庄野・亀山宿に各一軒存在した。そして本陣に準ずる脇《わき》本陣は、桑名に四軒、関に二軒、四日市・庄野・亀山・坂下宿に各一軒（石薬師宿には脇本陣がなかった）となっていて、旅籠数は桑名が一二〇軒、四日市が九八軒と、県内他宿と比較して圧倒的に多かった。そして各宿間には休憩をとるための茶屋がつくられた立場《たてば》も発展、なかでも桑名・四日市間の東富田《ひがしとみだ》、四日市・石薬師間の日永《ひなが》（追分《おいわけ》）が大きかった。さらに

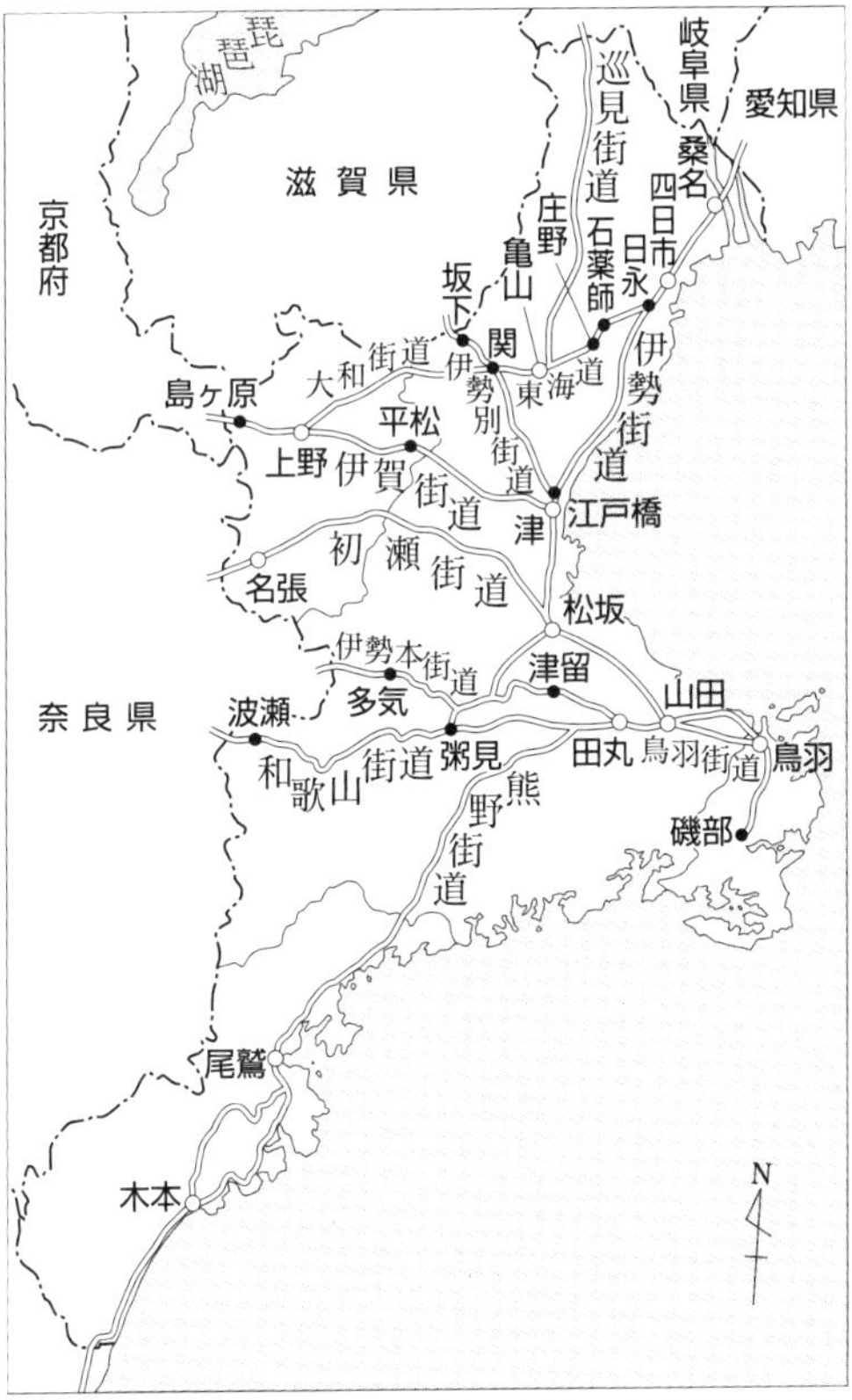

主要街道概略図　『三重県史』資料編近世４（上）解説より作成。

一里塚も築造されたが、現在は亀山宿の近くの野村（亀山市）のものが往時の姿をとどめている。

一方、東海道だけではなく、各地に街道があって、宿では東海道同様人馬を常備しており、旅籠屋もいとなまれていた。ことに、東海道の日永の追分（四日市市）から分岐する伊勢街道は、参宮客の通行でにぎわった。また大坂方面からの参宮客は、伊勢本街道や初瀬街道をおもに利用し、熊野参詣者が通行する熊野街道もあった。これら参宮客の多い街道には、道標や寄進された常夜灯が今でも多く残されている。また桑名・追分・関には江戸時代中期に、伊勢神宮の造替によってでた古い鳥居を移築し、神宮を遥拝できるようにしたが、その後は神宮の古材を移築する慣例となった。

大名の参勤交代の行列については、東海道は多くの通行があったが、津・久居《ひさい》・神戸《かんべ》の各藩主は伊勢街道を利用した。鳥羽藩主は三河へ渡海したと思われ、また紀州藩主も江戸時代前半は和歌山街道を利用して松坂にでて、さらに渡海していた。

四日市代官と山田奉行●

江戸幕府は、伊勢国の幕領支配のために四日市に代官をおき、また伊勢神宮領の裁判や神宮の警備、式年遷宮の統轄や鳥羽湊の監視などの機能をもった山田《ようだ》奉行を神領近くにおいた。

四日市代官所の陣屋は、慶長八（一六〇三）年にたてられたといわれているが、正確なところは不詳である。江戸時代中期ごろの絵図には堀に囲まれた陣屋（現、四日市市立中部西小学校の地）を描いたものがある。おそらくは、徳川家康が天正十八（一五九〇）年関東に所領を移されたさい、上方《かみがた》との通行の便宜から、東海道の四日市や関を含む七カ所が家康領として豊臣秀吉より宛行《あてが》われているが、このときそれぞれの徳川領に御殿がたてられたものと考えられる。御殿は休泊に使用される施設で、当然防衛設備もあったから、堀も掘られていたであろう。この四日市の御殿が陣屋として使用されたとみられる。一方、関にも御殿があり、そこを守備していたのは篠山資家《ささやますけいえ》で、伊勢の代官職でもあった（『寛政重修諸家譜《かんせいちょうしゅうしょかふ》』）。資家の前に沢田満次《さわだみつつぐ》が代官であったが、文禄（一五九二〜九六）ごろから資家に交替、資家は慶長五（一六〇〇）年伏見《ふしみ》城に籠城して戦死、子の資友《すけとも》が家をつぎ、伊勢国の代官となった。慶長五年から同十四年までの年貢皆済状《かいさい》は家康より資友宛にだされている。したがって資友が伊勢国の直轄地（全体か否か不詳）の年貢徴収を行っていて、しかも慶長十六年ごろまで伊勢国の徳川領は大御所になっても家康が支配していたことがわかる。将軍秀忠の管轄下にはいるのは慶長十六年ごろからとみられる。

さて四日市代官は、羽津《はづ》（四日市市）の志氏《しで》神社の慶長三年棟札《むなふだ》に、家康領の代官水谷《みずたに》九左衛門光勝《みつかつ》の名がある。水谷光勝は元和元（一六一五）年まで代官の地位にあったようであるが、篠山が代官をしていた時期（慶長十六年ごろまで）は、篠山の指揮下の手代《てだい》のような地位であったように考えられる。関の篠山と、四日市の水谷の代官についてはなお検討を要する。

さて山田奉行は慶長八年に長野友秀《ともひで》が任命されたのが始めといわれ、翌年日向政成《ひなたまさなり》が加わり、外宮《げくう》門前の山田に役所をおいたというが、はっきりしたことはわからない。この二人の後任が四日市代官であった水谷光勝である。慶長年間（一五九六〜一六一五）の長野・日向、元和年間（一六一五〜二四）の水谷らは、山田奉行であるとともに伊勢の国奉行といわれる。国奉行は非領国型の国（一国を一人の大名が領地とせず、多くの領主が同一国内に存在する）におかれているが、伊勢国も非領国型である。事実彼らは、山田奉行の仕事以外に、国内の水論や山論の裁許にかかわったり、神戸藩主一柳直盛《ひとつやなぎなおもり》とその領民との対立を仲裁したりしている。しかし、国奉行の大事な仕事として国絵図の作成があげられているが、伊勢国の慶長国絵図は、桑名藩と亀山藩で共同作成しているため、長野らを国奉行と断定してよいかはまだ疑問が残る。

さて山田奉行は、寛永八（一六三一）年に任命された花房幸次《はなぶさよしつぐ》が、奉行所を神領内の小林《おはやし》村（伊勢市）に移して、これ以後通常いわれる山田奉行の職務をこなしていったとみられる。元和年間山田奉行であった水谷光勝は、四日市に居住して執務していたようで、山田奉行と四日市代官を兼務していたかもしれない。慶長・元和期の代官や奉行の職制や権限は、まだかたまったものではなかったとみられる。

伊勢国に代官所は四日市だけではなく、初期には治田《はった》（いなべ市）にもあったようで、四日市付近の幕領は、四日市付と治田付に分かれており、さらに複雑であった。正保《しょうほう》国絵図作成時につくられた郷帳の写しである「慶安《けいあん》郷帳」では、二人の代官と近江水口城番であった山口但馬守《たじまのかみ》の預かり地も存在していた。そして江戸中期になると揖斐《いび》川下流（桑名市）に美濃《みの》笠松《かさまつ》郡代支配下の幕領が設定され、享保（一七一六～三六）の初めは四日市代官も専任でなくなり、京都や美濃の代官があずかるようになっている。そして

山田奉行所跡碑（伊勢市）

享保九（一七二四）年四日市周辺は郡山《こおりやま》藩主柳沢吉里《よしさと》（吉保《よしやす》の子）の領地となり、四日市代官所は同藩飛地支配の役所として代官が派遣された。この郡山藩支配時代は享和元（一八〇一）年でおわり、四日市付近はふたたび幕領に復帰したものの、専任の代官はおかれず、近江信楽《おうみしがらき》代官多羅尾《たらお》氏の預かりとなって、以後維新《いしん》に至っている。伊勢国内の幕領も、支配する代官が複数存在した時期が長く続いている。

御三家紀州藩の成立と鷹場●

元和五（一六一九）年安芸《あき》広島藩主福島正則《まさのり》が、居城の破損部分を幕府の許可を得ずに修築したため改易された。これに伴って紀伊《きい》和歌山の浅野長晟《あさのながあきら》が広島に移封、さらに和歌山へは駿河《するが》・遠江《とおとうみ》から徳川頼宣《よりのぶ》（家康一〇男）が入封し、尾張・紀伊・水戸《みと》の御三家が名実ともに成立する。頼宣の領地高は五五万五〇〇〇石で、紀伊一国と伊勢国のうち約一八万石からなっていた。紀州藩の伊勢領は、田丸《たまる》領と松坂領・白子《しろこ》領に分けられ、松坂におかれた勢州《せいしゅう》奉行が全体を統轄、さらに松坂と田丸には城代をおき、田丸城代は久野《くの》氏が世襲した。各領とも実際の支配は代官が行った。また田丸領は津藩主藤堂高虎《とうどうたかとら》の領地であったため、田丸領はじめ紀州藩領に編入された津藩領は、山城《やましろ》・大和《やまと》両国に移され、津藩領にも大きな影響をおよぼした。

一方、同時期に大坂城主松平忠明《ただあきら》が大和郡山に転封され、大坂の地は幕府の直轄地となって大坂城代がおかれることとなった。徳川頼宣はかねてから大坂城を希望していたようであるが、和歌山へ移されることとなった。頼宣が紀州転封に不満であった理由の一つに、彼が好んだ鷹狩《たかがり》で、もっとも高級な獲物とされる鶴《つる》が紀州には飛来しないことをあげている。このことを聞いた津藩主藤堂高虎は頼宣に対し、大坂は豊臣氏の怨念《おんねん》がこもった土地で縁起が悪いのでやめたほうがよい、また紀州は高虎も一時知行地をもっていた場所で、鶴が飛来しないことは承知しているので、鶴が飛来する伊勢国の津藩領を頼宣の鷹狩の場（鷹場《たかば》）として提供しようと、説得したという（『宗国史《そうこくし》』）。そこで頼宣も納得して、以後伊勢国は一国すべて紀州藩の鷹場として使用するようになったといわれる。おそらくは、頼宣の伊勢国での領地一八万石弱、津藩の伊勢領一七万石あまりで鷹狩が行われ、さらに将軍秀忠から伊勢一国を鷹場としてよいと認められたのであろう。一国を鷹場とした時期は一説に元和九（一六二三）年ともいわれる。

寛文七（一六六七）年五月頼宣が隠居して子の光貞《みつさだ》が家督を相続すると、紀州藩は頼宣のときのように伊勢一国を鷹場としてよいかと幕府にうかがい、同年九月に老中奉書《ろうじゅうほうしょ》によって継続使用が認められて、以後この老中奉書が証拠となって維新まで紀州藩が伊勢一国を鷹場とした。

伊勢国で鶴が飛来するのは伊勢湾岸の北中部地域で、紀州藩主がみずから鷹狩をしたのは紀州藩領の松坂・田丸付近が主であった。しかし藩では、普段から鳥の生息・飛来状況を観察したり、鷹狩実施の実務を担当する鳥見《とりみ》をおい

鷹狩図（部分）

た。松坂に鳥見組頭《くみがしら》がいて、さらに松坂・田丸・白子・河曲《かわわ》・一志《いちし》郡に鳥見が常駐した（『南紀徳川史《なんきとくせんし》』第八冊）。そして鶴飛来地には庄屋クラスの農民を領主支配に関係なく紀州藩より鶴飼付役《かいつけやく》に任命し、鶴が多く飛来するように餌《えさ》をまいたり、鶴の保護にあたらせ、鳥見の巡回には案内役をつとめたり、鷹を使用して鶴などの狩猟にさいしても庶務を担当した。この鶴飼付役は、文政初期（一八二〇年前後）に三重郡では八人存在していたことが知られる（「野嵜《のざき》家文書」）。

一方、伊勢国の諸藩主が自領内で鷹狩を行う場合でも、一国が紀州藩の鷹場であるため、紀州藩より鷹場を一定期間借用する手続きをふまねばならない。また鳥見が藩領域に関係なく巡回することがあり、場合によっては政治的な情報収集をすることもあったので、諸藩にとって紀州藩の鷹場の存在は、けっして好ましいことではなかった。

伊勢国は紀州藩領が設定されると、個別領主の自領支配とは別に紀州藩の鷹場管理という広域かつ重層的支配の影響がおこる。ことに近世後期では、今まで紀州藩の鳥見が巡回したことのなかった内陸部の他藩領にも巡回がなされ、他藩との軋轢《あつれき》が生ずるケースもあった。伊勢国の領主支配には、このような特殊な事情があった点も考慮されるべきである。

3　藩政の展開

城下町の形成●

関ヶ原の戦い直後県内に所在した藩には、伊勢国では長島（菅沼定仍《すがぬまさだより》）・桑名（本多忠勝）・菰野《こもの》（土方雄《ひじかたかつ》氏《うじ》）・神戸（一柳直盛）・亀山（関一政《かずまさ》）・林（織田信重《のぶしげ》）・上野（分部光嘉《わけべみつよし》）・安濃津（富田信高《とみたのぶたか》）・松坂（古田《ふるた》重勝《しげかつ》）・岩出（稲葉道通《いなばみちとお》）、伊賀国に上野（筒井定次《つついさだつぐ》）、志摩国に鳥羽（九鬼守隆《くきもりたか》）があった。このうち、元和五（一六一九）年伊勢国のうち約一八万石が紀州藩（徳川頼宣）領に編入されたさい、伊勢上野・松坂・岩出が転封によって廃され、これ以前に林藩も改易《かいえき》によって消滅した。また慶長十三（一六〇八）年藤堂高虎に伊賀国と伊勢国安濃《あのう》・一志二郡があたえられたとき、伊賀上野藩と津藩が一体となった。そして寛永十三（一六三六）年神戸藩が転封によって消滅し、のち再置されるが、同様に一時廃された藩に長島がある。菰野は小藩であったため、藩庁や藩主の住居は城ではなく、陣屋と位置づけられた。したがって、江戸時代をつうじて存続し城をかまえていたのは、桑名・亀山・津・鳥羽の四藩にすぎない。ただ城郭が破壊されずに利用されていたものが、伊賀上野・松坂・田丸の三城で、それぞれ城代がおかれ、上野は津藩、松坂・田丸は紀州藩に含まれていた。

ところで鳥羽城は、文禄三（一五九四）年に九鬼嘉隆《よしたか》によってきずかれるが、海に面した城山にあり、背面の堀も海とつながっていた。郭内に武家屋敷を配置、さらに岩崎（日和山《ひよりやま》のふもと）にも武家屋敷を拡大、一方、町屋は城山の背面に形成された。鳥羽城下の町屋は、本町を中心に広がったが、同一業種の人びとが集められて各町をなしたのではなかった。狭隘《きょうあい》な土地に居住せねばならない地理的条件から、あえて同一業種の人びとをまとめなかったのであろう。

さて松坂城は、天正十二（一五八四）年近江日野から松ヶ島へ移された蒲生氏郷が、同十六年四五百森《よいほのもり》に築城して移り、松坂と改称しているが、城下町は松ヶ島から町人を全員移住させ、職業別に居住地をまとめ、白粉《おしろい》町・紺屋《こうや》町・鍛冶《かじ》町・魚《うお》町などを形成し、近江日野からも畳表や蚊帳《かや》などをあつかう商人をよんで日野町をつくり、大湊《おおみなと》（伊勢市）からは角屋《かどや》・茶屋といった貿易商人をよんで湊町を形成させた。さらに城下での座を廃止し、伊勢街道（参宮街道）も城下に引きいれるなどして城下町建設につくしたが、鳥羽城下の町屋の配置とはおおいに違い、計画的な町場整備がなされた。また城下の道路は、防備上まっすぐにみとおすことができないように設計されたが、これはほかの多くの城下町にみられるのと同様であった。

桑名は、中世以来の湊町として繁栄してきた町であったが、本格的に城下町として武士と庶民の居住区を分離したのは、慶長六（一六〇一）年に入封した本多忠勝であった。舟入りを掘って物資輸送の便をはかり、さらにもとの町屋をほとんど取りこわし、あらたに町割をし、東海道も城下をとおし、各種職業にかかわる町名を付した町を配置した。

蒲生氏郷画像

諸藩の政治●

近世初期における諸大名は、将軍に忠勤をはげむ必要から、自領内の支配を強化し，家臣団を統率していかねばならなかった。これらに成功しないと、領内統治の仕方が悪いとか、家臣騒動がおきて統治能力がない、といった理由で領地を没収されることもありえた。そこで諸大名にとっては、家臣団に対して藩主の権力を絶対的にすること、領内の統治を厳重にして財政を安定化させること、これらが課題となった。

慶長十三（一六〇八）年伊賀一国と伊勢二郡で二二万石あまりをあたえられ、伊賀上野《うえの》に入封《にゅうほう》した藤堂《とうどう》高虎《たかとら》（元和元〈一六一五〉年と、同三年に五万石ずつ加増され三二万石あまりとなる）の場合をみてみよう。

高虎はまもなく伊勢津城に居城を移して津藩が成立するが、筒井《つつい》氏の領地であった伊賀と、おもに富田氏の領地であった伊勢領の年貢率は均一でなかったので、まず年貢率を四〇％に統一して農民の負担を公平にしたといわれる。高虎の死後は、藩財政の窮乏から慶安二（一六四九）年に平高《ならしだか》を採用する。平高は、各村の実収額を参考に、さらに村の状況に応じて年貢徴収の基準となる村高を決める。このさい大部分の村は石高が増加して、農民の負担が重くなった。一方、藩士で知行地《ちぎょうち》をあたえられているものは、たとえば今まで知行高が一〇〇石の場合、年貢率四〇％で四〇石の実収とみこみ、それより多い年貢収入がある場合は増収相当分の知行地を藩が没収するという方法もとった。この平高によって藩財政の増収をはかり、かつ家臣に対する藩主側の絶対的優位を示した。

また津藩では、寛文十（一六七〇）年家臣に対し実際に知行地をあたえることをやめ、藩役人が領内全体から年貢を徴収し、知行高にみあう米を支給する方法（地方《じかた》知行制の廃止）を断行した。もっとも地方知行制は正徳二（一七一二）年に復活したが、藩の支配機構の整備（初期の軍事色の強い体制から、役人がより官僚化する）とあいまって、藩の支配体制が完成したのである。

ところで、藩の収入は農民のおさめる年貢にたよっているので、年貢の増収をはかるために、新田を開発し、生産量をふやす努力もした。津藩では、西島八兵衛《にしじまはちべえ》に命じて一志《いちし》郡雲出《くもず》井《い》の灌漑《かんがい》工事を行い、約一三キロの用水路を慶安二年に完成させ、約六〇〇町歩に給水した。承応二（一六五三）年に完成した一志郡高野井《たかのい》の工事は、山中為綱《ためつな》が担当したが、約三キロの用水路を開いている。また承応三年には西島八兵衛の設計で加納《かのう》藤左衛門らが工事に着手し、約一五キロの用水路を開削して一五〇町歩の田畑を得た伊賀の小波田野《おばたの》新田（美旗《みはた》新田）もある。

さて津藩には無足人《むそくにん》とよばれる在村の武士（郷士《ごうし》）が多く存在した。村内の有力者を在村のまま武士身分とし、ふだん俸禄は支給せずに、非常時に兵力として動員する制度である。また日常的に農民を監視していたため、津藩では農民一揆《いっき》が非常に少ない。ことに伊賀国では一揆らしいものはおきていない。無足

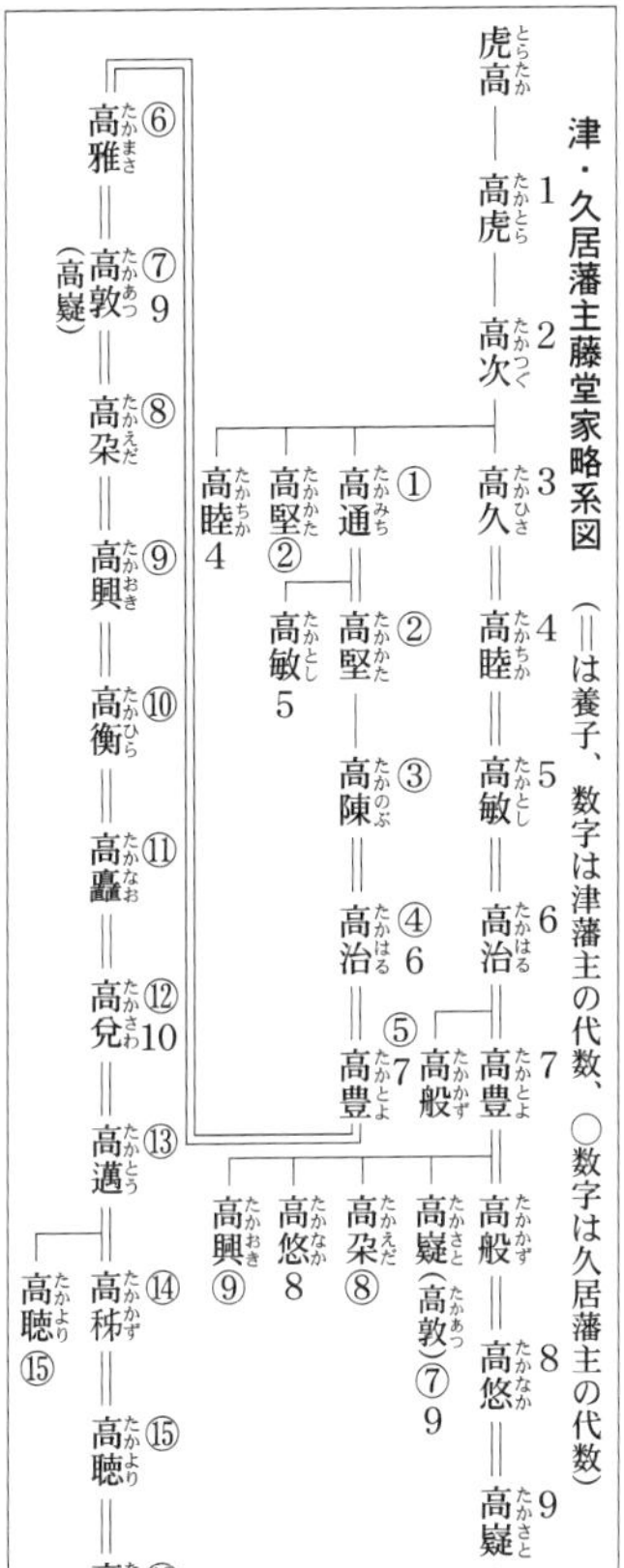

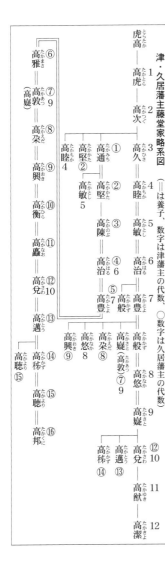

人は元和九（一六二三）年、越前《えちぜん》福井藩主松平忠直《ただなお》の改易にさいして、警戒のため組織されたといわれているが、十七世紀中頃に急速に人数が増加している。農民対策に利用するためにふやしたと思われるが、のちには献金によって無足人となるものも多かった。

鳥羽《とば》藩は、九鬼守隆《くきもりたか》の死後、守隆の三男隆季《たかすえ》と五男久隆《ひさたか》とのあいだで相続問題がおこり、これをきっかけに久隆は摂津三田《せっつさんだ》へ、隆季は丹波綾部《たんばあやべ》に移されて九鬼家は二分された。このあと寛永十（一六三三）年鳥羽へ三万五〇〇〇石で入封したのが譜代大名内藤忠重《ただしげ》であった。忠重は年貢率を六〇％に引きあげるとともに、領内の米価を高く設定（徴収した年貢米を領民に高く売却）し、さらに小物成《こものなり》として種々上納を命じたといわれる。小物成にはその村では入手不可能なものや量が不足するものもあり、ほかから購入して上納しなければならない状態であったという。鳥羽藩領では内藤氏治世下がいちばん高負担であったといわれるが、藩の財政安定のため、そして藩権力の強化のために必要なことであった。しかし年貢増徴はかなり無理があったようである。延宝八（一六八〇）年四代将軍家綱《いえつな》死去による江戸増上寺《ぞうじょうじ》での法要にさいして、警固役などを命ぜられていた鳥羽藩主内藤忠勝《ただかつ》が、相役の宮津《みやづ》藩主永井尚長《ながいなおなが》を遺恨から殺害する事件がおきた。このため忠勝は切腹を命ぜられて領地も没収され、高年貢を課した内藤氏は三代でその支配をおわった。

さて、藩主権力の強化をどの藩でも指向するが、その方策として一般的には藩の直轄領を増加させ、家臣へあたえる知行地・俸禄《ほうろく》を可能なかぎりおさえていく傾向がみられる。慶長十五（一六一〇）年まで亀《かめ》山《やま》藩主であった関一政《せきかずまさ》の家臣団の禄高を記した分限帳《ぶげんちょう》によると、五万石の石高のうち家臣に三万石を支給したのに対し直轄領は一万七五九〇石で約三五％にすぎなかった。藩財政を安定させ、藩主の力を強大にするためにはやはり家臣団の禄を削減していくことが必要であった。近世初頭は、戦国時代の余風で、軍功のあるものを高禄でめしかかえている傾向があり、全体的に藩主の直轄領は比率が低い。これが近世中期ごろには直轄領が五〇％ぐらいに高められているところが多い。幕末期の安政四（一八五七）年の鳥羽藩（三万石）の家臣の禄高は、役高・扶持米《ふちまい》も含めて約一万二〇〇〇石弱（「志州鳥羽藩禄高控」『鳥羽市史』上巻所収）であった。

一方新田開発であるが、伊勢国においてもっとも新田開発に積極的であったのは桑名《くわな》藩であった。寛永十二年に入封した松平定綱《さだつな》が開発を進め、山間部では員弁《いなべ》郡笠田《かさだ》新田・平野新田・大泉新田といった新田村落が成立、また平野部では桑名郡上之輪《かみのわ》新田・太一丸《たいちまる》新田・八左衛門《やざえもん》新田・赤須賀《あかすか》新田などが成立し、新田高は四万石に達した。

藩札と羽書●

商品生産の発展に伴い、商品流通も活発化すると、諸藩では特産物を専売するなど、流通に深く関与するようになる。幕府は金・銀・銭の三貨を独占的に鋳造《ちゅうぞう》、全国に通用させていたが、各地で貨幣の不足をみた。そのため藩札《はんさつ》が発行されるようになるが、あわせて諸藩の財政難を一時的にしのぐ手段にも用いられたのである。しかし藩札の発行には幕府の許可が必要で、藩札をいつでも正貨に交換できるように、正貨の準備が義務づけられたので、兌換《だかん》紙幣であった。幕府は宝永四（一七〇七）年三貨の流通を徹底させようといったんは藩札の発行を禁じたが、享保十五（一七三〇）年には発行を許可することとなった。

県内における藩札の発行は、紀州《きしゅう》藩領の東紀州をのぞいて享保十五年の解禁以後みられるようになり、享保末年に神戸《かんべ》藩と菰野《こもの》藩で発行された。神戸藩は米札《べいさつ》（銀貨表示であるが、引き換えの準備に米を用意したもの）、菰野藩は銀札（銀貨のかわりに通用する紙幣）であった。その後安永四（一七七五）年に津藩で銀札（大和国《やまと》古市《ふるいち》に銀札会所を設置）、文政五（一八二二）年に紀州藩勢州《せいしゅう》領で銀札（松坂札または松坂羽書《はがき》と称す）、天保元（一八三〇）年に桑名藩で米札が発行されるとともに、天保年間（一八三〇〜四四）に菰野藩では銭札《ぜにさつ》もだされている。幕末期には亀山藩（銀札）・長島藩（銭札）でも発行され、さらに忍《おし》藩の勢州領の飛地《とびち》でも銀札が発行されるなど、ほとんどの藩で藩札が発行されたが、幕末期は乱発気味となり、信用度の低いものもあった。

さて、文政五年に紀州藩は勢州領で銀札を発行したが、そのさい幕府への申請理由はつぎのとおりであった。勢州領は他領といりくみ、神宮領や津藩で羽書（銀札）を発行しているため、紀州領の年貢のなかに羽書が使われることもあり、そうするとこれを他領で正金に引き換えねばならないので、紀州領でも銀札を発行すれば不便がなくなる、というものであった。紀州藩は文政五年より一〇年をかぎっての通用を願い、幕府もそのとおり認めた。そこで紀州藩は、銀札の発行元を三井《みつい》組と松坂御為替《おかわせ》組の両組に命じた。三井組は三井八郎右衛門・三井宗太郎《そうたろう》・三井則右衛門《のりえもん》の三人、松坂御為替組は長谷川次郎兵衛《はせがわじろべえ》・長井嘉左衛門《かざえもん》・小津清左衛門《おづせいざえもん》・坂田五郎兵衛・殿村佐五平《とのむらさごへえ》の五人で、いずれも松坂（出身者も含む）の有力商人であった。両組が同額ずつ銀札の印刷を発注し、刷《す》りあがった銀札を藩の勘定所勝手方《かんじょうしょかってがた》へおさめた。そして田丸御貸方《たまるおかしかた》役所より銀札をあずかり、松坂の銀札会所で希望者に貸しだした。そのさい正金をうけとり、その後銀札を返納（利息つき）させ正金を返却した。以上の方法で銀札を通用させたが、銀札六四匁《もんめ》で金一両と引き換えることとなっていて、金銀交換の相場は固定していたので重用され、紀州藩の勢州領のみならず、ほぼ伊勢一国で通用するほど信用度が高かった。当初の一〇年の期限がくると延期を願い、結局維新《いしん》まで発行され続け、明治元年までに総額二五万両発行された。この銀札を松坂札とか松坂羽書と称した。

なお松坂羽書に使用された紙は、紀州藩領伊勢国飯高《いいたか》郡深野《ふかの》村（松阪市）の深野紙であった。深野村では近世初期から紙漉《かみすき》が行われていたが、深野紙の品質のよさにより、文政六年から松坂羽書の用紙に採用され、以後羽書廃止までその用を弁じた。採用は、深野村の地士《ぢし》（郷士）野呂俊興《のろとしおき》の売りこみがあったといわれる。

一方、伊勢神宮領で通用する山田羽書も、銀六四匁＝金一両で交換するところから、神領のみならず、広範囲で使用されていた。山田羽書も銀札で兌換紙幣とみてよいが、本来は小銭のやりとりのための小手形の意であったという。山田羽書は慶長年間（一五九六〜一六一五）以前よりあったともいわれるが、一定の規則のもとに使用されるようになったのは寛永年間（一六二四〜四四）とみられるので、藩札と比較してかなりはやくから存在していた。羽書は伊勢神宮外宮《げくう》の門前町である山田《ようだ》の自治をあずかる山田三方《さんぽう》の支配下に、仲間と称する組をつくり、その組（地名を冠した）が発行した山田羽書と、内宮《ないくう》の門前町である宇治《うじ》の自治にあたった宇治会合《かいごう》のもとでの組が発行した宇治羽書があった。しかし門前町としては山田のほうがはるかに経済力が高かったので、山田羽書のほうが多く流通したのである。

山田羽書

羽書の発行は株になっており、江戸時代前期には四三四株に定め、一株に銀三貫二〇〇目以内の羽書発行を認めるかわりに、一株につき銀五貫目ほどの抵当を差しいれさせたが、株数についてはその後減少した。そのため、元禄期（一六八八～一七〇四）に通用の羽書が払底して取引に差しつかえたので、元禄元（一六八八）年と同十一年に発行者をつのった。そのころの羽書屋の数は二二九人で、一人銀三貫目以内の発行額で、総計六八七貫目（金一万七三四両あまり）が発行されていたといわれる。

宝永四年に幕府が藩札の廃止を命じたが、会合が幕府に願って、羽書は神領内にかぎって通用が許可され、特別扱いをうけた。その後羽書株の人数は増加し、元文から寛保（一七三六～四四）にかけて一定した。その株人数は四〇四人、四七組で、古来からのものは二八組二二九人、新参入のものは一九組一七五人であった。このときの一株は五〇両の発行が認められていたので、計二万二〇〇両分の羽書が流通していたとみられる。以来一株の発行羽書が増加されたり、七年目ごとに新札と引き換えなければならないところ、これが実行されないことなどがあったため、寛政二（一七九〇）年幕府と山田奉行による神領改革に伴い、羽書の世話役をもっぱらにしていた三方年寄の足代玄蕃《あじろげんば》らを処罰した。そして四〇四人の羽書株のものに、五〇両の発行額を厳守させ、あわせて抵当も十分はいっていなかったところから、各人一〇カ年のあいだ年二両を上納して積み立て、抵当とすることが命じられた。この改革によって幕末まで山田羽書は安定した紙幣としてその地位を保つことができた。

以上県下においては、藩札の通用は一般的傾向にあったが、ことに松坂商人が発行元となった松坂羽書は信用度が高かったこと、神宮領で通用の山田羽書は近世初期から存在し、これも信用度が高く、ともに伊勢国と志摩《しま》国ほぼ全域で使用されたことが特色であろう。

6章

人や物の移動と文化の広がり

旧林崎文庫（伊勢市）

1　伊勢商人の活躍

伊勢商人の特色●

三重県は畿内《きない》に近く、また東は伊勢《いせ》湾に面していて、海上輸送の便もよいところから、経済活動も古くから活発であったとみられる。それに、遠隔地と広く取引を行った近江《おうみ》商人をうんだ近江国とも隣接しているところから、県下の商人は近江商人の商売方法を学びとっていたであろう。ことに天正十六（一五八八）年築城の松坂《まつさか》城の城下に集められた商人や職人の一部は、もとは近江日野《ひの》の出身であったので、江戸時代に活躍した三井《みつい》家をはじめとする松坂商人は、近江商人の影響を強くうけたと考えられる。

さて戦国期には、伊勢・志摩《しま》・東紀州《きしゅう》（熊野《くまの》）の海賊（水軍）的商人が、今川《いまがわ》・武田《たけだ》・北条《ほうじょう》氏など東国の戦国大名と結びつき、物資調達などの役割をにない、さらに東国へ出店するものもあった。大湊《おおみなと》（伊勢市）の角屋《かどや》は、天正十年本能寺《ほんのうじ》の変《へん》のさい、上方《かみがた》を遊覧中の徳川家康《いえやす》がその領国の三河《みかわ》に逃げ帰るとき、伊勢湾渡海の船をだしたことにより、徳川家から保護をうけることになって、一時朱印船《しゅいんせん》貿易も行ったが、鎖国《さこく》とともに衰退した。このような政商的な商人も存在したが、「伊勢商人」とよばれる集団は、むしろ江戸に出店《でみせ》をかまえる伊勢出身の商人たち、とのイメージが強いのではなかろうか。

すでに戦国期に東国との交渉のあった商人は、江戸幕府が開かれると江戸に支店をもつようになった。元和年間（一六一五〜二四）には松坂の鈴木家（伊豆蔵《いずくら》）や射和《いざわ》（松阪《まつさか》市）の富山《とみやま》家（大黒屋《だいこくや》）などが江戸に進出していた。寛永年間（一六二四〜四四）以降江戸の大伝馬町《おおでんまちょう》には木綿《もめん》仲買商人が店をだす一方、小《こ》間物《まもの》や紙・茶・荒物などをあつかう商人が江戸の各地に出店していった。ことに大伝馬町の伊勢商人は著名であった。これら江戸店持《たなもち》伊勢商人がすべて「伊勢屋」を屋号としていたわけではないが、江戸の町に多かった伊勢屋は、なんらかの形で伊勢国と関係があったのであろう。

ところで、江戸大伝馬町には寛永初年、赤塚《あかつか》・升屋《ますや》・久保寺《くぼでら》・富屋《とみや》の四軒の木綿問屋（荷受問屋）があった。彼らは伊勢商人ではないが、この四軒の系列下にあった七〇軒の伊勢商人を多く含む木綿仲買商が、貞享三（一六八六）年いっせいに問屋（仕入問屋）に昇格した。四軒の荷受問屋が没落ないしは衰退したのに対し、七〇軒の仕入問屋の多くは繁栄した。荷受問屋は、各地の荷主から送られる依託商品を引きうけ、保管し販売するのを業務とし、手数料や保管料を得ていた。これに対し仕入問屋は、自己資金で商品を仕入れ、販売するので、利益も大きかった。仕入れにさいしては、伊勢国などで木綿買継《かいつぎ》問屋をつうじて木綿を集荷し、白子《しろこ》廻船《かいせん》で江戸に運送して販売したのである。伊勢国は良質の木綿の産地で、

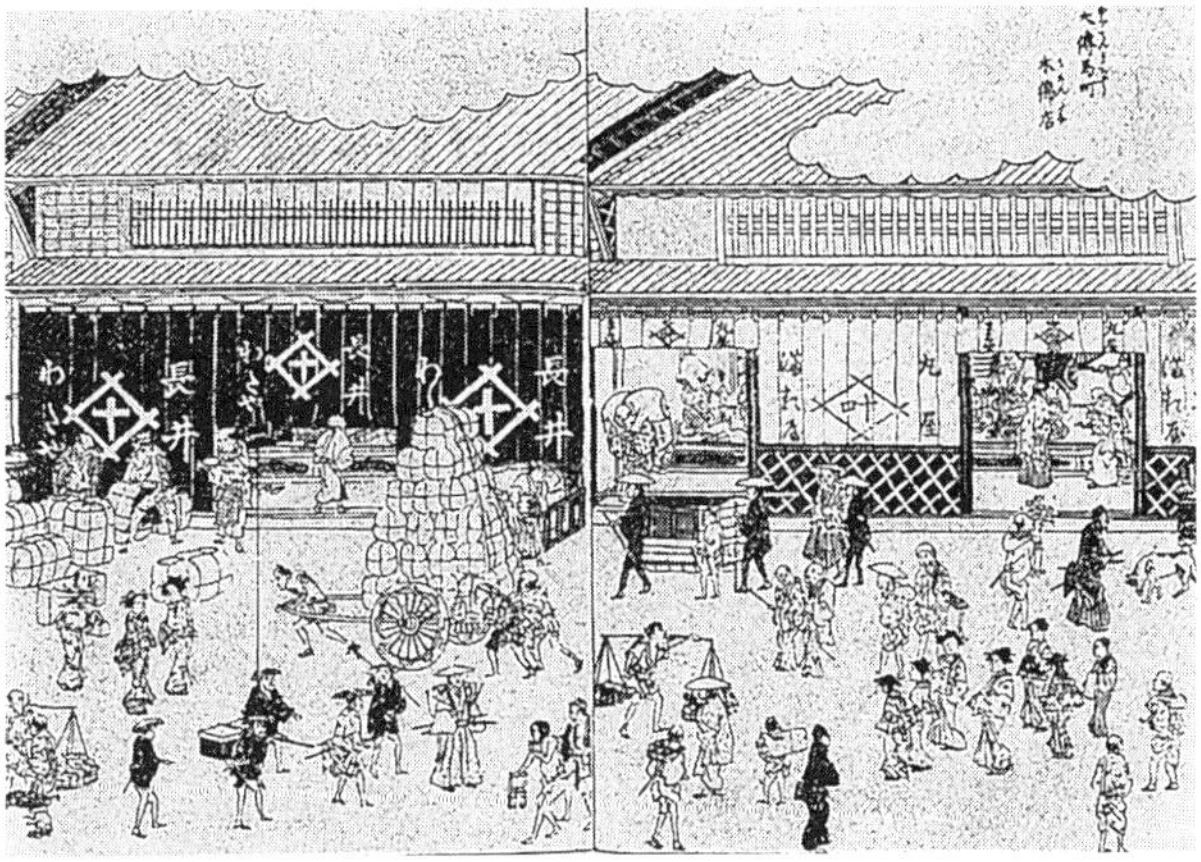

江戸の木綿問屋(『江戸名所図会』)

また法田村《ほうだ》（松阪市）で藍染《あいぞめ》加工した松坂木綿は、元禄（一六八八〜一七〇四）ごろ江戸で流行するといった好条件にめぐまれ、木綿仕入問屋の伊勢商人は繁盛したのである。大伝馬町の木綿問屋で著名なものに、小津《おづ》（伊勢屋）・長谷川《はせがわ》（丹波《たんば》屋）・長井《ながい》（大和《やまと》屋）・川喜田《かわきた》（川喜田屋）・田中（田端《たばた》屋）など、松坂や津の商人がある。

また延宝元（一六七三）年江戸駿河《するが》町に呉服《ごふく》店越後《えちご》屋を開店した三井高利《たかとし》（松坂出身）は、店に商品をならべ、現金払いとしたので、客が商品を種々みることができ、さらに安価であったので好評を博した。この薄利多売方式は当時としては新しい方法で、購売力のついてきた庶民のニーズに適合したものであったため、大きな利益を得た。このような新しい商売方法の導入によって、商人の新旧交替が進んだが、伊勢商人のあいだでも淘汰《とうた》がなされつつも、新興伊勢商人は近代まで生きのびたものも少なくなかった。

伊勢商人の特色としては、津から松坂付近の出身者が多く、主人は伊勢国にいて江戸や大坂に出店をもち、支配人に指図して出店の経営をさせ、利益を送金させる。そして奉公人は原則として伊勢国出身者にかぎったため、地縁・血縁関係が強く、江戸店でも伊勢弁を使用するといった一種独特な世界をつくっていたという。三井家は松坂から京都に主人が移っていたが、ほとんどの主人は伊勢国内に住み、ときには出店にいく（出稼ぎの状態をとる）こともあった。したがって主人は、伊勢国では生活に余裕があったので、文化活動にも力をいれることになり、伊勢国の文化振興にも役立ったのである。

集荷・積出し・販売体制●

前項で江戸の木綿問屋の集荷などについて若干のべたが、伊勢国内の事情についてもう少しみておこう。良質な木綿の産地であった伊勢国をはじめ、尾張《おわり》・三河両国もまた木綿を多く生産していた。農村で栽培された綿は、町方や農村で織られて製品化されたが、この作業は女性の仕事であった。反物《たんもの》となるまでに商人がどのように関与していたのかは十分解明されていないが、反物は在地の木綿下買商の手を経て、在地の木綿仲買商が集荷した。下買・仲買商たちは、おそらく木綿買継問屋から資金の融通をうけ、生産者に資金を貸しつけたりして統制下においたものと思われる。買継問屋はその系列下の仲買商から製品を

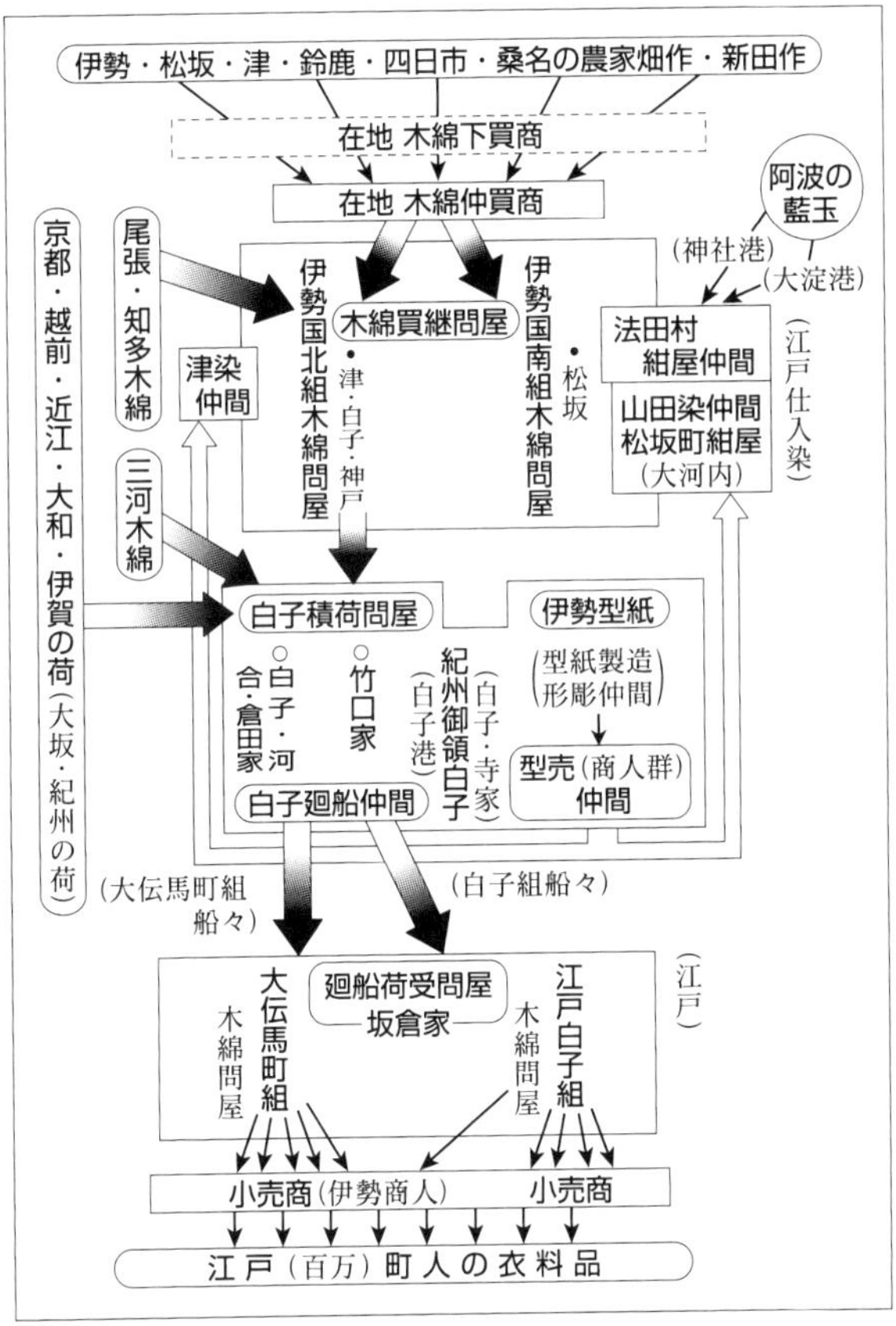

伊勢(松坂・津・神戸)木綿が江戸で売られるまでの模式図　『四日市市史』第17巻，通史編近世による。

仕入れ、さらに晒《さらし》や藍染にだして付加価値をつけて江戸に送った。

この買継問屋たちも、権益をまもるために仲間を組織した。江戸時代中期の明和・安永期（一七六四〜八一）に、松坂の会所《かいしょ》を中心に伊勢南組木綿問屋の仲間と、津・白子・神戸《かんべ》の会所を中心に伊勢北組木綿問屋の仲間が結成された。南組は松坂を中心に山田（伊勢市）の買継問屋も含まれ、文化期（一八〇四〜一八）に一一軒あった。北組は、津以北桑名《くわな》までの買継問屋たちで、寛政期（一七八九〜一八〇一）に九軒あった。伊勢国内のおよそ二〇軒の買継問屋が二つの組を組織し、彼らの手を経ない木綿荷を排除するとともに、その系列下の仲買商の統制を強めた。この両組の木綿買継問屋は、伊勢国内だけでなく、尾張・三河や畿内の木綿も集荷していたが、仲間結成の要因はむしろ江戸の木綿問屋側の要請にあった。

江戸大伝馬町の木綿問屋は、仕入問屋にかわると、江戸大伝馬町木綿問屋仲間を結成した。一方、大伝馬町以外の伊勢商人や京都商人の三井・白木《しろき》屋を中心に、江戸白子組木綿問屋仲間を結成し、両組が江戸での木綿取扱量の大部分を占めるようになった。さらに元禄七（一六九四）年江戸の各種の問屋の連合体としての十組《とくみ》問屋仲間が結成された。この目的は、大坂から江戸への物資輸送は、大方菱垣《ひがき》廻船によってきたが、途中での難破の損害、廻船業者や船頭《せんどう》・水主《かこ》（水夫）が不正に積荷を横領するなどの被害をふせぐために、江戸の問屋が連合して菱垣廻船などを支配下に組みいれようとしたものである。この動きも、江戸の問屋が仕入問屋の形態をとるようになって、産地での仕入れ段階から彼らの荷物になり、輸送途中の被害が仕入問屋のものとなることを防止するためで、荷受問屋なら江戸で荷を引きうけたときから管理をすればよく、輸送途中の被害は荷受問屋にはおよばなかった。したがって前述したように江戸の問屋の形態変化のために、十組問屋仲間結成が必要となったのである。さて、江戸の二組の木綿問屋のうち、白子組木綿問屋仲間（一八軒）は、この十組問屋仲間に加入し、大伝馬町組木綿問屋は大坂の廻船問屋を影響下において独自の輸送を行った。

一方、伊勢などで集荷された南北の木綿買継問屋の荷物は白子湊に送られた。白子には、江戸白子組木綿問屋の積荷をあつかう竹口《たけぐち》家、江戸大伝馬町組木綿問屋の荷物をあつかう白子・河合《かわい》・倉田《くらた》三家があり、これらの積荷廻船問屋に集められた荷物は、白子廻船で江戸の廻船荷受問屋坂倉《さかくら》家に送られ、江戸両組の木綿問屋に引き渡された。白子廻船については後述するが、この廻船も江戸の木綿問屋の影響下におかれていたので、生産から加工、そして輸送や販売を江戸の木綿問屋が掌握していたことになり、生産から販売までが一つの組織として動いていたのである。そのため、仲買商をとおさないで直接売買するような組織にはずれる行為をきびしく取り締まったが、江戸時代後期には組織の維持がむずかしくなった。

伊勢型紙の行商人●

江戸など大都市に進出した伊勢商人のほか、近江商人のように全国に行商へでた伊勢商人もあった。その一つの伊勢型紙《かたがみ》を売った白子《しろこ》・寺家《じけ》両村（鈴鹿《すずか》市）の行商人たちについてふれておこう。

型紙とは、織物に種々の紋様をそめ抜くときに必要なもので、和紙をそめる紋様に彫刻刀のようなもので切り抜いてつくる。型紙を製作したのは型彫り職人で、すぐれた技術をもち、精緻《せいち》な仕事をこなした。彼らは白子・寺家両村や、白子村のとなりの江島《えじま》村（鈴鹿市）に在住していた。この型紙を使用してそめられた松坂木綿が江戸で人気を博したが、好評だった理由の一つには優秀な型彫り職人のデザインがあげられる。型紙は伊勢国内だけでなく、全国の紺屋《こうや》（染物屋）に販売されたが、販売を担当したのが白子と寺家の型売り商人たちであった。これら職人や行商人の発生は古代にあると伝えられているが、近世初頭には生産・販売をしているので、起源は古いものと思われる。

さて、白子・寺家両村の型売り商人は、型彫り職人をその傘下におさめ、それぞれ販売圏を決めて、一定の地域の紺屋を相手に型紙を行商している。このさい、元和五（一六一九）年に両村の領主となった紀州藩（徳川御三家の一つ）へ願い、同八年から行商にさいして絵符《えふ》と人馬駄賃《だちん》帳を交付されるという特権を得たといわれる。絵符は紀州藩の荷物であるということを知らしめるため、「紀州様御用」といった文字を記した札のようなものと思われ、駄賃帳は各宿駅に荷物の運搬を依頼するさい、御定《おさだめ》賃銭で運送できるように依頼文を記し、あわせて支払った駄賃の金額を記入し、宿役人がそれを証明することができるようにした帳面と思われる。すなわち、型売り商人が得た特権は、型紙を運送するさい、幕府が公定した安価な御定賃銭で人足や馬を各宿において利用できることである。本来商品は、相対《あいたい》賃銭（宿役人と相談

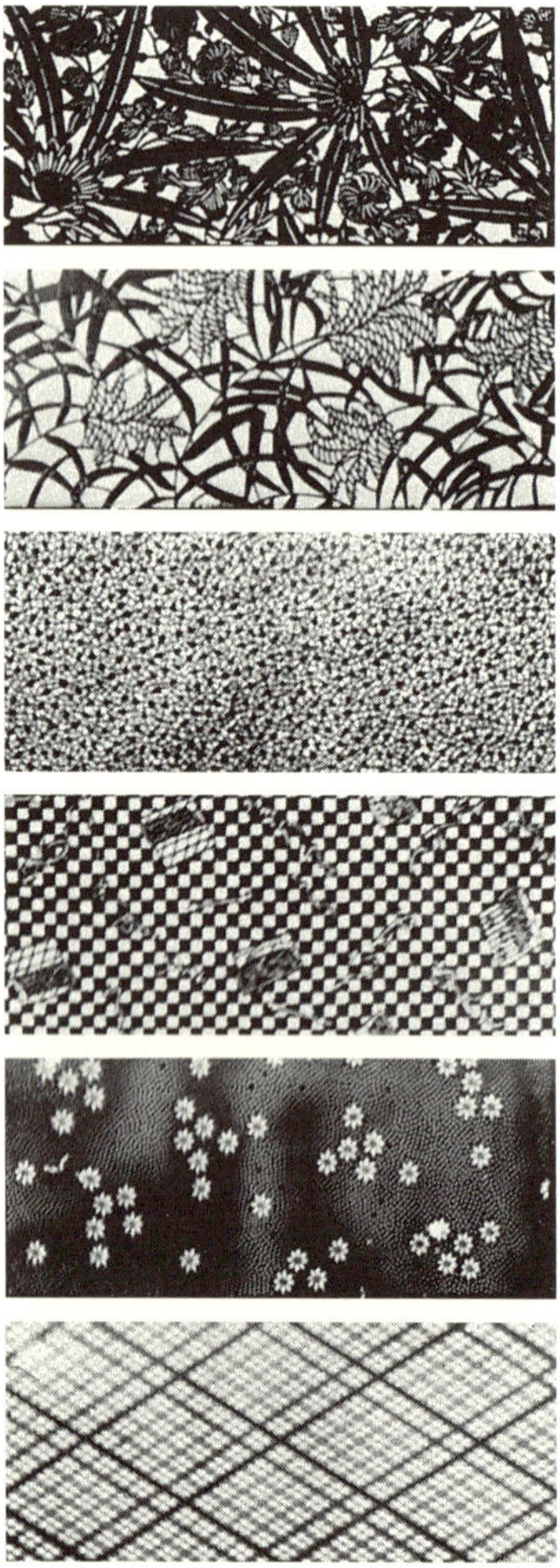

江戸時代の伊勢型紙

で運送賃を決めるもので、御定賃銭の倍くらいになる）で運搬することになっているが、型売り商人は紀州藩の荷物であると称して安く運送できたのである。これは御三家の一つの紀州藩であったからその威光がまかりとおったものである。

しかし紀州藩の権威を背景にしたこの特権も、宿駅側から、商人荷物であるのに御定賃銭で人馬を使用することに対しての苦情がだされるようになった。そこで正徳年間（一七一一〜一六）に「通り切手」という紀州藩白子代官所が発行した通行証を持参するようになった。これには型売り商人が御定賃銭を支払うと記され、さらに法外の賃銭を要求しないよう宿役人に依頼した内容をもつ。この切手を持参してしばらくは通用していたが、宝暦（一七五一〜六四）にはいると効力が薄れてきた。宝暦三年両村の一三九軒の行商人仲間は株仲間として公認されたものの、翌四年には越後高田《えちごたかた》城下通行にさいして、商人荷物と認定されて御定賃銭の倍以上の駄賃を支払わねばならなくなった。しだいに紀州藩の威光も通用しなくなり、このような争論が増加したうえに、幕府の天保改革（一八四一〜四三年）によって株仲間が解散させられたのに伴い、型売り株仲間も否定され、特権も失うこととなった。嘉永五（一八五二）年以降に交付された通り切手には、相対賃銭を支払う旨が記載され、紀州藩からも特権が否定されてしまった。

以上のように、御三家の紀州藩領に編入されてから、その威光を利用しての行商は、注目されるところである。また酒や味噌《みそ》の醸造に必要な麹《こうじ》は、垂坂《たるさか》村（四日市市）・玉垣《たまがき》村（鈴鹿市）・中万《ちゅうま》村（松阪市）の三カ村で生産され、この販売もこの三村がそれぞれ北勢・中勢・南勢に排他的に行い、この特権を伊勢神宮の筆頭の禰宜《ねぎ》（長官と称す）から得ている。麹の販売は伊勢神宮の権威を利用していたのであるが、近世においても朝廷・公家《くげ》や特定の藩や宗教的権威を利用した例が少なからずみられる。

2　水上交通の発展

七里の渡しと四日市廻船●

東海道《とうかいどう》は伊勢《いせ》桑名《くわな》宿と尾張《おわり》宮《みや》宿（熱田《あつた》）とのあいだを船で通行することになっていた。この海上距離が七里であったので、七里の渡しとよばれていた。さらに桑名から佐屋路《さやじ》の佐屋へいく渡しもあった。桑名は城下町であるとともに、海上交通の要地でもあったのである。また木曽《きそ》川・長良《ながら》川・揖斐《いび》川を利用した舟運による、美濃《みの》国の幕領米などの集散地としても栄えた。

　桑名宿は桑名藩主や東海道通行の大名らの渡海のために御《ご》座《ざ》船を用意するとともに、公用の人や荷物を船で運ぶ役が課せられていて、船を漕ぐ水主《かこ》を一二〇人そなえていた。また一般人の渡海のための有料運航の船もあり、一二〇人の役《やく》水主のほかに、さらに一六〇人ほどの水主が存在した。御座船には水主が直接のりくまず、漁船などで曳航《えいこう》した。また江戸や大坂へ荷物を運ぶ廻船《かいせん》をもつ人びとや、漁船も多くあり、

桑名渡口（『伊勢参宮名所図会』）

通行人の増加に伴って湊《みなと》もにぎわった。

一方、四日市《よっかいち》宿は、徳川家康《いえやす》が江戸に移封《いほう》されたさい、上方《かみがた》との往復の都合上、豊臣秀吉《とよとみひでよし》から羽津《はづ》村（四日市市）・関地蔵《せきじぞう》（亀山市）などとともに家康にあたえられていた。そのため家康は、尾張宮と四日市のあいだを渡海することが多かった。自己の所領の四日市湊を使用したほうが安全であったからであろう。宮・四日市間の渡しも、江戸時代には幕府から認知されて利用されるようになり、これを一〇里の渡しといった。

近世初頭において、伊勢湾岸の諸湊は関船《せきぶね》（軍船）や御座船の水主一〇〇人ほどの負担を要求されていた。水主一〇〇人分は、桑名三三人あまり、長島・大島で一四人あまり、四日市六人弱、楠《くす》六人あまり、長太《なご》・若松で五人あまり、白子《しろこ》九人あまり、栗真《くりま》三人弱、白塚《しらつか》・別保《べっぽ》で六人弱、津七人半、松ヶ崎一〇人の割りで負担し、桑名がいちばん多かったが、幕領であった四日市が水主動員のまとめ役をしていた。また四日市湊では、秀吉による文禄《ぶんろく》の朝鮮出兵でも水主が動員され、慶長《けいちょう》の役《えき》には鳥羽《とば》の九鬼嘉隆《くきよしたか》の船で大坂までいったことがわかる記録がある（「御公儀様水主割之覚《ごこうぎさまかこわりのおぼえ》」『四日市市史』第一〇巻所収）。

さて四日市の廻船は多いときは二九艘《そう》が役儀として動員されたことがあるが、これらの船は普段は宮宿へ渡海する客の利用に供していた。江戸時代中期になると桑名宿と客の取りあいがおこるようになって、幕府に提訴するまでになった。

寛保二（一七四二）年から三年にかけて桑名宿が幕府道中《どうちゅう》奉行に訴えた争論は、桑名宿の主張によれば、宮宿や四日市廻船が、利益を得られる一般旅客や商品荷物を直接渡海することが多く、一方、桑名は公用の渡船（無料か公定の渡船賃）が多く収入が減少していること、桑名を通行するとの先触《さきぶれ》をだした武士が桑名をとおらず、宮・四日市間を渡船する場合があり、そうなると集めておいた人足《にんそく》が無駄になって余分の失費となるとのことで、宮・四日市の渡船を廃止してほしいと願った。結果的には桑名側の主張はいれられなかったが、その後、寛延三（一七五〇）年にも道中奉行の裁許をうけることになった。このときは、もっぱら桑名宿への先触のあった武士が宮・四日市間の渡海をすると、あらかじめ準備した人足が無駄となる旨を主張した。他方四日市側は、先触があっても旅客の選択を重んじるべきで、桑名のみならず石薬師《いしやくし》・庄野《しょうの》・亀山《かめやま》宿でも先触をしておきながら、下りに関から伊勢参宮をして四日市を通行するもの、あるいは上りに四日市から神戸へいって、その後伊勢参宮をするものがいて、旅客の希望なので致し方ないとのべている。結果は桑名宿の主張が一部だけ認められ、桑名宿に先触をしたものが宮・四日市間を渡海するときは、桑名宿に通知することを義務づけた裁許となった。しかしこの通知も乗船後に桑名へ到着して無意味であったり、通知がとどかないこともしばしばで、その後も桑名側は嘆願を幾度かするが、幕府は通知を徹底するように命ずるだけであった。

このような訴訟がおこったことは、四日市廻船が積極的に旅客や荷物運搬獲得に動いたとみるべきであろう。また一方で四日市廻船は、二九艘の権利を株にして、営業の継続をはかっていこうとしたが、この背景には、徳川家康がしばしば四日市廻船を使用したということの、権威があったからと思われる。

白子廻船の発展●

前節でも木綿などの江戸積出しについて、白子へ集荷された荷物を白子廻船が輸送したことをのべたが、ここでは白子廻船などについてのべておく。

白子湊は、金沢《かなさい》川の運ぶ土砂と、伊勢湾の沿岸流によってできた砂嘴《さし》が自然の堤防の役割をはたす、天然の良港であった。水深は浅く大型船ははいれないため、沖に碇泊《ていはく》した大型船へ小舟で荷物を運搬した。

さて白子には、天正十（一五八二）年、本能寺《ほんのうじ》の変《へん》後、泉《せん》州堺《しゅうさかい》を見物していた徳川家康一行が三河《みかわ》へ逃げ帰るさいに、近江《おうみ》国から伊賀《いが》国をとおり伊勢の白子へでて、ここから角屋《かどや》の船で三河に渡海したという伝承がある。伊勢の船出地は白子・若松・四日市などの諸説があり、江戸時代から家康所縁の地として各地が宣伝している。今、確実な史料がなく、家康の船出地を確定しがたいが、白子の繁栄も家康伝承と無関係ではない。白子側が積極的に宣伝し、かつ元和五（一六一九）年より白子が紀州藩徳川頼宣《よりのぶ》（家康一〇男）領となったことから、御三家の権威も利用しつつ、白子を伊勢湾の物資積出港としての地位に押しあげたといってよいであろう。

江戸の木綿仕入問屋は、江戸大伝馬《おおでんま》町組木綿問屋仲間と江戸白子組木綿問屋仲間を組織したが、元禄七（一六九四）年江戸に十組《とくみ》問屋仲間が結成されたさい、白子組のほうはこの十組問屋仲間に加入した。しかし大伝馬町組のほうは、十組問屋仲間への物資輸送を請け負った菱垣《ひがき》廻船に対し、木綿を

江島若宮八幡神社（鈴鹿市）にある廻船絵馬　宝暦6年若宮丸。

いちばん安全な積荷の中間にいれるよう注文をつけた。下荷は海水につかりやすく、上荷は波をかぶる危険性があったためである。ところが菱垣廻船はこれを断わったため、大伝馬町組の木綿問屋仲間は、十組問屋仲間に加入せず、大坂の廻船問屋を影響下において独自の輸送手段を確保した。また木綿の産地である伊勢湾岸諸国の木綿の集荷・輸送についても、大伝馬町・白子両組の江戸の木綿問屋は系列化を推進した。大伝馬町組は白子の白子兵太夫《へいだゆう》・河合仁平次《かわいにへいじ》・倉田太左衛門《くらたたざえもん》の三積荷問屋に荷物の輸送を取りあつかわせた。彼ら三人は廻船業もいとなみ、かつ多くの廻船業者を傘下において、白子・江戸間の輸送にあたった。江戸で荷受けをするのは江戸廻船問屋の坂倉家《さかくら》であった。江戸の木綿問屋が廻船業者を統制下におさめるためには、みかえりとして船の新造や修理にさいし、その資金を提供していたのである。

一方、江戸白子組木綿問屋は、白子の積荷問屋竹口次兵衛《たけぐちじへえ》と結んで輸送手段を確保した。竹口家もみずから船を所有する廻船問屋で、やはりほかの廻船問屋を系列化し、江戸の廻船問屋坂倉家を介して白子組に荷物を運んだ。両組とも系列の仲間の荷物以外は運送しないこととなっていた。十八世紀中頃には、竹口家を積荷問屋とした白子組のほうが資金にものをいわせて、伊勢湾岸の産地の支配を強化したために、大伝馬町組から訴えられることとなった。そこで、竹口家が請け負う白子組木綿問屋は、一部にかぎられることになったが、大伝馬町組の荷物もあつかうようになった。竹口家は、紀州御用の旗を立てたり提灯《ちょうちん》を使用するなど、紀州藩からの保護もうけて、伊勢湾内からの積出し荷物の多くをあつかうようになった。

白子の廻船は木綿だけではなく、多くの商品を江戸に運び、帰りは諸雑貨や干鰯《ほしか》（房総《ぼうそう》半島で漁獲された鰯《いわし》を乾燥させ粉にし、肥料とする）を積みこんでいた。ことに干鰯は、商品作物（綿や茶など）を栽培するには欠くことのできない肥料であった。
十八世紀も後半になると、白子の積荷問屋の支配をうけずに直接江戸などへ輸送する三河や尾張の廻船が出現してくる。白子廻船側はこれらを極力押さえるようにつとめ、また大坂からの荷物を菱垣廻船を使わず、陸送で白子へだして白子廻船を使うような方法、さらに紀州藩の荷物も取りあつかうようになるなどの積極策も講じられた。しかし文化期（一八〇四〜一八）ごろから、廻船業者の不振による返済金のとどこおりや海難、船の老朽化をはじめ、天保《てんぽう》の改革（一八四一〜四三年）の株仲間解散令による江戸木綿問屋の解体などによって、白子廻船も衰退していった。そのうえ三河や尾張の廻船が白子を経由しないで直積《じきづ》みすることが広まるのも、白子廻船の衰退に拍車をかけた。

熊野灘の廻船●
熊野灘《くまのなだ》は、大坂から江戸へ、あるいは伊勢湾岸と大坂との物資を海上輸送するさいの航路の一部であった。熊野灘沿岸（東紀州）はリアス式海岸地帯で湊も多く存在した。輸送船（廻船）は帆船《はんせん》であるため、風向きによっては航行できないこともあった。そこで風待ちのための入港や、あるいは天候悪化による避難の入港、休息や水などの補給のために入港することもあった。寛文十二（一六七二）年幕府は、出羽《でわ》国の幕領米を江戸に輸送するにつき、伊勢東宮《とうぐ》村（度会《わたらい》郡南伊勢町）出身の河村瑞賢《かわむらずいけん》に西廻り航路を開拓させ、この年はじめて西廻りで御城米《ごじょうまい》船（幕領米運搬船）を江戸まで運航している。瑞賢は西廻り航路開拓にさいし、御城米船の寄港地を県下では伊勢方座《ほうざ》浦（南伊勢町）・志摩安乗《しまあのり》（志摩市）とし、入港税を免除するとともに番所を設置することを建言して採用されている。
この湊以外でも、上方から江戸へ物資輸送をした菱垣廻船やのちに加わった樽《たる》廻船、沿岸各地の廻船が入港した湊は、風待ち港としてよく知られる志摩国鳥羽《とば》（鳥羽市）をはじめ、的矢《まとや》村・越賀《こしか》村・浜島《はまじま》村（志摩市）、伊勢国五ケ所浦《ごかしょうら》・慥柄浦《たしから》・古和浦《こわ》（度会郡南伊勢町）、錦浦《にしき》（同大紀町）、紀伊国では引本浦《ひきもと》（北《きた》牟婁郡紀北町《むろきほく》）や、須賀利浦《すがり》・九木浦《くき》・三木浦《みき》・林浦《はやし》（尾鷲市《おわせ》）、新鹿村《あたしか》・二木島浦《にぎしま》（熊野市）、鵜殿浦《うどの》（南牟婁郡紀宝町《きほう》）などがあり、これらの湊のなかには廻船業者が存在したところもある。白子廻船のような大規模な廻船業者は出現しなかったが、尾鷲の土井家《どい》が比較的大きかった。また鵜殿廻船は、小規模ながら廻船仲間を組織していた。これらの廻船のうち尾鷲以南については、熊野地方の産物である木材や炭を上方や江戸、あるいは伊勢湾岸などに移出していたのである。また各湊には、入港船の船員のための船宿があった。風待ちのために数日碇泊《ていはく》することもあり、船宿で商品の取引をする場合もあった。

さて、海運の発展とともにおこるのは海難事故であった。船の難破は天候や操船ミス、船の老朽化などによって発生している。ことに尾鷲付近や志摩国大王崎《だいおうざき》（志摩市）付近で発生することが多い。事故がおこると人命救助はもちろんのこと、船の積荷の補償問題も引きおこされる。積荷の所有権が仕入問屋にあったり、送り主にあったり、また一部は廻船業者や船員にあったりするため複雑な補償処理をする場合もあった。難破した場合、調査の結果について浦役人と船頭とのあいだで証文を取りかわし、あとでこの証文を領主にとどけている。難破といっても、船が沈没したり破損するばかりではなく、大風にあって転覆を回避するため積荷の一部を海上に投棄することもしばしばあった。この場合、船員が大風に遭遇したため積荷を投棄したと称して、実際は投棄せずに横領することも多くあった。これらの不正を防ぐために元禄七（一六九四）年江戸十組問屋仲間が結成されたぐらいであるので、不正はかなり頻繁に行われていた。なお積荷の漂着や沈没船からの積荷引揚げについても、所有者や拾い主とのあいだで取り分が決められていた。

最後に船の漂流についてふれておこう。天明二（一七八二）年十二月遠州灘《えんしゅうなだ》沖で暴風雨にあって漂流、八カ月後にアリューシャン列島のアムチトカ島に流れ着いた神昌丸《じんしょうまる》の船頭大黒屋光太夫《だいこくやこうだゆう》は有名である。彼は伊勢国南若松村（鈴鹿市）に生まれ、江戸大伝馬町組に属する白子の廻船問屋一見勘右衛門《いちみかんえもん》の荷物を江戸に運ぶ仕事をしていたが、その途中の遭難であった。彼らはロシアの女帝エカテリナ二世に拝謁するなどの栄誉もうけたが、長く異国で苦労し、寛政四（一七九二）年九月北海道の根室《ねむろ》に着いた。その後幕府の取調べがなされ、その口述をもとに幕臣桂川甫周《かつらがわほしゅう》による『北槎聞略《ほくさぶんりゃく》』があらわされたりした。乗組員一七人のうち帰国したものは三人で、江戸にでたときには光太夫ら二人に減少していた。このように海外へ漂流するものもあったが、熊野灘や遠州灘沖での遭難による場合が多い。

3　伊勢参宮と御師の活動

参宮街道の賑わい●

江戸時代の人びとは、一生に一度は伊勢神宮に参拝したいとのぞんでいたようである。ことに江戸中期以降になると、農民の生活水準も向上し、旅にでることが可能となってきた。しかし伊勢参宮は個人でする場合は少なく、むしろ団体が多かった。村では伊勢参宮のために講を組織して、少しずつ積立金をため、数年に一度代表のものたちが伊勢参宮をした。彼らは伊勢参宮を目的としたが、奈良や京都などを遊覧することもあった。村に帰れば伊勢参宮の土産《みやげ》を村民にくばるなどし、多くの金を使ったが、何回か参宮を重ねるうちに、村民の多くが参宮を経験することになる。また村を代表しての参宮であるので、道中での支出などを詳細に記録し、「参宮道中日記」などと称して保存することもあった。

ではなぜ伊勢参宮が広くなされるようになったのであろうか。理由はいくつかあげられるが、第一には、後述する御師《おし》の活動の影響が指摘できる。つぎには、皇祖神をまつる特別な神社と認識されていたことや、内宮《ないくう》（皇大神宮《こうたいじんぐう》）・外宮《げくう》（豊受大神宮《とようけだいじんぐう》）の祭神が天照皇大神《あまてらすおおみかみ》・豊受大神《とようけのおおかみ》で、一般にはそれぞれ太陽神と農業神ととらえられていたため、農業と深く結びつけられていたことによるものとも思われる。

さて伊勢神宮へむかう街道は、東海道の日永《ひなが》の追分《おいわけ》（四日市宿と石薬師宿のあいだ）で分岐する伊勢街道（神戸・津・松坂などをとおる）、東海道の関宿から分岐して伊勢街道の江戸橋（津市）で合流する伊勢別《いせべつ》街道、奈良方面からは、名張《なばり》をとおり松坂へでる初瀬《はつせ》街道、多気《たげ》（津市）や田丸（度会郡玉城《たまき》町）をとおる伊勢本街道と、高見峠を越えて粥見《かゆみ》（松阪《まつさか》市）から田丸へでる和歌山街道などがある。また熊野方面からの熊野街道、鳥羽からの鳥羽街道などの陸路のほか、海路で大湊や神社《かみやしろ》湊（伊勢市）に上陸するものや、さらに勢田《せた》川を二軒茶屋《にけんぢゃや》や河崎までさかのぼってくるものもあった。これら参宮客の通行で各街道の宿場はにぎわい、また茶屋も多く出現した。茶屋では土地の名物を売ったが、関宿の関の戸餅、櫛田《くしだ》から明野《あけの》ではヘンバ（返馬）餅、日永の長餅、青山峠付近や高見峠の餅、相可《おうか》（多気《たき》郡多気町）の松かさ餅、内宮門前の赤福《あかふく》餅や、稲木《いなぎ》（松阪市）の煙草入《たばこいれ》などが有名であった。

また参宮客の通行を目当てに、周辺の村民は農閑期に馬を引いて街道にでて、駄賃《だちん》を稼ぐものもあったが、参宮客用に三人乗りの鞍《くら》（三宝荒神鞍《さんぽうこうじんぐら》、口絵参照）を用意したものであった。一方、武家も将軍が正月に代参（高家《こうけ》とよばれる幕府の典礼をつかさどる格式の高い旗本《はたもと》が命ぜられる）を立てるほか、幕府の役人や大名およびその家臣も参宮することがしばしばあった。また朝廷も例幣使《れいへいし》を正保四（一六四七）年より毎年派遣し、これとは別に公家《くげ》のなかにも参宮するものがあった。

参宮客をうけいれる神宮門前町である山田《ようだ》（外宮門前）と宇治《うじ》（内宮門前）では、参宮客が多いことは町の繁栄につながるとみていたので、積極的に参宮客を誘致した。御師は遠くは松坂まで参宮客を迎えにでたりしている。そして神宮領内にはいる入口にある宮川には渡し船があったが、この渡し賃は延宝四（一六七六）年から無料とし、維持費は神宮の中・下級の神主《かんぬし》が負担し、まもなく門前町がだすこととなった。このように神領民によるうけいれ対策も実行された。

ところで正徳二（一七一二）年十月、当時の山田奉行大岡忠相《おおおかただすけ》（のち江戸町奉行として有名）は着任後施政方針を示しているが、そのなかで、以前盗人警戒のためにあやしいものを一夜たりとも宿泊させないよう申し渡したが、当地は参宮人や荷物を運んで商売をしにくるものが多いので、このものたちは特別で、一人であっても宿泊させ、旅人に気持ちよく泊ってもらえるようにすべきで、これが神領の繁栄にもつながるとさとしている。このことは、山田奉行も参宮人らのうけいれに対し、十分配慮していることがうかがえる。

御師の活動と参宮客●

御師《おし》は、人びとに伊勢信仰をはじめ、富士信仰や熊野信仰などを広めるために活躍した神主たちであるが、伊勢の御師のみを「おんし」と区別してよぶこともある。

さて伊勢の御師は、宇治・山田の門前町に住み、おもに権禰宜《ごんねぎ》以下の中・下級の神宮の神主であったが、ごく下層の御師の実態は十分解明されていないものの、おそらくは商人的性格をもっていたものと推測される。御師たちは、たとえば春木大夫《はるきだゆう》のごとく、○○大夫と称していたが、内宮の御師と外宮の御師に分かれていた。彼らは神主であるとともに、特定地域の人びとを檀家《だんか》（旦那《だんな》とか道者《どうじゃ》ともいう）にもち、その地域には手代《てだい》を派遣して神宮のお札《ふだ》（お祓《はらい》とか大麻《たいま》という）をくばって初穂《はつほ》料をうけ、さらに人びとに伊勢参宮をすすめていく。そして檀家が伊勢参宮をする場合は、宮川まで迎えにでて（松坂まででることもある）先導し、御師の家に宿泊させたうえで参宮の案内をし、檀家が神楽《かぐら》奉納を希望すれば、御師の家に設置された神殿で神楽を奉納する。伊勢神宮は江戸時代まで私幣の禁ということがあり、神楽などの奉納を神前で行うことができなかったため、御師の屋敷の神殿が利用された。また奉納の金品も御師が受領し、本来なら神宮に奉納されるべきものであるが、実際御師からどの程度おさめられていたのかは不明である。以上のべたように、御師は神主（配札の仕事を含む）、旅行斡旋《あっせん》業者、旅館経営者といった性格をあわせもち、さらに商人や金融業者的性格をもつものもいたと思われる。

このような御師の出現は、神領が蚕食《さんしょく》されていった中世にあり、彼らの檀家獲得活動によって、みずからの収入を得るとともに神宮の経済もささえていたものとみられる。近世にも檀家は引きつがれ、各御師の権利として確立するが、近世初頭には檀家の奪いあいを御師たちが演じたりすることもあった。また御師のいない人びとが参宮する場合もあったが、このときは門前町の入口付近で参宮客を取りこむなどしていた。

ところで御師たちは、庶民だけでなく、朝廷・公家、将軍や大名、武士も檀家にしていた。将軍は内宮御師山本大夫（寛文六〈一六六六〉年ごろ以降。それ以前は遷宮再興に功のあった慶光院という寺の尼《あま》住職がつとめた）、外宮御師春木大夫に祈禱《きとう》を命じて師檀関係を結んでいた。将軍は山本大夫に二〇〇石、春木大夫に八〇〇石の知行をあたえ、さらに有力な外宮御師四人にも知行をあたえていた（『寛文朱印留』）。大名では加賀《かが》前田家は福井大夫、長州毛利《もうり》家は村山大夫、会津《あいづ》松平家は御炊《みかしき》大夫とそれぞれ師檀関係を結んでいて、大名が知行をあたえること（大名は神宮に所領を寄進する意味で御師にあたえる）も少なくなかった。御師は毎年お札をくばるとともに、大名の参宮にさいしては種々準備をととのえるのである。大名の家臣も多くは主君が師檀関係を結んでいる御師の檀家になる傾向がみられる。

御師が檀家にくばるのはお札だけでなく、伊勢土産として、紙煙草入れや櫛《くし》・白粉《おしろい》・万金丹《まんきんたん》なども持参したため、全国に知られるようになった。紙煙草入れは稲木《いなぎ》（松阪市）でつくられ、広がって山田でも製作するようになっている。櫛は岡本町（伊勢市）で生産していた。白粉は松坂製のもので、もとは射和《いざわ》（松阪市）で加工されていた。古くは丹生《にう》（多気《たき》郡多気町）で水銀が産出され、これを使用して

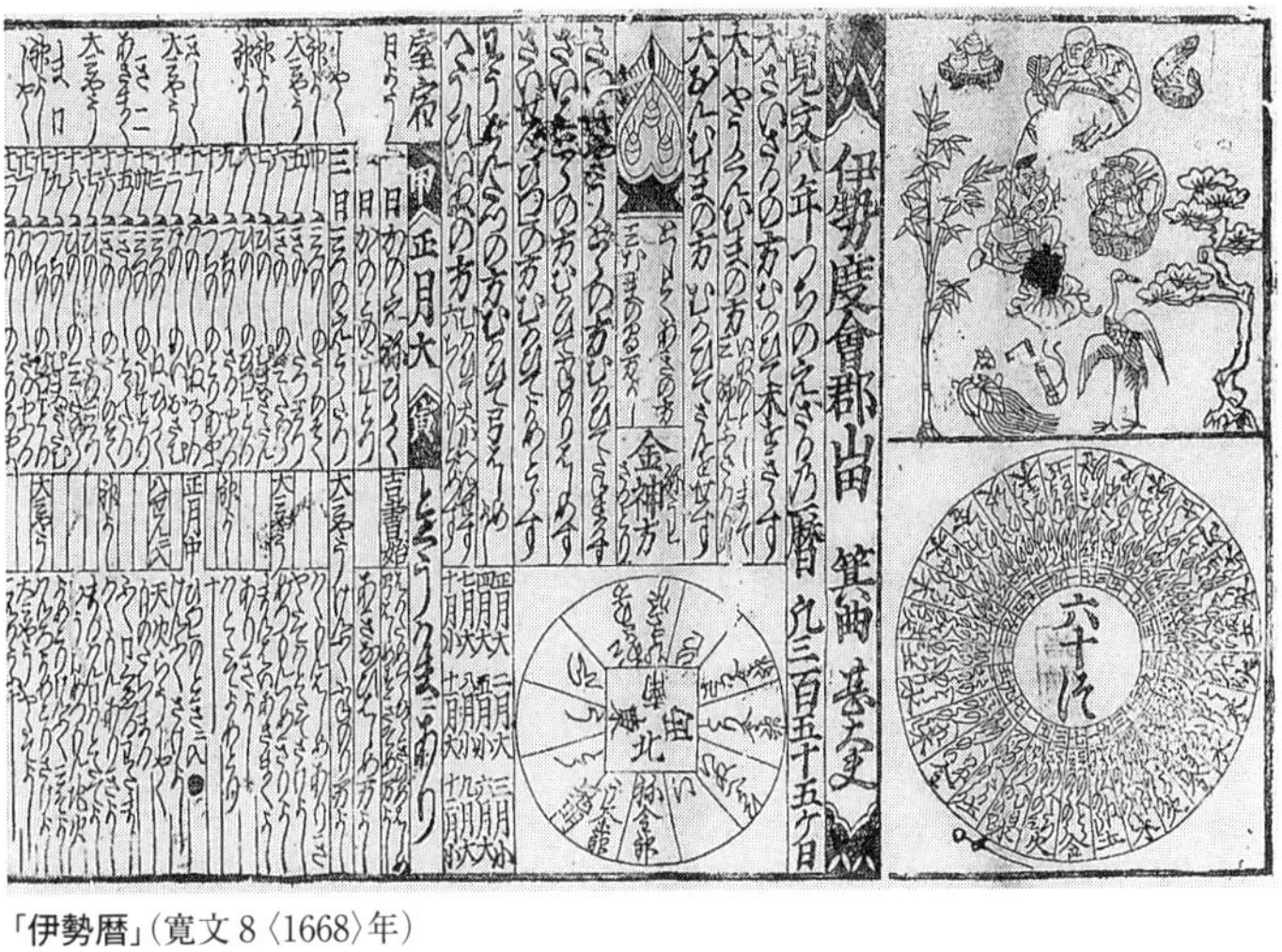

「伊勢暦」（寛文8〈1668〉年）

白粉をつくっていたが、近世では水銀は採掘できなくなり、大坂から購入していたものである。万金丹は山田の町で製造された解毒、気つけに効果のある薬である。また伊勢暦《いせごよみ》も土産として利用され、各地で重宝がられたのである。

このように御師は、伊勢信仰を広めるために大きな役割をはたすとともに、参宮客を多数集め、宇治・山田の町や神宮をうるおしただけでなく、伊勢土産などをつうじて文化の伝播《でんぱ》にも一役買った。しかし御師は浮沈も多く、家計困難になると檀家をほかの御師に売ることもあった。配札の権利を売ることになるが、あらたに檀家を買得した御師が配札するさいは、旧来の御師の名のお札をくばるようにしている。御師は、神宮や宇治・山田にとっては欠くことのできない存在であったが、明治四（一八七一）年の神宮改革によって廃止され、配札もできなくなった。このため旧御師は収入の多くを断たれることになった。明治初年の御師の数は、外宮が四八〇軒ほど、内宮が二〇〇軒弱ほどで、外宮が圧倒的に多かった。門前町としても山田が大きく、繁栄していたのである。

古市の賑わい●

古市《ふるいち》（伊勢市）は外宮から内宮へむかう参宮街道の中間で、十七世紀後期の元禄期には遊郭《ゆうかく》として栄えた町である。天明年間（一七八一〜八九）には妓楼《ぎろう》七〇軒、大芝居場二、民家三四二軒があり、江戸吉原・京都島原・大坂新町の三都の遊郭ほどではないが、未公認の遊郭としては発展していた。妓楼では備前《びぜん》屋・油屋・杉本屋・柏《かしわ》屋などが有名であった。

さて参宮客は、ほとんどが外宮から参拝し、そのあと内宮へむかうが、その途中に古市があるため、登楼して結局内宮を参拝せずに帰るものもいたようである。ふつうは内宮参拝後に古市へ立ち寄るものであった。両宮参拝のあと、古市へ登楼するものもあれば、また二見《ふたみ》見物や、朝熊山《あさまやま》の金剛證寺《こんごうしょうじ》を見物するものも多かった。

幕末の安政二（一八五五）年伊勢参宮をした志士清川《きよかわ》八郎は、古市の油屋で芸妓による伊勢音頭《おんど》踊りを見物していることが、その日記『西遊草《さいゆうそう》』で知られる。踊りの座敷は三〇畳もある中二階で、同じ着物をきた女たちが左右から踊りながらあらわれ、真ん中であうと左右に身を違えて進んでいく。ここで歌はやむが、踊りの時間はかなり長く見物料は金一両だったという。古市では伊勢音頭が余興として人気があったようである。伊勢音頭はもとは河崎（伊勢市）の妓楼などでうたわれた民謡であったものが、伊勢音頭の名で全国に広まったもので、この音頭にあわせて踊るのが伊勢音頭踊りである。また古市には常設の芝居小屋があり、さらに近くの中之地蔵《なかのじぞう》町にも常設芝居小屋があった。これらの芝居小屋では歌舞伎が上演され、享保期（一七一六〜三六）ごろ以降は毎年興行され、田舎《いなか》芝居の

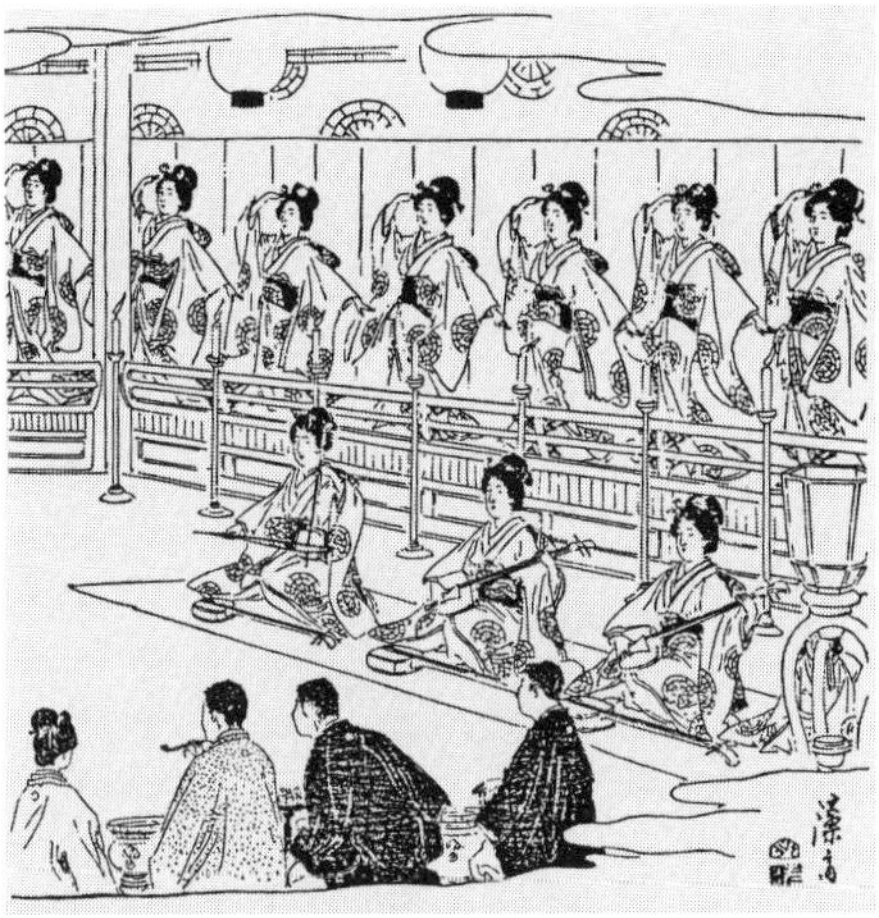

伊勢音頭踊り（『神都名勝誌』）

第一にあげられるほどであった。田舎まわりの役者が上方《かみがた》の大芝居にでるためには、古市の芝居で評判をとることが必要であった。のちには上方役者が古市の芝居で演じることが多くなり、上方と古市の交流が注目される。

ところで安政四（一八五七）年四月より中之地蔵常芝居で上演された続《つづき》狂言に、「伊勢音頭恋寝刃《いせおんどこいのねたば》」があった。これに対し同年五月一日、内宮長官（禰宜《ねぎ》の筆頭で、一禰宜《いちのねぎ》ともいう）から宇治会合へ、この歌舞伎の番付に藤波《ふじなみ》という名（内宮禰宜をつとめる家）があったり、芝居のなかにも長官や藤波がでてくるのでやめるよう申しいれている。この「伊勢音頭恋寝刃」は、寛政八（一七九六）年五月に古市の油屋でおこった刃傷《にんじょう》事件を題材にしている。それは、近くの町医者孫福斎《まごふくいつき》（御師の養子となったもの）が油屋で茶汲《くみ》女のおこんを相手に酒を飲んでいたところ、阿波《あわ》の藍玉《あいだま》商三人が登楼したため、おこんもこの三人の相手にでて、斎は一人で長く待たされることになり、それに腹を立てて仲居《なかい》をはじめ藍玉商らに切りつけた事件で、その後孫福斎は藤波五神主（内宮の当時第五番目に位置していた禰宜）の屋敷で切腹している。この古市油屋でおこった刃傷事件が潤色されて上演されたもので、内容は種々変化しているが、近代にも上演されて、油屋おこんの名も知られるようになった。しかし当時神宮側は神主の名前がだされるのをきらっていることがわかる。

外宮からいくと古市の手前の坂道の途中に間《あい》の山《やま》という場所があり、ここには「お杉・お玉」がいたとされる。江戸時代初期から歴代いたようで、間の山に小屋掛けし、三味線や胡弓《こきゅう》などをひき、歌をうたって参宮客の投銭を乞《こ》うていた女性をいう。参宮客は顔に銭を投げるが、女性は顔にあたらないようにうまくよけたため、客はおもしろがって銭を投げ財布を空にしたものもいるらしい。これが評判になったようだが、江戸後期には錦《にしき》をきるようになったため、錦をきた乞食として有名になり、これを「伊勢乞食」と称したという。また古市から内宮にむかう途中の牛谷坂《うしたにざか》にもこれと同様の女性「お鶴・お市」がいたという。

このように、古市は歓楽地となっていったが、遊郭のほかにも芝居小屋があり、またお杉・お玉のような参宮客の目をひくものもあって、町も賑やかであった。

お蔭参りとええじゃないか●

民衆の伊勢参宮が、ある年に爆発的におこることがあった。文献にみえるものは、慶安三（一六五〇）年、宝永二（一七〇五）年、享保三（一七一八）年、同八年、明和八（一七七一）年、文政十三（天保元＝一八三〇）年、慶応三（一八六七）年の七回ある。これらのうち、慶応三年のは「ええじゃないか」とよばれ、残る六回は「お蔭《かげ》（影）参り」といわれている。しかし慶安と享保のはさほど史料がなく、実態は十分解明されていない。

宝永二年のお蔭参りは、四月上旬より京都をはじめ畿内の人びとが抜《ぬけ》参りをし、閏《うるう》四月から約一カ月間に伊勢参宮にきたものは三〇〇万人以上に達したという。おもに奉公人の少年たちが主人の制止も聞かず、伊勢にむかい、その後大人たちが貧富を問わず抜参りをした。すなわち、主人などの許可なしででかけるのが抜参りであって、日頃の抑圧された生活から解放されたいという希望の現れであったものと思われる。このように十分な旅行の準備もせずに参宮するため、道中ではその地域の人たちに援助をうけねばならなかった。街道筋の富裕な家では、参宮客に銭や食事（粥《かゆ》が多い）、そのほか旅行に必要なものを無償で提供したが、お蔭参りはこの援助＝施行《せぎょう》を伴っていたことも特徴である。また領主によっては船を提供するなど便宜をはかったところもあり、抜参りは黙認されたのである。そしてこのお蔭参りのきっかけとなったのは、神宮のお札（お祓《はらい》ともいう）が天からふったということである。お札のふった家ではそれを神棚にまつり、近所の人たちもおがみにくるなどしているうちに、神のお蔭だ、といって返礼のための参宮に多くの人がでかけることになる。

　つぎの明和八年の大規模なお蔭参りは、宝永二年から六六年後で、状況は宝永と同様であったが、参宮をした人たちの居住地が格段に広がった。北は北陸地方、東は関東地方、西は中国・四国から九州北半におよんだ。四月から七月にかけ約二〇〇万人ともいわれる人びとが参宮をした。ついで文政十三年のお蔭参りは、明和から五九年後で、このころには六〇年に一度お蔭参りがおこるといった考え方が浸透していたようである。神宮は二〇年に一度遷宮（神が使用するすべての品物や建物をつくりかえること）が行われるので、この二〇年の三倍の年数がたつとお蔭参りがわきおこるものと期待されていたようである。前年の文政十二年からその雰囲気が強くなり、お札がふったということも

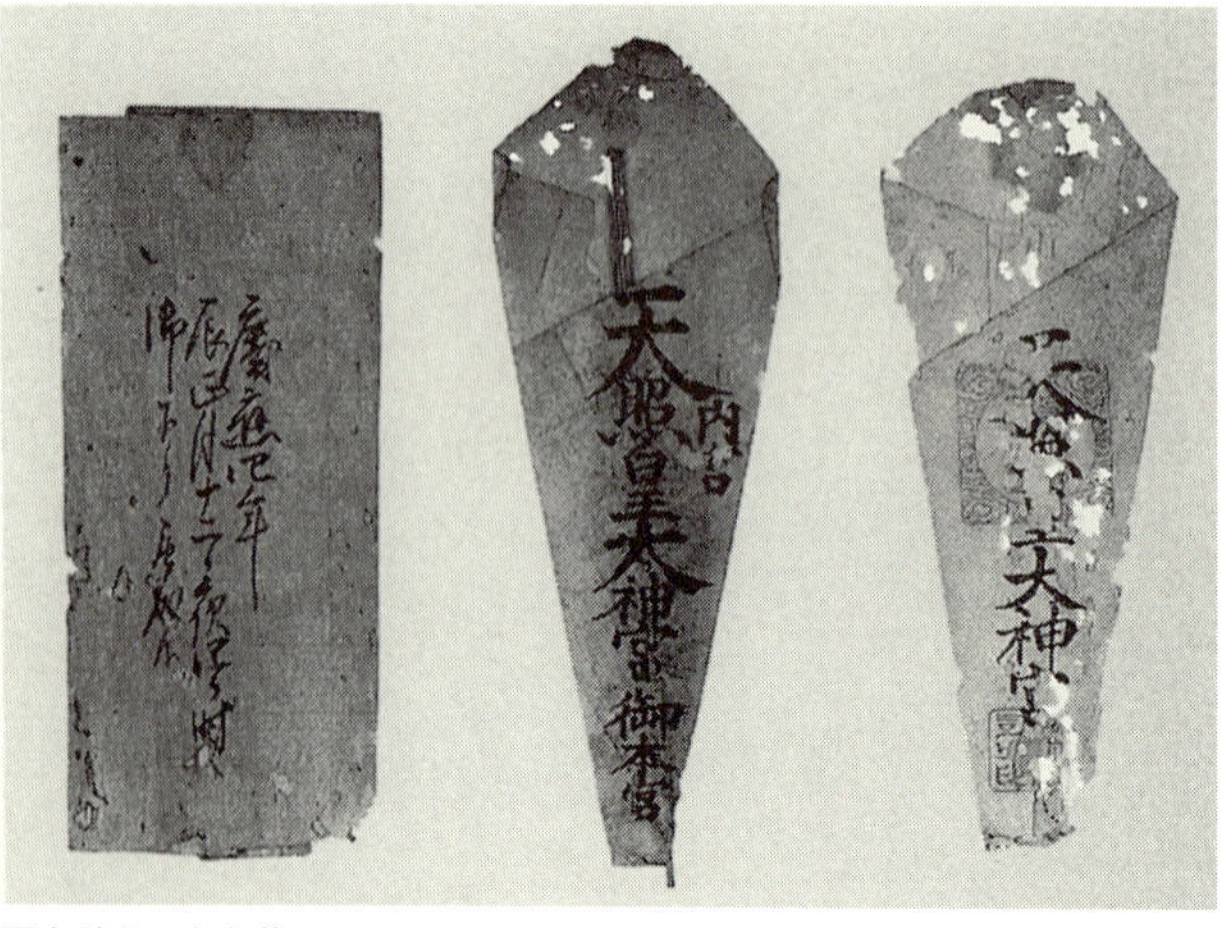
天よりふったお札

あった。十三年二月には阿波でお札がふり、これが発端となってお蔭参りがおこり、八月ごろまでに、四国・近畿・東海地方を中心としてその周辺を含め、約五〇〇万人が参宮したという。この時期になると、お蔭参りの人びとは、菅笠《すげがさ》をかぶり、手には柄杓《ひしゃく》をもち、団体ごとに「おかげまいり」などと記した幟《のぼり》を立てるのが一つのスタイルとなった。

いずれも神宮のお札がふったことが発端となっているが、お札の降下は人為的になされたものである。しかしだれが実行したかは不明である。御師たちが宗教活動の一端として行ったものであるとか、為政者が民衆の不満をそらすために行ったとかいわれているが、これだけの民衆運動がおこったという事実は、伊勢信仰の広がりを十分認識しておかねば理解できないことであろう。

最後に慶応三年の「ええじゃないか」にふれておこう。この年八月ごろに三河国をはじめ周辺の国でお札がふったが、これは神宮のお札だけでなく、諸国の神社や寺のお札までふったといわれる。これが各地へ広がり、お札だけでなく金品や、生首までふったといわれる。お札が降下したところではこれをまつり、近くの神社に群参した。伊勢国でもお札は多くふったが、伊勢国の人びとは伊勢神宮に参宮することはあっても、遠隔地の人びとは神宮へ参宮することはほとんどなく、むしろ「ええじゃないか」といいながら踊り歩く特徴があった。仮装して太鼓や笛、三味線などの鳴物もはいったはなやかな状態で、富裕な家では酒などを振る舞った。

この「ええじゃないか」は、当初から大量のお札や金品がまかれているところから、人為的に民衆を動員しようとした意図がみられるが、だれが仕掛けたかは不明である。この年は十月に大政奉還《たいせいほうかん》があり、政情不安な時期であったため、倒幕派の策略であるとの見方もある。しかし民衆のエネルギーは踊りに結集され、場合によっては気にいらない人の家に踊りながら押しいり、「ええじゃないか(善いじゃないか)」といいながら無理にものをとったりこわしてしまうようなものもでてくる。大政奉還がなされるとこのような踊りも急に終息してしまうのは、なにか政治的に利用された感がある。

なお、慶長十九(一六一四)年には畿内や土佐《とさ》などで伊勢踊りが流行した。もとは伊勢で「風流《ふりゅう》踊」と名づけられたものが広がったのであるが、この年大坂冬の陣がおこるなど、伊勢踊りは不吉だとされて禁止される。このような現象も伊勢信仰抜きには論ずることができないことだけ指摘しておく。

4 文化の地域的な広がり

伊勢神道の伝統●

近世には伊勢神宮の神主《かんぬし》から多くの学者・文人《ぶんじん》が輩出している。この背景には、中世でもすでに「伊勢神《しん》道《とう》」とよばれる伊勢神宮についての研究が神主のあいだで進展していた事情がある。もっとも中世においては、毎日神宮に奉仕するなかで、その祭祀《さいし》を研究してその意味を考えたり、信仰を強固にするための学問というべきもので、これを広く一般に知らしめようという性格の学問ではなかったとみてよい。これが近世になると、むしろ神道を一般の人びとにも広めようという方向に変化していくのである。一般民衆のあいだに伊勢信仰が広まるのも、御師《おし》たちの力に由来するところが大きいとみられるが、この御師も神主として神宮のことをよく研究していなければ、伊勢信仰を広めることがむずかしいであろう。すなわち、神宮の神主はそれなりの教養をもった文化人でもあったのである。もちろん個人差があるので、神道学よりは文学的素養をもった人びともでてくるし、各分野に才能を発揮するものもいる。これら文化人がでるには、それなりの基盤が必要であったと考えられる。宇治《うじ》・山田《ようだ》（伊勢市）の地には、文化人を輩出するだけの基盤ができていたのであり、それは中世の伊勢神道の発展に求めてよいであろう。

ところで文化の広がりということを考えるうえで、文化がおこり広がっていく条件がそろう必要がある。その一つには、文化人を輩出する土壌が存在することである。近世の宇治・山田はこれに該当する。またもう一つには、文化の担い手は、もちろん才能がなくてはならないが、さらに時間的余裕と経済的余裕がなくてはならない。神主たちはどちらにも余裕があったと思われるが、ほかをみれば、近世では武士階級、さらに有力町人や豪農というようになり、文化人といわれる人びともこの辺りからでている。したがって近世初期の文化人は、文化人を輩出できる基盤のある場所、すなわち以前から文化の伝統のある地域からでてくることになり、京都や宇治・山田、堺、博多、奈良といったところがあげられよう。そして近世の城下町へ、やがて文化の中心が移っていく。

つぎに文化の広がりという視点にたつならば、それは情報の伝達という問題にかかってくる。どこでだれがなにに才能をもっているか、という情報が伝わらないと、文化人のごく周辺の人びとにしか学問などが伝わらない。そこで世情が安定して交通網が整備されること、通信手段が発展することはもちろん、重要なのは出版が広くできるようになること、その販売も含めて本屋の活動が十分である必要性、また近世後期の貸本屋《かしほんや》の存在も重要なポイントとなる。出版活動が盛んになる背景には、木活字《もくかつじ》印刷や木版本《もくはんぼん》ができるようになり、その職人が養成されている必要がある。そして最後に、これら書籍が一堂に集められ、閲覧のできる図書館ともいうべき文庫があれば、利用者の便宜ははかりしれない。

宇治・山田の地は、文化の伝統的な基盤があることはのべたが、さらに御師の活動や参宮客の来訪、伊勢商人の活躍で、情報交換の場としても機能し、さらに伊勢暦《ごよみ》（寛永九〈一六三二〉年森若大夫が作成したものがもっとも古いといわれる）の木版印刷が多く行われているうえに、元禄年間（一六八八～一七〇四）には藤原長兵衛という出版業者が山田には存在した。また神宮には神主の勉強のための文庫が設置された。神宮の文庫のもとは、奈良時代の内宮文殿《ないくうぶんでん》や、鎌倉時代の外宮神庫《げくうしんこ》にさかのぼれるが、近世にはそれらの蔵書を取りこみ、さらに拡大整備された。外宮には、慶安元（一六四八）年に豊宮崎《とよみやざき》文庫（単に宮崎文庫ともいう）が設立され、内宮には貞享四（一六八七）年に林崎《はやしざき》文庫が宇治会合年寄の発議で創設された。ここは神主らの勉学の場であり、蔵書をそなえた図書館でもあり、各地から来訪する学者たちに講義をしてもらう場でもあった。蔵書も神宮へ奉納される形で集まってきたので、個人の文庫より有利であった。なお二つの文庫は、明治の末に合併され、神宮文庫として現在に至っている。宇治・山田の地はこれらの文化人輩出の条件が十分満たされていたので、当然ながら文化的に繁栄したのである。

神主たちは、神道学ばかりではなく、神道を追究するためには古典の研究が必要で、あわせて歴史の考証も盛んであった。また近世では基礎教養として漢学も身につけていた。さらに人によっては国学、和歌、俳諧《はいかい》、本草《ほんぞう》学などで有名になった場合もある。若干の学者をあげておくと、江戸時代初期では外宮に、度《わた》会《らい》（出口《でぐち》）延佳《のぶよし》がいた。苗字は出口であるが、外宮の神主は度会姓を使用している（内宮は荒木田《あらきだ》姓）ので、両方の名が使われている。彼は神道学者で、国学・漢学に造詣《ぞうけい》が深く、古典の考証でも著作が多い。中期には国学者の蓬萊尚賢《ほうらいひさかた》と荒木田（宇治）久老《ひさおゆ》をあげておこう。ともに内宮の神主である。尚賢は賀茂真淵《かものまぶち》門の国学者で和歌に長じていて、夫人は、最初の師で津の国学者谷川士清《ことすが》の娘である。久老も国学者で賀

❖コラム

神宮文庫の前身

現在伊勢神宮の文庫に神宮《じんぐう》文庫があり、多くの記録・文書《もんじょ》に図書を所蔵し、神道《しんとう》・歴史・文学等の研究者が全国から訪れている。近世以前の貴重な史料が多いためである。

この神宮文庫の蔵書の基本となったのは、林崎文庫と豊宮崎文庫のそれであった。林崎文庫は貞享四（一六八七）年に、内宮門前町の自治を運営する宇治会合所《うじかいごうしょ》の年寄が相談して内宮文庫を設立、山田《ようだ》奉行の斡旋《あっせん》によって幕府も金一〇〇両を寄付した。元禄三（一六九〇）年に林崎の地に移転して林崎文庫と称し、内宮神主をはじめ学者も利用できる図書館として発足、また諸大名や学者、有志のもので書籍を寄付するものも多かった。

一方豊宮崎文庫は、林崎文庫よりはやい創設で、外宮の神主度会《わたらい》（出口《でぐち》）延佳《のぶよし》らの提唱によって慶安元（一六四八）年にたてられた。こちらは外宮神主たちの修学の場として設けられ、費用は七〇人の有志の拠出《きょしゅつ》によったが、寛文元（一六六一）年には山田奉行の周旋で幕府から修理料として二〇石の土地を寄付された。各方面から蔵書の寄付もあって充実した。

両文庫とも図書館の機能をもち、あわせて勉学の場でもあった。また講堂も設置して、学者による講義も行われた。

明治になって神宮司庁に、所管の部署から蔵書が集められ、そこに旧宇治会合所より林崎文庫（蔵書約一万二〇〇〇冊）が寄贈され、明治三十九（一九〇六）年神宮文庫を設立、蔵書は五万冊あまりとなった。さらに豊宮崎文庫の蔵書約二万冊が寄付され、大正十四（一九二五）年に現在地の倉田山《くらた》に神宮文庫が移転された。当時蔵書は約一〇万冊に達する、わが国有数の図書館となった。

茂真淵に入門、歴史・古典・律令などの研究をした。江戸後期から近代にかけて活躍した外宮の神主では御巫《みかんなぎ》清直《きよなお》がいる。国学者・神道学者で考証学者でもあった。女性では荒木田（慶徳《けいとく》）麗女《れいじょ》が有名で、内宮下級神主家の出身で外宮の慶徳家に嫁ぎ、連歌をよくした。

このほかにも多くの学者・文人が神主には存在した。

藩校・私塾の開設●

藩校《はんこう》は、藩士やその子弟を教育する学校として創立されたもので、場所によっては庶民の入学を許可した藩校もある。藩士のなかで学問に造詣《ぞうけい》の深いものを教員にしたり、藩外から招聘《しょうへい》することも多かったが、教育内容は儒学を中心にすえた読み・書き・算盤《そろばん》が多く、人間形成を重視した。また武芸を奨励するのも一般的であった。

さて県下に藩庁が所在した藩では、いずれも藩校が設立されている。いちばんはやく設立したのは長島藩で、享保七（一七二二）年に文礼館《ぶんれいかん》をたてている。山崎闇斎《あんさい》学派（崎門《きもん》学派ともいう）の朱子学《しゅしがく》を中心にした漢学の藩校であった。つぎは少し時期がくだるが、亀山藩（藩主石川氏）が寛政二（一七九〇）年に明倫舎《めいりんしゃ》を設立した。闇斎学派の漢学を基本にした藩校で、安政年間（一八五四〜六〇）に習字と算術を加えている。つぎが文政六（一八二三）年に桑名に移封《いほう》された松平藩が創設した立教館《りっきょうかん》である。立教館は松平定信《さだのぶ》が寛政三年白河藩主時代にたてた藩校の内容をそのまま桑名へ移したものである。林派《りんぱ》朱子学の理念による創建で、漢学・習字・算術を教科に採用していた。神戸《かんべ》藩は寛政年間（一七八九〜一八〇一）に荻生徂徠《おぎゅうそらい》学派の学校をたてた。のちに教倫堂《きょうりんどう》と命名されたが、徂徠派を取りいれたのは、神戸藩主として享保十七年に入封した本多忠統《ただむね》が、荻生徂徠の門下であった影響であろう。はじめ漢学だけであったが、のちに和学・習字・算術も加えられた。

ほかには文化十（一八一三）年桑名藩（松平下総守《しもうさのかみ》家。文政六年武蔵忍《むさしおし》に移封）設立の進修館《しんしゅうかん》、同十三年菰野《こもの》藩設立の麗沢館《れいたくかん》（のち修文館《しゅうぶんかん》を新築、さらに顕道館《けんどうかん》と改称）、文政三年津藩設立の有造館《ゆうぞうかん》、同七年鳥羽藩設立の尚志館《しょうしかん》、慶応三（一八六七）年久居藩設立の句読所《くどくしょ》があった。長島藩をのぞいて寛政以降にたてられているが、外圧が強まってきた時期で、藩も危機意識をもって人材養成を急いだためと思われる。すべての藩校は儒学《じゅがく》を中心にすえていたが、習字・算術を取りいれたところも多く、また和学もしだいに採用され、津藩の有造館では天文《てんもん》学も採用された。

これ以外でも藩校設立前に儒学者の藩士の家塾《かじゅく》が開かれていて、藩校に準ずるものも数多くあった。なお津藩は、有造館のほかに、伊賀上野に崇広堂《しゅうこうどう》という分校をたてるとともに、年少者を収容する寮を津と上野に設けた。また藩庁は県内にないが、紀州藩は文化元年に松坂《まつさか》に松坂学問所を設立し、忍藩も飛地の大矢知《おおやち》陣屋（四日

鈴屋内部（松阪市）

郡別の寺子屋・私塾数

郡　名	数	郡　名	数
員弁郡	34	多気郡	1
桑名郡	54(うち桑名47)	度会郡	65(うち山田56，宇治3)
朝明郡	23	答志郡	30
三重郡	51(うち四日市12，菰野12)	英虞郡	37
鈴鹿郡	25(うち亀山16)	阿拝郡	15(うち上野9)
河曲郡	11(うち神戸5)	山田郡	1
奄芸郡	25	伊賀郡	44
安濃郡	47(うち津30)	名張郡	17(うち名張4)
一志郡	72(うち久居2)	北牟婁郡	12
飯高郡	16(うち松坂4)	南牟婁郡	119
飯野郡	10	合　計	709

「県内寺子屋・私塾一覧表」(『三重県教育史』第1巻，1980年所収)より作成。

市市）に隣接して、明治になってから興譲館《こうじょうかん》をたてている。

一方、寺子屋・私塾であるが、武士から庶民までの教育施設として、読み・書き・算盤をおもに教えた。はじめは寺で僧侶が村の子どもたちに教えることからはじまったので、寺子屋とよばれるようになったが、知識人である僧侶・神官が庶民教育の推進者であった。さらには学者・文人も弟子をとるようになり、専門的な講義がなされる私塾もあった。一例をあげれば、本居宣長《もとおりのりなが》の鈴屋《すずのや》である（前頁写真参照）。藩校が設けられる前には、学問的素養のある藩士が、藩士やその子弟を私塾で教育した場合も少なくない。

さて、県内で確認された寺子屋・私塾の数は、『三重県教育史』によれば七〇九存在したとされる。その後確認されたものもあるが、郡別に数を表にした（上表参照）。かなりばらつきはみられるが、やはり藩庁所在の城下町や支城の城下町、あるいは陣屋町に集中しているようすがうかがえる。ただし鳥羽（答志《とうし》郡）には確認できない。

時期は幕末期につくられたものが圧倒的に多いが、津の修天爵書堂《しゅうてんしゃくしょどう》という農民が開いた私塾は慶長年間（一五九六〜一六一五）にできたという。また松坂の国学者本居宣長の鈴屋や、津の国学者谷川士清《たにがわことすが》の洞津《どうしん》谷川塾《たにがわじゅく》はほぼ同時期の宝暦年間（一七五一〜六四）に開かれていて、はやい時期の開設に属する。

塾主は僧侶が多く、城下町では武士が多くなっている。また医者も比較的多くみられ、農民も少なくない。伊勢神宮門前町では、外宮門前の山田《ようだ》の神主が多くみられる。

以上確認されている寺子屋・私塾だけでも七〇〇を超えているので、江戸時代後期の庶民教育はかなり浸透していたとみられる。近世初頭からわが国の庶民は、教育水準が高いとキリスト教の宣教師ものべているように、時代がくだるとさらに庶民の教育に対する関心が高まってくる。識字《しきじ》率はかなりの水準に達していたと推定されるので、近代日本の義務教育の普及が早期に達成されたのも、近世の教育水準の高さに影響されているものと考えられる。

俳諧師松尾芭蕉●

松尾芭蕉《まつおばしょう》は正保元（一六四四）年、伊賀《いが》国上野に生まれた。父は同国阿拝《あえ》郡柘植《つげ》の無足人《むそくにん》（郷士《ごうし》）クラスだったようであるが、上野へ移住した。芭蕉は津藩の伊賀付《づき》士《さむらい》大将《だいしょう》藤堂《とうどう》新七郎家につかえ、その嫡子良忠《よしただ》の俳諧《はいかい》仲間の一員だったようである。良忠は蟬吟《せんぎん》と号し、北村季吟《きぎん》の門弟とまじわっていた。季吟の師である松永貞徳《まつながていとく》の一三回忌追善百韻《ひゃくいん》を寛文五（一六六五）年十一月に蟬吟が主催したとき、芭蕉ははじめて連句《れんく》している。一方発句《ほっく》は、知られているかぎりでは連句よりはやく、寛文二年であった。すなわち寛文初年ごろから俳諧の連歌《れんが》に親しむようになったとみられる。しかし、蟬吟が寛文六年に若くして死ぬと、芭蕉は京都の寺で修行したらしいが、同十二年一人前の俳諧師となるため江戸にくだった。しかし限界を感じて上京し、北村季吟に師事したとみられる。そしてふたたび江戸へくだり、延宝三（一六七五）年には江戸にきた西山宗因《にしやまそういん》と一座する機会にめぐまれ、その後宗因風の新派として知られるようになり、俳諧の宗匠《そうしょう》となるが、表現は高尚さを失わないようにつとめた。

さて芭蕉は、宗匠となると大衆の求めるところにある程度迎合《げいごう》しなければならなくなるので、それをきらって延宝八年、江戸の郊外深川《ふかがわ》村に隠棲《いんせい》し、質素に暮らして俳諧に力をそそいだ。このときの住居が芭蕉庵で、これは天和二（一六八二）年大火で類焼し、翌年弟子らの寄付でふたたび芭蕉庵をたてなおしたが、貞享元（一六八四）年になると旅にでることが多くなり、元禄七（一六九四）年大坂で病死した。

以上のような経歴をもつが、芭蕉が成功した時代背景をみておこう。中世では連歌が公家《くげ》や武家のあいだで重んぜられた。近世になっても連歌の伝統は続いたが、優雅ではあるものの形式にはまってしまい、面白味がなくなってくる。そこで松永貞徳は寛永六（一六二九）年ごろから俳諧連歌に興味を示す。俳諧

松尾芭蕉（左）

連歌は、正統な連歌にくらべ俗っぽいところがあり、若干の笑いを含んでくる。俗言を使用するが、度をすぎたものはよくないとして、ひかえ目な笑いや滑稽《こっけい》さをもったものになった。これが京都の新興町人たちにうけて支持され、貞門《ていもん》と称される。北村季吟はこの門弟である。一方、西山宗因はより滑稽味をおびた俳諧連歌を主唱したので、談林派《だんりんは》とよばれて武士や町人に好感をもって迎えられた。しかしあまりにも優雅さを失った新派が出現し、談林派のなかでも新旧の対立が激しくなり、談林派は宗因の死後おとろえた。

芭蕉に影響をあたえた人びとは、伝統的で型にはまったものから抜けだすことに成功した人たちで、芭蕉も新しい流れにのって名声を得たひとりである。しかし伝統的な作風を意識して過度に新味をもちこまなかったので、新興町人層も取りこむことができ、蕉門《しょうもん》とよばれる一派を形成しえたと思われる。

さて中世末期の伊勢国の宇治（伊勢市）には、神主荒木田《あらきだ》（薗田《そのだ》）守武《もりたけ》がいた。彼は俳諧に連歌と同様の千句の形式を取りいれ、俳諧連歌を確立した。宇治・山田には守武の影響をうけた多くの俳人がいた。そこへ、もともと俳諧ではみるべきものがなかった、伊賀国からでた芭蕉が有名になると、注目されるようになった。芭蕉は伊賀に九回帰郷し、そのうち三回の伊勢参宮をしている。第一回目の参宮は貞享元年秋であるが、このときは地元の俳人とはあまり接触していない。しかしつぎの元禄元年の参宮のさいには宇治・山田の有力俳人と接しているが、翌二年の参宮では地元の俳人とほとんど接触していない。芭蕉としては、自派の浸透には限界があるとみなしたのであろう。すでに新しい俳諧連歌が根づいていたとみられるのである。

さて芭蕉は、伊賀には九回帰郷しているが、最初の二回は、地元の少数の俳人と接触したのみである。

第三回目の貞享四年は上野村の武家と接触し、歓待をうけているが、町人も若干接触している。その後しだいに町人のほうが多くなるものの、上野での門弟獲得はあまり成果がなかった。これは上野方面の俳諧の水準が必ずしも高くなかったからのようである。

ところで、芭蕉を例に文化の広がりについて考えてみると、芭蕉は京都の俳諧の影響をうけ、その後江戸で活躍するため、弟子は故郷のものは少ない。そして各地を旅行し、旅先では歓迎してくれる人びとがいるので、それなりに文化的影響をあたえている。しかし故郷の伊賀には、地元出身者の名声にひかれて趣味的に俳諧をするものは多かったが質は必ずしも高くなく、蕉門俳諧を十分に定着させることはできなかった。伊勢国でもすでに新しい俳諧が定着していたため、若干の影響をおよぼしたものの、門弟獲得のほうはあまり成果が得られなかった。

国学者本居宣長《もとおりのりなが》●

本居宣長は享保十五（一七三〇）年松坂に生まれた。父は小津定利《おづさだとし》といい、商人であった。少年時代から教養として習字を習い、漢籍も学んだ。そしてみずから執筆もするようになる。寛延元（一七四八）年山田（伊勢市）の今井田《いまいだ》家の養子となり紙商をはじめる。しかし同三年離縁して松坂に帰り、宝暦二（一七五二）年上京して堀景山《ほりけいざん》に入門し、このころ本居姓（先祖の苗字）に戻した。景山は広島藩儒医で、宣長は医学と儒学を学び、同七年松坂に帰って医者となったが、賀茂真淵《かものまぶち》の『冠辞考《かんじこう》』を読んで古学を志すようになった。翌八年自宅で『源氏物語』を講義しはじめるが、これが私塾鈴屋《すずのや》のはじまりとなる。以後古典を研究し、著述も多い。寛政四年には紀州藩に五人扶持《ぶち》でめしかかえられ、享和元（一八〇一）年に死去している。

宣長の学問は、日本人の心をあきらかにしようと志し、そのためには古典の研究が大切と考え、『源氏物語』『万葉集《まんよう》』『古事記』『新古今《こきん》和歌集』『伊勢物語』などを幅広く研究し、歴史・文学・神道などの分野で成果をあげている。しかしながら、若いころに漢学を修めているので、漢文の素養も十分もちあわせていた。また日本人の心を理解するうえで和歌も知る必要があるとし、みずからも多くの和歌を詠《よ》んだ。

さて宣長は賀茂真淵の『冠辞考』を読んで刺激されたが、『冠辞考』は、『万葉集』にでてくる枕詞《まくらことば》について精密な解釈をほどこしたもので、古典の言葉の解釈に真淵の方法論が有効であるとみたのである。そして彼は真淵と文通をするようになって教えを乞うた。二人は会う機会がなかなかなかったが、宝暦十三年五月二十五日夜、松坂の新上屋《しんじょうや》で対面できることになった。真淵が伊勢参宮で松坂をとおったことを本屋から聞き、真淵の帰路に会うことができたのである。二人は生涯この一晩しか対面していないが、宣長は直接教えをうけることができ、入門を希望した。その年の終わりに真淵から入門の許可通知が届き、宣長は翌正月に入門誓詞《せいし》を真淵に呈している。

このように門下生となって直接教授をうけるのがいちばん効果的であるが、遠隔地ながら門弟となることもあった。この場合は手紙でのやりとりが一般的であるが、通信手段がそれだけ発展したことが背景にある。また出版が容易となり、本の購入も手軽になることによって、多くの学者の意見を知ることができるようになり、これもまた文化の伝播《でんぱ》にとって重要であった。さらに宣長の場合、松坂の人びとが経済的に宣長を援助し、出版費用もある程度だしてくれているので、当面の経済的応援があることも必要であった。

宣長の門人は、天明年間（一七八一～八九）の末ごろから増加する。天明八（一七八八）年末までの門人の合計は一六四人であるが、その後増加して、宣長が死去したときは四八七人に達していた。伊勢国に二〇〇人、尾張国に八八人と、この両国で約六割を占め、遠隔地にも若干存在している。職業では町人が約三四％、農民約二三％、神職と武士が約一四％などとなっていて、町人層が多いことがわかる。これらの門人もその地域で文化活動を行えば、それだけ文化の広がりが大きくなる。

そして宣長は、六〇歳になると各地へでかけていく。それ以前は医者を家業としていたので、家を留守にできなかったからであろう。旅行先は名古屋方面三回、京都三回、和歌山三回で、さらについでに大坂や近江・美濃《みの》などをまわったこともある。旅行先では多くの人びとと交流し、地域の有力門人を激励するのによい機会となった。

以上のべたように、宣長の場合は、みずからの研究を進めるうえで、よき師を得、学者との交流を深めるとともに、自分の学問の成果を多くの人びとに教える努力をし、ときには旅行のおり、行動的に普及活

本居宣長(61歳)自画自賛像

動をしている。

最後に一言のべておきたい。県下の近世における文化の地域的な広がりをここではあつかおうとしたが、多数の文人・学者のうち、代表として松尾芭蕉と本居宣長を取りあげたにすぎない。県下には国学・漢学・医学・本草学・算学・神道学・仏教学・心学をはじめ、和歌・俳諧・漢詩・絵画・音楽などにかかわった人びと、また庶民芸能や祭礼等々、文化発展になんらかの寄与をしたと考えられるものはかぎりなくあり、それらの人びとの名をあげるだけでも膨大《ぼうだい》になる。県下にはそれぞれの地域に文化の担い手がいて、彼らがどのように知識を得ていったのか、すなわち文化がどこからどのようにして広まっていったのかを把握しようと試みたのであるが、あまりにも大きな課題であって、ほんのわずかしかふれえなかった。

7章

幕藩体制の危機と人びとの生活

鉱山労働者の墓碑群(熊野市)

1 領主的危機への対応と庶民

領主の財政難●

領主の財政は、領民から徴収する年貢によってささえられていた。しかし近世中期以降、この年貢収入も一定量以上に徴収することは、農民の抵抗もあって困難な状況にあった。また年貢収入拡大に有効な新田開発も、中期以降にあっては、比較的開発しやすい土地の開墾がおわっている状況であった。一方支出は、拡大する商品生産に応じて消費が増大し、財政は赤字に転落する藩がほとんどであった。財政赤字はすでに十七世紀末ごろからはじまっている藩が多いが、その原因はたんに消費の拡大だけではなかった。藩主は隔年で江戸に参勤する必要があり、将軍に対する種々な献上品や、幕府役人への付け届け、大名同士の交際など、江戸での出費がかさんでいく。さらに、天保期（一八三〇～四四）の菰野《この》藩の例を次頁に表示したが、幕府から江戸城の城門などの警備を命ぜられるほか、数十年に一度くらいの割りで河川の修築工事などの土木工事（手伝普請《てつだいぶしん》といわれる）を命ぜられることもあった。これらは将軍に対する奉公の一種であったが、ことに土木工事は多額の金を必要とし、藩側の負担となった。

これとは別に、大火の多い江戸に存在する各藩の屋敷（小藩でも上屋敷《かみやしき》と下屋敷《しも》の二つはある）がときどき類焼し、この再建をせねばならなくなったり、居城の焼失や城下町の大火といった事態もあって、藩財政悪化の一因にもなった。

このような財政赤字への対応は、まず倹約令《けんやくれい》をだし、無駄な出費を極力削減しようとする。倹約令は領

菰野藩主の江戸での公役

藩主名	期　間	公　役
土方義苗	文政11(1828).～同12.4.18	呉服橋門番
〃	天保元(1830).4.16～同2.4.19	本所御蔵火の番
〃	天保3(1832).4.22～同4.4.20	日比谷門番
〃	天保5(1834).4.22～同6.正.23	鍛冶橋門番
土方雄興	天保7(1836).4.19～同7.12カ	〃
〃	天保8(1837).2.24～同8.3.3	院使饗応役

「土方雄興日記」(菰野町郷土資料館寄託)より作成。

内にもだされ、消費を抑制するとともに、衣服統制にみられるように、身分を越えるような行為をおさえ、武士身分の優位性を確保することにもつとめた。倹約と同時になされるのが、赤字財政補塡《ほてん》の手段としてもっとも手っ取りばやい借金である。借金はおもに領内の豪商や、江戸・大坂の商人からする場合と、領民から借りる場合、家臣から借り上げる場合などがあった。家臣からの借上げは通常、知行・俸禄《ほうろく》の一部を支給せず、藩が借りることである。これもよく用いられた手段であったが、家臣団もあわせて家計困難におちいっていく。

さて、商人などからの借金であるが、商人からみると大名貸《だいみょうが》しとなる。リスクの高い大名貸しを、松坂出身の三井《みつい》家は極力さけるようにしていたが、東海道がとおる日永《ひなが》村（四日市市）の有力地主である石崎家は大名貸しをしている。現存の史料では、延宝五（一六七七）年亀山藩（藩主板倉重常《しげつね》）へ七〇〇両あまり貸し付けたのが最初で、ほかに県内では津藩、県外では越前勝山《えちぜんかつやま》藩（貸し付け時点では美濃高須《みのたかす》藩で、勝山への転《てん》封《ぽう》費用捻出《ねんしゅつ》に借りている。藩主は小笠原貞信《おがさわらさだのぶ》）と下総古河《しもうさこが》藩（藩主は堀田《ほった》正俊《まさとし》で、江戸時代中期以降は佐倉《さくら》藩）に貸している。しかし明治五（一八七二）年の調査段階では、旧備中《びっちゅう》松山藩（亀山の板倉氏の最後の領地）への三三六四両、津藩への五四〇七両あまり、勝山藩への四七六三両、佐倉藩への一五〇〇両がこげついた状態となっていた。大名貸しは返済がなされないことが多く危険であった。したがって、しだいに商人たちからの借り入れがむずかしくなり、領民から借りることも多くなった。桑名《くわな》藩では助成講《じょせいこう》をつくり、農民に少しずつ出金させてそれを藩が借り上げる方法をとった。文政六（一八二三）年藩主の松平忠堯《ただたか》が武蔵国忍《むさしのくにおし》（埼玉県行田《ぎょうだ》市）に移封となり、助成講からの借入金の返済があやぶまれたため、一揆がおこっている。

このほか積極的に藩政改革を実施しようとした藩もある。津藩では寛政期（一七八九〜一八〇一）に殖産政策をとり、果樹や桐《きり》・楮《こうぞ》などの苗を農民に配布したり、杉や檜《ひのき》の植林、さらには椎茸《しいたけ》の栽培なども奨励した。また鳥羽《とば》藩では経済学者佐藤信淵《のぶひろ》の意見を求めて改革の参考にしたが、どの藩も赤字財政を立てなおすことはできなかった。

農民一揆の発生●

三重県下での農民一揆の発生は、ほかと比較して少ない。その理由は十分解明されていないが、津藩においては、領内の有力農民を郷士《ごうし》である無足人《むそくにん》に取りたて、日ごろから農民の監視にあたっていたために一揆が少なかったのではないかといわれている。そのなかでいくつかの一揆を取りあげる。

江戸時代初期に土豪一揆が熊野《くまの》川流域でおこっている。慶長十九（一六一四）年の北山《きたやま》一揆とよばれるもので、北山（和歌山県および熊野市）・尾呂志《おろし》（南牟婁郡御浜町《みなみむろみはま》）・入鹿《いるか》（熊野市）三郷の三二カ村が参加し、大坂冬の陣に出陣した紀州藩主浅野長晟《ながあきら》の留守に蜂起し、新宮《しんぐう》城（和歌山県）を攻撃したものの、結局は鎮圧され、三〇〇人以上が成敗《せいばい》されたといわれる。

つぎに時期がさがるが、明和五（一七六八）年の亀山藩領でおきた一揆をみてみると、財政悪化の亀山藩（藩主石川総純《ふさずみ》）が、年貢増徴を目的とした検地を計画し、さらに領内の米を藩公認の米問屋のみが買いいれ、他国で高値に販売、一方粗悪な伊賀米を安く購入して領内に販売、また藩士の俸禄にあてるといった計画を打ちだした。そして一部検地に着手したところ、八三カ村の領民五六〇〇人ほどが集合し、藩の相談にのった大庄屋らをつぎつぎに打ちこわした。一揆側の要求は、関係役人や大庄屋の退役、検地の中止と臨時の御用金や茶桑《ちゃくわ》年貢の廃止などで、藩も穏便におさめようとして一揆側の要求を多く聞きとどけた。しかし二年後、一揆の首謀者とみなされた三人が斬首となった。

天明二（一七八二）年の桑名藩領一揆は、この年六月の大洪水による被害が広範囲におよんでいたが、同年の年貢を各村平均で五％ほど減免しただけであったことによる。そのうえ御用金が課せられたため、農民たちは嘆願したが聞きいれられず、十二月に一揆をおこし、地方《じかた》役人の家などを打ちこわし、一時は三万人の人数になったといわれる。藩側も一揆の要求である先年の年貢納米を同様とすること、庄屋の任期を一年とすることなどを承認した。一方、一揆側は、翌年二七人が入牢を命じられた。

津藩の寛政一揆は、農民が津城下まで押しよせるといった大きな一揆に発展した。この一揆の原因は、寛政二（一七九〇）年に茨木理兵衛《いばらきりへえ》が郡奉行《こおりぶぎょう》に任命されてから藩政改革が実施されたが、この改革に反対したものである。改革は菓木《かぼく》役所を設置し、植林や耕作に障害となる樹木を伐採し、かわりに山へ杉や檜を植え、桐や楮《こうぞ》・果樹の苗を配布したりするなど殖産につとめた。また津藩には切印金《きりいんきん》という制度があった。これは享保十七（一七三二）年にはじまったもので、領民の資金に藩の保障つきで困窮した農民に無利息で貸し付け、出資者には藩から一割の利息を支払った。その後農民への貸付金から利息をとるようになったが、余力のあるものは利息を目当てにあずけたので、資金は十分あった。これを貸し付けるにさいし、村に割りあてるが、低利であるため不正に融資をうけて高利で農民に貸すものもでて、このため農民が返済できなくなり資金回収が不十分となった。そこで茨木理兵衛は寛政四年に立て直しをはかり、出資者への利率を七%から三%にさげ、農民への貸付けのさいの金利を七%とし、差の四%を商人に一割の利率で貸し付ける方法にした。しかし農民の救済には不十分だったため、寛政七年には、切印金から借入した分の返済は半額でよいことにし、さらに翌年、返済は一〇〇年賦とする農民救済の政策をだした。しかしこれは出資者(比較的富裕な農民が多い)に非常に不利であった。さらに茨木理兵衛は、農地が富裕農民に集中していく現状をみて、地平《じならし》策(均田法《きんでんほう》)を寛政八年から実施しようとした。耕地を再分配して、農民を一定規模に保とうとしたが、富裕農民から反発がおこった。最初の殖産事業のうち、不要な樹木の伐採をしているが、防風林や神社の神木まで伐ってしまったことから農民の不満をつのらせていた。これらの理由で寛政八年の冬一揆がおこり、打ちこわしを伴って拡大、約三万人が津城下に押しよせたため、藩も農民の主張をいれ、茨木らは失脚した。農民側も三人が処刑され、二人が牢死した。

最後に文政六(一八二三)年の桑名藩領一揆をみておこう。前述のとおり、藩主の転封によって助成講から藩が借りいれた金が未返済になることを恐れた農民たちは、藩に返済を要求したが聞きいれられず、ついに一揆がおこり、助成講に関与していた庄屋宅などが打ちこわしにあった。農民側は五〇〇〇人にも達したようであるが、幕府笠松郡代《かさまつぐんだい》の役人があいだにはいって農民の要求がいれられることとなった。そのかわり首謀者三人が処刑された。

以上はおもな一揆であるが、困窮した農民が生活をまもるため領主に対しておこしたものは、天明の桑名藩領一揆ぐらいで、あとは不利益をこうむる上層・中層の農民たちがおこしたとみてよかろう。すなわち三重県下での一揆は、生活に窮しての一揆よりは、むしろ資産確保の一揆の性格が強いという特色があり、また領主側も農民の要求をうけいれた場合が多いので、財政立て直し政策は頓挫《とんざ》するが、両者の抜き差しならぬ対立にまで発展していくことはなかったとみられる。

自然災害の多発●

自然災害は、風水害がもっとも多く、そのほか地震・津波や虫害・日照り・冷害、それに流行病や火事などがあげられる。人命や財産へ直接被害をおよぼす災害と、作物に害をおよぼして不作に至るものに大別できよう。

寛永十八（一六四一）年前後の寛永の飢饉《ききん》は全国的なもので、県下でも不作となっているが、実態は不詳である。また寛文六（一六六六）年〜八年に凶作があり、正徳二（一七一二）年〜三年にも不作によって米価が高騰した。津藩では困窮者に救米をだしたり米を貸し付けたりした。享保十八（一七三三）年には西日本で蝗《いなご》による虫損が発生、飢饉となったが、県下の実態は十分わかっていない。幕府は西日本諸藩に救助の手を差しのべている。有名な天明《てんめい》の飢饉と天保《てんぽう》の飢饉では、県下でも相当の被害をもたらしている。天明の飢饉では北勢地方に餓死《がし》者がでたようで、粥《かゆ》を支給したりし、天保の飢饉では、食料不足のとき食べられるものの調理法などを記した書物も刊行された。

風水害についてはは頻繁におきているが、領主側は堤防の築造などの対策をしたものの、十分といえることはできなかった。また小河川の氾濫《はんらん》による復旧は、農民の手によることが多かった。河川の氾濫による被害は、自然の力によるものだけでないことも多かった。戦国期から近世初頭の城普請《しろぶしん》などの土木工事や、城下町建設による材木の需要から、山林が伐採されたことによる山の荒廃、新田の開発によって河川近くに田畑が拡大したことなども被害を大きくする要因であった。

つぎに地震・津波をとりあげると、宝永四（一七〇七）年十一月に、紀伊半島沖を震源とする大地震があり、このあと熊野灘《なだ》沿岸から伊勢湾に津波が押しよせた。地震による家屋の倒壊は、四日市でも一五二軒、大破は五二四軒で、津波でも四日市近辺の新田に潮がはいる被害がでている。尾鷲《おわせ》市域は津波による流死人五三〇人あまり、流失家屋六四一軒に達したという。津波は突然おそってくるため、大地震の直後にはやく避難することが肝要であった。

つぎに大きな津波は安政地震によるものであった。安政元（一八五四）年十一月四日遠州灘《えんしゅうなだ》沖を震源とする安政東海地震、翌日に発生した南海《なんかい》地震は、東海地方から紀伊半島の海岸部に被害をもたらした。地震のあと津波も襲来し、津波によって南勢・志摩《しま》や熊野地方に甚大な損害をあたえた。尾鷲市域では流失家屋九九〇軒ほどで流死人も多く、鳥羽藩領内では溺死《できし》人と怪我《けが》人あわせて約一〇〇人、流失や全半壊の家屋が約九〇〇軒あったという。

またこの二つの地震の五カ月前の安政元年六月十四日にも大地震があった。近江《おうみ》湖東《ことう》を震源としたもののようで、安政伊賀地震とよばれ、伊賀地方に大きな被害をもたらした。伊賀国（津藩領）で死者五九三人、負傷者九三六人、全壊家屋一五八九軒、半壊家屋三六四三軒、牛の死亡一九頭、牛の怪我六七頭、ほかに五カ寺が全壊したという。地震には火災もよく伴うが、伊賀地震による四日市の焼失家屋は五八軒、焼死者は六八人という。四日市ではこのほか死者八七人、全壊家屋三七一、半壊家屋三四七に達したといわれる。

これらの災害に対する復旧、救済などは、領主をはじめ庶民まで多くの負担を強いられることになり、人的被害とともに経済的損失もはかりしれないものがあった。風水害や飢饉に対しては、普段から備蓄米などの対策をとっていることが多いが、地震・津波はまったく予想もできず、対策がいきとどかないのが実際であった。

最後に流行病についてふれておく。安政五年に全国的にコレラが流行したが、県下では桑名城下で急病流行で死人が多くでたため、まじないとして赤紙・青紙を短尺《たんざく》に切り、八《や》つ手《で》の葉に杉の葉・唐辛子《とうがらし》の五品を軒の入口につるしたという。また伊賀国島ケ原でも三人死亡したとの記録がある。県下ではこれ以外にめだった流行の記録はなく、むしろ文久二（一八六二）年の麻疹《はしか》の流行のほうが猛威をふるったようである。伊賀国の旧阿山《あやま》郡大山田町（伊賀市）の三カ村の報告では、麻疹にかかったものが三三八人に達し、うち五人が死亡している。また松坂の小津《おづ》清左衛門の日記でも、同年六月中旬から閏《うるう》八月中旬の三カ月間に、松坂とその近辺の知人の死亡を四人記録、また七月十九日には午後に葬式が五つ通行したこと、身内や近所の人や京都で麻疹にかかった人のことなど詳細に記録している。

流行病については民間療法もあって刊行されたものもあるが、効果があるのか否か、猛威をふるいはじめると手の打ちようがなかったというのが実情ではなかろうか。

以上のような自然災害によって、人的被害や田畑への損害、諸施設の損壊などが生じ、藩財政にとって直接的、あるいは間接的に影響をうけ、さらに復旧対策にも多額の費用を必要としたので、藩財政を圧迫する大きな要因となった。もちろん直接被害をこうむった庶民の苦しみもはかりしれないものがあった。

農民の暮らし●

石高制のもとで米を生産する農民は、年貢《ねんぐ》負担者として領主より確実に把握され、もっとも負担が重かった人びとであった。近世において庶民は、町人以外はみな農民（百姓）であり、漁民も山林で働く人もどこかの村の住民となっていて、少しでも田畑を所持していれば年貢を負担した。しかし石高制において、水田の所持者は別として、畑・山林の所持者や漁業で生計をたてている人びとは、畑については原則は米に換算して年貢をおさめるものの、ほかは小物成《こものなり》として納入する。そうなると領主が農民たちの収入をいかに把握できたかという問題にぶつかる。水田からは米を徴収すればよいが、農民たちの力もしだいに強まり年貢率も下降してくる傾向にある。そのうえ小物成は一定していることが多いので、領主側の収入は頭打ち状態になり、財政の窮迫をまねくのである。一方、農民は、畑で換金作物を栽培すれば、水田よりは軽い負担ですみ、作物が高く売れれば所得が多くなる。領主にとっては、畑作物や林産・水産資源からの収益を十分、年貢として徴収できなかったところに問題があった。これは近世初期の、各藩ごとに自給体制をとっていたころはよかったが、商品流通が活発になって自給体制がくずれると、石高制の弱点となって顕在化するのである。

さて、伊勢国でははやくから綿の栽培が盛んで、商品作物として綿は価値が高かった。ことに十七世紀末には江戸で松坂木綿《もめん》がもてはやされたこともあり、綿は広く栽培され、また原料から製品化の作業も、町方や農村の女性の仕事であったので、農民に現金収入をもたらした。

さらに北伊勢では、江戸時代中期ごろから菜種油《なたねあぶら》の原料となる油菜《あぶらな》の栽培も多くなされた。油菜の種（菜種）をしぼって油をとるが、この菜種油は伊勢水《いせみず》とよばれて品質もよかった。そして江戸時代後期には、伊勢国の広い範囲で茶が生産されるようになった。とくに茶は、幕末に開国されると輸出品として注目され、伊勢茶も海外へ売られるようになる。

これらの商品作物を畑で（一部は田でも）栽培することによって、農民たちは現金収入を得ることができたが、一方でこれらの栽培には多くの肥料が必要であった。近世初期までは田畑の肥料として、山林原野から採取した草をおもに利用していたが、新田開発などによって原野が開墾されると、採草できる場所が減少し、かつ田畑が増加したことにより、肥料不足となった。そこで金肥《きんぴ》の導入となるが、伊勢国では干鰯《ほしか》が多く用いられた。干鰯はおもに関東地方の九十九里《くじゅうくり》海岸から鹿島灘で漁獲された鰯《いわし》を干して粉末にしたもので、木綿などを江戸に廻船で運んだ帰り荷として積みこまれることが多かった。また江戸時代中期になると伊勢湾でも地引網で鰯をとるようになったので、これも肥料に利用された。享和元（一八〇一）年の「四日市町諸色明細帳」（『四日市市史』第八巻に所収）によると、商人が三九四人存在したうち、一割の三九人は干鰯商人で、ほかに油商人が一九人、菜種商人が六人いたことも知られる。北伊勢での干鰯の需要が大きかったことをうかがわせる。しかし干鰯は江戸時代後期になると値段が高騰し、農民の負担もかなりのものと予想される。また木綿の売れゆきも以前ほどでなくなったため、干鰯代金がとどこおったりすることも多くなった。

さて油菜は、油をしぼった滓《かす》が油粕《あぶらかす》とよばれて肥料になるが、北伊勢では油菜の栽培が行われているので、肥料に油粕も利用したとみられる。しかし四日市市域では若干数の村が使用しているだけで、干鰯のほうが圧倒的に多いことが知られる（『四日市市史』第一七巻に、村明細帳のデータを一覧表にしたものがある）。

これら商品作物の生産にあたっては、下買《したがい》商人や仲買商人が資金を貸し付けたりして農民に援助する一方、生産物を独占的に購入する方法で安価に入手しようとする。ここに生産者と販売業者・流通業者とのあいだで駆け引きが行われることになる。生産者側も一定水準の利潤は確保したと思われるが、まだ十分な解明がなされていない。

ところで農民は、賃労働にでることもあった。参宮客の多い街道に近い村では、宿場への出稼ぎも多い。また都市に支店をもつ伊勢商人は、奉公人を伊勢出身者に求めているため、商家への奉公も多くみられる。しかし、奉公人の仕事は結構きついものであった。下の写真の史料は内堀《うつぼり》村（四日市市）の木綿買継問屋であった野嵜《のざき》家に残った書簡（『四日市市史』第一〇巻所収）で、商家でも子どもを江戸の店へ丁《でっ》稚《ち》奉公にだしているが、その子から両親に宛てたうちの母宛のものである。幕末期のものと思われるが、父親宛には半元服《はんげんぷく》（略式の成人式）をしたことに対する型どおりの礼状となっている。一方母親に対しては、「店によく奉公できないのではやく迎えにきてほしい。毎晩九つ（夜中のおよそ一二時ごろ）まで仕事着をきて、朝は六つ（日の出の時間）におきる。居眠りをすると拳骨《げんこつ》でぶたれるので奉公はいやでしょうがない」と訴えている。まだ少年であるのに一八時間くらいの労働を強いられているようすがうかがえる。商家の子の丁稚奉公でもこのようであるから、農民の奉公人も同様な状態であったと思われる。県下では農民一揆《いっき》が比較的少なかったが、これは農民の生活水準が

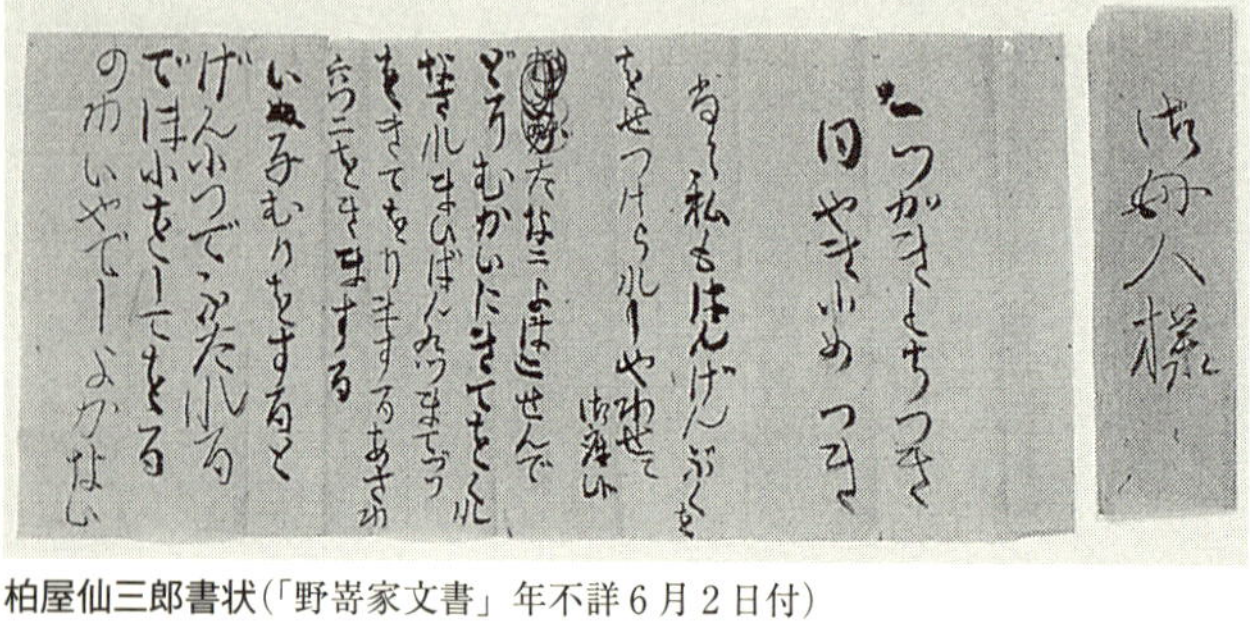

柏屋仙三郎書状（「野嵜家文書」年不詳6月2日付）

高かったという面もあったと考えられる。農民たちは、米作りのほかに換金作物の栽培や出稼ぎなどの努力によって、しだいに経済力を高めてきた。一方、畑作物からの年貢、流通・販売にかかわる商人から、十分な税を徴収できなかった領主側は、相対的に財政を悪化させる結果となった。

漁山村民の暮らし●

三重県は海岸線が長いため、漁業で生計をたてた人びとも多かった。ことに志摩国は古代において御食国《みけつ》といわれ、朝廷に海産物を贄《にえ》として進上した国であったように、水産資源も豊富であった。

伊勢湾の魚で味の評判のよいものは鯔《ぼら》（名吉《なよし》とよばれた）であった。また、木曾川・揖斐《いび》川・町屋《まちや》川などの河口では白魚《しらうお》がとれ、桑名猟師町が漁業権をもっていた。桑名藩は白魚を将軍への献上品にしていた。そして江戸時代中期から漁獲量が増加したのが鰯であった。それは地引網《じびきあみ》を導入した漁獲法が採用されたことによる。また貝は蛤《はまぐり》や鳥貝《とりがい》などで、川の河口付近のものが良質で、とくに桑名付近は多くとれた。蛤は焼いて旅行客に供して評判となり、桑名の焼蛤《やきはまぐり》として名物になったが、実際焼いて売っていたのは東《ひがし》富田《とみだ》村（四日市市）であった。

貝といえば志摩国の鮑《あわび》や栄螺《さざえ》が有名で、ともに海女《あま》がもぐってとった。鮑は国崎《くざき》（鳥羽市）のものが最上等で、毎年伊勢神宮にも奉納された。志摩では伊勢海老《えび》や海鼠《なまこ》、海藻《かいそう》の天草《てんぐさ》・海苔《のり》・荒布《あらめ》・若布《わかめ》・鹿尾菜《ひじき》・水雲《もずく》なども海女がもぐってとっていた。魚は種々とれたが、鯔漁が盛んだった。

熊野灘では、江戸時代前半期は鯔や鯨《くじら》漁が盛んで、後半期には鰯・秋刀魚《さんま》・鰹《かつお》漁が隆盛となり、幕末期にはこれに加え鮪《しび》（まぐろ）漁も盛んとなった。鯨漁は志摩でも行われ、さらに伊勢湾でもなされていた。現在四日市祭りで、鯨船《くじらぶね》という山車《だし》（口絵参照）がだされているが、江戸時代の捕鯨の名残《なご》りと考えられる。

漁民たちの負担としては、網役・浦役など小物成として課せられたが、このほか漁獲量に応じて課税されたり、現物で藩主へ若干献上することもあった。紀州藩では水主役《かこやく》が課せられていて、船を漕《こ》ぐ水夫の徴発であったが、やがて銀納に変化した。これらの負担は漁業権を各浦村に認めたことにもなった。漁民たちはこの権利のもとに漁業をするが、しばしば近隣の浦村と争論になった。ことに水面は境界が明確でないためである。権利をもたない村が漁業をする場合、漁業権をもつ村に入漁料を支払う必要があった。

東紀州や志摩の海岸は山がせまっていたりして田畑が少ない。漁村は村高は低いが海産物収入があり、大漁ともなると利益も大きかった。領主は一定の小物成のほかに、漁獲量に応じて税もかけたので、藩の増収にも寄与した。

さて山村《さんそん》では、もっぱら林産資源を活用した。山村は漁村と同様田畑が少ないため村高は低いが、収入は少なくなかったとみられる。諸藩では、農民たちが木を伐採することのできない藩有林を設定したり、大木の伐採を禁じたり、あるいは杉・檜《ひのき》など特定の種類の木の伐採を禁じて山林の保護につとめた。紀州藩は牟婁《むろ》郡においては大きい杉・檜・松の伐採を禁止したが、慶安三（一六五〇）年には三木を自由に伐採できるようにし、藩有林も私有林経営のやりにくい山に設定して、むしろ林業を育成した。そのため私有林が多くできたが、尾鷲地域ではその大部分は林浦（尾鷲市）の土井《どい》家が所有し、農民たちは多く山林労働者としてやとわれていた。東紀州では藩の保護もあり、材木として移出されたり、運搬に困難なところでは小さく切って樽の材料にするなどして資源が活用された。また炭焼きも盛んで、炭や薪《たきぎ》も廻船で大坂や伊勢湾岸へだされた。

東紀州以外の山林は、小規模な炭焼きや薪の生産が行われた程度であったが、農民の負担は、山年貢といわれる入会《いりあい》で下草を得る権利に対して上納される米や銭であった。東紀州では本格的な経営をしているので別途課税された。なお、東紀州の山村では椀《わん》や箱などの木製品を製作する木地師《きじし》も存在した。

ところで、入会山《いりあいやま》においては、権利をめぐって他村との争いがしばしばおこった。庶民の生活に必要な薪や、肥料用の下草を得るためにしだいに山奥へはいっていくことからおこる争論であった。この解決には領主の裁許にまつことも少なくなかったが、繰りかえし争論がなされることもしばしばあった。

最後に鉱山労働者についてふれておく。江戸時代に採掘された鉱山で有望だったのは、北伊勢の治田《はった》銀山（いなべ市）や銅山と熊野銅山（熊野市）であった。治田銀山は、前述した慶長国絵図に関係した「桑名御領分村絵図」（一六四頁写真参照）にも記されていて、桑名藩主となった本多忠政《ほんだただまさ》の夫人国姫《くにひめ》の化粧料《りょう》とみられる。しかし史料がなく詳細は不明である。熊野銅山は古くから掘られており、近世初頭でも若干掘られていたようである。最盛期は十七世紀末から十八世紀前半であった。紀州藩が経営し、幕末期に付家老で新宮城主の水野家の経営に移った。鉱山労働者は十代の若者が多く、作業中に出水や酸素欠乏で死亡するものも少なくなかった。現在も鉱山跡の近辺には墓石が多く残っている（二二五頁扉写真参照）。そのなかには但馬《たじま》国の生野《いくの》銀山から移住してきたものも少なくないことがわかる。また遊女と覚《おぼ》しき女性の墓もあって、鉱山付近が町場のようになっていたことも推察される。しかし近辺では、水田に鉱毒が流入する公害も発生している。近代になって社会問題化することも、すでに近世において発生していたことが指摘できるのである。

2　交通制度の矛盾

宿駅と助郷●

東海道をはじめ主要な街道では、しだいに通行量が増加した。ことに無料で人馬が使用できる公用の出張で往来する人も、供《とも》の人びとがふえて、あわせて御定《おさだめ》賃銭《ちんせん》で人馬を利用する場合も多くなった。無賃の通行は宿《しゅく》の負担となるし、御定賃銭も利益にはならなかった。そのうえ、諸大名の参勤交代《さんきんこうたい》の行列や、公用出張の役人たちの通行のうち御定賃銭を支払わねばならない分についても、武家側の財政難によって未払いとなることがしばしばあった。

一方、大きな行列が通行すると、宿の人馬だけでは不足するため、指定された周辺の村々から応援の人馬をださせる助郷制《すけごうせい》がはやくから制度化されていた。江戸時代中期には、助郷村から人馬をだす回数が多くなり、助郷村がその負担にたえられなくなってきた。そもそも助郷からだす人馬（=助馬《すけうま》）は、宿側で常備している人馬に不足がでるときに動員されるものであるため、助馬に対して御定賃銭程度の費用が宿から支給される。しかし宿側も負担を少しでも軽減しようとするため、助馬をさきに公用の旅行者のために使って、宿の常備の人馬を後まわしにする。もし常備の人馬に余裕がでたときには相対賃銭《あいたいちんせん》（旅行者と宿側が相談して賃銭を決めるので、御定賃銭より高くなる）の旅客用に使って、少しでも収入をふやそうとした。助郷村にとってはこれが不満で、常備の人馬から使うように訴えたりし、宿と助郷村とのあいだでもトラブルがたえなかった。

助郷村は宿駅まで近ければよいが、一日かかって到着するようなはなれた村が指定されることもあり、助郷の村々でも労働量は一定していなかった。街道の公用の通行量が増加すればするほど助馬の数がふえ、まにあわなくなると助郷村が増加することになり、より遠方から宿まで助馬をださなければならないという状況におちいる。

さて亀山宿の助馬をみると、寛永十四（一六三七）年の島原の乱のとき七カ村から八五疋《ひき》をだした例があって、以後これを慣例にしてきたが、寛文六（一六六六）年に若干改めて八カ村で八一疋になった。これが定助郷《じょうすけごう》であったが、元禄七（一六九四）年には、定助郷に加えてさらに拡大した大助郷《だいすけごう》が宿ごとに決められ、亀山宿の大助郷は一七カ村、高一万五二三三石で、高一〇〇石につき二人・二疋の人馬役をだすことになった。元禄七年の大助郷の指定は、同一藩領だけでなく、他藩領の村も組み合わされて範囲が拡大した。さらに享保十（一七二五）年、幕府は定助郷・大助郷の区別をやめて単に助郷として村を指定しなおしたが、元禄七年の村とさほど変化はなく、亀山宿の助郷は一七カ村、高一万五一二石となった。東海道の石薬師《いしやくし》宿をのぞく享保十年の助郷高を表示しておく（左表参照）。

このちは、助郷村の疲弊《ひへい》を理由に休役を願うさい、かわりの助郷村を指名する差村《さしむら》が行われ、差村と

助郷高（享保10年）

宿名	村数	石高
	村	石
桑名	26	16,198
四日市	25	17,566
庄野	12	10,535
亀山	17	10,512
関	15	10,917
坂下	36	16,655

『三重県史』資料編近世4(上)総合解説より作成。

なった村は反対の嘆願《たんがん》をするなど、種々問題がおこったが、最終的には幕府道中《どうちゅう》奉行がかわりの村を指定した。江戸時代後期になるとさらに交通量が増加し、助郷村も拡大していく傾向となり、遠隔地の村も指定されるようになり、農村の負担も大きいものとなって、場合によっては一揆も発生した。慶応三（一八六七）年二月の亀山助郷一揆は、幕府に対する不満ではなく、もっぱら宿役人に対する不満を爆発させたものであった。

さて宿内部でも、大名・旗本たちの宿泊所となった本陣《ほんじん》に変化が生じた。四日市宿の本陣二軒のうち、清水家は江戸期をつうじてつとめてきたが、もう一つの本陣吉田家は享保八（一七二三）年に廃業した。この廃業は、経営難と建物の老朽化が理由であったが、多額の借金をかかえていた。そこで第二本陣の吉田家は廃業が認められ、かわって太田家が本陣とまではいかない御用宿《ごようやど》となった。規模は本陣におとるが、大名たちを宿泊させることも可能と認められた。そして太田家が正式な本陣となるのは約七〇年後の寛政八（一七九六）年であった。

しかし本陣に昇格した太田家も、文化八（一八一一）年には経営難を理由に二番本陣をやめ、脇《わき》本陣の黒川家が本陣に昇格している。このように本陣の経営も困難を伴うことが多い。ことに領主層の財政難により、本陣をさけてより安い宿屋に宿泊したり、家臣の宿泊料が十分支払われなかったりすること、格式が高い宿泊施設のため一般客を泊められなく、さらに広い屋敷の維持管理の費用もかさんだためと思われる。幕府は大名たちに対し、必ず本陣に泊まるようにとの触《ふれ》までだすようになるが、本陣の経営はむずかしいものがあった。これも格式にとらわれた交通制度の矛盾の結果といえよう。

内海船の進出●

木綿の集荷については、伊勢湾内では白子廻船が独占的な地位にあった。尾張・三河の木綿も白子へ集められ、白子廻船で江戸へ輸送されるが、白子まで木綿を船で運ぶさいは、尾張・三河の大型の廻船の使用が許されず、瀬取船《せどりぶね》で運送された。また大坂と江戸を結ぶ廻船には菱垣《ひがき》廻船などがあり、江戸十組《とくみ》問屋仲間がそれを影響下においていた。そのうえ、上方《かみがた》より江戸へ物資が十分はいるようにと幕府も経済政策上菱垣廻船などを影響下におき、保護も加えていた。このように、幕府が主要な廻船や問屋仲間を把握して、物流を管理していた十八世紀までは、この物流体系をくずすような動きはきびしくおさえられた。

しかし、独占的かつ排他的な組織はしだいに十分機能をはたさなくなり、新しい動きがでてくる。各地に小規模ながら存在した廻船の活躍がみられるようになる。そのきっかけとなったのが天明《てんめい》の飢饉《ききん》であった。天明二（一七八二）年からはじまった飢饉で、江戸は米不足となったため、幕府は同四年に緊急措置として、江戸への入津米《にゅうしんまい》は、問屋・仲買にかぎらず素人《しろうと》でも売買を自由にするという法令をだした。同様の法令は天明六年・七年にも短期間の時限立法《りっぽう》でだされたが、この機をとらえて地域の廻船は、従来の物流体系にとらわれずに進出していった。法令は時限立法であったが、期限がすぎて原状に復そうとしてもあらたな動きをおさえることはできなくなった。このころ菱垣廻船も船数が減少している。伊勢湾でも知多《ちた》半島の先端に近い内海《うつみ》の廻船が台頭してくる。

文化六（一八〇九）年江戸大伝馬町組木綿問屋は、菱垣廻船の利用をやめ、大坂から江戸へ木綿を輸送するのに、水運と陸路を使って白子へ運び、そこから白子廻船にのせて江戸に運ぶ計画を練った。そのさい大坂から内海船を使って白子へ運ぶことも検討された。この計画は、幕府の保護下にあった菱垣廻船側が、幕府を動かし、文化十一年木綿問屋側に処罰者がでて失敗におわったが、内海船の存在は問屋に十分認識されていたのである。またこのころには白子廻船のなかに内海船も加わっていた。白子廻船にやとわれていたようである。

天保十二（一八四一）年十二月に幕府は株仲間解散令をだした。これによって木綿問屋仲間も廃止され、白子廻船への影響力もなくなるとともに、それまで船の新造、改修にさいして資金を問屋仲間が援助してきたのであるが、この補助もなくなり、船の老朽化が進んだ。その結果難破することも多くなり、新興の廻船業者が活躍する機会が広がった。米も問屋や仲買をとおさず、売買仲介業者に売ってより多くの利益を得るものもでてきて、旧来の流通体系が崩壊しはじめている。

このようななかで内海船は、江戸にも進出していった。これ以前すでに大坂や大坂以西にも進出していた。内海船は米を積んで熊野で売り、熊野では材木を買って大坂や兵庫にいき、材木を売却して塩や大豆などを購入して伊勢湾に戻って積荷を売る、といった取引をしていた。すなわち問屋の荷物を運んで運賃を稼ぐのではなく、みずから商品を仕入れ、それを必要とする地で売り、その地で特産品を購入、また他地域で売却、というような買積《かいづみ》形態をとった。合理的な経営方法をとったといえよう。

一方、白子廻船は、問屋の荷を運ぶだけにおわっていたため、内海船に押されることになり、江戸時代後期には衰退していった。従来のように幕府や特権的な商人仲間に依存した経営は破綻《はたん》せざるをえなかったのである。

3　幕末・維新期における地域

幕末期の混乱と農兵の徴発●

十八世紀末からわが国の沿岸に外国船が出没するようになった。ロシアの南下政策と、英米両国の捕鯨船《ほげいせん》の進出によるものであった。幕府はこれに対応して沿岸の警戒を強化し、諸藩にも命じ、海防に力をそそぐこととなった。しかし海防問題が急務となり、本腰をいれるようになるのは、嘉永六（一八五三）年六月のペリー来航後である。

海防に熱心であった津藩主藤堂高猷《とうどうたかゆき》は、伊勢神宮警衛のための意見書を安政二（一八五五）年幕府に呈し、鳥羽《とば》付近の防備を厳重にすることを提案している。また同年幕府の指示で二見《ふたみ》・鳥羽の海岸を検分した勘定《かんじょう》奉行石河政平《いしこまさひら》と目付《めつけ》大久保忠寛《おおくぼただひろ》（一翁《いちおう》）に随行した勝海舟《かつかいしゅう》に、射和《いざわ》村（松阪市）の商人竹川竹斎《たけがわちくさい》は、みずからの神宮防衛論と、神宮の神楽《かぐら》職をつとめていた井坂伝兵衛《いさかでんべえ》の神宮防衛論を提出するなど、もっぱら神宮の警備に関心がむけられた。

そこで幕府は安政五年津藩に神宮警衛を命じた。津藩は文久二（一八六二）年に至って神宮に大砲を献じて二見にすえた。翌三年神宮領から農兵《のうへい》を募集、津藩献納の鉄砲一〇〇挺《ちょう》で武装し、神宮も自衛体制をとるに至った。さらに同年朝廷より勅使《ちょくし》が派遣され、沿岸の巡視がなされるとともに神宮改革もはじめられた。そしてこの年、鳥羽・大垣新田《おおがきしんでん》（渥美《あつみ》半島に領地が所在）・尾張・久居《ひさい》藩にも神宮警衛が命ぜられ、計五藩が警備を担当した。久居藩は五十鈴《いすず》川河口付近に大砲をすえ、鳥羽藩は内宮《ないくう》の別宮《べつぐう》である伊雑宮《いぞうのみや》

（志摩市）の警備に大砲を設置、尾張藩は神宮境内の守衛を担当し、神宮領やその周辺に外国人を立ちいらせないようにした。

一方、紀州藩には、海岸沿いの浦ごとに警備の人数をだす浦組《うらぐみ》制度があったが、これを伊勢湾のほうに

井坂伝兵衛著『神境防夷』にみる神宮防衛構想図　原剛『幕末海防史の研究』による。

も拡大し、全領域から動員できる体制をとった。そうしたなかで、ときどき漂着する異国船に対しては、これらの防衛体制が実際に発動されたのである。

また各藩ともに郷士《ごうし》（津藩では無足人《むそくにん》、紀州藩では地士《じし》、鳥羽藩では帯刀人《たいとうにん》とよばれる）を活用、さらに農兵を採用して実戦にそなえた。そうしたなか、文久三年八月に天誅組《てんちゅうぐみ》が大和国《やまと》で蜂起《ほうき》、津藩に鎮圧が命ぜられ、ついで紀州藩などにもその命令がくだった。津藩は、京都警備に派遣していた藩兵や撒兵組《さっぺいぐみ》（農兵）が中心になって鎮圧にあたり、伊勢領からも人夫などが動員され、他藩も警戒のための動員がなされた。

翌元治元（一八六四）年七月京都の蛤御門《はまぐりごもん》の変（禁門《きんもん》の変）にさいしては、この年に京都所司代《しょしだい》に就任したばかりの桑名藩主松平定敬《さだあき》も戦闘に参加して長州勢を撃退、また京都警衛にきていた津藩兵は伊賀の無足人が主力であったが、この事変に遭遇し、さらに対長州《ちょうしゅう》藩の備えとして西宮《にしのみや》へ出張、警備にあたっている。また同年の水戸《みと》藩の天狗《てんぐ》党の挙兵にさいしては、桑名藩や津藩が越前《えちぜん》へ出張していて、やはり多くの農兵や人夫が動員された。

慶応二（一八六六）年の第二次幕長戦争には、紀州藩主徳川茂承《もちつぐ》が征長総督《そうとく》となったことから、熊野方面でも農民が人夫として徴発されている。また亀山藩・鳥羽藩・桑名藩・津藩も京都や大坂に兵を繰りだして警備にあたったが、領内から多くの人夫を動員、戦いの長期化に伴い、人夫の交替もしなければならなくなった。

これら幕末の混乱期は、農民が兵や人夫として多数動員され、京都など各地に派遣されたのである。

戊辰戦争●

最後の将軍となった徳川慶喜《よしのぶ》は、慶応三（一八六七）年十月大政奉還《たいせいほうかん》をしたが、しばらくは慶喜に政務が委任された。しかし朝廷では新しい政府をつくる動きが進み、同年十二月王政復古のクーデタによって、慶喜は新政府から排除されてしまった。このため新政府と徳川家をはじめ旧幕府系の大名とが対立し、慶応四（明治元）年正月に京都の南郊で双方が衝突する鳥羽《とば》・伏見《ふしみ》の戦いが勃発し、旧幕府方が敗退するに至った。こののち慶喜に追討の命令がだされ、戊辰《ぼしん》戦争へと突入していった。この戦争は同年九月会津《あいづ》藩の降伏によって終結するかにみえたが、榎本武揚《えのもとたけあき》を中心とする旧幕府軍が箱館《はこだて》の五稜郭《ごりょうかく》に立てこもったため、戦場は北海道に移った。箱館戦争は明治二（一八六九）年五月に終結して、戊辰戦争の内乱は新政府側の勝利におわった。

ところで、鳥羽・伏見の戦いにさいして、旧幕府軍に桑名藩と鳥羽藩が加わっていた。この戦いにやぶれた旧幕府軍は大坂にしりぞいたが、桑名藩主松平定敬（もと京都所司代）は新政府に最後まで抵抗し、五稜郭までいっている。一方、鳥羽藩主稲垣長行《いながきながゆき》は入京を禁じられ、その後藩の存亡をかけて、佐幕派の重臣を処罰し、新政府に一万五〇〇〇両の軍資金を献納して恭順《きょうじゅん》の意を示した。また津藩は、京都と大坂の中間に位置する山崎《やまざき》を守衛していたが、旧幕府側に同情的であった。この山崎の津藩守備隊に対し、朝廷が味方につくよう要請したため、津藩は中立の立場をとった。しかし勅命が再度くだったことにより、ついに新政府側について旧幕府軍を攻撃した。このため旧幕府軍は大坂へ退却を余儀《よぎ》なくされるとともに、慶喜も江戸へ帰る決意をしたといわれる。

さらに紀州藩は、佐幕派の藩とみられていたが、旧幕府軍にはつかなかった。しかし鳥羽・伏見の戦い

❖コラム

最後の伊勢上使

江戸幕府は年頭の挨拶《あいさつ》として、伊勢神宮へ毎年将軍の使者（上使《じょうし》）を派遣し、代参させる慣例があった。幕府の正史である『徳川実紀《じっき》』によれば、この上使の派遣は寛文五（一六六五）年正月が初見である。毎年正月二十日ごろ上使は両宮を将軍のかわりに参拝する。この上使の役をつとめるのは、幕府の典礼《てんれい》などをあつかう高家《こうけ》とよばれる旗本《はたもと》であった。

さて、慶応三（一八六七）年十月の大政奉還後最初の正月である慶応四（＝明治元）年は、徳川慶喜は上方《かみがた》にいて鳥羽・伏見の戦いがすぐに勃発《ぼっぱつ》するのであるが、江戸からは例年どおりに伊勢への上使が派遣された。この上使畠山飛驒守《はたけやまひだのかみ》が予定どおりくるなら、従来どおりに取りあつかうようにと山田《ようだ》奉行本多忠貫《ただつら》の指示があったが、神宮側は上方で異変があったので、従来どおりはよくないと考えた。

正月十七日になると、上使は津まできたが四日市へ引きかえし、船を使って十八日には到着するかもしれないとの情報がもたらされた。しかし十八日に京都の指示もあって、上使の参宮は、徳川慶喜が朝敵《ちょうてき》になったので禁止することに決した。そこで神宮側は大湊《おおみなと》など神領の海岸に人をだして警戒、山田奉行所も人数をだして、上使がきたら上陸を阻止しようという方針をとった。緊迫した状況に立ち至ったが、同日知らせがあり、上使は四日市より江戸へ引きかえしたことが判明した。

慶喜不在の江戸では例年どおり上使を派遣してしまい、情況分析が甘かったのであるが、畠山飛驒守は伊勢国にはいった辺りで幕臣に対する不穏なようすを感じとったのであろう。陸路をどこまで進んできたか明確ではないが、四日市より引きかえしたことで命拾いしたことになる。

にやぶれた旧幕府側の兵が、紀州から江戸へ逃げ帰るのを手助けしたため新政府より疑われ、藩主徳川茂承《もちつぐ》が恭順の意をあらわすため明治元年二月入京した。しかし約一年間京都に足留めされることとなり、その間敗残兵の捜索を厳重にせざるをえなかった。残る長島・亀山・菰野《こもの》・神戸《かんべ》・久居《ひさい》の諸藩は、鳥羽・伏見の戦いに参加しておらず、どちらかといえば佐幕派の藩もあったが、新政府に恭順の姿勢を示した。なお神戸藩主本多忠貫《ただつら》は山田奉行《ようだ》として神宮の警備にあたっていたため、そのまま神宮の守衛と神領の管理をまかされた。

新政府が慶喜追討を決定すると、明治元年正月五日東海道鎮撫総督《ちんぶそうとく》橋本実梁《はしもとさねやな》、同副総督柳原前光《やなぎわらさきみつ》は熊本藩兵を率いて京都を出発、大津に着陣した。そして九日には近辺の諸藩と力をあわせて桑名を攻めることが命ぜられ、鳥取藩や彦根《ひこね》藩も加勢した。そして十八日二人は大津を出発して桑名にむかったが、この三藩に岡山・膳所《ぜぜ》・丹波《たんば》亀山・水口《みなくち》・大村・佐土原《さどわら》藩を加え、九藩の兵力をしたがえていた。東海道をくだって二十二日に四日市に到着した。このとき桑名藩側はすでに降伏の姿勢を示し、名古屋藩や伊勢亀山藩をつうじて家老らが謝罪し、江戸に逃げた藩主定敬を寛大な処分にされんことを願っていたが、総督側は藩主の義弟定教《さだのり》が四日市へきて総督に謝罪することを要求、翌二十三日定教や老臣がきて謝罪、降伏した。同日先鋒《せんぽう》の兵が桑名に進発していたが、定教に城地を差しださせ、四日市の法泉寺《ほうせんじ》に謹慎《きんしん》することを命じた。二十四日には菰野藩の藩士が四日市にきて、東海道鎮撫総督に協力を申しでてきたので、二十七日に菰野藩に四日市の警備を命じた。

このころ公家《くげ》の滋野井公寿《しげのいきんひさ》が、みずから募集した有志のものたち一八〇人ほどを率いて美濃《みの》方面から四日市に到着した。この隊は赤報隊《せきほうたい》とよばれ、その隊長相楽総三《さがらそうぞう》は本隊を率いて木曾路にはいっていったが、農民たちに年貢半減の方針を伝え、新政府に協力するよう説得してまわった。まもなく新政府が年貢半減策を撤回し、赤報隊に偽官軍《にせかんぐん》とのレッテルをはって処断してしまう。一方、桑名・四日市方面にきた赤報隊は、官軍の名をもって略奪などを働いたため、総督府は四日市で九人を処刑している。赤報隊には無頼の徒が相当数加わっていたようである。

正月二十八日橋本総督は桑名に移り、城中を調べて、桑名城と寺院に謹慎した藩士たちの監視を名古屋藩と津両藩に命じ、さらに名古屋藩には桑名藩領の管理もまかせた。桑名藩の降伏によって伊勢国は平穏になり、二月六日東海道鎮撫総督は、東海道先鋒総督兼鎮撫使と名称が変更され、従軍の諸藩兵も入れ替えがなされた。ついで九日に有栖川宮熾仁親王《ありすがわのみやたるひとしんのう》が東征《とうせい》大総督に任命されるとともに、十日から桑名滞陣の先鋒総督府の諸隊は順次名古屋へむかい、橋本総督も十三日に桑名を出発、名古屋にはいった。また十五日には有栖川宮大総督は京都を出発して東海道をくだり、二十日には桑名に到着、翌二十一日に名古屋に移り、いよいよ関東・東北が戦場となっていくことになる。この間伊勢諸藩は、東海道をくだる総督府の兵たちの移動に便宜をはかり、兵糧などの調達にも奔走した。

その後の関東・東北・箱館平定については、東海道先鋒総督府に名古屋から配属、従軍した津藩兵も活躍した。明治二（一八六九）年六月に至って戊辰戦争（箱館戦争は除外）の軍功に対し、褒美《ほうび》にあたる賞《しょう》

関札「先鋒総督宿陣」

典禄《てんろく》が下付された。三重県関係では、津藩主藤堂高猷《とうどうたかゆき》に高二万石があたえられ、亀山藩主石川成之《なりゆき》に対しては、桑名追討の道案内をし、円滑《えんかつ》に事が運ぶよう尽力《じんりょく》したことに対し、褒詞《ほうし》がくだされた。ついで同年九月、箱館戦争の軍功への賞典禄が下付されたが、藤堂高猷に対しては、高三〇〇〇石を三年間支給されることとなった。この賞典禄は、石高の四分の一の米が毎年（年限つきもある）あたえられることになるが、津藩では、出陣した藩士たちにこのなかから禄として分配したのである。なお、東海道鎮撫総督として桑名城を接収した公家の橋本実梁に対しても、高二〇〇〇石の賞典禄があたえられた。

版籍奉還と廃藩置県●

戊辰《ぼしん》戦争で東北平定がおわると、新政府は近代化を推進するために、中央集権的な国家建設を本格的に検討しはじめた。その課題の一つに封建領主の解体があった。そこで維新に大きな役割をはたした薩長《さっちょう》両藩などから、版籍（土地と人民）を天皇に返上するよう説得し、その結果、明治二（一八六九）年正月、薩長土肥《どひ》の四藩主から版籍奉還を願う上表文《じょうひょうぶん》が呈上された。新政府はしばらくこれを保留し、五月には版籍奉還の実施をする方針をだした。この間にも諸藩主から版籍奉還の願いがつぎつぎとだされていた。県内では二月の津藩がはやく、ついで神戸・亀山藩、三月に鳥羽藩、四月以降に菰野・久居・長島の各藩が版籍奉還を願ったため、県内に藩庁があったすべての藩から奉還を願ったことになる。そして六月十七日、これまでに版籍奉還を願った藩主には、その請願を許可するとともに、奉還をいまだ願っていない藩主には、版籍を返上するように命じた。これで版籍奉還が実現されたが、これ以前に大部分の藩が奉還を願ってきたのは、維新のさい、軍費などに多額の金を必要とし、諸藩とも莫大な借金（藩債）をかかえていたため、藩政の運営がままならぬ状況におちいっていたことが原因しているものと思われる。

版籍奉還は実現したが、旧藩主や藩士の生活が立ちゆかなくなると、新政府に抵抗する可能性もあるので、当面は大きな変化がないようにと妥協し、旧領地をそのまま「藩」という行政単位に移行し、旧藩主を知藩事《ちはんじ》(一週間ほどで名称を藩知事に改める)という「藩」の長官に任命した。旧藩士たちも多く「藩」の役人に再雇用された。県下には長島・桑名・菰野・神戸・津・久居・亀山・鳥羽の八藩が設置され、さらに忍《おし》・一宮《いちのみや》・吹上《ふきあげ》・和歌山・新宮《しんぐう》の五藩の飛地《とびち》などが存在し、名古屋藩の旧桑名藩領の所轄地もあった。なお桑名藩は、松平定敬が降伏し、その義弟定教《さだのり》も謹慎していたが、二年八月に至って定教に松平家を相続させ、桑名藩知事に任命し、旧領一一万石のうち六万石をその管下に組みいれた。没収された村々は名古屋藩がそのまま管轄した。したがって桑名藩の設置は若干時期が遅れる。

一方、旧幕領・旗本領・寺社領については、明治元年正月十日の布告で、旧幕領は朝廷領とし、ついで府県を設置、同年五月二十四日には旗本領・寺社領を最寄りの府県に編入することとした。伊勢神宮領は、元年七月におかれた度会府《わたらいふ》の管轄になった。度会府知事はかつて東海道鎮撫総督などをつとめた橋本実梁であった。また旧幕領のうち桑名郡所在のものは笠松県《かさまつ》(もと美濃笠松郡代の管轄)に、そのほか四日市をはじめ信楽《しがらき》代官所管下の旧幕領は大津県に編入された。伊勢神宮以外の寺社領は隣接の藩や県に取りこまれたようである。これら旧幕領で笠松・大津両県に編入された村々は、二年七月に度会府が度会県と改称されると、翌月に度会県に併合された。

新制の藩は、諸制度を整備し、士族の禄制を改革して俸禄を削減、民政に力をいれるが、藩を運営していくのが旧藩の家老以下の人たちで、所轄地も江戸時代とかわらないため、新しい時代に対応するには不十分であった。これに対し度会府・度会県は、知事とごく上級の官員は中央から派遣され、所轄地が神宮領を中心としていて、もとは自治がある程度認められていた地域である。藩よりは新しい政治が行える条件があった。度会府は明治元年七月、小林村《おはやし》（伊勢市）にあった旧山田奉行所《ようだ》におかれ、ついで同年十一月山田一之木町《いちのき》（伊勢市）の山田三方会合所《さんぽうかいごうしょ》に府庁を移転し、十二月には宇治会合と山田三方会合という内宮《ないくう》門前町の宇治と、外宮《げくう》門前町の山田の自治組織を廃止した。自治にたずさわってきた人たちを当面は度会府の役人としてやとった。そして議事院を設立することとし、公選にて二年正月に議員を選出、上局・下局の二院制をとり、上局の議員は宇治と山田の神主《かんぬし》やもとの会合年寄から二〇人とし、下局は御師《おし》や門前町から選ばれたものたち五〇人で構成された。選ばれた議員たちは旧神領の町の人びとで、旧神領の村からは選出されなかったが、二年正月二十四日に山田一之木町笠井孫十郎宅を仮議院として初会合がもたれた。

度会府は議事院の議論も参考に、人びとに政治を会得《えとく》させ、生計を安定させること、円滑な紙幣の流通などの政策に着手した。また神領では自治のために徴収されてきた貫銭《つなぎせん》を廃止し、住宅の面積に応じて課税することとした。しかし二年七月に度会県に改称されてからは管轄地が増加、同年八月には議事院を廃止、議員も免職となって、公選議員の行政参加もできなくなってしまった。

版籍奉還後の府藩県での政治は、統一制を欠くこともあり、旧態を脱しないところもあったため、政府は中央政府のもとに地方自治体を把握する必要性から、またよりいっそう近代化を推進していくうえで、藩は解体せねばならないとはやくから考えていた。士族たちの不平不満は十分考慮したものの、長く藩を存続させるのは無益と考え、明治四年七月廃藩置県を断行、藩の所轄地を県という行政単位に名称をかえ、藩知事をすべて罷免《ひめん》して、中央から県令などを送りこんだ。そしてまもなく県の統廃合をして新制の県を設置して、封建色を払拭《ふっしょく》することとなった。

忍藩領騒動と伊賀国騒動●

武蔵国忍藩《おし》(埼玉県行田市《ぎょうだ》)の飛地《とびち》が伊勢国員弁《いなべ》・朝明《あさけ》・三重の三郡に四万三〇〇〇石ほど存在したが、その理由は、宝永七(一七一〇)年から桑名藩主であった松平下総守《しもうさのかみ》家(代々下総守を名乗った家で、初代は徳川家康の外孫奥平忠明《ただあきら》で、家康が養子にして松平氏を名乗らせた)が、文政六(一八二三)年武蔵国忍に転封されたさい伊勢国の領地の一部を引き続いて支配したことによる。この飛地で明治二(一八六九)年一揆が発生した。度会県の史料や伝聞史料も含めて、状況をのべてみたい。

西大鐘村《にしおおがね》(四日市市)の農民が指導者のようであったが、明治二年十月十四日夜長深村《ながふけ》(員弁郡東員町《とういん》)辺りに五〇〇人ほどが集まって村々によびかけ、十五日早朝から大庄屋・庄屋の住宅を打ちこわし、一部では家財道具に火をつけたりして、しだいに人数を増して一万二、三千人に達したという。打ちこわしにあった村役人の家は八〇軒ともいわれる。大矢知《おおやち》(四日市市)におかれていた忍藩出張所の役人がたまま訪問していた家が最初に打ちこわしにあっているが、そのとき役人が説得するものの不調におわり、一揆勢五、六人をとらえようとして小競り合いとなり、役人付属のものが農民二人を斬ったため、収拾がつかなくなったようである。藩役人側も負傷者をだして大矢知に逃げ帰った。この一連の騒動を知った隣藩の菰野藩や桑名藩なども応援にきて、兵隊を藩境までだすなど警戒にあたった。また四日市に設置されていた度会県の出張所からも、県の少参事浦田長民《うらたちょうみん》が馬にのり、立烏帽子《たてえぼし》に狩衣《かりぎぬ》姿で太刀《たち》をはき、そのうえ菊の紋章入りの高張提灯《たかはりちょうちん》、「願い聞き済み」と記した旗をもたせて小杉村《こすぎ》(四日市市)まで説得にきた。この度会県吏による説得で農民はひとまず引きとった。県吏は一揆勢が分散していたので、周辺をまわり、四日市方面の一揆は鎮静したものの、山手の方の一揆勢はなおしばらく騒動したが、十六日には鎮静した。周辺の藩は桑名・菰野だけでなく、津・亀山・長島・神戸藩よりも人数をだし、長島藩は笛・太鼓の鳴り物入りで出勢したという。

騒動は二日で終息したが、忍藩は農民の要求七、八項目のうち二つほどは容認したが、あとは明確な回答をしなかったため、十一月初旬、度会県知事橋本実梁《さねやな》が四日市出張所へきて、忍藩役人と農民の代表者をよんで、仲裁にはいった。知事は農民の前で藩役人に対し、農民の要求をすべて認めよというのではないが、すべて要求を拒否することもないであろうから、よく検討しすみやかに処置をするようにのべた。一方、農民側にも、今藩役人にこのようにいったので、農民も藩と交渉し、度会県に嘆願しないように話をするとともに、農民たちが、県があいだにはいったことに対する礼として持参してきた鏡餅を、県は租税以外はうけとらないので老人・子どもや貧窮者にあたえるようにと返却した。農民は喜んで、一揆は完全におさまったのである。

さて一揆側の要求の骨子《こっし》は、庄屋を村民の選挙で決めること、年貢米をおさめるとき一俵四斗四升入りにしているのを度会県なみ（おそらく四斗二升と思われる）にすること、明治二年が凶作なので年貢を減免してほしいこと、この三カ条にまとめられる。庄屋の選挙についてはさっそく十月中に実施されているが、当選者を現在の庄屋付き添いでよびだし、白洲《しらす》で当選者に庄屋役を命じたことから一時紛糾した。まもなく藩が農民の要求をいれておさまったが、これは当選者に対する任命の方法が、旧態どおりであったことへの反発と思われる。農民の要求に、年貢減免のほか、村役人の公選をかかげてきたところに時代が反映されている。

なおこの忍藩騒動については、三年閏《うるう》十月三日に、西大鐘村の農民が終身流罪《るざい》の判決をうけているが、流罪にかえて永牢《えいろう》（終身牢にいれる）の刑となっている（のち減刑されている）。

さて最後に、廃藩置県後にはなるが、明治四（一八七一）年十一月におきた伊賀国騒動について簡単にのべておきたい。近世では伊賀国においてはほとんど一揆がなかったが、廃藩直後に近世的な性格をもつ一揆がおきている。

騒動は四年十一月十一日に名張《なばり》郡からおこり、津県上野支庁（同年十一月二十二日に伊賀国と伊勢国北半を合併した安濃津《あのつ》県が成立）にむかい、一揆の要求に賛同しない村役人宅や大庄屋宅を打ちこわし、十二日には上野にせまってきたため、県の兵士は空砲を発してしずめようとしたが効果がなく、ついに実弾を発砲して説得につとめた。この発砲で農民側に死者二人・負傷者六人をだした。翌十三日に一揆勢は解散したが、同夜今度は山田《やまだ》・阿拝《あえ》両郡にも波及し、打ちこわしを伴ったが、県吏の説得で十七日ごろまでにおさまった。

この騒動は、廃藩置県（四年七月）によって、津藩時代の制度で農民に重い負担となっていた平高《ならしだか》の廃止が打ちだされたが、まもなく、五年三月まで年貢については従来どおりとする旨政府の通達がでたことが端緒となった。大庄屋たちは、各村の庄屋から平高廃止の嘆願をさせるように計画をした。しかし名張郡の庄屋らは上野支庁にすぐにでも強硬に申し入れをしたいといいだしたので、大庄屋らは支庁に問い合わせをした。これに対し県側は、政府の命令なので平高の廃止は無理であると庄屋たちを納得させるよう大庄屋に答えた。しかし大庄屋たちは庄屋の要求を押さえきれず、平高廃止の願書を書かせてその場をしのいだ。この願書は県には提出せず、大庄屋は上野支庁へ、農民たちに平高継続で納得させたといつわり、かわりに米一万五五〇〇俵を県から借りて農民に貸与し、民心を安定させようとした。ところが県側は米の貸与を認めなかったことから騒動に至っている。

この騒動は、租税負担にかかわっての強訴《ごうそ》・打ちこわしであるが、県と農民のあいだにたった大庄屋の不適切な処置に対するものでもあった。大庄屋はどちらかというと藩側の立場にたつことが多かったので、村落内でも攻撃の対象となる例が少なくない。伊賀国騒動は農民間の対立も包含していたといえよう。

なお、この騒動に対して翌五年に処罰されたものがでたが、一方では、農民から年貢以外に積立米として徴収していた修補米《しゅうほまい》が廃止されるという成果があった。しかしこの措置は、津県吏の独断でなされたため、五年になってから、この措置は大蔵省から違法と指摘されたことも知られる。

8章

近代三重の成立

「伊勢暴動泥絵」

1　三重県の成立

三重県の誕生●

明治新政府は、明治四（一八七一）年七月、廃藩置県を断行して中央集権体制を確立した。七月の第一次廃藩置県では次頁表のように、県下はほぼ旧藩と同数の一一県のままであったが、同年十一月には県北部六県を安濃津《あのつ》県に、県南部五県を度会《わたらい》県に統合した。安濃津県の県庁は当初は津におかれた。しかし、十一月二十日に初代県参事（知事）に任命された丹羽賢《にわけん》（愛知県士族）は旧藩士の多い津をきらい、翌五年三月に三重郡四日市《よっかいち》に県庁を移転した。このとき県名は三重郡にちなみ三重県と改められた。一年八カ月後の六年十二月、県庁はふたたび津丸ノ内《まるのうち》に戻されたが、県名はそのままであった。伊賀上野《いがうえの》の立入奇一《たちいりきいち》は、明治八年に左院《さいん》宛に「他郡ノ称ヲ以テ県名トナスハ則《すなわち》名ノ正シキモノニ非《あら》ス」と県名改称を建白した。内務省は一度は「異論なし」と建白をうけいれる意向であったが、他県にも同様の問題があり、改称は容易でないので、結局そのままにすておかれた。なお、明治九年四月、度会県を三重県に統合し、現在の三重県が成立した。初代県令（知事）は岩村定高《いわむらさだたか》（佐賀県士族）であった。

廃藩置県ののち、明治五～六年にかけて、現在の三重県管内の地方制度は一新された。旧三重県では、五年三月に管内一二郡を四五区に区画し、従来の総年寄《そうどしより》・庄屋《しょうや》などを廃止し、戸長《こちょう》・戸長補などをおいたが、これは過渡的なもので同年五月には一〇大区《だいく》四七小区《しょうく》の大区小区制をしいた。このときは大区には専任の役人をおかず、小区に戸長一人、副戸長五人、一〇〇戸に総代一人、五〇戸に伍長《ごちょう》一人をおいた。

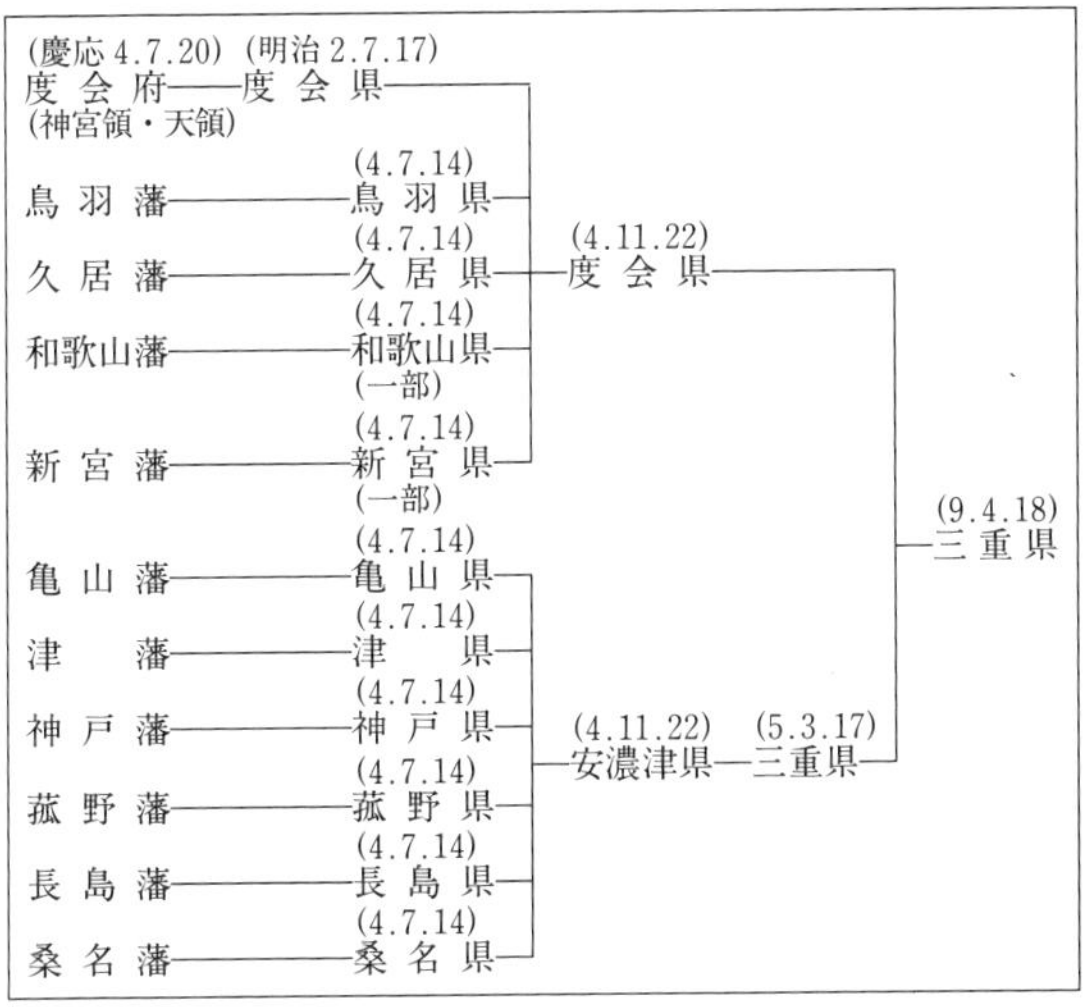

三重県の成立

これらの村役人は地元からの推薦により従来の庄屋らを任命したが、なかには他村のものが任命されることもあった。七年五月からは大区に正副区長を任命し、大区扱所（のちの郡役所）を設置した。同年十一月からは区戸長会議が制度化された。旧三重県では、同年末までに大区小区制と区戸長役場および民費（地方税）の規則が整備された。

他方、度会県では明治五年六月、管内に七大区七二小区制度を施行した（第七大区牟婁《むろ》郡は七年二月から）。同県では七年七月大区小区制を廃して二〇区制に改めたが、このとき、戸長・副戸長は民選制になり、投票で選出されることになった。のちに地租改正反対一揆がおこったとき、戸長が民選であったことで、度会県下の一揆《いっき》と旧三重県のそれの状況が異なることになった。

大区小区制は地域的に多少の相違があったが、全国で施行された。新政府のねらいは、新しい地方制度のもとで村役人などを県政の支柱に再編成することにあった。国税制度改正の前に民費（地方税）で県下の諸費用を確保することも行った。しかし、水利など共同農作業を基礎にした農村共同体の境界を無視して、機械的に戸数を基準に区画した大区小区制は民衆に不人気であったので、明治十二年二月、「地方三新法（郡区町村編制法・府県会規則・地方税規則）が施行され、行政組織として郡・町村が復活した。

地租改正と「伊勢暴動」●

明治政府は、地域によって不均衡であった租税負担の均衡化と国税収入の安定確保をめざして、明治六（一八七三）年七月、地租改正法を公布した。土地の所有者に地券を交付し、地価の三%を地租として金納させることにしたのである。旧三重県で地租改正作業が本格化したのは八年二月からであった。地租改正は土地の面積・収穫高を確定し、土地の利用の経費（肥沃《ひよく》度・運搬の便否など）を利子率として算定して地価を決定した。改租作業を担当したのは戸長や公量人などで、費用は地元負担であった。次頁表のように旧三重県の改租作業は進んだが、十一月の収穫高決定は調査した収穫高などを基礎にしたのではなく、県が決めた予定収穫高を各村に割りふったので、「押しつけ反米《たんまい》」とよばれ、県下で反発をよびおこすことになった。翌九年二月には、各大区の目的利子率を押しつけ、各小区・町村の利子率を割りふらせた。

四月二十九日、旧三重県は一部をのぞき管内の改租終了と八年度分からの新地租徴収を政府の地租改正事務局に報告した。しかし、この段階でも桑名郡五五カ村・朝明《あさけ》郡四カ村・河曲《かわわ》郡一カ村の六〇カ村が未了であった。これらの村も同年末までに県の圧力に屈服し、県は十年一月六〇カ村の改租終了をとどけでた。ただし、このうちの数カ村は抵抗を続け、納税額の一部を救助金の名目で獲得するなどした。

一方、度会県では明治七年一月に一度地券を交付したが、十一月再調査して地券を再交付することを布

三重県の地租改正作業

作業項目(終了)	旧三重県	旧度会県
土地測量検査	明治８年10月	明治９年５月
村位等級・収穫高決定	11月	11月
１筆ごと地位決定	９年２月	10年５月
大区利子率決定	２月	９月
１筆ごと地価決定	３月	10月
改租終了報告	４月	11月
新租実施指令	５月	11月

旧三重県には，未了60カ村を含まず。

達した。同県の改租作業は戸長層が県の決めた命令に抵抗を繰りかえしたこと、九年四月十八日に度会県が三重県に併合されたため、改租作業は三度手直しが加えられたこと、などがあって、上表のように大幅に遅れた。旧度会県全体の村位確定を行う区戸長会議は十〜十一月にわたって開かれた。

この直前の八・九月、県南部は大雨におそわれ、とくに第八区（飯《いい》野《の》郡）の櫛田《くしだ》川流域では洪水被害で不良米しか収穫できなかった。地租は収穫高を米価に換算して算出されるが、このときの米価は一五〇キロ当り基準米価より二円以上も安く、納税額は三〇〜四〇%増税となるほどであった。このため十一月、飯野郡の農民たちは地租を米でおさめることを県令に嘆願した。飯野郡以外でも戸長などの代表を立てて、地租米納や地方税軽減の請願が広がっていた。県は三分の一を米納することを認めたが、農民には三分の二米納とあやまって伝わった。十二月十八〜十九日、県への請願を要求するため櫛田川の川原《かわら》に集合していた一〇〇〇余人の農民は区長への不満も爆発して警官隊と衝突し、その後さらに多人数で県出張所のある飯高《いいだか》郡松阪《まつさか》（松阪市）へ押しよせ、納税窓口の三井銀行などを焼討ちした。

農民の一揆は旧度会県下に伝わり、各地で農民は集団行動をとった

地租改正の結果(新旧税額の比較)

地域	旧税額	新地租(3%)	新地租(2.5%)	旧反別	新反別
	円	円	円	町	町
旧三重県	1,052,843.282 (100)	973,988.658 (92.5)	811,657.213 (77.1)	36,614.1608 (100)	58,656.3103 (160.2)
桑名・朝明・河曲郡60カ村	34,484.533 (100)	41,342.448 (119.9)	34,452.041 (99.9)	2,257.3402 (100)	3,067.0222 (135.9)
旧度会県	747,929.257 (100)	661,436.524 (88.4)	551,197.060 (73.7)	30,140.5707 (100)	45,746.9404 (151.8)

(　)は旧税額・旧反別を100としたときの比率(%)を示す。60カ村の欄は，抵抗のため改租実施が遅れた地域(旧三重県の外数)。『明治初年地租改正基礎資料』中巻による。

が、松阪と山田(伊勢《いせ》市)などで焼討ちした以外は破壊行動は少なく、村ぐるみで行動するなど規律がとれたものであった。しかし、一志《いちし》郡で警官隊と衝突して犠牲者をだしたのち、北上して旧三重県にはいると付和雷同《ふわらいどう》して随行《ずいこう》する群衆が参加して暴動状態に変化していった。旧三重県の各地では現地の農民の案内で地租改正の帳簿を焼いたり、戸長役場・学校など官の名がつく建物が襲撃・破壊された。

旧度会県の一揆は十二月二十一日までに鎮圧・沈静化したが、旧三重県では二十日に北勢地域で多数の破壊・焼討ち被害をあたえたのち、三重郡四日市に上陸した警官隊によって鎮圧された。暴動は岐阜《ぎふ》・愛知県へも波及したが、これも二十二日には沈静化した。三重県全域で暴動参加者として処罰されたものは約五万人で、県下戸数の三分の一にのぼった。破壊・焼失などの被害戸数では、全県約二三〇〇のうち、一揆の発生地の飯野郡はゼロで、飯高郡の三七六をのぞくと、員弁《いなべ》郡で四九一、三重郡で三五八、桑名郡で二七八と、北勢地域の被害が顕著である。処罰されたものの三二%がこの地域のもので重罪者も多かった。

旧度会県の地租改正は伊勢暴動のためさらに遅れ、明治十年十一月に終了したが、このあいだに地租率が三%から二・五%に引きさげられたことは周知のことである。なお、三重県下の新旧税額の比較は前頁表のとおりで、二・五％の税率ではかなりの減額になっている。

自由民権運動と地方制度●

明治十二（一八七九）年から県会・町村会が開設された。三重県では同年三月最初の県会議員（五〇人）選挙が行われた。選挙権は二五歳以上の男子で、地租五円以上をおさめるもの、被選挙権は同じく地租一〇円以上をおさめるものにかぎられていたので、人口中の有権者比は七％程度であった。第一回通常県会は四月末に開会された。議員の多くは地主層であったから、当初は税負担の軽減、すなわち予算の削減に熱心であった。十三年の「三重県会事件」は、予算削減をめぐる県令と県会の対立事件として全国にさきがけたものであった。

町村でも公選の戸長と議会がおかれた。県下の町村数は約一八〇〇であったが、戸長は数カ村を組み合わせて一戸長役場を配置した。町村会は個々の町村にも、連合戸長役場単位にもあった。戸長役場の数は、明治十二年には五五九、住民の要求で十五年には九二九にふえたが、十七年には逆に三五八に統合された。明治二十二年四月、市制町村制が施行されたとき、県下は一市（津）一八町三一七村になった。

自由民権運動は、明治七年一月の民撰議院設立建白により開始されたが、十一年ごろから運動の影響は県下にもおよんできた。十一年には修志社《しゅうししゃ》（鳥羽）・告志社《こくし》（津）などの演説結社がうまれ、同年一月創刊の『伊勢新聞』には津の定例演説会の広告もみられた。自由民権運動にかかわる県内最初の会合は、十三年七月、津に七〇人あまりが集合した有志連合会であった。しかし、この会合は勧業や県民啓発などで合意しただけで、国会開設請願運動への合流では意見が一致しなかった。

十四年十月に「国会開設の詔《みことのり》」がだされると、翌年一月に宇治《うじ》山田（伊勢市）や志摩《しま》郡など県南部を中心に四〇〇人の会員をもつ「志勢《しせい》同盟会」が誕生した。同会は県民啓発のため機関誌『志勢雑誌』を発行し、多数の巡回演説会・懇親会を開催した。十五年十一月には県下初の政党「三重改進党」が結成された。中央の立憲改進党と同一の盟約をもち、県議ら約六〇人の党員をもったが、組織は継続しなかった。一〇年後に国会を開設するとの約束に安心したこと、改正集会条例と改正新聞紙条例によって運動が制約されたことなどのため県下の民権運動は沈静化してしまった。

民権運動が再興するのは、帝国議会開設を間近にひかえた明治二十年のことであった。この年後藤象《しょう》二郎《じろう》が大同団結《だいどうだんけつ》運動を提唱すると、県下でも十二月二日に一〇〇余人が有志懇親会を開いた。この後、大同団結運動に同調するグループは、「三重県同志会」をつくり、三大事件建白（地租軽減・言論集会の自由・条約改正中止）の署名運動に取り組んだ。これに批判的な改進党系は、翌年四月「三重協同会」を結成した。二十一年秋には県議中心の非政社「斯友会《しゆうかい》」が結成された。翌年八月から十一月のあいだ、県下では条約改正中止の建白運動が広がり、各郡から一七通、約三七〇〇人の建白書が提出された。この運動を背景に政社派（政党組織をめざす勢力）は十一月に「三重倶楽部《クラブ》」を結成したが活動は続かなかった。翌年の選挙にそなえるためには県単位より選挙区単位の組織のほうが重要であったからである。そのため、県下各郡には自由党系と改進党系の団体があいついで誕生した。

明治二十三年七月一日、歴史上初の衆議院議員総選挙が行われた。有権者は直接国税一五円以上をおさめる二五歳以上の男子にかぎられていた。県下の有権者数は約一万七〇〇〇人で、人口の約一・八％であった。選挙区は六区の準小選挙区制で、定員は七人であった。投票者が自分の名前も書く記名投票で、候補者はあらかじめ有力者によってしぼられていた。県下の投票率は九五％で、当選者の政党色は必ずしも明確でないが、『伊勢新聞』は自由主義三人、改進主義三人、無主義一人と報道している。

2　産業と交通の発達

文明開化●

政府は、明治四（一八七一）年から、断髪令《だんぱつ》・賤民《せんみん》廃止令・戸籍法・徴兵令・太陽暦の採用など、文明開化政策を進めた。生活の急激な改革を求める政策に民衆はとまどい、さまざまな抵抗を示した。文明開化政策を普及するうえで大きな役割をはたしたのは新聞や学校教育であった。

三重県内最初の新聞は、明治五年十一月創刊の『三重新聞』（本社・四日市）、六年一月創刊の『度会新聞』（本社・山田）である。いずれも冊子《さっし》形式で県庁の官報的役割をはたした。両誌とも高価であったので、庶民には手がとどかずすぐに休刊した。しかし、戸長や富豪らは東京・大阪などから新聞・雑誌を購入し、新聞閲覧所を開設して住民に閲覧させた。飯野郡射和《いざわ》村（松阪市）の竹川竹斎《ちくさい》の射和文庫では六年ごろ約四〇誌紙を購読・閲覧させていた。

本格的な地方新聞は明治十一年一月発刊の『伊勢新聞』（本社・津）で、当初は週二回刊行、五月から隔日刊、十月からは日刊と着実に発展した。創刊年の年間発行部数は約一六万部で、他紙を含め県民一万人当りの普及数は二〇に満たなかった。のちに『伊勢新聞』の対抗紙となる『三重新聞』は、二十三年十月に創刊された。雑誌の刊行も十年代にはじまったが当初は少数で、二十年代になると多分野で多彩なものが刊行されるようになった。そのほか、十一年九～十月には津の偕楽《かいらく》公園で三重県物産博覧会が開催され、延べ七万人の入場者を集めたという。

明治五年に学制が制定され、近代的な学校制度がはじまった。旧三重県では五年に四日市学校・桑名学校・阿拝《あえ》郡佐那具《さなぐ》学校が開校し、翌六年に二一校、七年には一六校が設立された。度会県では六年に七四校、七年に二〇校が開校した。初期の教員は旧士族・僧侶・神官などが多かった。七年には度会師範学校（山田）、八年には師範有造《ゆうぞう》学校（津）が設立され、教員が養成された。初等教育では、運営費をはじめ校舎新築費や教員給料などは地元負担であったので、学校は村民の恨みを買い「伊勢暴動」時には破壊の対象になった。児童の就学率は明治十年代前期には三〇％台であった。県下唯一の津中等学校は十三年一月に開設された。

近世に庶民の参宮でにぎわった伊勢神宮は、明治政府の神道国教化政策で大きく姿をかえた。明治四年、

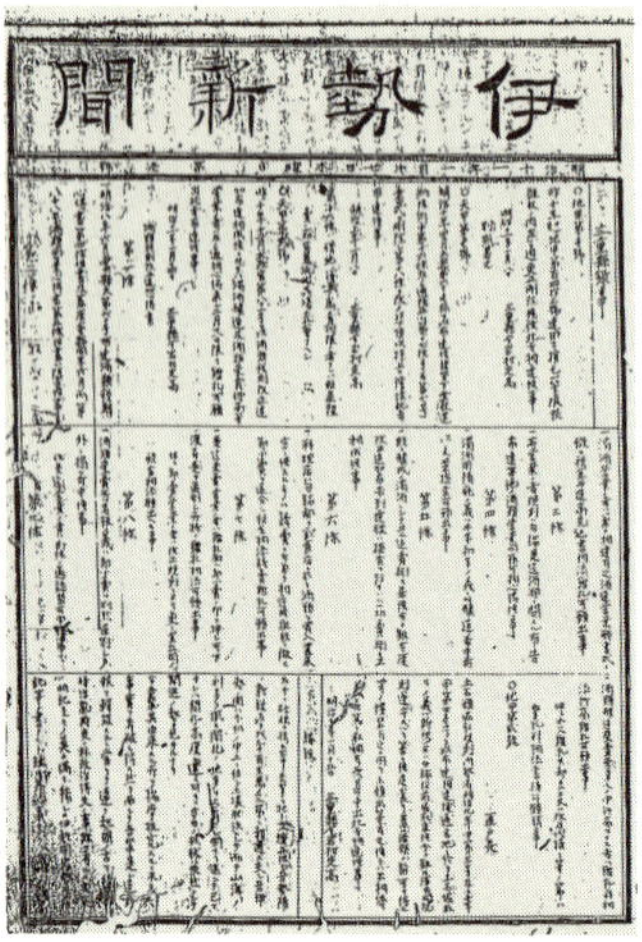

『伊勢新聞』第1号（明治11〈1878〉年1月）

政府は伊勢神宮を頂点に全国の神社を官・国幣社《こくへいしゃ》、府県社、郷社、村社、無格社などに格づけした。神宮神官の世襲制が廃止され、神宮は国営化された。その後、曲折を経て、明治憲法・教育勅語に基づく国家神道体制が確立した。

四日市港と関西鉄道●

近世の東海道は愛知県の熱田《あつた》港から「七里の渡し」の海路で三重県桑名《くわな》に上陸していた。桑名港は木曾《きそ》三川の河口にあり、木曾の木材や美濃《みの》の農産物の集散地としてにぎわっていたが、上流からの土砂で港が浅くなり、幕末には四日市港が横浜方面および伊勢湾航路の中心になった。しかし、安政の地震で四日市港も堤がこわれ、土砂が堆積《たいせき》して船の出入りに支障をきたすようになった。

明治五（一八七二）年、廻船問屋の稲葉三右衛門《いなばさんえもん》は友人と二人で、波止場《はとば》・灯台の建築、埋立地の造成と航路の浚渫《しゅんせつ》を県庁に願いでた。県の口利《くちき》きで政府の許可を得たが、工事は稲葉一人が私費で行うことになり、埋立地の所有権をめぐって県や政府と対立するなどしながら、工事開始から一二年間に二〇万円（現在の一〇〇億円以上）をかけて、ようやく明治十七年に港を完成させた。明治初期の港改築が四日市を

稲葉三右衛門の肖像

発展させる基礎となり、先覚者稲葉は市民に深く記憶されている。同港はその後の大改築ですっかり姿をかえたが、現在も旧港に当時の姿をとどめている。

鉄道が開設される前の輸送手段の中心は船であった。三重県の港からの移出品は、綿織物・生糸《きいと》・茶・酒・醬油《しょうゆ》・菜種油《なたねあぶら》・水産物・木工品・紙製品などが多かった。逆に移入品は、肥料（干鰯《ほしか》・〆粕《しめかす》）や絹織物・日用生活品などであった。北勢地域に工業がうまれると、スピードのはやい鉄道の建設を希望する声が広まった。

明治五年、新橋・横浜間で開通した鉄道は、明治二十二年七月に東海道線として神戸まで延長された。東海道線の誘致に失敗した県内では、二十一年関西鉄道会社が創設され、四日市・草津《くさつ》間など三線の建設がはじまった。二十三年十二月には四日市・草津間が開業した。亀山《かめやま》から南下して津までの路線も二十四年十一月に完成した。なお、同社線は、東は二十八年に名古屋まで、西は三十三年に大阪湊《みなと》町まで延長した。

南勢地域では二十二年に参宮《さんぐう》鉄道（津・山田間）建設の願書がだされ、三十年十二月に全通した。なお、郵便は、明治三年に東京・大阪間に飛脚便《ひきゃくびん》が制度化されたとき、県内には東海道沿いの桑名・四日市など四駅がおかれた。全国一律料金（二銭）になった五年には伊勢街道に四つ、伊賀大和街道に四つの郵便扱所が開設された。十年には郵便局の数は八〇になり、県下全域にいきわたった。

●殖産興業と農業の近代化●

三重県地域は、農産物・水産物・林産物にめぐまれ、これらの資源を利用した伝統産業も盛んであった。北勢の七人衆とよばれる有力者には、三重郡室山《むろやま》村（四日市市）の伊藤伝七家・伊藤小左衛門家などがあ

❖コラム

御木本幸吉と真珠

三重県産の真珠は、「ミキモトパール」の名で世界に著名である。御木本幸吉《みきもとこうきち》（一八五八〜一九五四）は、鳥羽《とば》大里《おおさと》町（鳥羽市）でうどん屋の長男として生まれた。青年期に海産物商に転じた彼は、明治二十一（一八八八）年から真珠貝養殖に関心を示した。すでに英虞《あご》郡志島《しじま》村（志摩《しま》市）の小川太郎が神明浦《しんめいうら》村（志摩市）で真珠貝養殖を開始しており、二十二年には養殖に成功した。しかし、小川は同年に死亡したため事業を継続できなかった。

二十二年、幸吉は同じ神明浦で真珠貝養殖業を開始した。翌年、東京帝国大学の箕作佳吉《みつくりけいきち》から助言をうけ、引き続き養殖実験に努力した結果、二十六年六月に半円真珠の養殖に成功した。二十九年一月には特許権も獲得した。幸吉は商売上手で、東京銀座への出店や世界各地の博覧会への出品でミキモトパールの名を広めた。

真円真珠養殖法は、明治三十八年に幸吉の女婿西川藤吉《とうきち》によって発明され、三十九年に幸吉の名前で特許が出願された。西川式・ピース式とよばれるものである。同じころ度会《わたらい》郡神原《かんばら》村（南伊勢町）の見瀬《みせ》辰平《たつへい》も別の方法で真円真珠養殖法を発明し、四十年五月に特許を出願した。西川式と見瀬の特許出願が重なるため審理が繰りかえされたが、両者が妥協して四十一年西川式が許可された。幸吉は真珠貝養殖の漁場をつぎつぎに拡大し、大正十五（一九二六）年にはその面積は五〇〇〇万坪（県内は五四〇万坪）に達するほどで、彼は「真珠王」の名でよばれた。

った。伊藤伝七は、県庁の支援を得て、政府が輸入した紡績機の払い下げをうけ、十五年六月、川島村（四日市市）に県下初の機械紡績工場（水力による）を開設した。当初は赤字続きであったが、十九年には三重紡績会社へと発展し、四日市浜町に蒸気式の大工場を建設した。伊藤小左衛門は、製糸業の近代化につとめ、高級品の輸出で高い評価をうけた。

しかし、明治十年代までの県内産業は農林水産業の産額が圧倒的であった。たとえば、『興業意見書』によると、明治十五〜十六年の生産価格では普通農産物（米麦中心）が六四％、特有作物（商品作物）が一四％、林水産物が一二％で、工産物は九％であった。

伊勢平野は全国有数の米の産地で、新品種の開発が行われた。関取米《せきとりまい》（三重郡の佐々木惣吉《そうきち》）、伊勢錦《いせにしき》（多気《たき》郡の岡山友清《ともきよ》）、竹成米《たけなりまい》（三重郡の松岡直右衛門《なおえもん》）がその代表で、県内だけでなく、他府県にも普及した。明治前半期の代表的な商品作物は茶・菜種（油）・木綿などであった。

茶の改良・紅茶の輸出で有名なものには、前述の伊藤小左衛門のほか、飯高郡の大谷嘉兵衛《おおたにかへえ》、奄芸《あんき》郡の駒田作五郎《こまださくごろう》がいた。県は十二年に鈴鹿郡に紅茶伝習所を設立し、技術改良を指導した。駒田作五郎は十一年に製茶を開始し、十四年十月に製茶輸出会社を設立した。しかし、品質維持と価格変動のため事業は困難をきわめた。駒田は県内の同業者を糾合して十七年五月、株主六二〇人の三重県製茶会社を設立した。同社の輸出高は二十年ごろには全国一位を記録している。

三重県は明治十三年一月に第一回勧業会を開き、精選米方法やそのほかの勧業策を諮問した。これ以後郡・町村勧業会や農談会・品評会・種苗交換会なども開かれた。十三年には津に県立勧業試験場が設立された。士族授産のための開墾事業も取り組まれた。員弁郡平古《ひらこ》村（いなべ市）、鈴鹿《すずか》郡広瀬野《ひろせの》（鈴鹿市）・

度会郡明野《あけの》(伊勢市)などの開拓がそれであるが、多くは失敗してしまった。紀州藩士族が松阪におこした「苗秀社《びょうしゅうしゃ》」は農業や貸地・貸金を行い成功した珍しい例で、第二次大戦後まで存続した。

明治十年代末には「松方デフレ」の影響で、借金の返済ができず土地を手放す農民が続出した。土地が地主に集積した結果、地主・小作関係が広がった。代表的な大地主は、桑名の諸戸精六《もろとせいろく》(のち諸戸殖産会社)がその代表で、愛知県からも神野《じんの》金之助(のち神富《かみとみ》殖産会社)が県内に進出した。両者は大正期には二〇〇〇町歩もの土地を所有した。二十二年の県下の小作地率の平均は三七%で、北勢四郡と一志郡は四〇%以上であった。とくに三重郡では五一%にも達していた。県下の平均小作料(土地代)は収穫の六〇台%であり、中南勢地域では七〇%台もあった。このため小作人が小作料軽減をめぐって地主と対立する事態が生じるようになり、二十三年には一志郡に「徹交社《てっこうしゃ》」という小作人団体もつくられている。

漁業では、御木本幸吉《みきもとこうきち》が明治二十六年半円真珠《しんじゅ》の養殖に成功し、二十九年に特許をとった。彼は、東京銀座に真珠店を開いて宣伝につとめるとともに、三十六年から英虞《あご》湾の漁場を借りうけ、真珠養殖業を企業化した。その後、真円真珠の技術を得て、「ミキモトパール」の名で世界中に知られるようになった。

3 都市と農村

工業化と交通網●

四日市に本社を移した三重紡績会社は順調に業績をのばした。好調の要因は、実業界の大物渋沢栄一《しぶさわえいいち》と結びついたこと、四日市港を利用して安くて良質なインド木綿を材料にしたこと、などがあげられる。同社は、日清《にっしん》戦争後県内の伊勢紡績（津）を買収したほか、日露《にちろ》戦争後には県外の尾張《おわり》紡績・名古屋紡績・津島紡績（愛知県）、西成《にしなり》紡績（大阪）などを併合し、明治末には日本一の規模になった。大正三（一九一四）年、同社は大阪紡績と合併し、東洋紡績株式会社（本社は四日市市、のちに大阪へ移る）となり、資本金は一四〇〇万円に達した。

日清戦後は県下の企業勃興期にあたる。明治二十一（一八八八）年の県下の企業を資本金比率でみると、製造業が五四％で、金融業が二二％、運輸業が六％であった。製造業の四分の一は紡績業で、つぎは窯業で製糸業は三社しかなかった。これが一〇年後には資本金の六四％が運輸業（一〇社）で、金融業が一七％（二〇社）、製造業が一六％（四九社）と大きくかわった。運輸業には、関西鉄道（資本金一〇七〇万円）、参宮鉄道（同一四三万円）があったためである。

さらに日露戦争後には各種企業の展開がはじまった。明治四十四年には県下で一〇人以上の職工を使用する工場は三三二で、工業人口は八万人になった。業種別の企業創業数では、織物工場五六のうち明治三十年代は二一、四十年代は二八、製糸業一一九のうち二十年代は二九、三十年代は五八、四十年代は三〇であった。しかし、経営規模では、紡績業の三重紡績が三工場で六〇〇〇余人の職工を使っていたのに対し、織物工場で一〇〇人以上の工場は八社で、製糸業の平均職工数は四二人であった。製糸業では統計にはいらない零細工場は約九〇〇あった。

工業生産の拡大の結果、四十二年には県下の工産物価格は三一六五万円となり、農産物価格二七三七万円を追い越した。

陸上交通では、明治四十年に幹線鉄道が国有化され、関西鉄道・参宮鉄道は国鉄になった。明治末期から大正期にかけては軽便鉄道が敷設された。軌道条例による県下の最初の電気鉄道は、三十六年の宮川電気会社である。四十三年に軽便鉄道法が制定されると各地で開業があいついだ。国鉄以外の私設鉄道は、四十四年には二社、路線延長二五キロであったが、昭和元（一九二六）年には一一社、路線一四六キロ、

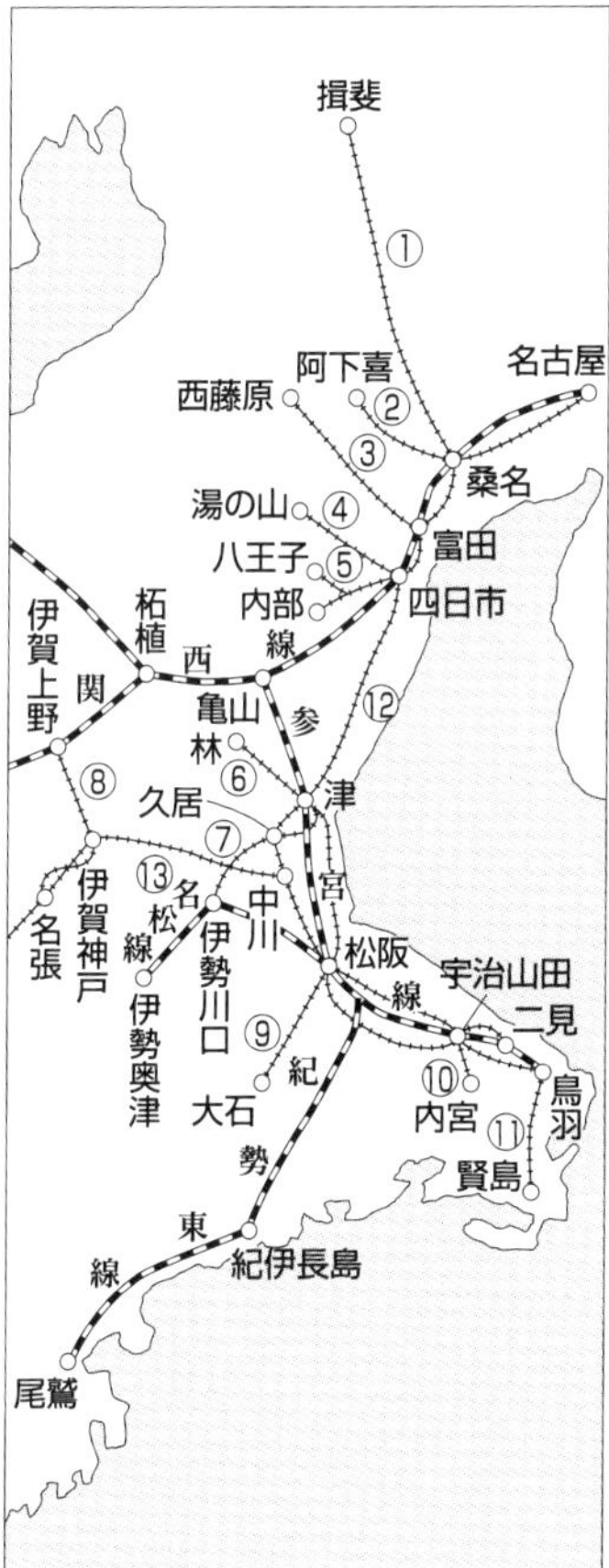

三重県下の鉄道網（昭和戦前期まで）
①養老鉄道（大正2年開業）現近鉄養老線
②北勢鉄道（大正3年開業）現三岐鉄道北勢線
③三岐鉄道（昭和6年開業）
④四日市鉄道（大正2年開業）現近鉄湯の山線
⑤三重軌道（大正元年開業）現近鉄内部線
⑥安濃鉄道（大正3年開業，昭和19年廃止）
⑦大日本軌道伊勢支社線（明治41年開業，昭和18年廃止）
⑧伊賀軌道（大正5年開業）現近鉄伊賀線
⑨松阪軽便鉄道（大正元年開業，昭和39年廃止）
⑩宮川電軌（明治36年開業，昭和36年廃止〈廃止時は三重交通〉）
⑪志摩電鉄（昭和4年開業）現近鉄志摩線
⑫伊勢鉄道（大正4年開業）現近鉄名古屋線
⑬参宮急行電鉄（昭和4年開業）現近鉄大阪線
なお，国鉄は関西線・参宮線・名松線・紀勢東線で，紀勢東線は昭和9年に尾鷲まで開通。

昭和初期までの県下の鉄道網　『三重県の昭和史』（『別冊１億人の昭和史』）より作成。

十年には一一社、路線五九〇キロと発達した。昭和初期までの県下の鉄道網は前頁図のとおりで、まだ道路交通が未整備のもとでは、都市と周辺農村間の通勤人や消費物資を運ぶ動脈であった。

なお、海上交通では、日露戦争後四日市港の整備が取り組まれ、明治四十三〜昭和三年にかけて、総工費六八〇万円（国庫負担三一八万円、県費三二〇万円など）で防波堤修築・埋立地造成・港湾浚渫・運河改修などの大工事が行われた。

社会政策と労農運動●

日露戦後、工業の発達で都市が繁栄したのに反し、農村部は増税や不況で苦しんだ。政府は明治四十一（一九〇八）年に地方改良運動をおこし、農村自治体の再確立につとめた。中堅自作農の育成と自治体財政確立のため、農業技術の改良、開拓・植林の奨励のほか、町村単位での精神的結合をはかるため、神社合祀《ごうし》、青年団など各種団体の町村単位での統合を行った。三重県での地方改良運動では知事有松英義《ありまつひでよし》が行った部落改善事業が特色である。改善のための融和政策のなかから、のちに部落解放運動がうまれてくる。

第一次世界大戦は、さらに都市での工業の発達、消費生活の拡大を促した。一方、農村では労働力の流出と物価上昇による自治体財政の破綻《はたん》が進んだ。大正十五（一九二六）年の県下生産物価格総額は二億七七〇〇万円であるが、そのうち工業は五七％、農業は三七％、水産業は五％であった。工業の内訳は、綿紡績業が三一％、織物業が二一％、製糸業が一五％、清酒四・六％、漁網二・五％であった。しかし、第二回国勢調査時（昭和五年）の産業別有業者数では工業は一八％で、第一位の農業の五四％にははるかにおよばなかった。

大正期に市制をしいていた津・四日市・宇治山田市の人口は県内総人口の一〇％を超える程度であった

が、その周辺農村を含み都市での生産・消費にかかわる人口はこれよりはるかに多かった。都市では上下水道・道路・住宅・学校など生活環境にかかわる行政課題が拡大した。それだけでなく低所得者である労働者を多数かかえる市部では、貧困者対策や労働問題などの社会政策が必要になった。

第一次大戦後には各種社会運動が広がった。その発端は大正七年の米騒動であった。県内では八月十二日に阿山《あやま》郡上野町（伊賀市）、桑名郡桑名町（桑名市）で騒動がおこったのを皮切りに、津市では十四〜十六日に数百人規模の騒動がおこり、軍隊まで出動した。各地で米の廉売が行われた。米騒動は民衆運動の威力を示し、その後各種社会運動を誕生させた。

三重県を特徴づける社会運動は水平社《すいへいしゃ》運動である。大正十一年三月に全国水平社が結成されるが、県下ではその前から飯南《いいなん》郡松阪町（松阪市）付近で差別に抗議する行動がはじまっていた。十年には被差別地区の松阪町への合併をめぐって差別に抗議する運動と組織（青年同志会）がうまれた。全国水平社結成のよびかけをうけた青年たちの代表が京都の大会に参加し、帰郷後四月二十一日に三重県水平社創立大会を開催した。水平社運動が広がった基礎には、九年ごろから広がっていた小作料減免運動があり、日本農民組合の支部も十一〜十二年のあいだに、一志郡・飯南郡・多気郡などにつくられた。松阪には労働組合もつくられ、無産政党運動もはじまり、中・南勢地域では全国でもっとも戦闘的な左派の労・農・水運動が展開された。

一方、四日市市では社会政策は労働者の親方をまきこむ形で進められた。米騒動をおさえこむため警察や地域有力者と協力した市では、工場主と労働者の融和、労働者の教化・救済などを目的とした「四日市商工業同仁《どうじん》会」を八年に結成したほか、さらに十年には安価に日用品を販売する公設市場を設置した。この年一月に筋肉労働者（沖仲仕《おきなかし》）の親方が組織した「労働民声会」（約一〇〇〇人）に公設市場の管理をまかせるなど労使協調政策がとられた。公設市場の開場式は五月一日に行われたが、これはメーデーを期して行われたと報道されている。

教育の普及と市民文化●

日清戦争後の明治三十三（一九〇〇）年に尋常《じんじょう》小学校は四年制になり、四十年には尋常小学校は六年制に、高等小学校は二年制へと発展した。尋常科児童の就学率も九〇％を超えたため、教室の拡張費、教員の給料の負担が市町村財政にのしかかり、市町村支出の五〇％を超えることが常態であった。このため、第一次大戦後の大正八（一九一九）年に三重県町村長会の呼びかけで全国的な義務教育費国庫負担要求運動がおこり、十二年には国庫負担金は一挙に四倍化された。昭和十五（一九四〇）年には教員給料は県の負担となり、半額国庫負担が実現した。

中等教育・実業教育も拡張された。県立中等学校は、明治三十二年に一挙に三校が増設され、第二（四日市）・第三（上野）・第四（宇治山田）の各中等学校が開校した。県立高等女学校も、三十四年津市に開校した。県下初の商業学校は二十九年四日市に私立商業学校（同年に町立）として誕生し、三十七年には県へ移管された。そのほか、三十五年には松阪に県立工業学校が、三十七年に久居《ひさい》（津市）に県立農業学校が設立された。郡立の高等女学校、農業学校なども多数設立された。

社会教育では、日露戦争後、県斯民《しみん》会などの社会教化団体が組織され、教育会・仏教会・神職会などと協力して社会教育が行われた。町村単位の青年会がつくられ、夜学会などで教養・道徳（良民＝良兵）教育のほか、農業技術の指導などが行われた。滋賀県境の阿山郡には「模範村」として表彰される村が出現し、よそから見学者が押しよせることもあった。そのほか、員弁郡や飯南郡には報徳会《ほうとく》がつくられ、倹約・計画的な家計が奨励された。

前述したように、県下人口の圧倒的多数は農山漁村にあり、津市・四日市市・宇治山田市の人口は明治末でそれぞれ三〜四万人程度であった。それでも、昭和五年にはいずれも五万人を超えた。都市の娯楽としては明治期までの芝居小屋にかわって、大正〜昭和期に映画館が誕生した。大正末にはラジオ放送(名古屋)もはじまった。東京などでは百貨店(デパート)でのショッピングが流行するが、県下でも昭和初期には商店街を「○○銀座」などと名づけ、街灯や洋風建物が登場した。県下初の鉄筋コンクリートの建物として津市に百五銀行ビルが完成したのは大正十三年のことであった。カフェや食堂が流行するようになった。

4 戦争と地域社会

恐慌と満州事変●

昭和四(一九二九)年十月、アメリカにはじまった恐慌はたちまち世界に波及した。県下で昭和恐慌の影響がもっとも大きかったのは農村である。県下の農産物価格総額は、大正十四(一九二五)年の九六三七万円から、昭和六年には四二三三万円へと約四四%に減少した。この間米の収穫量にほとんど差がないのに、生産価格総額が約四七%に低下したためである。繭《まゆ》にいたっては生産量は一一四%にふえたのに、価格は三二%へ低下した。欧米への輸出が減ったためである。大正〜昭和期の県下農家の副業の中心は養蚕

三重県下の失業状況(推定)

年月	俸給生活者		労働者				合計	
			日傭労働者		その他の労働者			
	調査人口	失業者	調査人口	失業者	調査人口	失業者	調査人口	失業者
昭和	人	人 %	人	人 %	人	人 %	人	人 %
4.12	25,501	516(2.0)	47,264	1,534(3.2)	66,043	992(1.5)	137,808	3,042(2.2)
5.12	25,400	810(3.2)	40,990	2,972(7.2)	61,550	3,074(5.0)	127,940	6,856(5.3)
6. 9	25,341	667(2.6)	41,556	3,619(8.7)	62,204	3,063(4.9)	129,101	7,349(5.7)
7. 3	25,428	662(2.6)	43,283	2,360(5.5)	63,296	2,298(3.6)	132,007	5,320(4.0)

(　)内は失業率を示す。『日本労働年鑑』より作成。

業であったので、農家は大打撃をうけた。県は、昭和七年から農村更生運動を展開したが、十一年の県下農山漁家一三万五四〇〇戸のうち、負債戸数は一〇万五六〇戸で、一戸当りの平均負債高は八二四円もあった。

都市部では製糸業・紡績業などが操業短縮・停止を行い、職工の首切り・賃金引き下げを行った。県下の失業状況は上表のように、昭和六年の失業率は全体で五・七%で、日雇い労働者では九%に近い。ただし、紡績・織物などの大工場では、職工の多数は女子工員であったため、帰郷の名目で容易に一時的な人員削減が行われた。このため、大工場での争議は少なかった。争議は松阪周辺の被差別地区での争議や失業者同盟による失業救済運動が多かった。

大正期に隆盛をきわめた松阪周辺の社会運動は、昭和三年の「三・一五事件」で打撃をうけた。小作人運動は地主側が小作地返還要求の裁判を多用するようになって守勢になった。小作人組合や労働組合は、被差別地区以外への拡大が困難であった。また、共産党系の政治運動は危険視され、民衆から孤立させられた。恐慌の打撃は広がったが、多くの農民は地主と協調するか、一時的に小作料減免運動を行っても全国農民組合(全農)支部へは加入しなかった。

北勢地域では紡績工場ではなく、伊勢電鉄会社での労働組合組織化や万古焼《ばんこやき》工場・鋳物《いもの》工場での首切り反対、賃金確保などの運動があった。昭和五年、伊勢電に半非合法の全国労働組合協議会（全協）支部を結成しようとした運動は、同年十二月に中心活動家が逮捕され、県下で最初の治安維持法《ちあんいじほう》違反事件となった。その後、労農運動は、昭和八年の「五・一三検挙」、昭和十二年十二月〜翌年一月の「人民戦線事件」で大きく後退した。

農村部では行政や農会主導の農村更生運動や地主・小作協調組合が多くの農民を統合したが、生活と経営の改善は進まなかった。昭和六年九月に満州事変がはじまると、「満州へゆけば土地が手にはいる」「王《おう》道楽土《どうらくど》の建設」などの軍部の宣伝に彼らはひきつけられていった。十三年以降満蒙《まんもう》開拓青少年義勇軍・開拓移民として、県下から約四〇〇〇人が大陸に渡ったが、そのなかから約一一〇〇人の死亡者をだしている。多気郡・度会郡などを中心とした神路郷《かみじきょう》双龍《そうりゅう》開拓団は敗戦時に一五〇戸、約五五〇人であったが、引き揚げまでのあいだに死者二三四人をだした。

戦時下の生活●

満州事変に一志郡久居町（津市）に本拠をおく第三十三連隊は、昭和九（一九三四）年四月〜十一年七月のあいだ出動した。十二年七月に日中戦争がはじまると、同連隊は九月に中国に出兵した。連隊は、華中・華南を転戦し、南京作戦にも参加した。十四年九月に久居に帰営するまでのあいだに一〇〇〇人近い戦死者をだした。

日中戦争開戦後、県民の生活は大きくかわった。以前は動員・協力も県民の一部にとどまっていたが、十二年八月から国民精神総動員運動が開始され、軍人援護のための慰問《いもん》や献金活動、時局認識を深める講演会・懇談会などが繰りかえされた。翌十三年には国家総動員法が公布され、精神だけでなくあらゆる物資・人員が戦争に動員されるようになった。労働者は産業報国会、農家は農業報国会、商店は商業報国会に組織された。

昭和十五年秋、高度国防国家建設をめざす大政翼賛《たいせいよくさん》運動がはじまると、各政党はいっせいに解散し、翼賛運動に合流した。十二月には翼賛会三重県支部が発足した。市町村にもその支部がつくられ、部落（町内）常会《じょうかい》や隣組《となりぐみ》はその末端組織となった。地方行政の集権化がはじまり、上野市（十六年）、鈴鹿市（十七年）が誕生したほか、十七年には県地方事務所が設置されるなど戦時体制が強化された。

県下では昭和四年から部落常会・町内常会の組織化がはじまっていたが、十四年には町内（部落）常会の設置率は九四％に達していた。常会では上から国防献金・貯金・国債購入の目標が割り当てられた。県下の国債・戦時債券購入額は、十五年に八一四万円、十六年に一五二四万円、十七年には二七〇〇万円に達した。生活必需品は十五年五月に学童用ズック、六月に家庭用砂糖が切符制になり、マッチも統制された。八月から米穀統制もはじまり、五市では八月下旬通帳制を実施した。十七年一月には味噌《みそ》・醬油、二月には衣料品が切符制になった。食用油・豆腐《とうふ》・野菜類もこの年から配給制になった。町内会長や隣組班長をつうじて生活必需品の配給が行われたので、彼らの権限が強くなった。また、各地で不正が行われた。

昭和十三年七月、闇《やみ》行為などを取り締まり、経済統制を強化する経済警察係が設置され、十四年十二月には経済保安課に昇格した。「価格等統制令（十四年）」「地代家賃統制令（十四年）」「改正・暴利行為等取締規則（十五年）」「奢侈品《しゃしひん》等製造販売制限規則（十五年）」などが制定された。経済警察による県下の取り締り件数は、十六年に二万九〇〇〇件、十七年に二万七七〇〇件、十八年（一〜八月）一万一〇〇〇件を

復員・戦没者数（日中戦争以後）

内外地別	復員者数			戦没者数			合計
	陸軍	海軍	合計	陸軍	海軍	合計	
	人	人	人	人	人	人	人
外地	41,171	3,735	44,906	35,961	8,228	44,189	89,095
内地	45,498	31,252	76,750	949	1,245	2,194	78,944
合計	86,669	34,987	121,656	36,910	9,473	46,383	168,039

三重県編『三重県史』(昭和39年)による。

数えた。

決戦体制と空襲●

昭和十六（一九四一）年十二月に対英米戦争がはじまると、第三十三連隊はフィリピンに出動し、十九年にレイテ島で玉砕《ぎょくさい》した。同島には十二年に久居で編成された独立歩兵第十一連隊もいた。同じく十六年九月に久居で編成された歩兵一五一連隊も十九年にビルマに出動し、そこで敗戦を迎えた。三重県人を主力とする独立歩兵十三・十四・十五大隊は二十年四月の沖縄戦で全滅した。そのほか十九年七月に久居で編成された独立歩兵第四二一大隊は南千島《みなみちしま》の守備に配置された。日中戦争以後の外地・内地の動員兵士総数と戦没者・復員者数は上表のとおりである。軍人・軍属を含めた戦没者総数は十六年十二月以降だけでも約九万三〇〇〇人にのぼる。

昭和十九年七月、サイパン島が占領されると、ここを基地とするアメリカ空軍によって日本本土は空襲されるようになった。政府は「本土決戦」をさけび、アメリカ軍の上陸にそなえることになった。十九年十二月に名古屋が空襲され、二十年一月には伊勢神宮も空襲された。三月、東京・大阪は大空襲で被害をうけ、その後名古屋などの大工場地帯が頻繁《ひんぱん》に空襲をうけた。

陸軍は防衛部隊の再編成を行い、三重県は名古屋に司令部をおく第一三方面軍の下にはいった。南牟婁《みなみむろ》郡のみは大阪の第一五方面軍に移された。第一三方面軍は、本州分断のため伊勢湾から名古屋上陸をねらう連合軍への対策と伊勢神宮の警備などを目的にしていた。神宮がある宇治山田市は「神都」とよばれ、特別重視された。二十年三月三十一日、伊勢神宮警備のため伊勢警備隊（約一六〇〇人）と独立高射砲隊（七六〇人）が伊勢地区に配置された。四月八日には敵の伊勢湾侵入阻止と伊勢神宮の防衛を目的とする第一五三師団（護京《ごきょう》師団）が新設され、師団本部が宇治山田市におかれた。県南部の海岸には、敵を迎撃するため海軍の第四特攻戦隊の基地がつくられた。鳥羽《とば》湾・的矢《まとや》湾・英虞《あご》湾・五ケ所《ごかしょ》湾などには洞窟《どうくつ》が掘られ、特攻兵器が配備される予定であったが生産がまにあわず、鳥羽に「震洋《しんよう》」が配備されただけのようである。実戦出動もなかった。

県下各地には兵器工場と決戦にそなえる基地とが配置されていた。軍事工場には第二海軍燃料廠《しょう》（四日市市）、海軍航空廠（鈴鹿市）、海軍工廠（津市）のほか、名古屋の航空機産業の関連工場が各市にあった。四日市市・津市・松阪市・宇治山田市などにあった繊維工場は、すべて兵器工場に転換していた。四日市市や津市では戦争末期に地下工場が掘られた。

軍事基地としては、第一・第二海軍航空隊（鈴鹿市）、北伊勢陸軍飛行場（亀山市）、海軍航空隊（津市）、明野《あけの》陸軍飛行学校（伊勢市）、海軍伊賀上野飛行場（伊賀市）があったほか、菰野《こもの》町（三重郡）などにも飛行場が建設された。名古屋方面への空襲を探知するため、多度《たど》山にはレーダー基地があり、志摩半島にもレーダー基地が建設された。

十九年から徴兵年齢は一九歳に切りさげられた。一九歳以下の若者でも志願兵として参戦した。工場や農村では働き盛りの若者が不足したため、学徒動員が行われた。十九年四月から「工場を学校にする」通年動員体制がとられ、中等学校・高等女学校などの学徒は、軍需工場や食糧増産に派遣された。学校校舎

戦災指定都市の空襲被害概表(昭和20年)

目標	空襲の月日	爆撃機と爆弾		被害状況			
				人的被害		建物被害	
		機数	主要爆弾の投下トン数	死者	負傷者	全・半焼	全・半壊
		機	t	人	人	戸	戸
宇治山田市(伊勢市)	1.14・28, 2.15, 3.14, 4.7・22, 5.14, 6.5・9・15・26, 7.22・28・29①, 8.1・14	①約 94	焼夷弾 約735	101	240	4,928	22
桑名市	1.31, 3.11・12, 6.21・22, 7.17②・24③・30	②約 96 ③約123	焼夷弾 約693 高性能爆弾約818	416	362	6,581	254
津市	3.12・19, 4.7, 6.9・26④, 7.16・17・24⑤・28～29⑥	④約 31 ⑤約115 ⑥約 76	高性能爆弾約193 高性能爆弾約578 焼夷弾 約730	1,885	839	9,022	3,650
四日市市	6.18⑦・22・26⑧, 7.9⑨・24・28～29	⑦約 89 ⑧約 34 ⑨約 62	焼夷弾 約567 高性能爆弾約223 高性能爆弾約469	855	1,736	10,650	204

空襲の月日は,『伊勢新聞』などから作成(例:1.14・28は,1月14日・28日を示す)。爆弾投下トン数は米国トン(0.9t)で示されている。被害状況には諸説があり,正確な数は判明していない。爆撃機と爆弾は,『東京大空襲・戦災誌』中の「日本本土爆撃詳報」(日付順)から引用。被害状況は,経済安定本部作成の『太平洋戦争による我国の被害総合報告書』から引用。平松令三ほか監修『三重県風土記』による。

も軍需工場となった。南牟婁郡《みなみむろ》入鹿村《いるか》(熊野市)の石原産業紀州鉱山には、十九年六月ごろにビルマから三〇〇人のイギリス人捕虜が連行されて働かされていた。また、朝鮮人も一二〇〇人以上連れてこられたが、逃亡や死亡などで二十年四月の残留数は五〇〇人弱だったとされている。イギリス人捕虜は四日市市の石原産業でも働いていた。

二十年四月には「学徒義勇隊」が、六月には「国民義勇隊」が結成され、一五〜六〇歳の男子、一七〜四〇歳の女子はすべて軍隊組織に編成された。南・北牟婁郡の海岸では師範学校の生徒たちがアメリカ軍の上陸にそなえて陣地をつくったが、銃も満足になかったという。

十九年十二月七日、東南海地震《とうなんかい》がおこり、東海地方に大きな被害をあたえた。熊野灘《くまのなだ》沿岸では津波におそわれた。県下の死者・行方不明者は四〇〇人以上、住家の全壊・流出は五〇〇〇戸以上であったが、当時は報道管制のため詳細な被害は知らされなかった。アメリカ軍による空襲は、地方中小都市を計画的に空襲した六月以後激化した。桑名・四日市・津・宇治山田（伊勢）の空襲のようすは前頁表のとおりであった。各都市とも、焼夷弾《しょういだん》攻撃で中心部を焼きはらわれ、市街地の五〇〜九一％が焼失した。空襲による県下の死者・行方不明者総数は三六〇〇人にのぼった。

9章

現代三重の展開

風力発電風車(津市)

1 戦後復興と地域開発

社会の民主化●

昭和二十（一九四五）年八月十五日正午、ラジオによる天皇の詔書で県民は敗戦を知った。連合国軍の県下進駐《しんちゅう》は九月二十二日からはじまり、十月なかばに三重県軍政部が開設された。連合国軍総司令部は、十月十一日の「五大改革指令」など各種の非軍国化・民主化を命令した。

県下で政党活動も再開された。日本自由党県支部（二十一年一月）、日本共産党三重地方委員会（同）、日本社会党県連（二十一年六月）がそれぞれ結成された。日本進歩党は公職追放で打撃をうけたため、県支部結成は二十二年一月と遅れた。

男女平等の普通選挙による最初の衆議院議員総選挙は、昭和二十一年四月十五日に行われた。有権者は人口の五一％と従来の二・五倍になった。全県一区の大選挙区制（定員九人）で、前議員九人中五人が公職追放となったため、四九人が立候補する大乱戦となった。投票率は七六％で、当選者は日本進歩党四人、日本社会党一人、日本自由党一人、諸派一人、無所属二人で、社会党の沢田ひさが県下初の女性議員となった。翌二十二年四月には日本国憲法・地方自治法施行による衆・参両院議員、知事・市町村長、県市町村議会議員の選挙が行われた。公選による初の知事選挙では、官選の前職を地元の新人青木理《まさる》が破った。県議会議員選挙では、梅川《うめかわ》文男が県下初の共産党議員として当選した。

これよりさき、各種社会運動団体が復活・再建された。昭和二十年十月二十五日、戦前の水平運動・農民運動などの活動家七〇人あまりが松阪市《まつさか》に集まって懇親会を開き、活動の再開を相談した。なお、戦後最初の労働争議は、南牟婁郡《みなみむろ》入鹿村《いるか》（熊野市《くまの》）の石原産業紀州鉱山で、朝鮮人労働者七六〇人が食料と帰国費用などを要求して決起したものである。最初の労働組合は十二月一日に同郡鵜殿村《うどの》（紀宝町《きほう》）の山林労働者が結成した鵜殿自由労組であった。その後、県労働組合協議会が二十一年二月十五日に、日本農民組合三重県連合会（日農県連）が五月三十一日に、それぞれ結成された。

労働運動・農民運動の急速な拡大を中心として政治・社会の民主化をめざす各種社会運動が広がった。労働運動では二十一年七月七日に三重県労働組合協議会（三重労協）が、八月十一日に総同盟三重県連合会（総同盟県連）が別々に組織された。その後、占領政策が労働運動の育成から共産化防止へ転換すると、左派系労働運動は分裂し共産党系労組の力は急落した。農民運動では、松阪市周辺の強制供米拒否運動が特徴だが、占領軍も出動するなどして中心指導者が逮捕された。農民運動も日農県連と日農県民同盟（のちに全農県連）に分裂した。農地改革で自作農化が進んだ結果、農民組合はしだいに有名無実化してしまった。

占領軍は教育制度を一新した。二十二年四月に新制中学校（二九一校）が、二十三年五月には新制高校（二四校）が設置された。二十四年五月には三重師範学校・三重青年師範学校・三重高等農林専門学校が統合されて国立三重大学が発足した。なお、二十二年六月に設置された三重県立医科大学は、二十五年四月、三重県立大学（水産・医学部）となった。

文化運動でも、青年・知識人による文化協会・英会話クラブなど多種多様な運動と団体がつくられた。男女平等原則のもとで女性運動も活発化した。二十年十月ごろから女性の政治教育のため市町村で婦人会が育成・結成された。二十二年八月には県婦人会連絡協議会が組織された。政教分離政策により二十一年三月、伊勢《いせ》神宮は宗教法人となった。二〇年ごとの式年遷宮《しきねんせんぐう》は四年延期され、二十八年十月にはじめて民営で行われた。

農地改革と農林水産業●

占領軍は封建制の基盤であった地主制解体を重視した。昭和十六（一九四一）年八月当時の県下の耕地面積は約九万九〇〇〇町歩（ヘクタール）で、その三八・七％が小作地であった。不徹底な第一次農地改革に対し、占領軍が指令した第二次農地改革は、不在地主の土地はすべて買収、在村地主の土地も所有限度一町歩、自作地の所有は三町歩という徹底したものであった。

この結果、昭和二十五年三月には、県下の耕地に占める小作地面積は一一％となり、小作農家は全農家の四％にまで減った。農村での地主支配は完全に崩壊した。しかし、農地改革は山林を除外したので、桑《くわ》名《な》の諸戸《もろと》家、尾鷲《おわせ》の土井《どい》家などの大山林地主は残った。また、改革の目的が地主小作関係の解消にあって、経営規模の拡大にはなかったので、二十五年の経営規模別農家数では、五反（五〇アール）未満の農家が四四・七％、五反〜一町歩の農家が三二・四％で、零細農家が大部分であった。このため農業だけでは生計が立たず、兼業農家が増加する原因となった。のちに、高度経済成長期にあらたな労働力を求められたとき、農村の青年層が都会に転出することになった。

昭和三十年の農家世帯数は一三万六〇〇〇戸で、全世帯に対する比率は四五％であった。これが五十年には農家世帯数は一〇万八〇〇〇戸、比率は二五％になった。専業・兼業別では、三十年の専業農家は二九％で、兼業農家は七一％であったが、五十年には専業農家はわずかに六％で、農業を主とする第一種兼業は一六%、兼業を主とする第二種兼業は七八%になった。大部分の農家は生計を夫の給料収入にたより、農業は自家消費を基本とするものとなった。都市近郊の一部の農家は、野菜・養鶏《ようけい》などの商品生産農業に活路をみいだした。また、ミカン・製茶・牛乳などを大規模に生産している農家も少数だが存在する。

三重県の代表産業の一つが水産業である。昭和三十年には水産業は有業人口の五%、生産所得の六%を占めていた。漁業経営体数は三十年の一万六〇〇〇から五十年には一万二〇〇〇と減少はゆるやかではあるが、漁業従事者はこの間に三万六〇〇〇人から二万一〇〇〇人へと減り、とくに若年層の激減がめだつ。漁獲高は逆に三十年の約八万トンから五十年には約一一万トン、その後も六十年には二五万トンへ急増している。沿岸漁業から鯛《たい》・ハマチなどの養殖漁業への転換の結果であるが、景気変動の影響が大きいことや海の汚染の進行、後継者不足などの不安要因をかかえている。

林業も輸入材による圧迫、過疎に伴う山林維持の困難、里山《さとやま》の開発など水産業以上に深刻な問題をかかえている。

繊維産業から石油産業へ●

空襲により県下の主要工場は破壊しつくされた。中心産業であった繊維産業は原材料を輸入にたよっていたので、復興のためには輸入が回復することが先決であった。昭和二十二(一九四七)年六月に戦後初の羊毛が四日市《よっかいち》港に輸入された。それ以後、紡織産業は順調に復活した。昭和二十五年の工業生産高(実質出荷額)は戦前の水準を超えたが、業種別では第一位の紡織が五〇%、第二位の化学が一八%、第三位の機械金属が一一%であった。繊維工場は北勢地域だけでなく中勢地域(津市の近江絹糸《おうみけんし》・東洋紡績・関西製糸・中央毛織など)、南勢地域(松阪市の鐘紡《かねぼう》・興和《こうわ》紡、宇治山田《うじやまだ》市の東洋紡・日紡績など)にも分布していた。

工業生産は北にかたよっていたとはいえ、中南勢地域も工業生産額の三〇％以上を占めていた。繊維産業は、やがて木綿・羊毛から化学繊維へ転換し、さらに高度経済成長期以後は県内から撤退してゆくことになる。

昭和二十五〜二十六年ごろの県下の発電量は約八七九〇キロワットで、すべて水力発電にたよっていた。北部をはじめ工業の復興にあたっては電力の確保が課題であった。二十七年に県南部の宮川水系で、電源

伊勢湾台風の襲来

昭和三十四（一九五九）年九月二十六日、忘れられない大被害をもたらした台風一五号（伊勢湾台風）が襲来した。台風は午後六時二〇分に紀伊《きい》半島南端の潮岬《しおのみさき》に上陸し、八〜九時ごろに津市・四日市市などを通過した。津地方気象台は観測史上最大の瞬間最大風速五一・三メートル、最低気圧九四四・七ミリバール（ヘクトパスカル）を記録した。総降水量は四〇四・七ミリとそれほど多くはなかった。

満潮の三時間位前に台風が襲来したため伊勢湾最奥の沿岸には高潮《たかしお》が押しよせた。木曾《きそ》三川河口の鍋田《なべた》川での高潮の潮位は三・九メートルに達した。木曾川では堤防が破壊されたため桑名警察署管内の木曾岬《きそさき》町・長島町（現桑名市）・多度《たど》町（同）・桑名市では一万一〇〇〇世帯が約五〇日も水浸しになった。前記地域の死者は八七四人で県下全体の七〇％、負傷者は一八〇一人で同じく三二％にのぼっており、木曾三川沿岸の被害が最大であったことを示している。四日市警察署管内でも死者一一三人、負傷者は県下でもっとも多かった。桑名・四日市両警察署管内での床上浸水は一万

六五〇〇戸と県下の過半数を占めている。

津市・松阪市などの中・南勢地域では、昭和二十八年の一三号台風の復旧工事で海岸堤防が修築されていたため、高潮の被害は少なかった。むしろ雲出川《くもず》・櫛田川《くしだ》の上流の山崩れなどのための河川氾濫《はんらん》による田畑の被害が中心であった。内陸の伊賀地域でも名張川《なばり》の氾濫による床下浸水が約一万六〇〇〇戸にのぼり、県下の半数を占めた。志摩半島や東紀州地域では強風と激浪による漁船・養殖業と山林の被害が中心であった。

県下の人的被害・家屋の被害、および各分野ごとの被害金額は、表のとおりで、被害総額は当時の価格で一八二六億円と見積もられた。

九月二十七日に三重県全域に災害救助法が発動され、被害者救済がはかられた。翌三十五年から本格的な復旧工事が開始された。三十八年までの工事費総額は四八三億円で、県営工事が二四七億円、国営工事が一五六億円、市町村営工事が八〇億円であった。伊勢湾から熊野《くまの》灘《なだ》にかけての海岸には総延長一五〇キロの防潮堤が八九億円をかけて建設された。

❖コラム

伊勢湾台風の被害(三重県)

人的被害	人	家屋の被害	戸
死者	1,233	全壊	5,386
行方不明	48	半壊	17,786
負傷者	5,688	流出	1,339
計	6,969	床上浸水	30,852
		床下浸水	31,803
		非住家被害	32,927

被害金額	百万円		百万円
家屋関係	80,667	商工関係	32,718
土木関係	29,069	観光関係	1,775
農業関係	11,525	教育関係	998
耕地関係	5,820	厚生関係	75
林業関係	6,331	衛生関係	369
畜産関係	840	一般公共施設	254
開拓関係	566	その他	1,894
水産関係	9,706	総　額	182,607

『伊勢湾台風災害誌』(三重県, 昭和36年)より作成。

開発と治水を目的に宮川総合開発事業が計画された。当初計画は三カ年総工費五三億円であったが、のちに宮川農業用水事業（約二九億円）の追加もあり、三十九年まで合計一〇〇億円で四発電所・最大出力六万キロワットあまりの発電を実現した。

四日市地域では敗戦直後から旧海軍燃料廠《しょう》の跡地（六〇万坪）の払下げが要望されていたが、昭和三十年に三菱系の昭和石油に三〇万坪が払い下げられた。翌年には国土開発法に基づく特定地域総合開発計画で木曾地域（名古屋・四日市地帯）が指定されたことから、県下の高度成長が準備される。これは中部地方の財界・政界・自治体による伊勢湾工業地帯建設期成同盟会の活動の成果であった。こののち、塩浜地域には、第一コンビナートとして三菱《みつびし》昭和四日市石油精油所・三菱油化・日本合成ゴム・四日市合成ゴム・三菱モンサント・三菱化成が中核を構成した。そのほか周辺には、三重火力発電所・石原産業・大協石油などが操業した。四日市港の整備と海岸部の埋立て、名四国道・東名阪道路の建設も進められ、発電量も二一万キロワ

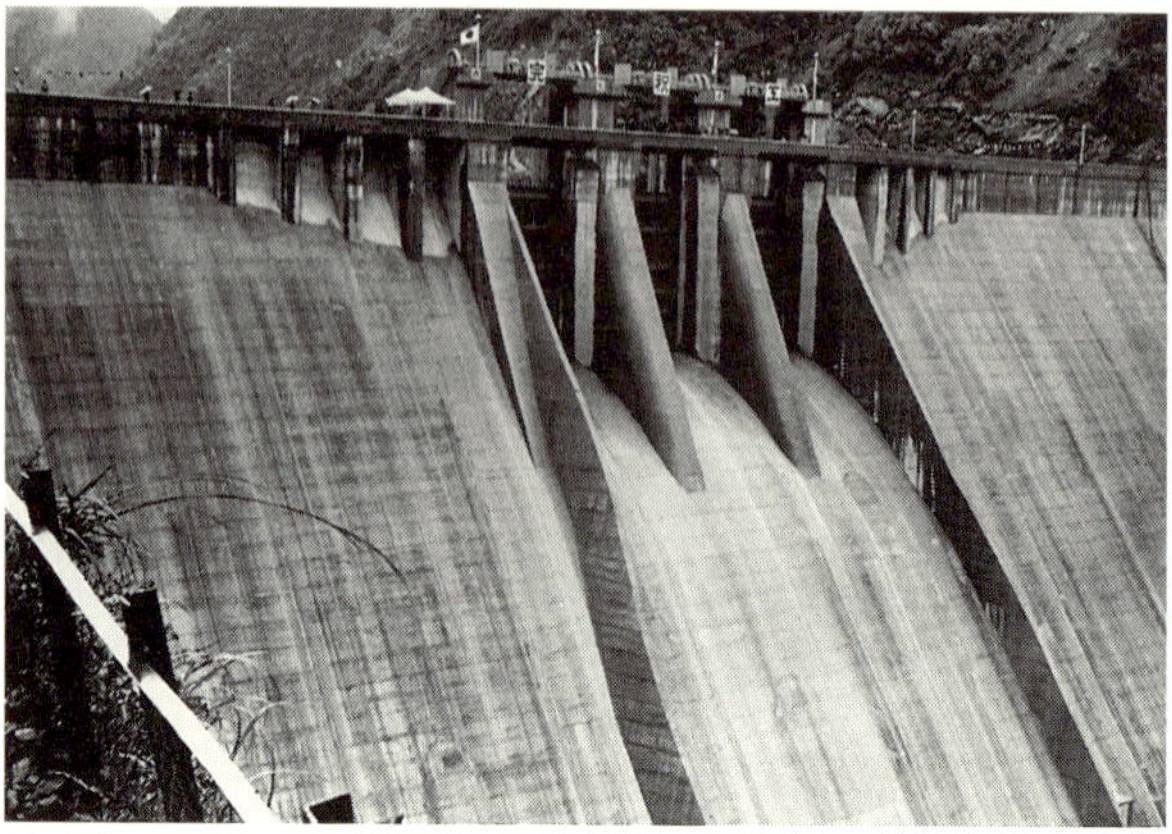

宮川ダム（多気郡宮川村）

ット、工業用水（第一～二次）も約一〇万トンを確保したうえに、さらに第三次として二五万トンの工業用水が建設された。

2　南北問題と地域おこし

公害と高度成長の挫折●

四日市地域では、塩浜《しおはま》の第一コンビナートに続いて午起《うまおこし》に第二コンビナート（昭和三十八年操業開始）、霞《かすみ》ケ浦《がうら》に第三コンビナート（四十七年操業開始）がつくられた。昭和三十五（一九六〇）年七月に答申されたマスタープランが、南部臨海部に石油工業、北部臨海郡に鉄鋼業の配置を提言していたからで、鉄鋼業の誘致には失敗した。

公害は最初沿岸でとれた異臭魚問題として表面化した。これは、一度は漁業者への補償金で解決した。埋立てに伴う漁業補償も行われた。昭和三十五年ごろから塩浜地域で、のちには午起周辺で、悪臭・騒音・大気汚染・振動などの被害がでて、自治会などから企業や市長宛に要望書が提出された。企業は責任を認めなかった。市は企業などに規制努力を要望するが、取り締まる法律がないので、国・県に法改正を要望するという態度であった。県と市は公害被害者の実態調査・無料検診を行い、市は四十年から市費での公害患者認定措置をとるようになった。三十九年五月に四日市市はばい煙規制法の指定地域に指定された（二年間の猶予つき）が、公害被害はいっそう拡大した。

昭和三十九年四月、最初の死亡者がでたのち、四十年四月に「四日市公害患者を守る会」がつくられた。

四十一年九月、磯津《いそづ》の患者九人が塩浜コンビナート六社に対して損害賠償訴訟を提起したが、裁判は長期化した。この間、四十五年に公害被害者救済の特別措置法がつくられ、その認定患者は一〇〇〇人近くにのぼった。四十七年七月、四年一〇カ月の裁判の結果、津地裁四日市支部は原告患者勝訴の判決をくだした。磯津の被害者一四〇人は、企業と自主交渉を行い約六億円の補償を認めさせた。裁判の結果、四十八年「四日市公害対策協力財団」がつくられ、四十九年九月国も公害健康被害補償法を施行した。

昭和三十〜四十七年の高度成長のあいだ、三重県では三十四年に実質経済成長率で全国平均を超え、以後四十八年まで二年間をのぞき全国平均を上まわる高度成長をとげた。この間繊維にかわり石油・化学・輸送用機械が急増した。それ以上に県下に影響をあたえたのは第一次産業の停滞・減少と第二・第三次産業の成長の産業間格差であり、これによる地域格差の拡大であった。三十年に産業別生産の三〇%を占めた農林水産業は四十五年には一〇%(六十年には五%以下)に低下した。北勢地域は五年間に七〜八%ずつ人口が増加した

四日市の大気汚染公害(昭和41年11月27日)　マスクをしての通学。

が、東紀州地域は逆に五〜六%の減少、伊賀・伊勢・志摩地域も減少傾向であった。

産業間格差と地域間格差の是正は、昭和四十年以後県政の課題となり、県は中南勢地域にも臨海工業地帯を建設する構想を発表した。しかし、すでに四日市地域では大気汚染による公害が問題になっており、高度経済成長の終焉《しゅうえん》とも重なり、構想は実現しなかった。また、三十八年九月にはじめて報道された中部電力の原子力発電所建設問題は、有力候補地とされた芦浜《あしはま》をかかえる度会郡南勢町・南島町(いずれも南伊勢町)などで漁民をはじめとする反対運動をまきおこした。計画発表当時は関係地域の漁業が好調で漁民が一丸となって反対し、四十二年九月、知事田中覚《さとる》は原発建設に終止符を打つことを表明した。その後昭和六十年ごろから芦浜原発建設が再燃し、漁業不振に悩む漁民のなかから漁業以外で地域の活性化をはかろうとする動きがしだいに力をもつようになり、原発建設問題は平成十二(二〇〇〇)年まで続いた。

高速道路網と内陸工業

高度成長後期には公害・物価・社会福祉などの住民要求を背景に各地に革新自治体が出現した。四日市公害判決後に登場した知事田川亮三《りょうぞう》(昭和四十七〜平成七年)は、県政の転換を進めることになる。北勢地域の公害問題の克服や都市型生活基盤の整備と、東紀州・伊賀・南勢地域の過疎対策(雇用・生活基盤)の両方が県政の課題となった。高度成長期をはさんだ県下の産業構造の変化は著しいものがある。産業別就業者人口の変化は、次頁上図のようで、第一次産業の激減と第三次産業の増加が顕著である。また、下図の主要業種別製造品出荷額などの構成比でわかるように、昭和五十年以後石油・化学にかわって輸送用機械(自動車)・電気機械が上位にあがってきている。四日市臨海工業に代表される石油産業から、鈴鹿

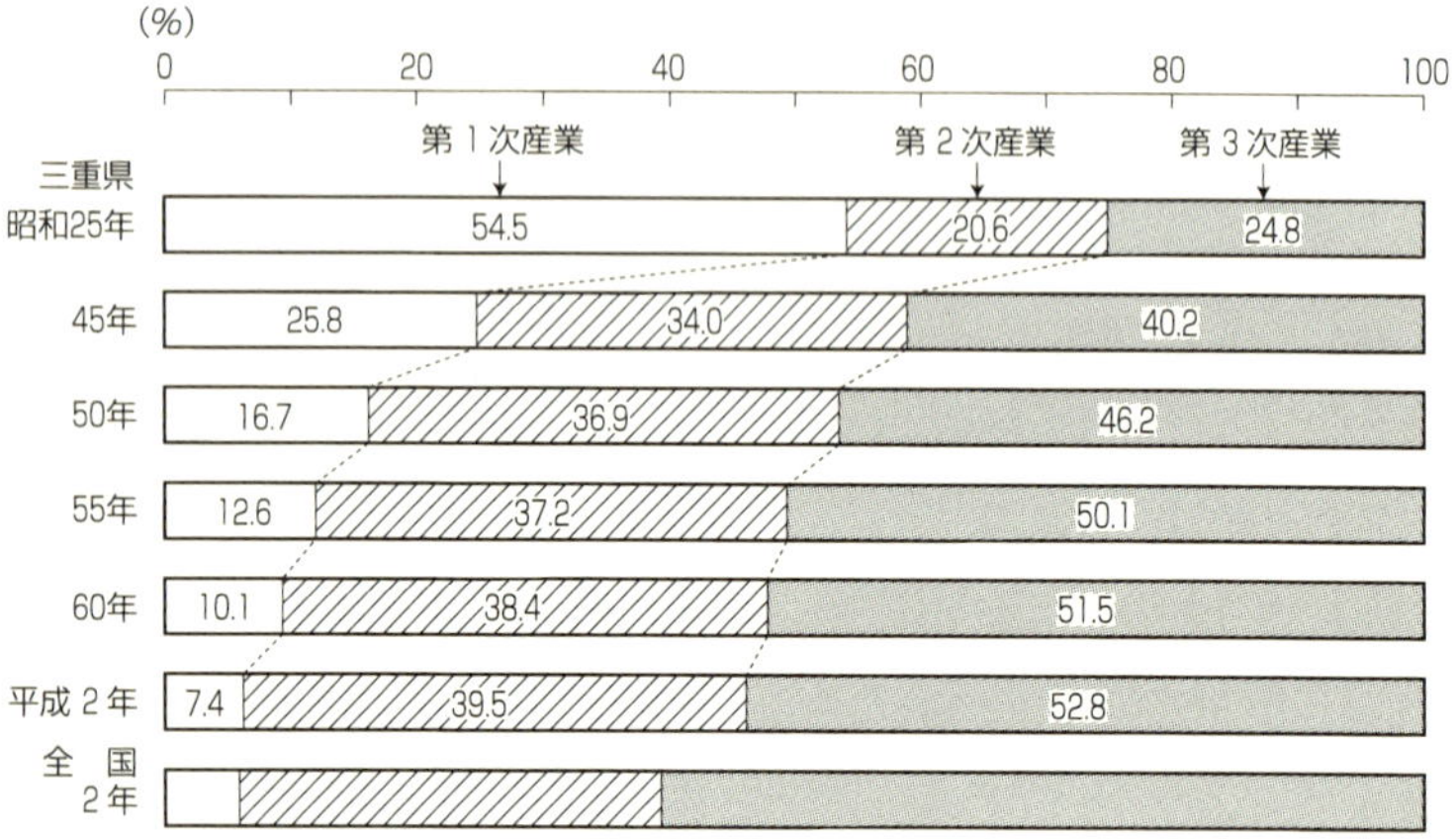

産業別(3部門)就業者人口割合の推移

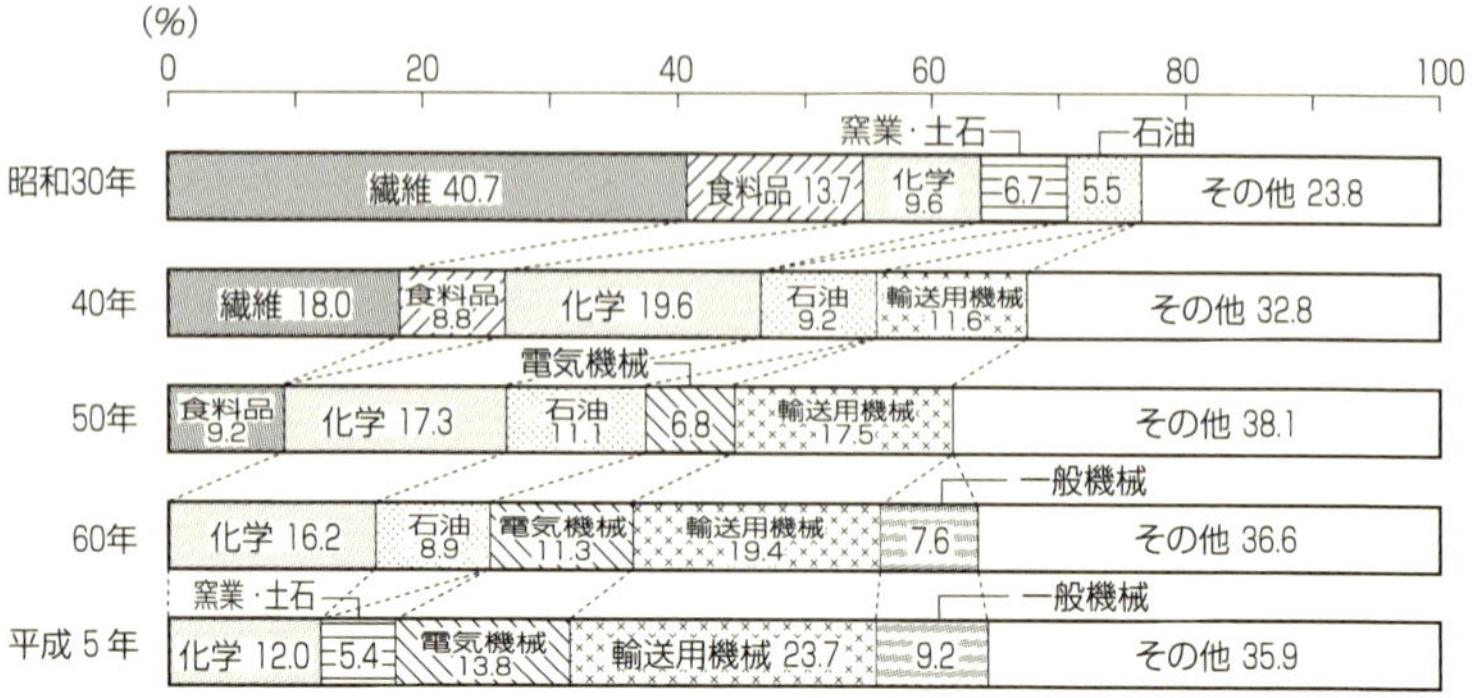

主要業種別製造品出荷額などの順位(5位まで)および構成比　上下図ともに『うつりゆく三重のすがた』(昭和63年，平成6年版)より作成。三重県地域振興部統計課資料による。

市の本田技研や北勢地域の自動車関連工業、北勢・南勢地域の電気器具・部品などで新しい工場の進出がみられた。

とりわけ、名古屋と関西を結ぶ名阪国道のほぼ中間に位置する伊賀地域は、山を切り開いた内陸型工業団地を造成し、ここに各種機械工業など加工組立型工業の誘致を行った。また、関西のベッドタウンとして近鉄沿線の名張市などに住宅地を造成した。このため、伊賀地域の人口は五十年以後増加に転じた。五十五年を一〇〇とする地域活性化指数も六十三年の県平均が一一四であるのに対し、伊賀地域は北勢地域の一一八より高い一二三を示している。

これに対して東紀州地域は沿岸漁業の不振、好不況の波が大きい養殖業、輸入木材に押される林業など解決困難な問題が多い。地域別人口では昭和三十五年以後連続して減少を続けており、前記の活性化指数でも六十三年で一〇三と県下最低である。観光資源をもつ伊勢・志摩と東紀州地域は、六十三年のリゾート法により「三重サンベルトゾーン」の指定をうけた。伊勢・志摩地域は近鉄など巨大資本によるレジャー施設がつくられた。しかし、東紀州地域での大型プロジェクトは軒並み失敗を繰りかえしている。このため、県の応援を得て、自然や伝統文化の保存と継承に力をいれた地元主導の東紀州地域活性化プランをつくることを課題にしている。

三重県の将来●

昭和六十二(一九八七)年六月閣議決定の「第四次全国総合開発計画」は東京一極集中是正を掲げた。これをうけて、多極分散型国土形成促進法、地方拠点都市法、国会などの移転に関する法が制定された。三重県では、多極分散法の振興拠点地域構想第一号として平成三(一九九一)年一月に「三重ハイテクプラネット21構想」が承認された。北勢地域を中心とする同構想には、鈴鹿山麓《すずかさんろく》リサーチパーク、鈴鹿山麓ハイブリットスクエア、鈴鹿山麓アグリハイテクヒルズ、桑名グリーンシティ、四日市みなと交流ゾーン、鈴鹿国際交流ゾーンの六重点整備地区（約八二〇〇ヘクタール）が設定されている。これらは従来型の重化学工業にかわる、環境保護・バイオ・新素材などの高付加価値産業の研究開発、研究支援・交流などをめざすものである。平成不況のため研究機関・企業などの誘致は難航している。そのなかで平成三年二月に発足した国際環境技術移転センター（ICETT）では、四日市市の公害防除技術を発展途上国の技術者・研究者に指導して好評である。

そのほか、「ゆめぽりす伊賀」（平成元年承認）、「中勢北部サイエンスシティ」（平成五年地域指定）など、職・住・文化・環境の共存をうたったプロジェクトが進行中である。なお、北勢地域では、三重・畿央《きおう》地域が首都移転候補地に名乗りをあげている。常滑《とこなめ》沖の伊勢湾に中部新国際空港の建設計画が進んでおり（平成十七年開業）、リニア中央新幹線・第二名神自動車道路などの計画もある。

県南部では、従来の「三重サンベルトゾーン」に加えて平成十年三月の五全総「二十一世紀のグランドデザイン」で、「太平洋新国土軸」が位置づけられたことにより、紀伊半島から四国へかけての地域振興が重視されることになった。

平成七年に「変革」をスローガンに当選した知事北川正恭《まさやす》は、情報公開の促進、県民参加型県政など新しい手法で評価を高めている。前記の各種プロジェクトは人間・文化・環境の重視をうたってはいるが、まだその担い手づくりが遅れているといわざるをえない。人間性豊かな地域社会の担い手づくりが二十一世紀の課題であろう。

あとがき

山川出版社の旧版〈県史シリーズ〉中の一冊として、『三重県の歴史』（西垣晴次・松島博著）が刊行されたのは、昭和四十九（一九七四）年十月であった。以来現在に至るまで同書は三重県の唯一の通史として版を重ね、多数の読者を得てきた。しかし刊行後四半世紀を経て、その間、市町村史の編さんや研究も進み、新しい成果が蓄積されつつある。

本書は、これらの成果を十分踏まえるため、各執筆者の専門とする研究分野を担当し、執筆した。叙述にあたっては平易さを心がけたが、その意図がはたせたか否かは、読者の判断を待つのみである。なお、文体については、用語の統一など基本的な事項をのぞいてはあえて修正をしなかった。平易な文体であるかぎり、むしろ執筆者の個性的表現は今後の通史のあり方としてふさわしいと判断したからである。

読者には、本書の近・現代史の叙述にさいたスペースが少ないのではないかと不審・不満をいだかれるかもしれない。これはもちろん、近・現代史を軽視したためではなく、この時代については、さきに刊行された『三重県の百年』（大林日出雄・西川洋著、平成五〈一九九三〉年刊）に詳述されていることを考慮したゆえである。読者には、ぜひ同書もお読み下さるようお願いしたい。

執筆分担は、風土と人間・第三章・第四章一節（中世）が稲本、第一章（原始）が駒田利治、第二章（古代）が勝山清次、第四章二～五節（中世）が飯田良一、第五～七章（近世）が上野秀治、第八・

九章（近代・現代）が西川洋である。また、付録については、祭礼・行事を駒田、沿革表を西川が作成し、年表と参考文献は各自が分担して作成した。

最後に、執筆にあたっては、参考文献としてあげた研究書のほか、市町村史をはじめ多くの方々の研究成果を利用させていただいた。本書の性格上論文名などを省略したが、記して謝意を表したい。また、図版の掲載を心よく許可された関係者各位にも厚くお礼を申しあげたい。

各執筆者にははやくから原稿を提出していただいたにもかかわらず、性来怠惰な筆者のせいで刊行が大幅に遅れ、執筆者、山川出版社および同社編集部の方々にご迷惑をおかけしたことをお詫びするとともに、種々ご助言を得たことにも感謝したい。

二〇〇〇年四月

稲本紀昭

付　　録

■ 索　　引

●あ 行

●か　行

●さ　行

● た　行

● な　行

● は　行

● ま　行

● や　行

● ら・わ行

■ 年　　表

年　代	時　代	事　　　項
3万年前ころ	旧石器時代	ナイフ形石器文化の遺跡を，宮川・櫛田川・鈴鹿川流域の段丘や台地で確認。大紀町の出張遺跡では，ナイフ形石器・スクレイパー・細石刃など出土。
1万2000年前ころ	縄文時代草創期	松阪市の粥見井尻遺跡から隆線文・爪形文とともに土偶出土。
8000年前ころ	早期	亀山市の大鼻遺跡の押型文土器を奈良県の大川式に先行する型式として「大鼻式」と命名。多気町の坂倉遺跡，津市の西出遺跡，松阪市の鴻ノ木遺跡など。
	中期	中期から後期前葉にかけて約200カ所の遺跡が知られ，縄文文化広がる。鳥羽市の贄遺跡，尾鷲市の曽根遺跡，熊野市の釜ノ平遺跡では，瀬戸内海や関東の影響も認められ，広範な文化交流。
	後期	松阪市の天白遺跡で，西日本最大級の配石遺構確認。土偶・岩偶，石棒・石剣などの祭祀遺物も多く出土。
	晩期	東海系の凸帯文土器が主流を占める。名張市の下川遺跡で近畿地方屈指の土器棺墓群確認。
前3世紀	弥生時代前期	弥生文化の指標となる遠賀川系土器が松阪市中ノ庄遺跡，津市納所遺跡，四日市市永井遺跡などで確認。納所遺跡は中勢地方の拠点として，北勢地方の上箕田遺跡とともに三重県を代表する遺跡。
3世紀	弥生時代後期	四日市市の黄金塚遺跡，津市の長遺跡など丘陵に位置する遺跡群が増加し，環濠をめぐらす高地性集落も出現。伊賀市柏尾，伊賀市比土など突線鈕式銅鐸出土。
4世紀後半	古墳時代前期	伊賀市城之越遺跡，津市六大A遺跡で水辺の祭祀遺構確認。
4世紀末		雲出川流域の筒野古墳・向山古墳・西山古墳などの前方後方墳に引き続き，石山古墳など県内各地で前方後円墳出現。
5世紀後半	後期	志摩市おじょか古墳で横穴式石室つくられる。5世紀末には，北部九州系の竪穴系横口式石室が採用され，6世紀後半から畿内系横穴式石室が普及し，群集墳が盛行。

西暦	年　号	事　　　項
	(雄略18)	この年，伊勢の朝日郎，大和政権に討たれるという。
646	大化　2	この年，度会・多気両郡が立てられ，鈴鹿関が設けられる。
664	(天智3)	この年，多気郡の4郡を割き，飯野郡が立てられる。
668	7	この年，伊賀采女宅子(山田郡司の娘)，大友皇子を生むという。
672	(天武1)	*6*- 大海人皇子，吉野を脱出し，伊賀・伊勢を経て，美濃に進出する(壬申の乱)。

690	(持統４)	伊勢神宮の式年遷宮がはじまるという。
692	6	*2-* 持統天皇，伊勢・志摩に行幸する。
	７世紀末	このころ，桑名市額田廃寺・朝日町縄生廃寺・四日市市智積廃寺などが建立される。
725	神亀　2	この年，大来皇女，伊賀国名張郡夏見に昌福寺を建立する。このころ，天花寺廃寺(松阪市)などが建立される。
740	天平　12	*10-* 聖武天皇，伊賀・伊勢国に行幸する。
746	18	*8-* 斎宮寮が多気郡におかれる。
763	天平宝字 7	*12-* 僧満願，多度神宮寺を創建する。
775	宝亀　6	*8-* 暴風雨により，伊勢国国分寺などが倒壊し，公民300余人が漂没する。
789	延暦　8	*7-* 鈴鹿関が廃止される。
791	10	*8-* 盗賊，内宮の正殿以下を焼く。
809	大同　4	*2-* 志摩国国分２寺が廃され，僧尼が伊勢国国分寺と国分尼寺に移される。
817	弘仁　8	*12-* 多気・度会２神郡の行政権が伊勢神宮に移管される。
897	寛平　9	*9-* 飯野郡が伊勢神宮に寄進される。伊勢の神宮検非違使が設置される。
906	延喜　6	*9-* 鈴鹿山の群盗を討つ。
940	天慶　3	*8-* 員弁郡が伊勢神宮に寄進される。
948	天暦　2	この年，曾禰荘が醍醐寺に施入される。
962	応和　2	*2-* 三重郡が伊勢神宮に寄進される。
973	天禄　4	*9-* 安濃郡が伊勢神宮に寄進される。
998	長徳　4	この年，平維衡，伊勢で平致頼とたたかう。
1017	寛仁　1	*11-* 朝明郡が伊勢神宮に寄進される。
1030	長元　3	この年，平正輔，伊勢で平致経とたたかう。
1034	7	*7-* 板蠅杣住人の臨時雑役が免除される。
1050	永承　5	*1-* 内宮の禰宜ら神民を率いて上洛し，祭主大中臣永輔の非法を訴える(この前後，神人強訴が頻発する)。
1056	天喜　4	閏 *3-* 東大寺領玉滝杣と黒田荘の国使不入が認められる。
1097	永長　2	この年，平正盛，伊賀国山田・鞆田村の私領を六条院に寄進する。
1123	保安　4	これよりさき，東大寺，平忠盛による寺領玉滝杣の押領を訴える。
1137	保延　3	*12-* 伊勢神宮神人の訴えにより，平季盛が佐渡に流される。
1168	仁安　3	*12-* 内宮が焼失する。
1180	治承　4	この年，西行，伊勢に至り，逗留する。
1181	5	*1-* 熊野の悪僧ら，伊勢・志摩国の海浜をおそう。*2-* 平氏，伊勢国内の兵船を徴発する。
1182	寿永　1	*2-* 源頼朝，幣物を伊勢神宮に捧げる。
1183	2	*11-* 源義経，伊勢国を経略，平信兼これにしたがう。
1184	元暦　1	*7-* 伊勢・伊賀国の平氏余党が蜂起する。伊賀国の惣追捕使大内惟義，これを討つ。
1186	文治　2	*4-* 俊乗房重源，伊勢神宮に参宮する。
1204	元久　1	*5-6* 三日平氏の乱おこる。
1240	仁治　1	*10-* 藤原実重，「作善日記」を記し，仏像にこめる。

1273	文永　10	この年，宋本大般若経，鎌倉より鳥羽に着き，叡尊のもとに送られる。
1278	弘安　1	***10-*** 熊野水軍，伊雑浦に来襲する。このころより，黒田荘悪党，活動をはじめる。
1286	9	***11-*** 黒田荘悪党大江清定，出雲国へ配流。
1295	永仁　3	この年，「伊勢新名所絵歌合」なる。
1300	正安　2	このころより，黒田荘悪党，ふたたび活動しはじめる。
1330	元徳　2	黒田荘・薦生荘悪党の活動活発化する。
1331	元弘　1	***9-*** 伊勢・伊賀両国御家人，楠木正成鎮圧のため出兵する。
1332	正慶　1 (元弘2)	***6-*** 竹原八郎らの熊野勢力，伊勢に来襲する。***12-*** 外宮禰宜度会常昌ら，鎌倉に召喚され出発する。
1333	2 (　3)	*5-24* 足利高氏(尊氏)，吉見円忠に出陣を命ず。
1334	建武　1	*11-22* 有間荘司忠幸ら，泊浦江向に来襲する。
1335	2	*9-2* 建武政府，伊勢国内の旧北条氏一門領を，神宮に寄進。
1336	3 (延元1)	***10-*** 北畠親房，宗良親王を奉じて伊勢に下向する。この年，名張郡悪党，南朝方として活動する。
1337	4 (　2)	***4-*** 南・北朝軍，大口浜・法田などで会戦。***7-*** 伊勢守護畠山高国，岩出・田丸城を攻略。
1338	暦応　1 (　3)	***2-*** 北畠顕家，雲出川・櫛田川でたたかい敗北する。***9-*** 北畠親房，義良・宗良親王ら，東国へ出航したが遭難する。***12-*** 有間荘司忠幸ら，泊浦を占領する。***12-*** 南朝軍，神山城を奪回する。
1339	2 (　4)	***8〜9-*** 伊勢守護高師秋，神山城を攻略。この年，伊賀守護仁木義直，楽音寺に城をかまえ，名張郡南朝軍にそなえる。
1342	康永　1 (興国3)	***8-*** 伊勢守護仁木義長，田丸・坂内城などを陥落させる。
1346	貞和　2 (正平1)	*6-6* 足利直義，平等寺を伊賀国安国寺とする。
1347	3 (　2)	***11-*** 度会家行ら，近津長谷に城をかまえる。
1348	4 (　3)	*1-6* 渋谷弾正，泊浦の守護代城をおそう。*7-12* 春日中納言ら，尾張国宮崎に城をかまえる。
1352	文和　1 (　7)	*10-23* 南朝軍冷泉某，二見浦に進駐する。
1360	延文　5 (　15)	この年，仁木義長，南朝にくだり，長野城による。
1364	貞治　3 (　19)	この年，九鬼氏代官，二見御厨住民と漁場をめぐり相論。
1369	応安　2 (　24)	この年，名張郡南朝軍，郡内を制圧する。
1372	5 (文中1)	この年，南朝軍勢力，鈴鹿・河曲郡を制圧する。
1380	康暦　2 (天授6)	***6-*** 長野氏，守護土岐頼康方の城を攻撃，守護方損害をこうむる。
1393	明徳　4	*9-18* 足利義満，伊勢神宮に参詣，北畠顕泰これを迎える。

1399	応永	6	***4-3*** 幕府，南伊勢の醍醐寺末寺棚橋法楽寺領の返還を北畠顕泰に命ずる。***6-20*** 北伊勢・志摩の法楽寺領の返還を仁木義員に命ずる。このころ，伊勢半国守護体制成立。
1415		22	この春，北畠満雅挙兵。***4-5*** 幕府，一色義貫・土岐持益らを伊勢にむかわせる。***5-15*** 阿坂城おちる。***6-17*** 川上城おちる。***10-*** 北畠満雅降伏。
1422		29	***8-25*** 関・長野一族，足利義持夫人の参宮を関新所に迎える。***9-19*** 北方一揆・関持盛・長野満高など参宮に赴く将軍義持を新所に迎える。
1424		31	***5-4*** 伊勢守護世保持頼，仙洞女房との密通発覚逐電。***9-2*** 幕府，実相院領員弁郡山田御厨の沙汰付けを北方一揆に命ず。***10-17*** 幕命により，関・長野氏使，西山地蔵院に朝明郡茂永などを打ち渡す。
1428	正長	1	***7-6*** 小倉宮，京都を脱出して，北畠満雅のもとに至る。***8-3*** 伊勢守護世保持頼，北畠満雅挙兵の動きを幕府に報ずる。***8-11*** 幕府，美濃守護土岐持益らに持頼への援軍を命ずる。***8-*** 北畠満雅挙兵する。***12-*** 満雅敗死。
1429	永享	1	***2-4*** 伊賀守護仁木氏，大和国宇陀郡の沢・秋山氏とたたかい負傷して死去。***2-18*** 柘植三方(北村・日置・福地氏)，関氏の密使をとらえ，密書を幕府に進める。***2-*** 北畠氏与党赤堀・加太氏，畠山満家をたより降伏する。***3-1*** 関氏，城を自焼して没落。***7-13*** 山田で神人と神役人が争い，外宮30日の触穢。
1430		2	***5-2*** 北畠顕雅，幕府に許される。***6-9*** 幕府，一志・飯高郡を北畠氏に返還。閏 ***11-26*** 幕府，山田三方土一揆に起請文を書かせ，神人と和睦させる。
1433		5	***4-5*** 伊賀守護仁木氏，「治政のみだれ」により罷免され，山名時熙守護となる。
1439		11	***3-24*** 九鬼元隆，家督をめぐり異母弟景隆と争う。この日元隆，景隆を攻撃し，泊小里城を占領。景隆，泊大里城にのがれ抗戦。
1440		12	***5-15*** 足利義教，長野氏らに命じ，大和陣中に世保持頼を殺害する。
1441	嘉吉	1	***9-9*** 山田神人と神役人争い，死者100余人。
1448	文安	5	***2-18*** 関・長野氏，鈴鹿郡昼生にたたかう。***3-*** 北畠氏，関氏に合力して，長野氏とたたかう。***4-23*** 幕府，和睦のため上使飯尾為数らを派遣する。
1452	享徳	1	***11-24*** 幕府，内・外宮神人に，長野教高に合力して，九鬼遠江守旧領の地下人を追討することを命ずる。
1453		2	***10-11*** 守護一色義直，泊浦代官職をのぞみ，国内に軍勢催促を行う。北方一揆・十ヶ所人数，これに応じて出兵するも，管領細川勝元の命により撤兵。
1462	寛正	3	***12-*** 皇大神宮(内宮)正遷宮。
1467	応仁	1	***8-23*** 足利義視，北畠氏をたより伊勢にのがれる。
1468		2	***4-*** 将軍足利義政，足利義視の帰洛を促す。***5-21*** 幕府，伊勢・近江・山城国寺社本所領に半済を行い，足利義視の料所とする。***9-22*** 足利義視帰京し，東軍の陣にはいる。
1473	文明	5	***6-*** 外宮，伊勢海新警固の停止を命じる。***8-22*** 美濃勢，石丸利国に率いられ北伊勢に侵入。***10-11*** 北伊勢国人，梅戸城によってこれに

			抗戦。*10-29* 梅戸城落城。*10-* 北畠氏守護代岩内顕豊，北伊勢に出陣。*12-3* 美濃勢と北畠・北伊勢国人合戦，美濃勢死者300余人。
1479	文明	11	*8-* 北畠政郷，伊勢守護職を罷免される。*11-22* 北畠・長野氏，北伊勢にたたかう。北畠政郷，やぶれて神戸城による。*12-11* 北畠政郷，神宮に湯田郷を寄進，願文を捧げて戦勝を祈る。
1480		12	*3-* 大和国越智氏，北畠・長野氏の対立を調停。*4-15* 北畠政郷，北伊勢より撤兵。*4-* 一色氏守護代石河直清入国。*6-1* 内宮，石河直清に新警固停止を求める。
1485		17	この春，新警固30カ所におよぶ。
1486		18	*4-4* 京都三条公治邸夜討ちにさいし，長野惣領(政高カ)殺害される。*12-22* 宇治と山田争う，北畠氏宇治に合力して，山田を攻撃，榎倉武則らの放火により外宮本殿炎上。
1495	明応	4	*10-10* 北畠氏重臣川上・大宮氏など連署して，朴木・佐々木氏らの排斥，棟別銭の賦課停止などを北畠材親に求める。
1497		6	*3-* 北畠家臣団分裂，大宮氏など数十人離反。北畠材親，異母弟師茂擁立をはかる。*6-20* 北畠材親勢，木造師茂方の木造城を包囲。長野政藤，来援して材親勢とたたかう。
1509	永正	6	*8-21* 将軍足利義材，「志摩拾三人中」に三好長秀誅伐につき感状をくだす。
1511		8	*3-* 神宮，長野尹藤に桑名からの撤退と住民の還住を求める。
1513		10	*9-* 長野・北畠氏，栗真荘にたたかい，長野勢大敗。
1536	天文	5	*10-18* 梅戸高実，長野稙藤の占領する桑名へ出兵をはかる。この日，稙藤，本願寺証如に長島願証寺の助力を求める。
1540		9	*9-4* 六角義賢，北伊勢に出陣，千草城で長野氏と合戦。
1544		13	*11-* 連歌師宗牧，近江より尾張に赴く途中，員弁郡大泉にて田能村氏などと連歌興行，尾張よりの帰路浜田城にて連歌興行。
1560	永禄	3	このころ，伊賀惣国一揆掟書成立。
1567		10	*8-* 織田信長，長島一向一揆を攻撃し，河曲郡に至る。
1568		11	*2-* 織田信長，北伊勢に出兵，３男信孝を神戸氏の養子にいれる。*3-17* 吉田兼右，仁木長政の請いにより，その新城の地鎮祈禱を行う。
1569		12	*8-* 織田信長，北畠氏を攻撃，北畠具教・具房大河内城によって，これを防ぐ。*10-* 北畠氏，織田信長次男を具房の養子(具豊)とし，講和する。
1570	元亀	1	*9-* 本願寺顕如，織田信長との交戦を門徒に命じる。*11-* 長島門徒，尾張国小木江城を攻撃し，信長の弟信興を殺す。
1571		2	*5-* 織田信長，長島一向一揆を攻撃。
1573	天正	1	*9-* 織田信長，長島一向一揆を攻撃，九鬼嘉隆，織田水軍として，参戦。*10-* 織田信長，北伊勢を攻略，撤兵する。
1574		2	*7-* 織田信長，長島一向一揆を攻める。*9-* 長島一向一揆滅ぶ。
1575		3	*6-* 具豊，北畠氏の家督をつぎ信意(信雄)と改名。*7-* 分国内に徳政令を発布する。
1576		4	*11-* 北畠具教以下北畠一族殺害される。
1579		7	*9-* 織田信雄，伊賀を侵攻，伊賀衆の反撃をうけ兵を引く。
1581		9	*9-* 織田勢，伊賀国を攻めこれを平定する。

1582	天正	10	***6-*** 本能寺の変おこり，上方遊覧中の徳川家康，伊賀・伊勢をとおり伊勢湾を渡海，三河へ脱出。
1584		12	***3-*** 織田信雄，羽柴秀吉と対立，秀吉勢，伊勢に侵攻。***11-*** 織田信雄，羽柴秀吉に降伏し，北伊勢5郡の領有を許される。この年，近江日野より蒲生氏郷，松カ島に入部。
1585		13	***10-*** 伊勢両宮正遷宮。内宮は124年ぶりに復興。***11-*** 近畿・東海に大地震発生，津波も発生する。この年，大和国より筒井定次，伊賀国に国替。
1586		14	この年から伊賀検地行われる。
1588		16	***11-30*** 蒲生氏郷，松坂に移転，松カ島より蔵方などを移住させ，十楽の掟をくだす。
1590		18	この年，蒲生氏郷，会津に転封。服部一忠，松坂城主となる。
1593	文禄	2	この年，鳥羽城主九鬼嘉隆，朝鮮の役で軍船日本丸を使用。
1594		3	***7-3*** 伊勢国太閤検地，伊勢神宮領検地免除。この年，鳥羽城なる。
1600	慶長	5	***8-*** 安濃津，西軍に焼かれる。***10-12*** 九鬼嘉隆自刃。関ヶ原の戦い以後，大名の異動激しい。
1601		6	この年，桑名に本多忠勝入部。この年，東海道に宿駅が指定される。この年，一柳直盛，神戸に入部。この年，関一政，亀山に入部。
1603		8	この年，山田奉行設置か。
1607		12	***2-12*** 上野町大火，1000戸以上焼失という。
1608		13	この年，伊賀国，筒井定次改易。***8-*** 藤堂高虎，伊勢・伊賀国(22万石)に入部。***11-*** 伊賀国中，商売は上野・名張・阿保の3町に制限する。
1610		15	***7-*** 松平忠明，亀山に入部。
1611		16	この年，藤堂高虎，津城および城下町の大改修を実施(慶長18年にほぼ完成)。
1614		19	***12-*** 紀州北山一揆。32カ村のもの3000余人が新宮城を攻める。この年，伊勢躍り流行。
1615	元和	1	***6-*** 松平忠明，亀山より大坂へ移封。
1617		3	***9-9*** 幕府，大湊の角屋七郎次郎に諸国湊出入許可の朱印状をあたえる。この年，松平定勝，伏見から桑名に入部。
1619		5	***9-*** 三宅康信，亀山に入部。この年，和歌山城主浅野長晟，安芸広島に移封，徳川頼宣，和歌山に入部。伊勢国で約18万石が頼宣領となる。
1624	寛永	1	この年，「射和羽書」発行。
1625		2	この年，津の田中治郎左衛門らの伊勢商人，江戸大伝馬町に伊勢店を開く(大伝馬町)。
1631		8	このころ，大湊の角屋七郎次郎安南に進出する。
1633		10	***3-*** 九鬼久隆転封。常陸真壁から内藤忠重，鳥羽に入部。この年，幕府，二見6郷，高2132石あまりを御塩料として伊勢神宮に寄進。
1634		11	***11-7*** 荒木又右衛門ら，鍵屋の辻で仇討。
1635		12	この年，松平定行，伊予松山に移封，松平定綱，桑名に入部。
1636		13	***6-*** 三宅康盛，三河挙母に移封，本多俊次，亀山に入部。神戸城主一柳直盛，伊予西条に移封。
1641		18	この年，伊賀国など大凶作。

1647	正保	4	この年，神宮例幣使を再興。
1648	慶安	1	***6*-** 豊宮崎文庫開設。***7-1*** 津藩士西島八兵衛，雲出井をひらく。
1649		2	この年，津藩，平高制実施。
1651		4	***4*-** 本多俊次，近江膳所に移封。石川憲之，亀山に入部。この年，三井高利独立，営業開始。
1654	承応	3	この年，伊賀国，小波田野新田(美旗新田)開発はじまる。
1655	明暦	1	この年，山中為綱，『勢陽雑記』をあらわす。
1662	寛文	2	***10*-** 伊雑宮と伊勢神宮が本宮争いをする。この年，津城全焼。
1669		9	***2*-** 石川憲之，山城淀に移封，板倉重常，亀山に入部。***9*-** 津藩の支藩久居藩成立。
1670		10	この年，津藩，地方知行を全廃する。
1672		12	この年，河村瑞賢，西廻り航路開発。この年，芭蕉の最初の句集「貝おほひ」なる。
1675	延宝	3	この年，桑名藩検見春法を実施，532人の農民強訴。
1680		8	***6-27*** 鳥羽城主内藤忠勝除封。
1681	天和	1	***2*-** 土井利益，下総古河から鳥羽に入部。
1683		3	この年，津藩「郷方法度十七カ条」制定。この年，潮音の大成経発売禁止。
1687	貞享	4	この年，内宮文庫開設(のちの林崎文庫)。
1691	元禄	4	***2*-** 土井利益，肥前唐津に移封，松平乗邑，唐津より鳥羽に入部。
1694		7	***10*-** 松尾芭蕉没(51歳)。
1701		14	***2*-** 桑名大火，城も焼失。この年，石井兄弟の亀山仇討。
1702		15	***9*-** 増山正弥，常陸下館より長島に入部。
1705	宝永	2	この年，お蔭参り流行。
1707		4	***11*-** 紀伊半島沖地震によって，熊野灘・伊勢湾に津波来襲。
1710		7	この年，備後福山より松平忠雅，桑名に入部。この年，鳥羽の松平乗邑，亀山へ，亀山の板倉重治，鳥羽へ入部。
1717	享保	2	この年，鳥羽の板倉重治，亀山へ，戸田光慈，鳥羽へ入部。
1725		10	この年，鳥羽の戸田光慈，松本へ移封。この年，稲垣昭賢，鳥羽に入部。
1732		17	***4*-** 石川総茂，常陸下館に移封，本多忠統，神戸に入部。
1735		20	この年，津藩士藤堂長熙(名張を知行)大名化をはかり，津藩より隠居させられる(享保騒動)。
1736	元文	1	この年，沼波弄山，万古焼をはじめる。
1742	寛保	2	この年より，四日市・桑名両廻船の紛争おこる。
1744	延享	1	この年，備中松山より石川総慶，亀山に入部。
1751	宝暦	1	この年，谷川士清，『日本書紀通證』脱稿。
1755		5	***5-25*** 木曾川治水工事完成し(足かけ3年)，薩摩藩の平田靭負，出費と，犠牲者の多きにより，責任をおい自殺する。
1759		9	この年，白子領で強訴。
1761		11	***7-4*** 本草学者，野呂元丈没(69歳)。
1763		13	***5-25*** 本居宣長，賀茂真淵と松坂新上屋で会す。宣長『石上私淑言』をあらわす。
1768	明和	5	この年，亀山藩83カ村の百姓一揆。

1771	明和	8	この年，お蔭参り流行。
1775	安永	4	***5*-** 谷川士清，『和訓栞』をあらわす，翌年没。
1782	天明	2	***12*-*9*** 神昌丸船頭大黒屋光太夫遭難漂流。***12*-*9*** 桑名藩で百姓一揆。
1792	寛政	4	この年，津藩，菓木役所を新設。この年，藩政改革の開始。
1793		5	***11*-*11*** 白子・寺家型紙売仲間益睦講をはじめる。この年，四日市の伊藤勘作，製網業を開始する。
1796		8	***5*-** 伊勢古市の油屋騒動。***9*-*4*** 津藩，地平政策を発表。反対の百姓一揆。
1797		9	***5*-** 蔀関月，『伊勢参宮名所図会』刊行。***11*-*3*** 久居藩，義倉制採用。
1798		10	この年，本居宣長の『古事記伝』完成，享和元(1801)年没(72歳)。
1805	文化	2	この年，伊能忠敬，志摩・熊野の沿岸を測量。
1812		9	この年，員弁郡白瀬野開墾される。
1819	文政	2	この年，津藩の藩校有造館創設，翌年完成。
1821		4	この年，上野に崇広堂創設。
1823		6	この年，松平定永，奥州白河より桑名に入部。
1830		13	この年，お蔭参り流行。
1831	天保	2	この年，波切騒動おこる。
1833		4	この年，伊勢山田で打ちこわし。
1840		11	***5*-** 斎藤拙堂，『伊勢国司記略』をあらわす。
1841		12	***10*-** 佐藤信淵，鳥羽藩の財政打開のため領内を視察。
1842		13	この年，幕府の海防武備操練策により，菰野藩領内農民より足軽60人をつのり，鉄砲組・弓組・長柄組・旗組を組織し操練する。
1843		14	***7*-** 津藩，神宮警固を命ぜられる。
1845	弘化	2	***11*-** 小林村の山田奉行所が全焼する。この年，松浦武四郎，蝦夷地探検をはじめる。
1851	嘉永	4	***9*-*13*** 津藩，砲工廠をつくり，洋式砲20門を鋳造する。***11*-** 津藩主藤堂高猷，海岸防備のため志摩を巡視。
1854	安政	1	***6*-** 安政伊賀地震。伊賀・伊勢に被害。***11*-*4*・*5*** 安政東海地震・南海地震あいついでおこり，南勢・志摩方面に津波の被害。
1855		2	***1*-** 清国船，田曾浦沖に停泊し，大騒動となる。海岸検分のため幕府勘定奉行石河政平・目付大久保忠寛，二見と鳥羽の海岸を巡視。勝海舟も随行。この年，紀州藩仁井田源一郎，沿岸防備につき『海防雑策』を献ずる。
1858		5	この年，名張に訓蒙寮設立。この年，津に庶民の教育機関，修文館設立。この年，コレラ発生し，翌年まで流行する。
1860	万延	1	この年，三重郡の伊藤小左衛門，横浜港から茶の輸出をはじめる。
1863	文久	3	この年，勅使柳原光愛・橋本実梁ら，神宮に下向，改革を指示。この年，幕府，尾張・鳥羽・久居・大垣新田の各藩に神宮警衛を命じる。この年，大和天誅組の騒動により津藩に鎮圧が命ぜられる。久居藩や紀州藩も出兵。
1864	元治	1	***3*-** 藤堂高潔，上京し，家茂にしたがって参内。***4*-** 桑名藩主松平定敬，京都所司代に任ぜられる。***4*-** 浜島港にイギリス船入港し，大騒動となる。2カ月後に出航する。***7*-** 蛤御門の戦いで桑名藩は長州勢を撃破。亀山藩は山城の八幡附近を防衛する。津藩の撒兵隊も警備に

			出動。
1865	慶応	1	この年，四日市助郷一揆おこる。
1866		2	*10-22* 津藩，津の資産家17人に調達金を命ずる。この年，幕長戦争のため各藩農民など動員。
1867		3	*2-* 亀山藩助郷一揆おこる。この年，ええじゃないか流行。
1868	明治	1	*1-4* 鳥羽・伏見の戦い，津藩農兵，藤堂采女らに率いられて従軍，鳥羽藩は旧幕軍に加わってやぶれる。*1-22* 桑名藩降伏，開城する。*1-28* 亀山藩主のすすめにより桑名藩帰順，桑名城をあけわたす。鳥羽・伏見の戦いの敗軍の旧幕兵をのせた船，浜島浦へ入港。*2-13* 津藩，藤堂高泰を将として征東軍に従う。*7-20* 度会府設置(府知事橋本実梁)。
1869		2	*3-12* 天皇，初めての伊勢神宮参拝。*6-* 各藩に版籍奉還を許可。藩主を知藩事に任命。*7-17* 度会府を度会県と改称。*7-17* 北伊勢の笠松県・大津県管下の旧天領，度会県に編入。*8-* 松平定教に桑名６万石をあたえる。*10-* 忍藩一揆おこる。
1870		3	*3-27* 浦上キリシタン32人流刑され，木本に上陸。*3-* 四日市・東京間の定期航路開く。この年，四日市の中山忠左衛門，万古焼製陶に成功。
1871		4	*3-1* 桑名・山田などに郵便取扱所開く。*7-14* 廃藩置県を行う。*11-11* 伊賀農民一揆おこる。*11-22* 県下を安濃津県と度会県に統合。
1872		5	*3-28* 安濃津県庁を津から四日市へ移す。三重県と改称。*3-* 四日市学校(県下初)創立。*5-10* 三重県に10大区47小区制を採用。*6-25* 度会県に７大区72小区制を採用。*11-*『三重新聞』創刊。
1873		6	*1-10*『度会新聞』発刊。*3-12* 牟婁郡に徴兵令反対一揆。*3-* 稲葉三右衛門ら，四日市港築港に着手。*12-10* 三重県庁を津へ移す。
1874		7	*7-17* 度会県，大区小区制を廃し20区制に改正。戸長の民選を実施。この年，三重郡の友岡直右衛門，竹成米を発見。
1875		8	*2-* 地租改正の本格的作業を開始。*7-8* 三重県師範有造学校開設。*11-* 三菱汽船会社，京浜・四日市間の定期航路を開始。この年，伊藤小左衛門，機械製糸業を開始。
1876		9	*4-18* 度会県を三重県に合併(県令岩村定高)。*4-29* 旧三重県の地租改正作業終了報告。*12-18* 伊勢暴動おきる。
1877		10	*2-15* 津・四日市・桑名に電信開通。*11-15* 旧度会県の地租改正作業終了報告。
1878		11	*1-17*『伊勢新聞』創刊。*9-1* 三重県物産博覧会を開く。*12-* 津に第百五銀行，亀山に第百十五銀行設立。*12-8* 津で県下初の大衆的演説会開催。
1879		12	*2-5* 郡区町村制を実施。*2-15* 郡役所を開設。*4-28* 第１回三重県会開会(初代議長山本如水)。*12-8* 県庁舎，下部田村に完成。
1880		13	*1-6* 県立津中学校創立。*7-15* 第１回県下有志懇親会開催。*10-8* 県会議員30人辞表提出(三重県会事件)。*12-* 各地で地価修正運動開始。
1882		15	*1-* 志勢同盟会創立。*3-* 三重製茶会社設立。*6-* 川島紡績所開設。*11-5* 三重改進党結成。*11-22* 津中学校生の「不敬事件」おきる。

1883	明治	16	4-6 稲葉三右衛門ら，四日市・関ヶ原間の鉄道敷設を請願。
1884		17	5-10 駒田作五郎ら，三重製茶会社設立。5- 稲葉三右衛門，四日市港(旧港)を完成。9-24 戸長公選制廃止，戸長役場管轄区域を拡大。
1886		19	7-1 三重紡績株式会社発足(本社四日市浜町)。
1887		20	12- 県下三大事件建白運動開始。三重同志会・三重協同会の二派に分裂。
1888		21	3-1 四日市に関西鉄道会社設立。12-6 斯友会結成。
1889		22	2-11 県下で明治憲法発布祝賀会開催。4-1 市制町村制施行，県下を1市18町317村に合併。7-30 四日市港，特別指定港に指定。
1890		23	4-23 一志郡の小作人組合「徹交社」解散。7-1 初の衆議院議員選挙。12-25 関西鉄道(四日市・草津間)営業開始。
1891		24	8-21 関西鉄道(亀山・一身田間)開業。10-28 濃尾大地震で県下に大被害。
1893		26	5-10 津商業会議所設立。6-15 自由党三重県支部結成。10- 改進党，度会郡・伊賀郡各支部結成。
1894		27	8-1 日清戦争開始。
1895		28	2-23 三重県農会設立。10- 関西鉄道(名古屋・柘植間)開通。
1896		29	1-27 御木本幸吉，半円真珠の特許を獲得。1-28 宮川電気鉄道会社設立。4-1 県下21郡を15郡に統合。この年，津市に津電灯会社，四日市に北勢電気会社設立。
1897		30	8-1 四日市に市制施行。9-1 県下に郡制施行。10- 参宮鉄道(津・山田間)全通。
1899		32	3～4- 県立富田・上野・宇治山田各中学校開設。5-12 関西鉄道(名古屋・湊町間)全通。8-4 四日市港，開港場に指定。
1900		33	4-1 四日市市に電話開通。11-19 立憲政友会県支部結成。12- 宇治山田町に三重銀行設立。
1902		35	3- 愛国婦人会県支部創設。4-22 松阪町に県立工業学校創立。
1903		36	8- 宮川電気鉄道(山田・二見間)開通。この年，御木本幸吉，英虞湾で真珠養殖場開設。
1904		37	2-1 日赤山田病院開業。2-10 日露戦争はじまる。4-1 久居町に県立農学校創立。8-1 名賀郡城南村に部落改善団体「改栄社」再建。この年，見瀬辰平，真円真珠養殖に成功。
1905		38	6-1 竹葉寅一郎，県下の被差別部落調査を開始。
1906		39	3-31 鉄道国有化法成立。9-1 宇治山田に市制施行。
1907		40	4-1 津市で第9回関西府県連合共進会を開催。10-1 関西線・参宮線，国有化。
1908		41	11-10 大日本軌道会社の軽便鉄道(久居・安濃郡神戸村間)開通(翌年1月，津市岩田まで開通)。11-11 歩兵第五十一連隊，久居町に駐営。
1909		42	10-3 三重県斯民会発会式。12- 五ヶ所湾に御木本真珠養殖場開設。
1910		43	5- 神島に灯台設置。7- 四日市築港第1期工事起工。
1911		44	7-21 国鉄参宮線，鳥羽まで開通。
1912		45	7-23 第1回地主懇談会開催。8-4 日永・八王子間に軽便鉄道開通。
1913	大正	2	1～2- 県下に第一次護憲運動広がる。8- 四日市・菰野間に軽便鉄道

			開通。***12-*** 四日市米穀取引所開業。
1914	大正	3	***12-29*** 安濃鉄道(新町・椋本間)開通。
1915		4	***9-*** 伊勢電鉄(高田本山・白子間)開通。
1916		5	***8-*** 伊賀上野・上野町間に軽便鉄道開通。この年，県下にコレラ流行。
1918		7	***8-12〜*** 県下8市町村で米騒動おきる。***8-*** 歩兵第五十一連隊，シベリアに出兵。***11-7*** 鳥羽造船所で争議。
1919		8	***8-6*** 松阪で小野寺大尉差別糾弾事件おきる。
1920		9	***8-6*** 三重県社会事業協会創設。***9-*** 県下に暴風雨の被害。
1921		10	***4-1*** 陸軍航空学校明野分校開設。***9-*** 県下に暴風雨の被害。***10-*** 飯南郡鈴止村などで小作争議，小作料減額実現。
1922		11	***4-21*** 三重県水平社結成。***7-*** 伊賀鉄道(上野・名張間)開通。
1923		12	***2-25*** 日本農民組合松阪支部結成。***4-1*** 郡制廃止。
1924		13	***3-20*** 紀勢東線(相可口・栃原間)開業。***4-*** 伊勢鉄道(部田・津新地間，津新地・高田本山間)開通。
1925		14	***4-30*** 歩兵第五十一連隊解隊。***5-1*** 松阪で県下初のメーデー。***5-5*** 歩兵第三十三連隊，久居に設置。
1926		15	***5-9*** 労農党県支部連合会結成。***6-30*** 郡役所廃止。
1927	昭和	2	***3-22*** 金融恐慌で銀行休業。***3-23*** 岸和田紡績津工場で争議。***10-9*** 普通選挙による初の県会議員選挙。
1928		3	***2-20*** 普選による初の衆議院議員選挙。***3-*** 三・一五事件で19人検挙。
1929		4	***3-*** 第三十三連隊，満州へ出兵。***8-*** 名松線(松阪・権現前間)開通。
1930		5	***3-20*** 参宮急行電鉄(松阪・外宮間)開通。***4-*** 伊勢電鉄(津新地・新松阪間)開通。***4-*** 紀勢東線，紀伊長島まで開通。***12-*** 参急電鉄(大阪・山田間)全通。
1931		6	***4-*** 第三十三連隊，満州から帰還。***5-30*** 農民組合員ら150人以上検挙。***7-*** 三岐鉄道(富田・東藤原間)開通。***9-18*** 満州事変おきる。
1932		7	***4-27*** 四日市銀行休業。***9-*** 時局匡救事業開始。
1933		8	***2-1*** 松阪に市制施行。***3-13*** 農民組合員ら150人以上検挙。
1934		9	***4-*** 第三十三連隊，満州へ出動。***5-26*** 木曽三川の伊勢大橋・尾張大橋完成。***9-21*** 室戸台風で被害。***12-*** 紀勢東線，尾鷲まで開通。
1935		10	***4-5*** 熊野大橋完成。***12-5*** 名松線，伊勢奥津まで開通。
1936		11	***1-*** 参急電鉄，伊勢電鉄を合併し，関西急行電鉄と改称。***2-1*** 吉野熊野国立公園指定。***5-1*** 津市に県下初のデパート開店。***9-*** 矢ノ川峠改修完成。
1937		12	***4-1*** 桑名に市制施行。***7-7*** 日中戦争おきる。***10-1*** 社会大衆党県連結成。***12-20*** 県下無産運動が弾圧される(〜翌年1月まで)。
1938		13	***2-*** 四日市に第二海軍燃料廠設置決定。***10-*** 石原産業四日市工場完成。
1939		14	***3-*** 長野トンネル開通。***12-28*** 四日市銀行，三重銀行として再発足。
1940		15	***12-3*** 大政翼賛会県支部発会式。
1941		16	***1-*** 四日市海軍燃料廠操業開始。***9-10*** 上野に市制施行。***12-8*** 太平洋戦争開始。
1942		17	***7-1*** 地方事務所制施行。***12-1*** 鈴鹿に市制施行。
1943		18	***4-1*** 三重師範学校，官立となる。***6-1*** 鈴鹿海軍工廠設置。

1944	昭和	19	*1-* 学徒報国隊県本部結成。*6-1* 近畿日本鉄道会社発足。*12-7* 東南海大地震で大被害。
1945		20	*6～7-* 桑名・四日市・津・宇治山田など空襲で被害。*8-15* 敗戦。*9-22* 連合軍，県下に進駐。*12-1* 鵜殿自由労組結成。
1946		21	*2-15* 県労働組合協議会結成。*4-10* 衆議院議員臨時総選挙実施。*5-1* メーデー復活。*6-9* 社会党県支部結成。
1947		22	*4-* 地方選(首長・議員)，衆参両院選挙。公選初代知事に青木理当選。*5-22* 花岡町供米拒否事件で逮捕者。
1948		23	*3-7* 自治体警察発足。*5-23* 新制高校発足。*10-5* 県教育委員の公選。
1949		24	*5-31* 国立三重大学設置。*11-* 連合軍の軍政，実質的に終了。
1950		25	*4-1* 県立大学(医・水産学部)発足。*8-* レッド・パージ開始。
1951		26	*3-21* 県地方労組協議会結成。*8～9-* 各地で自治体警察廃止。
1952		27	*3-* 宮川総合開発実施計画決定。*7-* 警察予備隊，久居町に駐屯。
1953		28	*12-1* 参宮有料道路(全国初)開通。
1954		29	*6-2* 近江絹糸人権争議開始。この年，町村合併で多数の市誕生。
1955		30	*7-31* 原水爆禁止県民大会開催。*12-* 中電三重火力発電所開業。
1956		31	*1-18* 自民党県連結成。*5-* 昭和石油四日市製油所起工。
1958		33	*4-* 四日市第一コンビナート操業開始。
1959		34	*4-* 安保反対県民会議結成。*7-15* 紀勢本線全通。*9-26* 伊勢湾台風で大被害。*11-* 近鉄名古屋線広軌化完成。
1960		35	*1～6-* 数次の安保反対統一行動。*5-24* チリ地震津波で被害。
1962		37	*7-7* 県文化会館落成。*11-* 伊勢湾高潮堤完成。
1963		38	*2-* 名四国道第一期工事完成。*7-21* 県公害対策室設置。*8-* 中南勢開発構想策定。*11-* 四日市午起コンビナート完成。
1964		39	*4-20* 新県庁舎落成。*7-27* 中電原子力発電所用地，紀勢町芦浜に決まる。*10-21* 伊勢志摩スカイライン開通。*11-7* 鳥羽・伊良湖間フェリー就航。
1965		40	*3-* 地域別総合開発構想発表。*12-* 名阪国道開通。
1967		42	*5-* 宮川総合開発事業終了。*6-3* 県立図書館完成。*7-* 県公害防止条例制定。*9-1* 四日市市で公害訴訟提訴。
1968		43	*4-12* 日本鋼管津造船所起工。*11-* 志摩上水道通水。
1969		44	*9-22* 中南勢開発基本構想発表。*12-1* 三重テレビ本放送開始。
1970		45	*1-17* 青蓮寺ダム完成。*4-4* 東名阪国道(亀山・四日市間)開通。*4-28* 四日市第三コンビナート完工。
1971		46	*5-14* 津市体育館の地鎮祭事件で第一審違憲判決。*10-25* 近鉄特急，青山トンネルで正面衝突事故。
1972		47	*7-24* 四日市公害訴訟，原告勝訴。*12-24* 田川亮三，知事に当選。
1973		48	*4-11* 志摩パールロード部分開通。*9-1* 国鉄伊勢線開通。
1974		49	*7-7* 豪雨で水害。*10-15* 松阪・東京間にフェリー開通。
1975		50	*9～10-* みえ国体開催。*10-21* 近畿自動車道(関・久居間)開通。
1976		51	*2-25* 県長期総合計画発表。
1977		52	*8-31* 県環境保全事業団発足。
1978		53	*4-1* 四日市公害対策協力事業団解散。

1980	昭和	55	*3-26* 名阪国道全線開通。*4-20* 熊野灘レクリエーション都市開園。
1981		56	*3-* 芦浜に原子力発電所建設再燃。
1982		57	*4-15* 松阪大学開校。*9-25* 県立美術館開館。
1983		58	*2-2* 県，第2次長期計画発表。
1984		59	*5-20* 名張市八幡工業団地完工。
1985		60	*2-8* 芦浜原発で初の県予算計上。
1986		61	*8-* 芸濃町に安濃ダム完成。
1987		62	*3-27* 伊勢鉄道(第三セクター)開業。*9-6* 松阪市中核工業団地起工式。
1988		63	*4-* 四日市大学開校。*6-1* 県情報公開制度開始。*7-9* 三重サンベルトゾーン構想，リゾート法で承認。
1989	平成	1	*3-21* 中部新空港，常滑沖候補地決定。*10-18* 斎宮歴史博物館開館記念式。
1990		2	*7-14* 鳥羽水族館新館完成。
1991		3	*1-18* 三重ハイテクプラネット21構想，国土庁で承認。
1993		5	*7-16* 伊勢内宮前に「おかげ横町」開業。*10-2* 第61回伊勢神宮式年遷宮。
1994		6	*4-22* 志摩スペイン村開場。*7-22〜11-2* 世界祝祭博覧会。
1995		7	*4-9* 北川正恭，県知事に当選。
1996		8	*1-20* 松阪市片部遺跡で日本最古の墨書土器発見。*8-1* 第1回地方分権セミナー，津市で開催(10県参加)。
1997		9	*11-1* 県，「三重の国つくり宣言」発表。
2000		12	*2-22* 北川正恭知事，芦浜原発白紙撤回を発表。
2001		13	*11-18* 海山町の住民投票で，原発反対派が勝利。
2002		14	*4-7* シャープ(株)工場，亀山市誘致で協定調印。*11-5* 北川正恭知事，3選不出馬表明。
2003		15	*4-13* 野呂昭彦(前松阪市長)，県知事に当選。*8-14* 多度町の県企業庁ごみ固形燃料焼却・発電施設で爆発事故。
2004		16	*7-7* 熊野古道が世界遺産登録。
2005		17	*2-5* 津なぎさまち完工式。*2-17* 中部国際空港開業に併せて高速連絡船開通。*3-25* 愛知万博開催。
2006		18	*3-11* 紀勢自動車道(勢和多気・大宮大台間)開通。

■ 沿 革 表

1. 国・郡沿革表

(2014年 8 月現在)

国名	延喜式	吾妻鏡 その他	郡名考・ 天保郷帳	郡区編制	現在 郡	現在 市
伊勢	桑《くは》名《な》	桑名 横郡	桑《くは》名《な》	桑名	桑《くわ》名《な》郡	桑《くわ》名《な》市
	員《いな》辨《へ》	員辨	員《いな》辨《べ》	員辨	員《いな》弁《べ》郡	いなべ市
	朝《あさ》明《け》	朝明	朝《あさ》明《け》	朝明	三《み》重《え》郡	四日市《よっかいち》市
	三《み》重《へ》	三重	三《み》重《へ》	三重		
	鈴《すす》鹿《か》	鈴鹿	鈴《すず》鹿《か》	鈴鹿		鈴鹿《すずか》市・亀山《かめやま》市
	河《かは》曲《わ》	河曲 川曲	河曲	河曲		津《つ》市
	奄《あん》藝《き》	奄藝 安藝	安《あん》藝《き》	奄藝		
	安《あ》濃《の》	安東 阿濃 安西 安濃	安《あ》濃《の》	安濃		
	壹《いち》志《し》	一志	一《いち》志《し》	一志		
	飯《いひ》高《たか》	飯高	飯《いひ》高《たか》	飯高		松《まつ》阪《さか》市
	飯《いひ》野《の》	飯野	飯《いひ》野《の》	飯野		
	度《わた》會《らひ》	度會 渡會	度《わた》會《らえ》 渡會	度會	度《わた》会《らい》郡	伊《い》勢《せ》市
	多《た》気《け》	多気	多《た》気《け》《たき》	多気	多《た》気《き》郡	
志摩	答《たう》志《し》	答志	答《とう》志《し》	答志		鳥《と》羽《ば》市
	英《あ》虞《こ》	英虞	英《あ》虞《ご》	英虞		
伊賀	阿《あ》拜《へ》	阿拜 阿閉《あへ》 綾《あや》	阿《あ》拜《え》	阿拜		伊《い》賀《が》市
	山《やま》田《た》	山田	山《やま》田《だ》	山田		
	伊《い》賀《か》	阿我 伊賀	伊《い》賀《が》	伊賀		名《な》張《ばり》市
	名《な》張《はり》	名張	名《な》張《ばり》	名張		
紀伊	牟《む》婁《ろ》	室 無漏	牟《む》婁《ろ》	北牟婁	北牟婁《きたむろ》郡	尾《お》鷲《わせ》市
				南牟婁	南牟婁《みなみむろ》郡	熊《くま》野《の》市

2. 市・郡沿革表

（2014年８月現在）

津《つ》　市

明治22年４月１日　京口《きょうぐち》町・立《たて》町など56カ町に伊予《いよ》町・岩田《いわた》村などを併合して市制施行

明治42年４月１日　建部《たてべ》村・塔世《とうせ》村編入

昭和９年６月１日　新町編入

昭和11年３月１日　藤水《ふじみず》村編入

昭和14年７月１日　一志《いちし》郡高茶屋《たかちゃや》村編入

昭和18年８月31日　安東《あんとう》村・神戸《かんべ》村・櫛形《くしがた》村編入

昭和27年６月15日　雲出《くもず》村編入

昭和29年１月15日　一身田《いっしんでん》町編入

昭和29年８月１日　白塚《しらつか》町・栗真《くりま》村・片田《かただ》村編入

昭和48年２月１日　豊里村（昭和32年１月15日高野尾村・大里村新設合併，豊里村設置）編入

平成18年１月１日　久居《ひさい》市（昭和30年３月１日久居町〈明治22年４月１日町制施行〉・桃園村・戸木《へぎ》村・七栗《ななくり》村・稲葉《いなば》村・榊原《さかきばら》村と合併。昭和45年８月１日市制施行）・安《あ》芸《げ》郡河芸《かわげ》町（昭和29年10月15日豊津村・上野村・黒田村新設合併，河芸町設置）・芸濃《げいのう》町（昭和31年９月30日河芸郡椋本《むくもと》村・明《あかり》村および安濃郡安西《あんざい》村・河内《こうち》村・雲林院《うじい》村新設合併，芸濃町設置）・安濃《あのう》町（昭和30年１月15日草生《くさわ》村・村主《すぐり》村・安濃村・明合《あけあい》村合併，協和村設置。昭和30年２月11日名称変更〈安濃村〉。昭和52年１月15日町制施行）・美里《みさと》村（昭和29年10月１日辰水《たつみず》村・長野村・高宮《たかみや》村新設合併，美里村設置），一志《いちし》郡香良洲《からす》町（昭和４年７月１日矢野村町制施行，香良洲町設置）・一志町（昭和30年１月15日大井村・波瀬《はぜ》村・川合村・高岡村新設合併，一志町設置）・白山《はくさん》町（昭和30年３月15日家城《いえき》町〈昭和15年11月３日家城村・境村合併町制施行〉・川口村・大三《おおみつ》村・倭《やまと》村・八ツ山《やつやま》村新設合併，白山町設置）・美杉《みすぎ》村（昭和30年３月15日竹原村・八知《やち》村・太郎生《たろう》村・伊勢地《いせじ》村・八幡《やわた》村・多気《たげ》村・下《しも》之川《のがわ》村新設合併，美杉村設置）新設合併

四日市《よっかいち》市

明治30年８月１日　四日市町（明治22年４月１日浜田村・浜一色《はまいっしき》村を併合，町制施行）市制施行

昭和５年１月１日　海蔵《かいぞう》村・塩浜村編入

昭和16年２月11日　富田《とみだ》町・富洲原《とみすはら》町・日永《ひなが》村・常盤《ときわ》村・羽津《はず》村編入

昭和18年９月15日　四郷《よごう》村・内部《うつべ》村編入

昭和29年３月31日　小山田《おやまだ》村編入

昭和29年７月１日　川島村・神前《かんざき》村・桜村・三重村・県《あがた》村・八郷《やさと》村・下野《しもの》村・大矢知《おおやち》村・河原田村編入

昭和32年４月15日　水沢《すいざわ》村・保々《ほぼ》村および三鈴《みすず》村の一部編入

平成17年２月７日　三重《みえ》郡楠《くす》町（昭和15年２月11日楠村町制施行）編入

伊勢《いせ》市

明治39年９月１日　宇治山田《うじやまだ》町（明治22年４月１日宇治および山田の各町をもって町制施行）市制施行

昭和16年５月５日　神社《かみやしろ》町編入

昭和18年12月１日　大湊《おおみなと》町・宮本村・浜郷《はまごう》村編入

昭和30年１月１日　豊浜村・北浜村・城田《きだ》村・四郷村編入，名称変更（伊勢市）

昭和30年４月１日　沼木村編入

平成17年11月１日　度会《わたらい》郡小俣《おばた》町（昭和３年11月３日町制施行。昭和28年11月１日北浜村の一部編入。昭和30年４月10日有田村の一部編入）・二見《ふたみ》町（明治41年５月１日東二見町・西二見町合併，町制施行）・御薗《みその》村（明治22年４月１日高向・長屋・新開・王中島・上條・小林の６カ村合併，御薗村設置）新設合併

松阪《まつさか》市

昭和８年２月１日　松阪町（明治22年４月１日町制施行，昭和６年４月１日神戸《かんべ》村編入）市制施行

昭和23年12月１日　松江村・朝見村編入

昭和26年12月１日　伊勢寺《いせでら》村編入

昭和27年12月１日　機殿《はたどの》村編入

昭和29年10月15日　花岡町・西黒部《にしくろべ》村・港村・東黒部村・阿坂《あざか》村・松ヶ崎村・松尾村編入

昭和30年３月15日　宇気郷《うきさと》村の一部編入

昭和30年４月１日　漕代《こいしろ》村・射和《いざわ》村・茅広江《ちひろえ》村・大石《おいし》村編入

昭和32年10月１日　大河内《おかわち》村・櫛田《くしだ》村編入

平成17年１月１日　一志《いちし》郡嬉野《うれしの》町（昭和30年３月15日中郷《なかざと》村・豊地村・中川村・豊田村・中原村および宇気郷《うきさと》村の一部新設合併，嬉野町設置）・三雲《みくも》町（昭和30年３月21日米ノ庄《よねのしょう》村・天白《あまじろ》村・鵲《かささぎ》村・小野江村新設合併，三雲村設置。昭和61年４月１日町制施行），飯南《いいなん》郡飯南町（昭和31年８月１日粥見町〈昭和８年２月11日粥見村，町制施行〉・柿野《かきの》町〈大正13年１月１日柿野村，町制施行〉新設合併，飯南町設置）・飯高《いいたか》町（昭和31年８月１日宮前村・川俣《かばた》村・森村・波瀬《はぜ》村新設合併，飯高町設置）と新設合併

桑名《くわな》市

昭和12年４月１日　桑名町（明治22年４月１日町制施行，大正12年４月１日赤須賀《あかすか》村・昭和８年３月20日益生《ますお》村・昭和12年３月20日西桑名町合併）市制施行

昭和26年３月２日　桑部村・在良《ありよし》村・七和《ななわ》村編入

昭和30年２月１日　深谷《ふかや》村および久米《くめ》村・東員《とういん》村の一部編入

昭和31年９月１日　城南村編入

平成16年12月６日　桑名郡多度《たど》町（昭和30年１月８日多度町〈昭和29年８月１日町制施行〉・野代《のしろ》村・古浜《ふるはま》村・七取《ななとり》村・古美《ふるみ》村新設合併，町制施行）・長島《ながしま》町（昭和30年４月１日長島町〈昭和29年10月23日町制施行〉・楠《くす》村新設合併，町制施行。昭和31年９月30日伊曽島《いそじま》村編入）と新設合併

伊《い》賀《が》市

平成16年11月1日　上野《うえの》市(昭和16年9月10日上野町〈明治22年4月1日町制施行〉・小田村・城南村・花之木村・長田《ながた》村・新居《にい》村・三田村合併，市制施行。昭和25年8月1日府中《ふちゅう》村・猪田《いだ》村編入。昭和25年12月16日友生《ともお》村および中瀬《なかせ》村の一部編入。昭和30年1月1日花垣《はながき》村・依那古《いなご》村・比自岐《ひじき》村編入。昭和30年2月1日丸柱《まるばしら》村の一部編入。昭和30年3月1日神戸《かんべ》村編入。昭和32年7月1日古山《ふるやま》村の一部編入)，阿山《あやま》郡伊賀町(昭和34年3月20日柘植《つげ》町〈昭和17年7月1日東柘植村町制施行〉・春日村〈昭和30年1月1日西柘植村・壬生野《みぶの》村新設合併，春日《かすが》村設置〉新設合併，伊賀町設置)・島ケ原《しまがはら》村(明治22年4月1日成立)・阿山《あやま》町(昭和29年10月1日河合《かわい》村・玉滝《たまたき》村新設合併，阿拝《あはい》村設置。昭和29年12月20日阿拝村・鞆田《ともだ》村新設合併，阿山村設置。昭和30年2月1日丸柱《まるばしら》村丸柱・音羽《おとば》を編入。昭和42年12月1日町制施行)・大山田《おおやまだ》村(昭和25年12月16日中瀬村の一部を山田村に編入。昭和30年4月13日山田村・布引《ぬのびき》村・阿波《あわ》村新設合併，大山田村設置)，名賀《なが》郡青山《あおやま》町(昭和30年3月1日阿保《あお》町〈大正9年3月1日町制施行〉・上津《こうづ》村・種生《たなお》村・矢持《やもち》村新設合併，青山町設置)新設合併，伊賀市設置

鈴《すず》鹿《か》市

昭和17年12月1日　鈴鹿郡5カ村と河芸《かわげ》郡神戸《かんべ》町・白子《しろこ》町など9カ町村が合併して市制施行

昭和29年8月1日　合川《あいかわ》村・天名《あまな》村・栄村編入

昭和32年4月15日　三鈴《みすず》村の一部編入

昭和42年4月1日　鈴峰《すずみね》村編入

名《な》張《ばり》市

昭和29年3月31日　名張町(明治13年簗瀬《やなせ》村を名張村と改称，明治22年4月1日町制施行)・滝川村・箕曲《みのわ》村・国津《くにつ》村合体して市制施行

昭和32年7月1日　古山村の一部編入

尾《お》鷲《わせ》市

昭和29年6月20日　尾鷲町(明治22年4月1日町制施行)・須賀利《すがり》村・九鬼《くき》村・北輪内《きたわうち》村・南輪内村新設合併，市制施行

亀《かめ》山《やま》市

昭和29年10月1日　亀山町(明治22年4月1日町制施行)・昼生《ひるお》村・井田川《いだがわ》村・川崎村・野登《のぼり》村新設合併，市制施行

昭和30年2月1日　白川村の一部・神辺《かんべ》村の一部編入

平成17年1月11日　鈴鹿《すずか》郡関《せき》町(明治22年4月1日町制施行。昭和30年2月1日白川《しらかわ》村の一部・神辺村の一部編入。昭和30年4月17日坂下村・加太《かぶと》村新設合併)と新設合併

鳥《と》羽《ば》市

昭和29年11月１日　鳥羽町(明治22年４月１日町制施行)・加茂《かも》村・長岡村・鏡浦《かがみうら》村・桃取《ももとり》村・答志《とうし》村・菅島《すがしま》村・神島《かみじま》村新設合併，市制施行

熊《くま》野《の》市

昭和29年11月３日　木本《きのもと》町(明治22年４月１日町制施行)・荒坂村・新鹿《あたしか》村・泊《とまり》村・有井《ありい》村・神川《かみかわ》村・五郷《いさと》村・飛鳥《あすか》村新設合併，市制施行

平成17年11月１日　南牟婁《みなみむろ》郡紀和《きわ》町(昭和30年３月１日上川《かみかわ》村・入鹿《いるか》村・西山村新設合併，紀和町設置)と新設合併

いなべ市

平成15年12月１日　員弁《いなべ》郡北勢《ほくせい》町(昭和30年４月１日阿下喜《あげき》町〈昭和４年３月10日町制施行〉・十社《とやしろ》村・山郷《やまさと》村新設合併，町制施行。昭和30年８月１日治田《はった》村編入)・員弁町(昭和16年２月11日笠田《かさだ》村・大泉原《おおいずみはら》村・大泉村合併，町制施行)・大安《だいあん》町(昭和31年９月30日石榑《いしぐれ》村・丹生川《にうがわ》村新設合併，石加《いしか》村設置。昭和34年４月20日梅戸井《うめどい》町〈昭和29年10月28日町制施行〉・三里村新設合併，大安町設置。昭和38年４月１日石加村合併)・藤原《ふじわら》町(昭和30年４月３日東藤原村・西藤原村・白瀬《しろせ》村・立田《たつた》村・中里《なかさと》村新設合併，藤原村設置。昭和42年４月１日町制施行)新設合併。いなべ市設置。市制施行

志《し》摩《ま》市

平成16年10月１日　志摩郡浜島《はまじま》町(大正８年10月１日町制施行)・大王《だいおう》町(昭和29年８月１日波切《なきり》町〈昭和３年８月１日町制施行〉・船越《ふなこし》村・名田《なた》村新設合併，大王町設置。昭和31年９月30日畔名《あぜな》村編入)・志摩町(昭和29年12月１日和具《わぐ》町〈昭和14年７月１日町制施行〉・片田《かただ》村・布施田《ふせだ》村・御座《ござ》村・越賀《こしか》村新設合併，志摩町設置)・阿児《あご》町(昭和30年１月１日鵜方《うがた》町〈昭和26年１月１日町制施行〉・神明《しんめい》村・立神《たてがみ》村・志島《しじま》村・甲賀《こうか》村・国府《こう》村・安乗《あのり》村新設合併，阿児町設置)・磯部《いそべ》町(昭和30年２月11日度会郡神原村の一部を磯部村に編入し，同日磯部村・的矢《まとや》村新設合併，磯部町設置)新設合併。志摩市設置。市制施行

桑《くわ》名《な》郡

木曽岬町《きそさきちょう》　平成１年５月１日　町制施行

員《いな》弁《べ》郡

東員町《とういんちょう》　昭和29年11月３日　大長《おおなが》村・稲部《いなべ》村・神田《かんだ》村および久米《くめ》村の一部新設合併，東員村設置

昭和42年４月１日　町制施行

三《み》重《え》郡

菰野町《こものちょう》　昭和31年９月30日　菰野町(昭和３年10月１日町制施行)・鵜川原《うがわら》村・竹永村新設合併，菰野町設置

昭和32年1月15日　朝明村《あさけ》(昭和30年4月1日朝上村《あさかみ》・千種村《ちぐさ》合併，朝明村設置)編入

朝日町《あさひちょう》　昭和29年10月17日　町制施行

川越町《かわごえちょう》　昭和36年5月1日　町制施行

多気郡《たき》

多気町《たきちょう》　昭和30年3月31日　相可町《おうか》(大正8年6月8日町制施行)・佐奈村《さな》・津田村新設合併，多気町設置

昭和34年4月15日　西外城田村《にしときだ》編入

平成18年1月1日　勢和村《せいわ》(昭和30年4月15日五ヶ谷村《ごかだに》・丹生村《にう》新設合併，勢和村設置。昭和30年8月1日松阪市上出江《かみいずえ》・下出江境界変更し，編入)と新設合併

明和町《めいわちょう》　昭和30年4月1日　大淀町《おおよど》(大正13年2月11日町制施行)・上御糸村《かみみいと》・下御糸村新設合併，三和町《みわ》設置

昭和30年4月15日　斉宮村《さいくう》・明星村《みょうじょう》新設合併，斉明村《さいめい》設置

昭和33年9月3日　三和町・斉明村新設合併，神郷町《しんごう》設置，名称変更(明和町)

大台町《おおだいちょう》　昭和31年9月30日　三瀬谷町《みせだに》(昭和28年4月1日町制施行)・川添村《かわぞえ》新設合併，大台町設置

平成18年1月10日　宮川村《みやがわ》(昭和31年5月3日荻原村《おぎわら》・領内村《りょうない》新設合併，宮川村設置。昭和34年1月10日宮川村・大杉谷村新設合併，宮川村設置)と新設合併

度会郡《わたらい》

玉城町《たまきちょう》　昭和30年4月10日　田丸町(明治22年4月1日町制施行)・東外城田村および有田村《うだ》の一部新設合併，玉城町設置

昭和31年9月30日　下外城田村《しも》編入

昭和32年4月1日　粟野《あわの》，伊勢市へ境界変更

昭和46年12月1日　有田村の一部(湯田)，小俣町《おばた》へ境界変更

度会町《わたらいちょう》　昭和30年4月1日　小川郷村《おがわごう》・内城田村《うちきだ》・一之瀬村・中川村新設合併，度会村設置

昭和43年1月1日　町制施行

南伊勢町《みなみいせちょう》　平成17年10月1日　南勢町《なんせい》(昭和30年2月11日五ケ所町《ごかしょ》〈昭和12年2月1日町制施行〉・穂原村《ほのはら》・南海村《みなみ》・宿田曽村《しゅくたそ》および神原村《かんばら》の一部新設合併，南勢町設置)・南島町《なんとう》(昭和30年4月1日吉津町・島津村・鵜倉村《うぐら》・中島村新設合併，南島町設置)新設合併。南伊勢町設置

大紀町《だいき》　平成17年2月14日　大宮町《おおみや》(昭和31年9月30日滝原町《たきはら》〈昭和15年2月11日町制施行〉・七保村《ななほ》新設合併，大宮町設置)・紀勢町《きせい》(昭和32年2月1日北牟婁郡《きたむろ》錦町《にしき》〈昭和15年11月10日町制施行〉・柏崎村《かしわざき》新設合併，紀勢町設置)・大内山村《おおうちやま》(明治22年4月1日成立)新設合併。大紀町設置

北牟婁郡《きたむろ》

紀北町《きほくちょう》　平成17年10月11日　紀伊長島町《きいながしま》(明治32年2月21日長島村町制施行。昭和25年12月15日二郷村《にごう》編入。昭和30年1月1日長島町・三野瀬村《みのせ》新設合併，

長島町設置。昭和30年２月５日赤羽《あかば》村編入。昭和45年８月１日町名を紀伊長島町に変更)・海山《みやま》町(昭和29年８月１日引本《ひきもと》町〈明治32年３月１日町制施行〉・相賀《あいが》町〈昭和３年11月３日町制施行〉・船津《ふなつ》村・桂城《かつらぎ》村新設合併，海山町設置)新設合併。紀北町設置

南牟婁郡《みなみむろ》

御浜町《みはまちょう》　昭和31年９月30日　市木《いちぎ》村・尾呂志《おろし》村新設合併，市木尾呂志村設置

昭和33年９月１日　阿田和《あたわ》町(昭和８年10月１日町制施行)・神志山《こうしやま》村・市木尾呂志村新設合併，御浜町設置

紀宝町《きほうちょう》　昭和29年10月31日　井田《いだ》村・御船村・相野谷《おのだに》村新設合併，紀宝町設置

平成18年１月10日　鵜殿《うどの》村(明治27年２月13日宇和野《うわの》村の大字鵜殿を分離して鵜殿村設置〈宇和野村の残りの大字井田・神内《こうのうち》は明治27年２月13日井田村となる〉)と新設合併

■　祭礼・行事

（2014年８月現在）

〔１月〕

大晦日《おおみそか》～１　**ゲーター祭**　➔鳥羽《とば》市神島町・八代《やつしろ》八幡(JR・近鉄鳥羽駅下車，佐田浜港から市営定期船)

大晦日の宵から元旦未明におよぶ八代神社の祭りである。直径２ｍほどのグミの木の輪を白紙でつつみ麻でまいた日輪《にちりん》「アワ」を，365の目盛りをつけたモチの木の棒「サバ」で空高く突きあげる。太陽神の復活説，女神の龍神にかかる性的祭祀《さいし》説がある。県無形民俗文化財。

大晦日～５　**尾鷲九木浦《おわせくきうら》の正月行事**　➔尾鷲市九鬼《くき》町(JR紀勢本線九鬼駅下車)

正月の予祝行事の一つであり，真巌寺《しんがんじ》本尊のオコナイとして行われていた。大晦日の夜，聖地ニラクラでの「ひょうけんぎょう」と九木神社での「夜籠」，元旦の「ニラクラの祭」，２日の「賀儀取《かぎとり》」と「オコナイ」，４日の「口開」「宵宮」，５日の「大禱」「賀儀取諸礼」「星祭」の諸行事が，鰤《ぶり》の大《おお》敷網《しきあみ》の株をもつ構成員が禱屋《とうや》をつとめて行われる。国・記録作成等の措置を講ずべき無形の民俗文化財選択。

３　**敢国《あえくに》神社の獅子舞《ししまい》**　➔伊賀《いが》市一之宮・敢国神社(近鉄上野市駅から三交バス柘植《つげ》駅行敢国神社前下車)

赤いシャグマを頭全体にかぶった獅子２頭と鼻高により，広前・四方神楽《かぐら》・剣舞などが舞われる。広前は２頭の獅子が笛太鼓の緩調子にあわせ神の広前にせまる古風なもので，鼻高は芸能的要素が強い。神事芸能から江戸時代には伊賀《いが》全域を回壇する攘災《じょうさい》招福の行事となった。正月の初舞，４月17日の春祭，12月の例祭の３回上演される。県無形民俗文化財。

上旬　**東大淀《ひがしおいず》の御頭神事《おかしらしんじ》**　➔伊勢市東大淀町(JR・近鉄伊勢市駅から三交バス東大淀下車)

旧暦正月11日に世襲の神楽師を中心に行われていた。佐登奈加《さとなか》神社での「七起こし舞」奉納ののち，町内の辻で御頭が太刀をふるってまわる「悪魔払い」を行う。町内のいっさいの災厄を一身に背負った御頭が海にすてにいく「ヘッコメヤイ」神事。夜には千引神社前で御頭と村人による「竹ヤライ」神事ののち，御頭が火のなかに飛びこみ，最後に「悪魔払い」が舞われる。県無形民俗文化財。

14　**かんこ踊**　➔松阪《まつさか》市小阿坂《こあざか》町・阿射加《あざか》神社(JR・近鉄松阪駅から三交バス阿坂行阿坂小学校前下車)

神社境内で「火試し粥《かゆ》試し神事」「どんど火」の行事とともに行われる。中央の音頭取りを，大羯鼓《おおかっこ》・小羯鼓《しょうかっこ》を胸につるした男子が輪をつくり，その外側に団扇《うちわ》踊りの女子，采《さい》持ち，笛吹き，貝吹きが輪をなして，豊作祈願や神への感謝の踊りを奉納する。古くは夏の行事であった。県無形民俗文化財。

第４日曜　**山神《やまがみ》の獅子舞**　➔度会《わたらい》郡玉城《たまき》町山神(JR参宮線田丸駅から三交バス山

神下車)
山田禅寺《さんでんぜんじ》の本堂で，僧による大般若経《だいはんにゃきょう》転読ののち，阿弥陀如来《あみだにょらい》の前で雌獅子による内舞《なかまわ》しを舞う。その後，前庭で外舞しの神事がはじまる。黒面・赤面の魔物の舞に周囲から松かさが投げられ，怒った魔物が見物人らを追いかけるが，獅子が魔物を退散させる。獅子と大般若経がからんだ興味深い芸能である。県無形民俗文化財。

〔2月〕

2　**花《はな》の窟《いわや》のお綱《つな》かけ神事**　➔熊野市有馬《ありま》町(JR熊野市駅からバス新宮駅前行花の窟神社前下車)
『日本書紀』のイザナミ葬地伝承の地。50mほどの巨大な岸壁の頂上から約50mはなれた松の大木の梢《こずえ》に扇や梅・椿《つばき》・菊などの季節の花や夏蜜柑《なつみかん》などを幡《はた》形につるした長さ100尋《ひろ》の綱を氏子らの老若男女が海岸まで曳《ひ》いて，この綱で災厄をさえぎろうと綱を張る。祭は，10月2日にも行われる。県無形民俗文化財。

7　**伊奈冨《いのう》神社の獅子神楽《ししかぐら》**　➔鈴鹿市稲生《いのう》町・伊奈冨神社(近鉄白子《しろこ》駅から三交バス亀山方面行稲生下車，伊勢鉄道鈴鹿サーキット稲生駅下車)
3年に一度，丑《うし》・辰《たつ》・未《ひつじ》・戌《いぬ》の年に4月16日まで稲生町内を巡回する。御頭4頭を中心に，ダンチョ・中起し・扇の舞・紙扇・烏《からす》とび・御湯立《おいた》て・花の舞・越し舞の順で舞われる。江戸時代には伊勢国中を回壇しており，伊奈冨神社の獅子舞を伝習した獅子舞が北勢地方を中心に伝承される。県無形民俗文化財。

上旬　**棚橋《たなはし》の御頭神事**　➔度会郡度会町棚橋(JR・近鉄伊勢市駅から三交バス福祉センター行棚橋コミュニティーセンター前下車)
旧暦正月12日が本祭日である。獅子舞は昼の「座敷舞」と夜の「打ち舞」があり，座敷舞は「宿」に人びとが訪れ供物を奉納する。打ち舞は，庭先で獅子2人と天狗1人で天狗と見物人による問答「ウマ」などが行われる。県無形民俗文化財。

第2土曜　**御頭《おかしら》神事**　➔伊勢市高向《たかむく》(近鉄宮町駅下車)
獅子頭は神の依代《よりしろ》として御頭と尊称される。昼間は高向神社や禱屋などで素戔嗚尊《すさのおのみこと》の大蛇退治《おろちたいじ》を仕組んだ七起こしの舞を演《す》じる。また，フクメモノといって御頭で各戸をお払いしてまわる。夜には打《うち》祭といって，御頭揚げ，杉太夫の太刀舞など盛大な火祭りが行われる。古来神領山田の産土神《うぶすながみ》七社の御師の神楽役人が創始したと伝えられ，高向では禱屋制で伝承されている。国無形民俗文化財。

11　**牛蒡祭《ごんぼ》**　➔津市美杉町下之川《しものかわ》・仲山《なかやま》神社(JR名松線伊勢竹原駅から村営バス丹生俣《にうのまた》行上村下車)
頭屋《とうや》祭で，旧正月15日が本祭日である。味噌であえたゴボウを神社に奉納するところから牛蒡祭とよばれるが，巨大な木製の男根とワラ製の女根を使用するところから別名ヘノコ祭ともよばれる。祭りは，境内での頭渡し式，御

弓役の的射，九切祭《くぎり》とよばれる小笠原流の包丁式で鰡《ぼら》を生酢につけ，ふるまう。県無形民俗文化財。

11　**一之瀬《いちのせ》獅子神楽**　➔度会郡度会町南中村・脇出《わきで》・市場・和井野《わいの》(JR・近鉄伊勢市駅から三交バス神前・古和《こわ》・中村行脇出下車)

行事は常頭屋制で行われ，獅子，素良《すら》(天狗《てんぐ》)，歌役を中心に構成される。舞は本素良《ほんずら》，鉾《ほこ》，頭《かしら》，素良，頭，素良，頭，堂舞の順に行い，頭の舞の途中に「フクメモノ」の儀式がある。神祭歌は，いずれも祝い歌である。県無形民俗文化財。

11　**椿《つばき》神社の獅子神楽**　➔鈴鹿《すずか》市山本《やまもと》町・椿神社(近鉄四日市駅から三交バス椿大神社行終点下車)

丑・辰・未・戌の3年に一度の春の大祭に舞われる。獅子は1頭で，初段の舞・越しの舞・扇の舞・後起しの舞・御湯立の舞・小獅子の舞と続き，最後に花の舞となる。伊奈冨《いのう》神社の獅子神楽と同系統の獅子舞である。県無形民俗文化財。

11～12　**正月堂《しょうがつどう》の修正会《しゅしょうえ》**　➔伊賀市島ケ原・観菩提寺《かんぼだいじ》(近鉄上野市駅から三交バス中矢《なかや》行正月堂東下車)

観菩提寺のナオライ行事で，11日に大餅会式《だいひょうえしき》，12日に御行《おこない》結願法要が行われる。大餅会式は，大餅を頭屋宅から「エトウ，エトウ」と大声をあげ，セックモリという野菜などでつくった鬼頭，餅花やケズリバナ風の夫婦ツバメをつけたナリバナなどで行列をくみ，正月堂まで練り込み，お供えし，お祝いの数え歌を一同でうたっておさめる。御行結願法要は，練行衆《れんぎょうしゅう》が本尊厨子《ずし》の周囲をまわりながら牛玉杖で乱打する「ほぞのき驚覚法」や，火天・水天が大導師のランジョオーの声，乱声方《らんじょうかた》の鉦《かね》，太鼓，ホラ貝，拍子木の大音響のなか，火と水をふりかざし荒々しく交差する「達陀《だったん》の行法」などを行う。県無形民俗文化財。

20　**馬瀬《まぜ》の狂言《きょうげん》**　➔伊勢市馬瀬町・馬瀬神社(JR・近鉄伊勢市駅から三交バス大湊行大湊下車)

神社の祭日に「豊年貢」「長久楽」などが演じられる。狂言は，伊勢三座の系譜を引く通《とおり》と一色《いっしき》に伝わるが，馬瀬では一部に囃子《はやし》のはいるものがあり特徴とされる。19世紀後半京都の狂言師野村小三郎玉泉が伝えたといわれる。県無形民俗文化財。

〔3月〕

上旬　**和谷式神楽《わやしきしんがく》**　➔伊勢市一色町(JR・近鉄伊勢市駅から三交バス一色行一色町下車)

伊勢三座(青苧《あおそ》・勝田・和屋《わや》)和屋(和谷)流の能楽である。最初に神楽という呪師《じゅし》芸が演じられ，舞台を清め，四方固めを行う。呪師芸は，修正会や修二会《しゅにえ》の呪師の系統に属し，末流では歌舞伎の三番叟《さんばそう》になったという。和谷式神楽のうち「一色の翁舞」は，国の記録作成等の措置を講ずべき無形の民俗文化財に選択されている。県無形民俗文化財。

〔4月〕

上旬　**唐人《とうじん》おどり**　➔鈴鹿市東玉垣町・須賀《すが》神社(近鉄白子《しろこ》駅から三交バス中天王町下車，近鉄千代崎駅下車)

県内の唐人おどりの伝承地は，津市と当地の2カ所のみである。須賀神社春祭に，稚児《ちご》(浦安舞)・御輿《みこし》の渡御などとともに行われる。3人の唐人と6人の囃子が異国情緒のある衣装をつけ，唐人が，ダイナミックな跳躍を演じる。県・記録作成等を講ずべき県指定以外の無形民俗文化財選択。

中旬　**屋台行事**　➔鈴鹿市白子町・勝速日《かつはやひ》神社(近鉄白子駅下車)

東町・西町・中町・山中町の自治会の神社祭礼として行われ，山車《だし》ではない二層屋形の吹き抜け四輪で，幕を多用した芸屋台の屋台に鉦打ちの大太鼓と篠笛《しのぶえ》の囃子がともなう。県・記録作成等を講ずべき県指定以外の無形民俗文化財選択。

〔5月〕

4・5　**上《あ》げ馬《うま》神事**　➔桑名市多度町多度・多度神社(JR・近鉄養老線多度駅から三交バス美鹿《びろく》行多度神社前下車)

多度神社は，北伊勢大神宮ともよばれる式内社である。上げ馬は，本来神に良馬を献ずるものであったが，後世土壁を駆けあがる神事に変化した。騎手は，各字《あざ》の少年で人馬とも急峻《きゅうしゅん》な坂を駆けのぼることで年の豊凶を占った。県無形民俗文化財。

5　**猿田彦《さるたひこ》神社の御田植《おたうえ》**　➔伊勢市宇治浦田町・猿田彦神社(JR・近鉄伊勢市駅から三交バス外宮《げくう》・内宮《ないくう》循環猿田彦神社前下車)

神田祭ののち，笛・太鼓・ささら・鼓による囃子のなか，植え方による挿苗の儀，「えびす」「だいこく」を描いた大団扇《おおうちわ》を神田中央で打ち合わす団扇相撲《ずもう》で今年の吉凶を占う。その後，拝殿前で挿苗から刈り取り，俵しめの豊年踊りが，「ハエヤーハエ」のかけ声のなか奉納される。県無形民俗文化財。

中旬　**伊勢神宮の御田《おみた》祭**　➔伊勢市楠部《くすべ》町・伊勢神宮(近鉄五十鈴川《いすずがわ》駅下車)

御田祭は，笛・楽・ささら・太鼓・小鼓が囃すなか，御田植えを行い，エビスとダイコクの神田中央での「団扇合わせ」の行事をおえ，大土御祖《おおつちみおや》神社境内へ踊りこむ「祝入《ほぎい》り」と，最後に稲作の流れを模した田舞が行われる。県無形民俗文化財。

〔6月〕

24　**磯部《いそべ》の御神田《おみた》**　➔志摩《しま》市磯部町上之郷《かみのごう》・伊雑宮《いざわのみや》(近鉄上之郷駅下車)

神宮の別宮伊雑宮の御料田の田植神事である。田植人《たちど》と早乙女《さおとめ》が苗取ののち，笹葉のついた大団扇をつけた忌竹を畦《あぜ》に立て，裸の若者が奪いあう。田を杁《えぶり》差《さ》ししながら，早乙女と田植人が交互にならんで，太鼓・ささら・笛などの囃子と謡曲のもとで田植えをする。途中で酒宴となり，ささら役が「刺鳥差舞」を舞い，田植えがおわると伊雑宮まで唄をうたいつつ踊りこむ。国無形民俗文化財。

〔7月〕

最終土・日　祇園祭《ぎおん》　➡伊賀市平田・植木神社(近鉄上野市駅から三交バス宮ノ前下車)

24日夕刻より豪華な3台の楼車に提灯《ちょうちん》を灯《とも》し，笛・鉦・太鼓で囃し，町内を巡行する。25日深夜に勇壮に練る神輿にはじまり，午後には花を背負った男児を先頭に花の行列が植木神社まで進む。県無形民俗文化財。

〔8月〕

第1土・日　石取祭《いしとり》　➡桑名市本町・春日《かすが》神社(JR・近鉄桑名駅から三交バス市内循環田町下車)

社地修理，流鏑馬場《やぶさめば》修理のため氏子が7月7日から17日まで町屋川の新しい栗石を車にのせて，鉦・太鼓を打ち鳴らし奉納した。現在は，祭車30数台，華麗な装飾の山車で鉦・太鼓で盛んに囃し，日本一やかましい祭ともいわれている。県無形民俗文化財。

4　オンナイ念仏会《ねんぶつえ》　➡鈴鹿市三日市町(近鉄三日市駅下車)

如来寺《にょらいじ》・太子《たいし》寺の境内と周辺で行われる念仏行事。東西2組に分かれ，町内の聖地で傘鉾《かさぼこ》の周囲にしゃがみ，鉦にあわせ「おんない念仏」を唱える。オンナイは，「御身無」に語源をもち，浄土真宗系の念仏行事である。県無形民俗文化財。

13・15　香良洲《からす》町の宮踊《みやおどり》　➡津市香良洲町・香良洲神社(JR・近鉄津駅から香良洲町行バス香良洲神社下車)

香良洲神社の祭礼に奉納される太鼓踊りである。かつては旧暦の7月14〜16日に行われていた。13日は初盆を供養する精霊《しょうろう》踊り，15日は馬場・地家《じげ》・砂原・小松地区の特色ある傘鉾(ダシ)を用い，カンコ踊り系の芸能である。県無形民俗文化財。

13〜15　かんこ踊　➡松阪市猟師町(近鉄松阪駅から三交バス猟師町行猟師町下車)

初盆の精霊供養の踊り。頭にシャゴマをかぶり，紺《こん》の法被《はっぴ》に手甲脚絆《てっこうきゃはん》姿の踊り手4人と音頭取り数人を取りかこみ，一般の人が浴衣《ゆかた》がけで団扇をもち，「世の中」「ゆきがり踊」「網かけ」「うぐいす」など35曲を踊る。県無形民俗文化財。

旧14・15　安乗《あのり》の人形芝居　➡志摩市阿児《あご》町安乗・安乗神社(近鉄鵜方《うがた》駅から三交バス安乗下車)

旧暦8月14・15日の安乗神社の祭礼で境内に舞台を設け演じられる。演題は「阿波《あわ》の鳴門《なると》」「菅原伝授手習鑑《すがわらでんじゅてならいかがみ》」など淡路《あわじ》系を伝える。また，大晦日には式三番叟(翁・千歳・三番叟)を本殿に移し，正月2日，日の出をあびて舞う。三人遣いの人形芝居と，新年の大漁祈願の民俗行事が結びついた文化財である。国無形民俗文化財。

14・15　鯨船《くじらぶね》行事　➡四日市市富田・鳥出《とりで》神社(JR・近鉄富田駅下車)

伝統的な捕鯨習俗を風流行事に取りいれ，鯨の発見・追跡，親子鯨の反撃，

銛《もり》打ちを奉納する。豪華な装飾をほどこした4艘の鯨船を曳きまわし，竹製の鯨を追う勇壮な行事は，豊漁を祈念する漁村の伝統行事であり，「北勢・熊野の鯨船行事」として，四日市市 南納屋《みなみなや》町・磯津町，三重郡楠《くす》町，尾鷲市梶賀《かじか》の行事が国の記録作成等の措置を講ずべき無形の民俗文化財として選択されている。国無形民俗文化財。

14〜16　**かんこ踊**　➔松阪市松崎浦町(近鉄松阪駅から三交バス津駅前行米ノ庄下車)

初盆の精霊を弔う念仏踊りの性格が強い。踊り子は若者6人で，1人ずつ打ち手がつき，頭に花笠をかぶり，紺の法被，白木綿の手甲脚絆，白襷《しろだすき》をかけ，顔をおおい羯鼓《かっこ》をつる。歌には「花王河」「七ツ児」「塞《さい》の河原」などがある。県無形民俗文化財。

14・15　**志摩加茂五郷《しまかもごごう》の盆祭《ぼんまつり》行事**　➔鳥羽市松尾町・河内《こうち》町(JR・近鉄鳥羽駅から三交バス国崎行杉ケ瀬下車)

加茂五郷の共通の墓地で行われていた盆祭行事である。14日の夕刻若者組が鉦・太鼓・羯鼓・法螺貝《ほらがい》・横笛を奏し，これにあわせ「念仏」と称する踊りを繰りかえしながら町内を一巡するネンブツイレと15日の深夜に高さ10mほどの柱松のツボキ手松明《たいまつ》を投げあげ点火させ盛大に火を焚《た》くヒバシラマツリからなる。県無形民俗文化財。

14・15　**ささら踊り**　➔志摩市阿児町立神《たてがみ》(近鉄鵜方駅から三交バス立神下車)

盆の精霊供養行事で，陣ばやし・ささら踊り・なむで踊りで構成される。大念仏と典型的なカンコであるささら踊りをあわせて行い，陣ばやしは2列縦隊で太夫の歌・笛・太鼓にあわせ大童《おおわらべ》・小童が掛け合い声をあげ進む。なむで踊りは，念仏囃子の系譜である。県無形民俗文化財。

15　**円座《えんざ》の羯鼓《かんこ》踊**　➔伊勢市円座町・正覚寺《しょうかくじ》(JR・近鉄伊勢市駅から三交バス南島方面行円座下車)

夕刻から正覚寺境内で行われる盆行事。踊り手は，白馬の尾でつくったシャグマをかぶり，白黒の胴着，菅の腰蓑《こしみの》をつけ，羯鼓を腹につるし，手にバチをもつ。念仏踊りは「大踊」「一心きみょう」など5種，豊饒踊りに「牛若」「数え歌」など5種が伝えられる。県無形民俗文化財。

16　**佐八《そうち》の羯鼓踊**　➔伊勢市佐八町・長泉寺ほか(JR・近鉄伊勢市駅から三交バス南島《なんとう》方面行佐八農協下車)

15日の長泉寺での盆供養の精霊踊りと16日の鎮守の祭礼での踊りからなる。篝火《かがりび》を中心にシャグマ・花笠の踊り手が貝と鉦の囃子でカンコを踊りこむ「大踊り」ののち「念仏踊り」が行われる。16日の祭礼は，「入破《いれは》」「泉式部《いずみしきぶ》」などの歌主体の踊りが奉納される。県無形民俗文化財。

盆のころ　**本郷《ほんごう》の羯鼓踊**　➔松阪市飯南町 向粥見本郷《むかいかゆみほんごう》(JR・近鉄松阪駅から三交バス粥見神社下車)

大法螺貝を染め抜いた紺の法被，脚絆，白足袋に長大な桜花の造花を背負い，胸に羯鼓をつるした踊り子が法螺貝と歌にあわせて踊る。「宝踊」「入踊」

「御宮踊」など12曲が伝えられる。旧暦6月14日の祇園祭に牛頭天王社《ごずてんのうしゃ》境内で踊られていたが，近年は3～5年に1度，医王寺《いおうじ》境内で催される。県無形民俗文化財。

〔9月〕

上旬　**波切《なきり》のわらじ曳《ひ》き**　➡志摩市大王町波切(近鉄鵜方駅から三交バス御座《ござ》・波切行波切下車)

祭日の前日に縦3m，横1mのわらじをつくり，当日の午後波切神社に奉納され，稚児の踊りとともに太鼓・笛にあわせ祭文が読誦《どくじゅ》される。拝殿をでたわらじは，須場《すば》の浜で神饌《しんせん》をそなえられ神職の祓《はらえ》をうけ，念仏講中が祝い歌「えれわか」を合唱したのち，若者にかつがれ海に放される。県無形民俗文化財。

〔10月〕

第1土・日　**唐人踊**　➡津市分部《わけべ》町・八幡神社(JR・近鉄津駅から三交バス三重会館前下車)

津市八幡神社の大祭に行われる民俗芸能で，朝鮮通信使の行列を模したもの。唐人の面やチャルメラ風のラッパなど異国情緒を物語る。津藩主2代藤堂高次《とうどうたかつぐ》の時代からはじめられたと伝えられる。県無形民俗文化財。

10　**神事踊《しんじおどり》**　➡伊賀市山畑・勝手《かって》神社(JR関西本線新堂駅から三交バス上野産業会館行川東《かわひがし》下車)

勝手神社の神事踊は風流《ふうりゅう》踊りに類するもので，県内に多数あるカンコ踊りのなかで，雨乞《あまごい》系の代表的なものである。中央に赤い前だれのついた笠をかぶった大太鼓の楽打を取りかこんで，色とりどりの花をつけてたらしたオチズイを背負い，胸につけた羯鼓を打ちながら踊る。国・記録作成等の措置を講ずべき無形の民俗文化財選択。

23～25　**上野《うえの》天神祭**　➡伊賀市・菅原《すがわら》神社(近鉄上野市駅下車)

菅原神社秋祭として行われ，9台の楼車と100人におよぶ鬼行列で構成される。楼車は，豪華な幕飾りや精巧な彫金金具をきそい，祇園囃子が囃される。鬼行列は，大御幣《ごへい》を先頭に供養面とよぶ能狂言面をかぶった鬼たちが行列するもので，鬼神面・男面・女面も用いる。国重要無形民俗文化財。

〔11月〕

3　**二木島《にきしま》祭**　➡熊野市二木島町・甫母《ほぼ》町・二木島里町(JR紀勢本線二木島駅下車)

五色の幔幕《まんまく》に吹き流しをかざった豪華な関船《せきぶね》2艘が競漕する。船は，八挺櫓《はっちょうろ》で，1挺の櫓に4人，総勢約40人が歓声をあげ，太鼓の早打ちにのって，室古《むろこ》神社と阿古師《あこし》神社のあいだを競漕する。途中，着飾った幼年のオドリコが船のミヨシで舞い，随行船では少年たちがカツオツリの所作を行う。この行事は，当屋制を伝えている。県無形民俗文化財。

〔12月〕

24　**伊勢太神楽《いせだいかぐら》**　➡桑名市太夫《たゆう》・増田神社(JR・近鉄桑名駅から三交バスネオポ

リス・大山田団地行太夫下車)

悪魔祓いの獅子舞「鈴の舞」「四方の舞」「扇の舞」に放下芸(曲芸)「剣三番叟」「水の曲」，それに固有の神楽舞「吉野舞」「剣の舞」など多数の舞が伝えられる。毎年12月24日の増田神社祭礼の奉納以外は，各地を巡行。国重要無形民俗文化財。

〔その他〕

伊勢の「お木《きび》曳き」「白石持《しらいしも》ち」行事 ➔伊勢市・伊勢神宮(JR・近鉄伊勢市駅から三交バス内宮下車)

式年遷宮《しきねんせんぐう》にかかる行事の一つであり，「お木曳き」は旧神領の人びとが造営の初期に用材を運搬する行事であり，「白石持ち」は造営が完了したころに正殿の周囲に敷石を奉納する行事である。国・記録作成等の措置を講ずべき無形の民俗文化財選択。

松阪木綿の紡織習俗 ➔松阪地方(JR・近鉄松阪駅下車，「手織りセンター」で見学)

松阪木綿の特徴は「松阪縞《じま》」の名でも知られるように経《たて》糸の織りなす縞にあり，『和漢三才図会《わかんさんさいずえ》』に「勢州松阪を上となす」と記され，松阪木綿を最上品としている。国・記録作成等の措置を講ずべき無形の民俗文化財選択。

■ 参考文献

【三重県における地域史研究の現状と課題】

三重県の研究状況にふれる前にのべておかなければならないのは，研究の素材となる史料集の刊行が遅れているという現状であろう。多くの重要史料が翻刻されておらず，そのことが研究の裾野を広げるさまたげとなっている。

とはいえ，『三重県史』資料編の刊行も進み，最近発行される自治体史のなかには史料編を伴うものも増加し，また自治体独自の史料集を刊行するところもあり，こうした状況は少しずつではあるが打開されつつある。

各時代ごとに研究状況を概観すると，考古学分野では，ほかの地域と同様，発掘が盛んに行われ，それに伴い新発見があいついでいる。ことに最近では，鈴鹿関《すずかのせき》，伊勢国府，伊賀国府，中世城館，斎宮《さいぐう》跡，中世都市の発掘が行われ，文献史学との緊密な共同研究が要請されているといえよう。

古代史では，斎宮制度，神郡《しんぐん》の研究が活発であり，これに関連して祭主や権禰宜《ごんねぎ》層など伊勢神宮祠官の権限，歴史的役割に焦点をあてた研究も行われている。しかし残された問題も多い。神宮領の個別的研究は寛丸名《わたけまろみょう》，伊賀神戸《かんべ》などをのぞくと蓄積が少ない。荘公領の研究も黒田荘，大国荘などを例外として，研究が十分行われているとはいいがたい。とくに国衙領の研究は史料の制約もあり，皆無といってよい。

中世では，海運，都市，郷村制，国人などの研究が進んでいる。とくに最近では，発掘成果に基づく港湾都市安濃津《あのつ》の研究が進展している。だが課題も多い。とりわけ政治史分野では研究の立ち遅れがめだつ。このため都市，国人といった研究も障壁に突きあたらざるをえない，というのが現状であろう。織豊期・近世初期については，基礎的研究がまたれるという状況である。

近世史では，各藩藩政史，都市，商業，漁業史，伊賀無足人などと幅広く研究が蓄積されているものの，たとえば，藩政史の研究では藩主の事績に終始している研究も多く，幕藩体制の成立，展開，動揺といった視角からの研究がまたれるところである。

近・現代史では新出史料による地租改正，伊勢暴動の研究，民権運動史，部落解放運動史，紡績業を中心とする産業史，鉄道事業の研究など新しい研究が蓄積されつつあり，『三重県史』資料編近代が完結したこともあり，今後の研究の進展が期待される。

県内の研究誌も，従来の『三重の古文化』『郷土志摩』などに加えて，『三重県史研究』(15号)，『四日市市史研究』(13号)のほか若手研究者集団の研究誌『Mie History』(10号)などが刊行され，次々と漸新な研究が発表されつつあり，今後の成果が期待されるところである。

【通　史】
大西源一『三重県郷土史』 大和学芸図書　1977
小玉道明ほか『文化誌日本　三重』 講談社　1984
杉本嘉八『三重県の歴史』 宝文館　1954
西垣晴次・松島博『三重県の歴史』 山川出版社　1974
三重県編『三重県史』 三重県　1964
三重県編『三重県史』 全30巻(既刊-資料編考古1・2，古代1(上・下)，中世1(上・下)，中世2，近世1・2・3(上・下)・4(上・下)・5，近代1-4，現代1-3，別編(統計・絵図/地図・自然・建築編)　1987-
三重県社会科教育研究会編『史跡と人物でつづる三重県の歴史』 三重県社会科教育研究会　1981
三重県高等学校社会科研究会編『三重県の歴史散歩』 山川出版社　1975
平松令三・伊藤達雄監修『三重県風土記』 旺文社　1989

【自治体史・地域史】
青山町役場編『青山町史』 青山町役場　1979
阿児町役場編『阿児町史』 阿児町役場　1977
阿児町史編纂委員会編『新版阿児町史』 阿児町役場　2000
安濃郡現職教育委員会編『安濃郡誌』 安濃郡現職教育委員会　1955
安濃町史編纂委員会編『安濃町史』2巻(通史編・資料編)　安濃町役場　1994・99
阿山町教育委員会編『阿山町の古文書資料』1・2集　阿山町教育委員会　1991・93
飯高町役場編『飯高町郷土史』 飯高町役場　1986
飯南町役場編『飯南町史』 飯南町役場　1984
伊賀上野紺屋町史編纂会編『伊賀上野紺屋町史』 伊賀上野紺屋町史編纂会　1974
伊賀町郷土史研究会編『伊賀町の古文書』1・2　伊賀町郷土史研究会　1981
伊賀町役場編『伊賀町史』 伊賀町役場　1979
伊賀町役場編『伊賀町のあゆみ』 伊賀町役場総務課町史編さん室　2004
池山始三『田丸郷土史』 三重県郷土資料刊行会　1977
伊勢市教育委員会編『河崎―歴史と文化』 伊勢市教育委員会　1983
伊勢市役所編『伊勢市史』 伊勢市役所　1968
磯部郷土史刊行会編『磯部郷土史』 磯部郷土史刊行会　1963
磯部町史編纂委員会編『磯部町史』上・下巻　磯部町役場　1997
一志町役場編『一志町史』上・下　一志町役場　1982
伊藤重信『長島町誌』2巻　長島町教育委員会　1974
員弁町史編纂委員会編『員弁町史』 員弁町教育委員会　1991
色井秀譲『白山町今昔噺』 白山町教育委員会　1972
上野市史編さん委員会編『上野市史』文化財編，自然編，民俗編上・下，芭蕉編　上野市　1961-2004

宇治山田市役所編『宇治山田市史』2巻　宇治山田市役所　1929
鵜殿村史編さん委員会編『鵜殿村九十年史』 鵜殿村役場　1984
鵜殿村役場編『鵜殿村史』2巻(史料編・通史編) 鵜殿村役場　1991・94
梅原三千『伊勢久居藩史』 三重県郷土資料刊行会　1971
嬉野町役場編『嬉野町史』 嬉野町役場　1981
嬉野町役場総務課嬉野町史編纂室編『嬉野史』自然編　嬉野町　2004
遠藤千『員弁の歴史散歩』 員弁郡郷土史刊行会　1979
大内山村役場編『大内山』 大内山村役場　1976
大内山村史編纂委員会編『大内山村史』本編・文化編　大内山村　2004
大里村史編纂委員会編『大里村史』 大里村史編纂委員会　1959
大台町役場編『大台町史』 大台町役場　1996
大西源一『相可町史』 相可町教育委員会　1952
大西源一ほか『一志郡史』上・下　一志郡町村会　1959
大林日出雄編『伊勢片田村史』 村史編纂協議会　1959
大宮町役場編『大宮町史』2巻(自然編・歴史編) 大宮町役場　1986・87
大山田村古文書研究会編『大山田村の古文書』1－4　大山田村教育委員会　1989-95
大山田村史編纂委員会編『大山田村史』上・下　大山田村史編纂委員会　1982
岡田文雄『久居市史』上・下　久居市役所　1972
小俣町役場編『小俣町史』2巻(通史編・史料編) 小俣町役場　1988
尾鷲市役所編『尾鷲市史』2巻　尾鷲市役所　1969-71
語りつぐ機殿編纂委員会編『語りつぐ機殿郷土史』 松阪市機殿公民館　1991
金子延夫『玉城町史』3巻　三重県郷土資料刊行会　1983-84
香良洲町教育委員会編『香良洲町史』 香良州町教育委員会　1993
河芸町教育委員会編『河芸町郷土史』 河芸町教育委員会　1978
河芸町史編さん委員会編『河芸町史』史料編上・下，絵図編，本文，文化編　河芸町役場　2000-01
川越町役場編『川越町史』 川越町役場　1971
川越町史編纂委員会編『川越町史』 川越町　1998
紀伊長島町役場編『紀伊長島町史』 紀伊長島町役場　1985
紀勢町史編纂委員会編『紀勢町史』記録編・自然編　紀勢町　2001
木曾岬村役場編『木曾岬村史・同補遺編』 木曾岬村役場　1969・85
木曾岬町役場編『木曾岬町史』 木曾岬町役場　1998
郷土史編集刊行委員会編『三重一志白山町文化誌』 白山町教育委員会　1973
紀和町教育委員会編『紀和町史』3巻(上・下・別巻) 紀和町教育委員会　1991・93・94
楠町教育委員会編『楠町史』 楠町教育委員会　1978
熊野市史年表編纂委員会編『熊野市史年表』 熊野市役所　1994
熊野市史編纂委員会編『熊野市史』上・下　熊野市役所　1983

栗田秀夫『朝日町史』 朝日町役場　1974
桑名市教育委員会編『桑名市史』3巻　桑名市教育委員会　1959-87
芸濃町教育委員会編『芸濃町史』上・下　芸濃町教育委員会　1986
児玉幸多・北島正元編『新編物語藩史』第7巻　新人物往来社　1977
後藤薄『ふるさと香良洲の歴史』 香良洲町役場　1981
菰野町役場編『菰野町史』 菰野町　1941
菰野町役場編『菰野町史』3巻(上・下巻・自然編)　菰野町役場　1987-97
近藤重太郎『北勢町川原郷土史』 三重県郷土資料刊行会　1973
近藤実『員弁史話』 員弁郡好古史研究会　1981
近藤杢『員弁史話』 さのや石井書店　1974
舌津顕二『白子郷土史』2巻　私家版　1962
島川安太郎『松阪の町の歴史』 松阪郷土史刊行会　1965
島ヶ原郷土史研究会編『島ヶ原本陣御茶屋文書』 島ヶ原村教育委員会　1987
島ヶ原村史編纂委員会編『島ヶ原村史』 島ヶ原村役場　1983
志摩町史編纂委員会編『志摩町史』 志摩町教育委員会　1978
志摩町史編纂委員会編『志摩町史』改訂版　志摩町教育委員会　2004
庄野郷土誌編集委員会編『庄野郷土誌』 庄野地区魅力再発見実行委員会　1993
鈴鹿市教育委員会編『鈴鹿市史』5巻　鈴鹿市教育委員会　1980-89
勢和村史編集委員会編『勢和村史』通史編，資料編　勢和村役場　1999-2001
勢和村史編集委員会編『わたしたちのふるさと勢和』 勢和村役場　1995
関町教育委員会編『関町史』 関町教育委員会　1977
大安町教育委員会編『大安町史』2巻　大安町役場　1986・93
大王町役場編『大王町史』資料編　大王町役場　1994
高尾郷土史編集委員会編『高尾郷土史』 青山町高尾公民館　1979
多気町史編纂委員会編『多気町史』2巻(通史・史料編)　多気町　1991・92
多度町教育委員会編『多度町史』 多度町教育委員会　1963
多度町教育委員会編『多度町史』資料編1-3　多度町　2002-04
多度町役場編『多度町史』 自然編　多度町役場　1995
玉城町役場編『玉城町史』上巻　玉城町役場　1995
津市教育委員会編『平松楽斎文書』1-29　津市教育委員会　1975-2006
津市民部戸籍住民課編『津市の旧町名—その歴史』 津市役所　1995
津市役所編『津市史』5巻　津市役所　1959-69
津市役所編『津市市制施行100周年記念誌』 津市役所　1990
東員町教育委員会編『東員町史』上・下　東員町教育委員会　1989
鳥羽市役所編『鳥羽市史』上・下　鳥羽市役所　1991
冨村盛一『黒田庄誌』 赤目出版会　1968
冨村盛一『赤目の歴史と民俗』 三重県郷土資料刊行会　1968
中貞夫『名張市史』上・下　名張市役所　1960・61
中貞夫『名張市史』 名張地方史研究会　1974

中野イツ『大淀郷土史』 三重県郷土資料刊行会　1969
仲見秀雄『鈴鹿市の歴史』 私家版　1961
仲見秀雄・前川信雄『新編鈴鹿市の歴史』 鈴鹿青年会議所　1975
南勢町役場編『南勢町誌』 南勢町役場　1985
南島町役場編『わが町の歩み』 南島町役場　1975
南島町役場編『南島町史』 南島町役場　1985
野田精一・中村源兵衛『三雲庶民史』 三雲村役場　1958
波瀬郷土史刊行会『波瀬のすがた』 波瀬郷土会　1968
治田村公民館編『員弁郡治田村史』 治田村公民館　1973
浜島町教育委員会編『浜島町史』 浜島町教育委員会　1989
浜島町教育委員会編『写真集 浜島の昔と今百景』 浜島町教育委員会　1989
早川赳夫『鈴鹿小史』 三重県教師会　1968
福江八郎『松ヶ崎郷土史』 松阪市公民館松ヶ崎分館　1959
二見町教育委員会編『二見文化誌』 二見町教育委員会　1964
二見町教育委員会編『二見町史史料集』 二見町教育委員会　1992
二見町役場編『二見町史』 二見町役場　1988
藤原町史編纂委員会編『藤原町史』 藤原町役場　1992
ふるさと諏訪編纂委員会編『ふるさと諏訪』 ふるさと諏訪編纂委員会　1991
故さとの歩み編纂委員会編『故さとの歩み』 阿山町教育委員会　1980
松阪市教育委員会編『松阪市史』16巻・別巻2　松阪市役所　1977-84
松阪市立図書館編『黒部史』 松阪市立図書館　1955
松下茂一編『鳥羽郷土史草稿』 鳥羽市教育委員会　1972
三重郷土会編『ふるさとの歴史 津とその周辺』 三重県良書出版会　1984
三雲町史編集委員会編『三雲町史』第1巻通史編，第2・3巻資料編1・2　三雲町役場　1999-2003
美里村役場編『美里村史』上・下　美里村役場　1994
美杉村役場編『美杉村史』上・下　美杉村役場　1984
御薗村役場編『御薗村誌』 御薗村役場　1989
御浜町誌編纂委員会編『御浜町誌』 御浜町役場　1982
海山町役場編『海山町史』 海山町役場　1984
明和町郷土文化を守る会編『八木戸庄屋文書』 明和町教育委員会　1977
明和町史編纂委員会編『明和町史』 明和町　1972
明和町史編さん委員会編『明和町史』史料編第1巻自然・考古編，民俗・文化財編　明和町　2004
山崎宇治彦・北野重夫『射和文化史』 射和村教育委員会　1956
山下恒夫編『大黒屋光太夫史料集』全4巻　日本評論社　2003
山田木水『亀山地方郷土史』3巻　三重県郷土資料刊行会　1970-74
四日市市教育会編『四日市市史』 1930
四日市市役所編『四日市市史』 四日市市役所　1961

四日市市役所編『四日市市史』20巻　四日市市役所　1987-2002
四日市市役所編『善教寺文書』(同市史第16巻別冊)　四日市市役所　1994
度会町役場編『度会町史』　度会町役場　1981

【部門史・史料集】
浅井寿・上野利三編『竹斎日記』稿Ⅰ－Ⅸ　松阪大学地域社会研究所　1991-96
伊賀の歴史刊行会編『伊賀の歴史』上・下　郷土出版社　1992
伊勢志摩の歴史刊行会編『伊勢・志摩の歴史』上・下　郷土出版社　1992
稲本紀昭編『国立公文書館蔵　沢史古文書』　京都女子大学　2006
上野市古文献刊行会編『永保記事略』　上野市　1974
上野市古文献刊行会編『高山公実録 藤堂高虎伝』２巻　清文堂出版　1998
上野市古文献刊行会編『庁事類編』上・下　上野市　1977
上野市古文献刊行会編『宗国史』上・下　上野市　1979・81
上野市古文献刊行会編『定本 三国地誌』上・下　上野市　1987
亀山測候所編『三重県災害史』　亀山測候所　1955
倉田正邦編『志摩国資料集』　三重県郷土資料刊行会　1965
倉本為一郎編『熊野灘(尾鷲地方)漁村資料集』　三重県郷土資料刊行会　1968
桑名市教育委員会編『酒井孫八郎，移封記』　桑名市教育委員会　1987
桑名市教育委員会編『桑名藩分限帳』　桑名市教育委員会　1989
桑名市教育委員会編『桑名藩史料集成』　桑名市教育委員会　1990
桑名市同和教育資料編集委員会編『同和教育資料 人権のあゆみ・桑名』史料編　桑名市教育委員会　1991
皇学館大学史料編纂所編『神宮御師資料』７冊　皇学館大学出版部　1975-98
沢下春男・沢下能親『柏崎日記』上・中・下　私家版　1984
沢下春男・沢下能親『桑名日記』１－４　私家版　1984
清水三郎・倉田正邦編『伊勢湾漁業史料』　三重県郷土資料刊行会　1970
神宮司庁編『神宮御杣山記録』４巻　神宮司庁　1974-79
竹内理三『伊賀国黒田荘史料』１・２　吉川弘文館　1978
辻敬治『順後記旧録―参宮街道名張宿本陣問屋文書』　緑蔭文庫　1989
津・久居の歴史刊行会編『図説 津・久居の歴史』上・下　郷土出版社　1984
鳥羽市教育委員会社会教育課編『鳥羽市における被差別部落の歴史』　鳥羽市教育委員会　1998
中岡志州編『志摩国郷土史』　中岡書店　1975
名張古文書研究会編『名張市史料集』４巻　名張市立図書館　1984-90
早瀬保太郎『伊賀史概説』上巻　私家版　1973
北勢の歴史刊行会編『北勢の歴史』上・下　郷土出版社　1992
松島博『三重県漁業史』　三重県漁業組合連合会　1969
三重県編『伊勢湾台風災害誌』　三重県　1961
三重県編『三重県林業史―三重県林業行政のあゆみ』　三重県　1989

三重県議会編『三重県議会史』5巻　三重県議会　1942-86
三重県警察史編さん委員会編『三重県警察史』第4巻　三重県警察本部　1994
三重県警察本部警務部警務課編『三重県警察史』1－3　三重県警察本部警務部警務課　1964-66
三重県厚生会編『三重県部落史料集』2巻(前近代・近代編)　三一書房　1974・75
三重県商工労働部労政課編『三重県労働運動史』3巻　三重県商工労働部労政課　1966-79
三重県総合教育センター編『三重県教育史』3巻(1・2巻，年表統計編)　三重県教育委員会　1979-81
村田正志・中野達平『光明寺文書』1・2巻　続群書類従完成会　1985・87
村林正実『藤堂藩の年々記録』上・下　三重県郷土資料刊行会　1984・85
山崎英二編『志摩国近世漁村資料集』　三重県郷土資料刊行会　1967
四日市市役所編『四日市市の部落史』史料編1・2　四日市市役所　1999・2000
若林喜三郎編『旧伊勢神戸藩主本多家史料』 大手前女子大学史学研究所　1988

【原始・古代】
石母田正『中世的世界の形成』 東京大学出版会　1957
伊藤久嗣ほか『納所遺跡』 三重県教育委員会　1980
弥永貞三・谷岡武雄編『伊勢湾岸地域の古代条里制』 東京堂出版　1979
岡田精司『古代王権の祭祀と神話』 塙書房　1970
狩野久『日本古代の国家と都城』 東京大学出版会　1990
亀田隆之『壬申の乱』 至文堂　1966
小山靖憲『中世村落と荘園絵図』 東京大学出版会　1987
斎宮歴史博物館編『斎宮跡発掘資料選』 斎宮歴史博物館　1989
坂本賞三『日本王朝国家体制論』 東京大学出版会　1972
高橋昌明『清盛以前』 平凡社　1984
棚橋光男『中世成立期の法と国家』 塙書房　1983
東海埋蔵文化財研究会三重県実行委員会編『伊勢湾岸の弥生時代中期をめぐる諸問題』 第7回東海埋蔵文化財研究会三重県実行委員会　1990
東野治之『日本古代木簡の研究』 塙書房　1983
戸田芳実『日本領主制成立史の研究』 岩波書店　1967
戸田芳実『初期中世社会史の研究』 東京大学出版会　1991
直木孝次郎『壬申の乱』 塙書房　1961
直木孝次郎『日本古代の氏族と天皇』 塙書房　1964
仲見秀雄『鈴鹿市　上箕田遺跡』 三重県立神戸高等学校郷土研究クラブ　1961
西垣晴次先生退官記念会編『宗教史・地方史論纂』 刀水書房　1994
日本考古学協会1996年度三重大会三重県実行委員会編『国府』 日本考古学協会三重県実行委員会　1996
萩原龍夫編『伊勢信仰Ⅰ』 雄山閣出版　1985

八賀晋『伊勢国鈴鹿関に関する基礎的研究　研究成果報告書』 平成３年度文部省科学研究費補助金一般研究A　1992
早川裕己『縄生廃寺跡発掘調査報告』 朝日町教育委員会　1988
福田豊彦『中世成立期の軍制と内乱』 吉川弘文館　1995
穂積裕昌・伊藤裕偉ほか『城之越遺跡』 三重県埋蔵文化財センター　1992
三重県埋蔵文化財展示図録『三重の縄文時代』 三重県埋蔵文化財センター　1992
三重の文化財と自然を守る会編『伊勢斎王宮の歴史と保存』 三重の文化財と自然を守る会　1977
三ツ木貞夫ほか『出張遺跡調査報告書』 大台町出張遺跡調査会　1979
水口昌也・門田了三『夏見廃寺』 名張市教育委員会　1988
民衆史研究会編『中世の政治的社会と民衆像』 三一書房　1976
村井康彦『古代国家解体過程の研究』 岩波書店　1965
森川幸雄『天白遺跡』 三重県埋蔵文化財センター　1995
山田猛ほか『大鼻遺跡』 三重県埋蔵文化財センター　1994

【中　世】

網野善彦『悪党と海賊―日本中世の社会と政治』 法政大学出版局　1995
網野善彦『日本中世史料学の課題―系図・偽文書・文書』 弘文堂　1996
網野善彦『日本中世都市の世界』 筑摩書房　1998
有光友学編『戦国期権力と地域社会』 吉川弘文館　1986
岡野友彦『中世久我家と久我家領荘園』 続群書類従完成会　2002
海津一朗『中世の変革と徳政―神領興行法の研究』 吉川弘文館　1994
海津一朗『神風と悪党の世紀―南北朝時代を読み直す』 講談社　1995
奥野純一『伊勢神宮神宮連歌の研究』 日本学術振興会　1975
小泉宜右『悪党』 教育社　1981
佐藤進一『室町幕府守護制度の研究(上)―南北朝期諸国守護沿革考証編』 東京大学出版会　1967
佐藤進一『増訂鎌倉幕府守護制度の研究―諸国守護沿革考証編』 東京大学出版会　1971
田中稔『鎌倉幕府御家人制度の研究』 吉川弘文館　1991
地方史研究協議会編『三重―その歴史と交流』 雄山閣出版　1989
西山克『道者と地下人―中世末期の伊勢』 吉川弘文館　1987
西山克『聖地の想像力―参詣曼荼羅を読む』 法蔵館　1998
平泉隆房『中世伊勢神宮史の研究』 吉川弘文館　2006
平松令三『真宗史論攷』 同朋舎　1988
藤田達生編『伊勢国司北畠氏の研究』 吉川弘文館　2004
藤波家文書研究会編『大中臣祭主藤波家の歴史』 続群書類従完成会　1993
三重県史編さんグループ『発見！三重の歴史』 新人物往来社　2006
森浩一ほか『海と列島文化８　伊勢と熊野の海』 小学館　1992

綿貫友子『中世東国の太平洋海運』 東京大学出版会 1998

【近　世】
梅村佳代『日本近世民衆教育史研究』 梓出版社 1991
上村雅洋『近世日本海運史の研究』 吉川弘文館 1994
大西源一『参宮の今昔』 神宮文庫 1956
大野瑞男『江戸幕府財政史論』 吉川弘文館 1996
鎌田純一『中世伊勢神道の研究』 続群書類従完成会 1998
川端義夫校訂『校訂伊勢度会人物誌』 古川書店 1975
北島正元編著『江戸商業と伊勢店』 吉川弘文館 1962
久保文武『伊賀史叢考』 同朋舎 1986
久保文武『伊賀国無足人の研究』 同朋舎 1990
斎藤善之『内海船と幕藩制市場の解体』 柏書房 1994
城福勇『本居宣長』 吉川弘文館 1980
高木昭作『日本近世国家史の研究』 岩波書店 1990
富山奏『芭蕉と伊勢』 桜楓社 1988
野田寿雄『近世文学の背景』 塙書房 1964
中田四朗編著『伊勢型紙の歴史』 伊勢型紙の歴史刊行会 1970
原剛『幕末海防史の研究』 名著出版 1988
深谷克己『寛政期の藤堂藩』 三重県郷土資料刊行会 1969
三井文庫編『三井事業史　本篇』第１巻 三井文庫 1980

【近代・現代】
朝日新聞津支局編『五十年目の戦想』 三重県良書出版会 1996
上野市部落史研究所編『かくして伊賀水平社は生まれた』 解放出版社 1992
上野利三『近代日本騒擾裁判史の研究』 多賀出版 1998
大林日出雄『御木本幸吉』 吉川弘文館 1971
大山俊峰『三重県水平社労農運動史』 三一書房 1977
小野英二『原点・四日市公害10年の記録』 勁草書房 1972
久保仁『ローカル映画館史』 三重県興行環境衛生同業組合 1989
久保仁『三重県の劇場史』 三重県郷土資料刊行会 1996
沢田寿江『双龍開拓団史』 共栄印刷 1976
島田勝巳『歩兵33聯隊史―栄光五十年の歩み』 歩兵第三十三聯隊史刊行会 1972
神宮司庁編『神宮・明治百年史』全４巻 神宮司庁文教部 1968-71
竹田友三『憲政の人・尾崎行雄』 同時代社 1998
武知京三『日本地方鉄道網形成史』 柏書房 1990
武知京三『近代日本と地域交通』 臨川書店 1994
中日新聞社会部編『恐怖のＭ８』 中日新聞社 1983
中部産業遺産研究会編『ものづくり再発見』 アグネ技術センター 2000

中村征之『三重が、燃えている』 公人の友社 1999
濱川勝彦監修『伊勢志摩と近代文学』 和泉書院 1999
平野孝『菜の花の海辺から』上・下 法律文化社 1997
廣新二『日本政治史に残る三重県選出国会議員』 私家版 1986
藤田明『三重・文学を歩く』 三重県良書出版会 1988
藤谷俊男・直木孝次郎『伊勢神宮』 新日本出版社 1991
藤野豊ほか『米騒動と被差別部落』 雄山閣出版 1988
三重県部落史研究会編『解放運動とともに—上田音市のあゆみ』 三重県良書出版会 1982
三重県歴史教育者協議会編『三重の戦争遺跡』 つむぎ出版 1998
三木理史『地域交通体系と局地鉄道』 日本経済評論社 2000

図版所蔵・提供者一覧

見返し表　本居宣長記念館
　　　裏　三重県埋蔵文化財センター
口絵1上　国(文化庁)・朝日町教育委員会・朝日町歴史博物館協力
　　　下　名張市教育委員会
口絵2上　斎宮歴史博物館
　　　下　関町教育委員会
口絵3上　奈良国立文化財研究所
　　　下　横内裕人
口絵4上　真宗高田派成徳山善教寺・四日市市役所市史編さん室
　　　下　神宮徴古館
口絵5上　美杉村教育委員会
　　　下　上野市新居地区市民センター所長 中西純男
口絵6上　神宮徴古館
　　　下　藤堂髙正・三重県生活部文化課県史編さん室
口絵7上　四日市市立博物館提供
　　　下　神宮徴古館
口絵8上　三重県〔三重県指定有形民俗文化財「三重県水産図解」より〕・三重県生活部文化課県史編さん室
　　　下　四日市市教育委員会
p. 3　春日神社〔三重県指定文化財〕
p. 6　尾鷲市
p. 7　神宮徴古館
p. 9　三重県埋蔵文化財センター
p. 10　大台町教育委員会
p. 12　三重県埋蔵文化財センター
p. 16　三重県埋蔵文化財センター
p. 18　東京国立博物館
p. 19　三重県埋蔵文化財センター
p. 23右　嬉野町教育委員会
　　左　安濃町教育委員会
p. 29　朝日町教育委員会・朝日町歴史博物館
p. 31　金剛證寺・斎宮歴史博物館
p. 40　斎宮歴史博物館
p. 51　多度大社
p. 71　真光寺・京都国立博物館
p. 90　山口県防府天満宮
p. 91　神宮徴古館
p. 96　真宗高田派成徳山善教寺・四日市市役所市史編さん室
p. 101　神宮徴古館
p. 104　大西春海・三重県生活部文化課県史編さん室
p. 106　大阪城天守閣・三重県生活部文化課県史編さん室
p. 118　神宮文庫・三重県生活部文化課県史編さん室
p. 127　三重県生活部文化課県史編さん室
p. 131　愛洲の館
p. 134　神宮文庫・三重県生活部文化課県史編さん室
p. 139　浄眼寺・三重県生活部文化課県史編さん室
p. 142　美里村教育委員会
p. 149　三重県埋蔵文化財センター
p. 153　神奈川県立歴史博物館
p. 164　個人蔵・岡崎市美術博物館
p. 166　神奈川県立歴史博物館
p. 170　御薗村教育委員会
p. 172　(財)前田育徳会
p. 175　西光寺
p. 181　伊勢市教育委員会
p. 190　鈴鹿市教育委員会
p. 195　江島若宮八幡神社・仲見秀雄
p. 203　西尾市岩瀬文庫
p. 208　河芸町立図書館・三重県生活部文化課県史編さん室
p. 215　本居宣長記念館
p. 218　天理大学附属天理図書館
p. 222　本居宣長記念館
p. 225　紀和町教育委員会
p. 236　野寄鏑一・四日市市役所市史編さん室
p. 251　清水宣夫・四日市市役所市史編さん室
p. 259　松阪市立図書館郷土資料室
p. 268　東京大学法学部附属近代法政史料センター明治新聞雑誌文庫
p. 269　『四日市港のあゆみ』
p. 294　三重県生活部文化課県史編さん室
p. 296　共同通信社

敬称は略させていただきました。

紙面構成の都合で個々に記載せず，巻末に一括しました。万一，記載漏れなどがありましたら，お手数でも編集部までお申し出下さい。

稲本　紀昭　いなもとのりあき

1940年，愛知県に生まれる
1969年，京都大学大学院文学研究科博士課程単位修得退学
元京都女子大学教授
主要著書・論文　『三重県史』資料編中世１上・下２(共編，三重県，1997–99，2005年)
『北畠国永『年代和歌抄』を読む』(『史窓』65号，2008年)

駒田　利治　こまだとしはる

1948年，三重県に生まれる
1978年，立正大学大学院文学研究科修士課程修了
現在　三重県史編集委員
主要論文　「伊賀の中世城館跡―発掘調査事例の検討」(『菊永氏城跡発掘調査報告』阿山町教育委員会，1987年)，「斎宮跡の発掘調査と斎王像」(『斎王の道』向陽書房，1999年)

勝山　清次　かつやませいじ

1948年，石川県に生まれる
1977年，京都大学大学院文学研究科博士課程単位修得退学
現在　京都大学名誉教授
主要著書・論文　『中世年貢制成立史の研究』(塙書房，1995年)，『中世伊勢神宮成立史の研究』(塙書房，2009年)

飯田　良一　いいだりょういち

1947年，三重県に生まれる
1974年，東洋大学大学院文学研究科日本史専攻修士課程修了
元三重県立津高等学校教諭
主要論文　「文明年間における伊勢湾の警固と廻船」(『三重県史研究』第４号，1988年)，「中世後期伊勢神宮における穢と不浄」(『西垣晴次先生退官記念　宗教史・地方史論纂』刀水書房，1994年)

上野　秀治　うえのひではる

1949年，東京都に生まれる
1977年，学習院大学大学院人文科学研究科史学専攻博士課程単位修得退学
現在　皇学館大学文学部教授
主要著書　『三重県史』資料編近世Ｉ(共編，三重県，1993年)，『四日市市史』通史編近世(共著，四日市市，1999年)，『伊勢市史』近世編(共著，伊勢市，2013年)

西川　　洋　にしかわひろし

1943年，福岡県に生まれる
1970年，九州大学大学院法学研究科修士課程修了
現在　三重大学名誉教授
主要著書・論文　「明治13年三重県会事件と自由民権運動」(『東海近代史研究』第16号，1994年)，『四日市市史』通史編近代(共著，四日市市，2000年)

三重県《みえけん》の歴史《れきし》　　県史　24

2000年7月10日　第1版1刷発行　　2015年11月30日　第2版2刷発行

著　者　稲本紀昭《いなもとのりあき》・駒田利治《こまだとしはる》・勝山清次《かつやませいじ》・飯田良一《いいだりょういち》・上野秀治《うえのひではる》・西川 洋《にしかわひろし》

発行者　野澤伸平

発行所　株式会社　山川出版社　　〒101-0047　東京都千代田区内神田1-13-13

電話　03(3293)8131(営業)　03(3293)8135(編集)

http://www.yamakawa.co.jp/　　振替　00120-9-43993

印刷所　明和印刷株式会社　　製本所　株式会社ブロケード

装　幀　菊地信義

ISBN978-4-634-32241-7

携帯便利なガイドブック

〈新訂版〉図説 仏像巡礼事典

古仏巡礼に必携の手引書

仏像の種類・特徴・見分け方、様式の変遷、規準的作例、坐法・印相・技法などを七〇〇余点の写真や図版を用いて要領よく解説。全国の国宝・重文指定の仏像(平成3年現在)全てを網羅。

新書判

図説 歴史散歩事典

歴史散歩に必携の案内書

寺院・神社・城・庭園・茶室・住宅・考古遺跡をはじめ、暦・貨幣・陶磁器・絵画工芸などの由来、見方、様式、名称を、一〇〇〇余点の写真や図版を用いて平易に解説。

新書判

図説 民俗探訪事典

日本人の暮らしの知恵を探る

衣食住・家と家族・ムラの社会・年中行事・民間信仰・生業と暮らし、民俗芸能などの見方、とらえ方を、一〇〇〇余点の写真と図版を用いて、平易に解説。

新書判

図解 文化財の見方 ―歴史散歩の手引―

『歴史散歩事典』のダイジェスト版

文化財に親しむための入門書。社寺建築をはじめ城や仏像などの見方を、四〇〇余点の写真・図版を用いて簡潔・平易に解説。修学旅行や校外学習にも最適なハンドブック。

新書判

新　版　県　史　全47巻

古代から現代まで、地域で活躍した人物や歴史上の重要事件を県民の視点から平易に叙述する、身近な郷土史読本。充実した付録も有用。

四六判　平均360頁　カラー口絵8頁　　本体各2400円+税

この地図の作成に当たっては、国土地理院長の承認を得て、同院発行の50万分の1地方図を使用したものである。(平18総使、第78−3052号)